B. Stokvis / E. Wiesenhütter

Lehrbuch der Entspannung

J. H. Schultz

in memoriam

Berthold Stokvis † und Eckart Wiesenhütter

Lehrbuch der Entspannung

Autosuggestive und übende Verfahren der Psychotherapie und Psychosomatik

Vierte Auflage von
»Der Mensch in der Entspannung«
neu bearbeitet und erweitert
von

Eckart Wiesenhütter

Hippokrates Verlag

CIP-Kurztitelaufnahme der Deutschen Bibliothek

Stokvis, Berthold:
Lehrbuch der Entspannung : autosuggestive u. übende Verfahren d. Psychotherapie u. Psychosomatik / Berthold Stokvis u. Eckart Wiesenhütter. – 4. Aufl. von „Der Mensch in der Entspannung“ / neu bearb. u. erw. von Eckart Wiesenhütter. – Stuttgart : Hippokrates-Verlag, 1979.
1. – 3. Aufl. u.d.T.: Stokvis, Berthold: Der Mensch in der Entspannung.
ISBN 3-7773-0463-8
NE: Wiesenhütter, Eckart:

Anschrift der Verfasser:

Berthold Stokvis †
Prof. Dr. Eckart Wiesenhütter
Sparzer Weg 21
8221 Siegsdorf

1. Auflage 1961
2. Auflage 1963
3. Auflage 1971
4. Auflage 1979

ISBN 3-7773-0463-8

Satz und Druck: Brönner & Daentler KG, Eichstätt.

Inhaltsverzeichnis

Vorwort zur vierten Auflage

Im Vorwort zur dritten Auflage schrieb ich: »Das Grundgerüst des Werkes, das gemeinsamen Intentionen mit STOKVIS entsprang, blieb zwar erhalten, aber es wurden Änderungen und Ergänzungen erforderlich. Die alte Unterteilung der Psychotherapie in aufdeckende und zudeckende Verfahren kann heute nicht mehr in strenger Form durchgehalten werden – gerade im Hinblick auf die im folgenden unterbreiteten Methoden. Sie wurde relativiert durch die Weiterentwicklung einer Reihe von Verfahren in Richtung auf echte Tiefenarbeit, z. B. meditativer Art, und durch die Koppelung mit kathartischem und analytischem Vorgehen. Ähnlich relativiert wurden die Gegensätze zwischen Entspannung und Eutonus, zwischen aktiven und passiven sowie zwischen individuellen und kollektiven Verfahren, vor allem durch die immer stärker in den Vordergrund tretende Gruppentherapie. Wenn im folgenden solche Unterteilungen zum Teil beibehalten wurden, können sie nur als andeutende Wegweiser gelten, nicht als strenge Einteilungsprinzipien.«

Die Grundtendenz dieser Sätze ist auch für die vierte Auflage gültig, ja, sie ist durch die in den letzten Jahren zu verzeichnende Entwicklung der Psychotherapie noch deutlicher hervorgetreten. Die Zeiten der »Begründung« der Psychosomatik sind vorbei. Heute stehen nicht theoretische und anthropologische Erörterungen im Vordergrund, sondern harte, praxisnahe Orientierung in Diagnostik und Therapie. Diese Tatsache kommt in der kürzeren und nüchternen Neufassung des Titels der vierten Auflage zum Ausdruck. Ihre Berechtigung hat die Neufassung auch durch die fast völlige Neubearbeitung der meisten Kapitel, die das in der dritten Auflage Begonnene auf den heutigen Stand zu Ende führt. Es ist kaum mehr möglich, im einzelnen anzuführen, was gekürzt, hinzugefügt, umgearbeitet wurde.

Die in der dritten Auflage angedeutete Annäherung zwischen autosuggestiven Entspannungsübungen und Psychoanalyse ist weiter fortgeschritten. In »Freud und seine Kritiker« nannte ich die Psychoanalyse das »alte Testament« fast jeder Psychotherapie. Das gilt auch und insonderheit für die im folgenden beschriebenen Methoden. Es wird viel zu wenig beachtet, daß nicht nur die Autoren dieses Buches, sondern auch die vieler im folgenden beschriebener Verfahren, wie BAUDOUIN, REICH, PERLS, J. H. SCHULTZ, Psychoanalytiker waren (sind) und schon FREUD, FERENCZI und andere klassische Analytiker, vor allem in Kliniken und im Fall starrer Abwehrhaltungen, autosuggestive Entspannungsverfahren empfahlen. Es kann allerdings sein, daß in der weiteren Zukunft die – auch praktisch-methodische – Annäherung zwischen unseren Verfahren und der Transaktions-Analyse (BERNE) den Unterschied weiter verringert.

Psychosomatik und damit unsere Methoden sind aus der Dialektik des unmittelbar gelebten Lebens herausgewachsen und spiegeln diese wider. So nimmt nicht wunder, daß sich eine Art Gegenseite zu der soeben geschilderten Tendenz in den letzten Jahren deutlicher zeigt. WEITBRECHT meinte in der (seinerzeit vielkritisierten) »Kritik der Psychosomatik«, daß diese allein auf dem Boden der psychoanalytischen Lehre und Methodik zu eng und nicht ausreichend erfolgreich fundiert sei. Nach mehr als 20 Jahren muß man ihm insofern recht geben, als sich immer mehr sogenannte Körpermethoden entwickelten, die wohl psychosomatisch, aber nicht primär psychoanalytisch ausgerichtet sind. Hinzu treten weitere Verfahren, die aus pädagogischer und gruppendynamischer Praxis entstanden (Verhaltenstherapie, themenzentrierte Interaktion usw.) und nun in die spezielle psychotherapeutische Anwendung hineindrängen. Wir machten die Erfahrung, daß diese Tendenz mit der Gefahr verbunden ist, Probleme und Konflikte bei Patienten nur »aufzureißen«, aber nicht wirklich zu verarbeiten. Das ändert sich sofort, wenn der diese Verfahren durchführende Therapeut gleichzeitig Analytiker ist und Tiefenarbeit zu der »Körperarbeit« hinzutritt. Also auch in dieser Hinsicht sind nicht gegenseitiger Ausschluß und Ablehnung ein Gebot der Zukunft, sondern ein komplementäres Miteinander.

Allein diese Andeutungen bereiten darauf vor, daß das im folgenden beschriebene Gebiet aus innerer fruchtbarer »Spannung« und Dynamik beseelt ist, daß es sich mit den ständigen Wandlungen unseres Lebens weiterentwickelt und so »ewig« jung bleibt.

Siegsdorf, im März 1979 ECKART WIESENHÜTTER

Vorwort zur ersten Auflage

Zwei Fragen beunruhigen die moderne, sich auf Wissenschaftlichkeit berufende Seelenheilkunde besonders: Warum verfallen viele zunächst aufsehenerregende und erfolgreiche Methoden mit dem Tode ihres Begründers und Verfechters der Nichtachtung oder Vergessenheit, andere nicht? Warum veranlaßt die fortschreitende wissenschaftliche Durchdringung ärztlichen Handelns weite Patientenkreise, das Kurpfuschertum nicht zu beseitigen, sondern eher vermehrt in Anspruch zu nehmen? Beide Fragen erhalten – einem schlechten Gewissen vergleichbar – das Suchen und Forschen der Psychotherapie lebendig: Wir stehen nicht am Ende einer Entwicklung, sondern ganz im Anfang! So will auch dieses Buch keine zusammenfassenden und abschließenden Antworten geben. Es will das Fragen selbst vertiefen.

Auf kaum einem zweiten Gebiet werden so viele »Entdeckungen« gemacht wie auf dem der Seelenheilkunde; immer wieder müssen diese Entdecker sich jedoch nach einiger Zeit sagen lassen, daß ihre vermeintlichen »Neuerungen« schon von einem Vorgänger in ähnlicher oder gleicher Form gedacht und durchgeführt wurden. Wer sich in einer solchen Lage befindet, wird in dem vorliegenden Buch Orientierung und Anregungen finden. Freilich entheben ihn diese nicht der weiteren Fragen, wieweit die ewig neuen und anderen Begegnungen des Arztes mit seinem Patienten Gleichheiten in der Methodik zulassen oder ausschließen.

Den folgenden Verfahren wurde in der speziellen Absicht, für den praktischen Arzt geeignete psychotherapeutische Wege zu eröffnen, nachgegangen. Daß im Verfolg dieses Vorhabens der Beginn mit einer Sichtung in der Vergangenheit aktueller und teils vergessener Methoden gemacht werden muß, geht aus der Notwendigkeit hervor, Techniken nur im Zusammenhang mit den sie durchführenden Menschen und ihren Wandlungen zu sehen und zur Wirksamkeit gelangen zu lassen. Welchem dringenden Bedürfnis ein solches Beginnen entspricht, mag der Leser aus der Tatsache ermessen, daß sich zwei zunächst durch Ländergrenzen und sehr unterschiedliche Ausgangspositionen getrennte Autoren im gemeinsamen Bemühen entdeckten und zusammenfanden. Der eine von beiden begann die Vorarbeiten zu diesem Buch vor mehr als zwei Jahrzehnten. Grenzen und abweichende Standorte bedeuteten in den damaligen dunklen Jahren Trennung, Unkenntnis, Gegnerschaft, ja Verfolgung bis in die Bereiche ärztlicher Haltung und Behandlung. Hinter der hier zur konkreten Gestaltung gereiften Begegnung und Zusammenarbeit gilt es, Wandlungen im gegenseitigen Verstehen und Finden zu erkennen, welche psychotherapeutische Verfahrensfragen und medizinische Wissenschaft übersteigen. Die Veröffentlichungen des Verlages, dem wir für die Übernahme dieses Buches danken, dokumentieren die gemeinte Entwicklung und Aufgabe, Lehren aus der Vergangenheit für ein umfassenderes und bisherige Unvereinbarkeiten überwindendes Denken und Handeln in der Zukunft zu ziehen.

Leiden und Würzburg,
im März 1961

BERTHOLD STOKVIS
ECKART WIESENHÜTTER

Einführung

Welche Bedeutung den in diesem (bisher einzigen umfassenden) Lehrbuch beschriebenen Methoden zukommt, geht aus einer Untersuchung STOLZES 895 hervor: Im deutschsprachigen Raum stehen sie bei der Anwendung von Psychotherapie durch Ärzte hinter dem psychologischen und tiefenpsychologisch orientierten Gespräch an zweiter Stelle! Als Oberbegriff wählten die befragten Ärzte nicht den der übenden oder entspannenden Verfahren, sondern den der Autosuggestion (zahlen- und breitenmäßig an erster Stelle für das Autogene Training). Diese Wahl ist ein Indiz dafür, daß der Begriff der Autosuggestion, der seit der Zeit des Hypnotismus (nicht immer zu Unrecht) mit dem der Suggestion in Mißkredit geriet, »rehabilitiert« und aus der »Verdrängung« durch viele Therapeuten ins ärztliche Bewußtsein zurückgeholt wurde. Das gilt ebenso für die Psychoanalyse (SCHINDLER 786, FREUD selbst 281 u. a.) wie für viele der in den folgenden Kapiteln zitierten Autoren, die z. T. noch heute ungern zur Kenntnis nehmen, wie weit bei ihren Grundlegungen im Selbstüben und in der Selbstverantwortung des Kranken für seine Gesundung die emotionale Basis der Autosuggestion die (mit-) entscheidende ist.

Überblicken wir die zusammenfassenden Werke der Psychosomatik seit der Gründerzeit (ALEXANDER 12, DUNBAR 221–4, GRODDECK 332–4, WEISS und ENGLISH 970, WEIZSÄCKER 972–8) über ihre Zeit der Ausreifung (HOFF und RINGEL 403, JORES 440, STOKVIS 861–93, UEXKÜLL 938, WYSS 1035–6 u. a.) bis zu Veröffentlichungen der letzten Jahre (AMMON 19, BECKER und LÜDEKE 44, BÖSEL 98, BRÄUTIGAM und CHRISTIAN 106–7, BREDE 116, EICKE 229, HAU 368 LUBAN-PLOZZA und PÖLDINGER 596, WESIACK 984) ist ein bestimmter Trend unübersehbar, der im Vorwort angedeutet wurde. Die »Psychosomatik« ist eingeführt, ein feststehender Begriff; es geht um ihre Breiten- und Tiefenanwendung in methodischer und diagnostischer Ausfeilung. Welche Mühe gaben sich demgegenüber die »Gründer«, nicht nur »Material« zu sammeln, sondern auch theoretische und anthropologische Begründungen (im wörtlichen Sinn) zu finden. WEIZSÄCKER wurde z. B. (gegen den Widerstand FREUDS 972) von der additiven Begriffsbildung Psyche + Soma zur »Anthropologischen Medizin« (975) und zur »Pathosophie« (978, 1015) geführt. In methodischer Hinsicht traten bei ihm zur somatischen und Psychotherapie, soziale und Logotherapie (welchen Begriff FRANKL von WEIZSÄCKER übernahm) hinzu.

Die Zeit derart umfassender Denkbewegungen ist heute vorbei, mögen sie auch durch viele Veröffentlichungen noch hindurchleuchten und mag es nur die Frage eines Gegenausschlags des wissenschaftlichen Pendels sein, wann anthropologische Grundfragen wieder in den Vordergrund treten; heute ist praxisorientierte Methodik das Hauptanliegen ärztlichen Denkens und Handelns. In den Hintergrund getreten sind auch Fragen um eine Trennung »großer« und »kleiner«, »aufdeckender« und »zudeckender« Therapie, als leiste die eine mehr, die andere weniger. Werden solche Begriffe heute noch verwendet, kommt ihnen nur eine (bei alten Ärzten eingeführte) symbolische Wegweiserfunktion zu. Wir werden sehen, daß manche der im folgenden beschriebene Methode half, nachdem z. T. langfristige Psychoanalysen versagt hatten und daß umgekehrt analytische Vertiefungen unserer Methoden beide Weisen des Vorgehens ausweiten.

Es gab Jahre einer Hoch- und Überwertung der Psychoanalyse, der Abwertung sogenannter kleiner Methoden. Sehen wir jedoch von der Sprechstunde des speziellen Psychoanalytikers mit seiner Klientel schwerer Neurotiker ab und wenden uns der Alltagsarbeit des praktischen Arztes und somit der Notwendigkeit einer »Psychologisierung des Arztens« (J. H. SCHULTZ) zu, kehrt sich das Bild um. Die hier angeführten Methoden treten ganz in den Vordergrund. Dabei wäre es ein grundlegender Irrtum, zu meinen, sie verlangten weniger Kenntnisse und Erfahrungen oder könnten gleichsam obenhin praktiziert werden. L. BINSWANGER 70 hat in seinem klassischen Aufsatz »Über Psychotherapie« entgegen vorgegebenen einseitigen therapeutischen Haltungen deutlich gemacht, daß erst jahrelange, *systematische Erkenntnisse und Intuition* in gleicher Weise aufnehmende *Erfahrungen* im Umgang mit Kranken dazu führen, daß dem Arzt im rechten Augenblick das für den Kranken Rechte und Heilende »einfällt«. Ähnlich stellte GEBSATTEL 318 die Fundierung jeder ärztlichen Maßnahme in der personalen Begegnung und *Kommunikation* mit dem Kranken heraus, die zu einer dialektischen Gliederung des Behandelns führt, einmal zum intuitiven Sich-Einfühlen und damit Sich-Einsfühlen mit dem Kranken, zum anderen zum objektiven Vergegenständlichen des am Kranken Krankhaften. Beides ist erforderlich, kann aber nicht gleichzeitig vollzogen, es muß im Wechselspiel gelernt und geübt werden.

Berücksichtigen wir diese Grundlegung der Psychotherapie, ist es nicht allein die Tatsache, daß nur ein kleiner Teil neurotisch und psychosomatisch Kranker für Psychoanalysen und Hypnosen geeignet ist, die uns zu den hier zusammengefaßten Verfahren leitet; das menschliche Leben und seine Krankheiten selbst machen sie notwendig. Diese zeigen, daß es nicht nur neurotisierende und krankmachende Verdrängungen und Hemmungen gibt, die es »aufzudecken« gilt. Vielmehr muß umgekehrt der Mensch laufend vieles »verdrängen« und »hemmen«, was an lustvollen und von der Mitwelt untersagten Antrieben und Strebungen zunächst natürlicherweise angelegt und zum Ausleben bestimmt erscheint. C. G. JUNG 442 hat für die Neurosen, V. VON WEIZSÄCKER 977 für den psychosomatischen Bereich dieses dialektische Wechselverhältnis aufgewiesen. Der Mensch steht also immer in der

Möglichkeit und Gefahr, aus inneren Reifungsanforderungen heraus oder auf äußere Aufgaben hin antwortend »kleine« Krisen bzw. Neurosen und psychosomatische Fehlsteuerungen zu durchlaufen (vgl. WIESENHÜTTER 989), die er ohne oder mit fremder und ärztlicher Hilfe normalerweise willentlich, das Widrige unterdrückend (»zudeckend«), meistert. Aus dieser alltäglichen und im Wesen des Menschseins verankerten Erfahrung heraus kommt den in der älteren, im Grunde heute überholten Nomenklatur *»zudeckenden« Verfahren* nicht eine zusätzliche, sondern in der allgemeinen ärztlichen Praxis eine ausgesprochene *Vorrangstellung* zu. Nur in Ausnahmefällen wird gleichsam ein Spannungsbogen überschritten, so daß nicht allein »zudeckend«, sondern zunächst analytisch oder kathartisch-hypnotisch »aufdeckend« und erst auf diesem Umweg »bewußt« verarbeitend vorgegangen werden muß. So wird auch der heute in der Psychotherapie immer vernehmlicher erschallende Ruf nach »Menschenführung«, »therapeutischer Erziehung«, nach Psychagogik und »Psycho-Synthese« gegenüber Psychoanalyse, nach der Appellation an Willen, Moral, Ethik und Verantwortung verständlich.

Das bisher Ausgeführte warnt uns, einen unüberbrückbaren Gegensatz zwischen »analytischem« und »synthetischem« Vorgehen zu konstruieren. Die scheinbar gegensätzlichen Richtungen ergänzen sich im Hinblick auf den jeweiligen konkreten Kranken und sind von Fall zu Fall variiert nicht als Entweder-Oder, sondern als Sowohl-als-Auch anzuwenden; nur wird man das Schwergewicht ganz oder zeitweilig mehr auf die eine oder die andere Seite zu legen haben. Im folgenden wird die gegenseitige Verflochtenheit immer wieder aufleuchten. Zuvor sind allerdings einige richtungweisende Vorbemerkungen unerläßlich, die auf eine Einschränkung und auf eine Verdeutlichung des Themas abzielen.

Autosuggestive, entspannende und übende Verfahren werden beschrieben. Es stellte sich bei der Bearbeitung heraus, daß sie als einzelne Gebiete schwer zu umgrenzen und anderen Methoden gegenüber oder an die Seite zu setzen sind, wie sie auch gegenseitig nicht scharf getrennt werden können. Autosuggestion spielt bei suggestivem Vorgehen, bei Hypnosen und bei Psychoanalysen eine erhebliche Rolle. Das gleiche gilt für die Entspannung. Nach positiv verlaufenen psychoanalytischen oder kathartisch-hypnotischen Sitzungen äußern Patienten immer wieder, sie fühlten sich entspannt, entlastet, befreit, gelöst oder ruhiger. Schließlich ist das übende Moment im Sinne von Wiederholungen, funktionellem oder erlebnismäßigem »Einschleifen«, Verarbeiten und Integrieren, von Training und Gestalten aus keiner Psychotherapie wegzudenken. Wenn es hier jedoch neben der Autosuggestion und neben der Entspannung angeführt wird, liegt das Schwergewicht auf der *Selbst*übung durch den Kranken in einzelnen zur Aufgabe gestellten »Übungen«, die im Unterschied zur Hypnose oder Psychoanalyse unabhängig von der Gegenwart des Arztes zur Ausführung gelangen. Im *Selbst-Üben* liegt die Parallele (und die teilweise Überschneidung) zur *Autosuggestion.* Das gilt auch für das »Üben ohne

Übungen« (Konzentrative Bewegungstherapie, Funktionelle Entspannung, Aktive Tonusregulation).

Eine weitere Einschränkung wurde unerläßlich: Alle übenden Methoden, die von der Pädagogik und Heilpädagogik durchgeführt werden und deren Schwerpunkt ein pädagogischer oder heilpädagogischer ist, werden hier nur unter psychotherapeutischen Aspekten gestreift, nicht in extenso beschrieben. Das trifft auch für die *Spiel-, Beschäftigungs-, Arbeits-, Milieu-, Gruppen- und soziale Therapie* zu, die im Prinzip durchweg schon vor der psychotherapeutischen Ära im engeren Sinn und unabhängig von ihr aus heilpädagogischen Absichten heraus zur Anwendung gelangten. Nun soll wiederum kein unvereinbarer Gegensatz zwischen Pädagogik und Psychotherapie konstruiert werden. Wer Jugendliche therapiert, erzieht sie bewußt oder unwillkürlich auch. Auf der anderen Seite hat die Heilpädagogik durch die Begegnung mit der Psychotherapie erheblich gewonnen. Es kommt heute nicht mehr, wie in früheren Jahrzehnten, allein darauf an, daß gespielt wird – meist in einer vom Erzieher bestimmten Weise –, daß ein Milieu – gleich wie – geändert wird oder ein Patient eine Beschäftigung und Arbeit erhält. Das Wesentliche ist, daß Spiel, Milieu, Arbeit, Beschäftigung dem jeweiligen inneren Bedürfnis, dem Mangelerleben in ganz spezifischer, oft nur tiefenpsychologisch zu erhellender Weise angepaßt und zugeordnet werden und daß dabei das Wechselverhältnis von Klient und Therapeut bzw. Erzieher gestaltet wird. Kurz: Auch zwischen Pädagogik und Psychotherapie besteht ein dialektisches Wechselverhältnis (vgl. VOGEL 948). Es müßte aber den Rahmen, der durch die psychotherapeutischen Methoden und Aspekte gesteckt ist, sprengen, würden die Beziehungen der angeführten Verfahren zu all jenen menschlichen Bereichen, zu denen sie in Wechselbeziehung stehen, durch die eingehende Beschreibung der jeweiligen Gegenseite erweitert. Das gilt auch für Verfahren wie das Sensitivity Training, Encounter-Groups, Themenzentrierte Interaktion u. ä., die in die Bereiche der Pädagogik und Gruppendynamik gehören. Andererseits sollen übende Verfahren nicht zu eng umgrenzt, nur als trainierend-leistungssteigernde (also pädagogische) abgehandelt werden. In der Psychotherapie, in Verbindung mit Autosuggestion und Entspannung, handelt es sich hierbei nur um einen Teilaspekt.

Wer sich nach diesen Ausführungen Titel und Untertitel dieses Buches noch einmal vergegenwärtigt, wird auf die dort zum Ausdruck gebrachte Tatsache aufmerksam, daß man nicht ohne eine gewisse Gewaltanwendung entspannende, autosuggestive und übende Verfahren gleichrangig nebeneinander abhandeln kann. Alle entspannenden und autosuggestiven Verfahren sind übende, aber nicht alle übenden entspannende, wiewohl der heutige Mensch in der Psychotherapie nach kaum etwas anderem mehr verlangt als nach »Entspannung«. Alle übenden Verfahren enthalten aber mehr oder weniger deutlich ein autosuggestives Moment. Ähnlich sind entspannende Methoden nicht ohne Autosuggestion denkbar; jedoch braucht nicht jede Autosuggestion eine Entspannung zu intendieren, wiewohl das heute in überwiegendem Maß geschieht. Der »Entspannung« kommt also eine Sonderbedeutung zu, die sich nicht allein auf die notwendige psychotherapeutische Methodik als vielmehr auf ein spezifisches Bedürfnis des Menschen bezieht, das näher zu untersuchen ist. Hier sei nur so viel angedeutet: Kann man Autosuggestion und Übung zu allen Zeiten und bei allen Menschen in den verschiedensten Praktiken und Lebensäußerungen nachweisen, ist das gleiche von der »Entspannung« nur dann zu sagen, wenn man sie im festen Wechselverhältnis zur »Spannung« bzw. »Anspannung« sieht. Daß wir im Abendland eine entspannende, aber nur in Andeutungen und in Komplementarität zur Entspannung (z. B. Verhaltenstherapie nach SCHULZE) anspannende Psychotherapie kennen, weist auf bestimmte zeitbedingte und (kultur-)anthropologische Hintergründe hin.

So verfolgt dieses Buch zwei Hauptabsichten. Einmal soll es dem Selbstverständnis der Psychotherapie dienen, indem es gleichsam ein wesentliches Stück ihrer »Biographie« gibt – besser: der Biographie jener Menschen, die nach ihr verlangen und die sie ausüben. Sie sind es, die zu bestimmten Zeiten und in sich wandelnden sozialen und kulturellen Verhältnissen nach jeweils anderen, spezifischen und kennzeichnenden Therapieformen und -inhalten verlangen. Wenn die medizinische Anthropologie die »Welten« der einzelnen Patienten charakteristischer als binnenseelische Analysen von Trieben, Gefühlen, Erlebnisweisen usw. für bestimmte Krankheiten ansieht, darf bei einer solchen Sicht der gegenteilige und ergänzende Blick nicht vergessen werden, daß nämlich das, was Patienten und Ärzte im einzelnen verlangen und tun, kennzeichnend ist für die »Welt«, in der sie leben. Wenn wir dabei von »Biographie« sprechen, so im Sinne L. BINSWANGERS und WEIZSÄCKERS, die unter Vernachlässigung eines kurzschlüssigen Anwendens des Kausalprinzips Vorgänge und Ereignisse zu bestimmten Zeiten und an bestimmten Orten als gegeben hinnimmt und aus ihrem Geworden- und Gegebensein zu verstehen versucht. Auf die Entwicklung der Psychotherapie angewendet, besagt das, daß wir Miteinander-Dasein der Methoden als notwendig gegeben ansehen, ohne in Konstruktionen zu verfallen, wie es auch anders hätte kommen können und welche Einzelheiten dann abgewandelt oder überhaupt nicht aufgetreten wären. In Wegfall kommt dabei aber auch jenes voreilige *Vernachlässigen oder Verurteilen einzelner Methoden* oder Zeitströmungen, die man der hypnotischen Bewegung im vorigen, der psychoanalytischen Bewegung in diesem Jahrhundert zur Last legen kann. Jede Tendenz, jede Methode hat man als »Biograph« ernst zu nehmen und zu beschreiben. Was die hier zur Diskussion stehenden Verfahren betrifft, sind sie nicht nur neben der Psychoanalyse und z. B. neben der sich heute meist aus ihr ableitenden Gruppen- oder Psychosen-Therapie da. Sie sind – diese alle mitbegründend – schon älter und werden sie möglicherweise – wenn auch sich ständig nach den Bedürfnissen der Menschen ändernd – überdauern.

Nicht allein Theorien sollen hierbei beschrieben, nicht systematische Einteilungen und Differenzen erörtert und auch keine mehr oder weniger trockene Geschichtsschreibung gegeben werden. An Hand konkreter Patientenbeispiele und wiedergegebener Behandlungsausschnitte werden die Methoden unterbreitet. Dies geschieht im Gefolge der zweiten Hauptabsicht des Buches, nämlich eine *praktische Anleitung für den Arzt* zu sein, und zwar in zweierlei Hinsicht. Einmal kann die Persönlichkeitsstruktur des Arztes selbst so geartet sein, daß er mit den zur Diskussion stehenden Methoden am besten vorgeht und Wirkungen erzielt. Zum anderen sind es bestimmte Patienten, die vorteilhaft in der angegebenen Weise zu behandeln sind. Nur negativ wurden diese gekennzeichnet als in der überwiegenden Zahl für Psychoanalysen und andere psychotherapeutische Methoden Ungeeignete. Positiv ausgedrückt handelt es sich vorwiegend um Patienten, die infolge der »Einbildung« ihre Aufmerksamkeit an körperliche Vorgänge derart heften, daß (vermehrte) Beschwerden die Folge sind, sei es, daß ein (leichter) krankhafter Befund objektiv feststellbar oder daß er nicht vorhanden ist. Man hat solche »eingebildeten« Kranken ernst zu nehmen, denn häufig sind nach einiger Zeit objektive Verschlechterungen zu bemerken, auch wenn diese nicht immer kausal durch die Hinwendung bzw. »Einbildung« zu erklären sind.

Darüber hinaus sind diese Methoden auch bei allen chronisch somatischen Leiden angebracht, die sich als weitgehend therapieresistent erweisen. Immer kommt es hierbei ja zu »psychogenen Überlagerungen«, zu Entmutigungen, vergeblicher Gegenwehr, Nachlassen des Lebenswillens. Ziel ist dann nicht eine Veränderung des (objektiven) körperlichen Zustandsbildes, sondern des Erlebens, in dessen Gefolge auch manche somatische Heilmaßnahme besser anschlägt; man denke allein an die Wirkung der Entmutigung auf die Widerstandskraft im Verlauf von Operationen! Aber es wäre verfehlt, den folgenden Methoden nur gleichsam den Wert einer mehr oder weniger punktuellen Entspannung oder Mutmachung zuzugestehen. Ob bei Leiden aus dem psychosomatischen Bereich oder bei Neurosen, immer wieder wird man beobachten, daß es zu bleibenden und tiefgreifenden Änderungen der Haltung und der Lebenseinstellung kommt und zu *Einblicken in das eigene Innere*, die solchen in Psychoanalysen nicht nachzustehen brauchen, vor allem wenn diese zu rationalisierend-deutend durchgeführt werden. Die jeweilige Einstellung eines Patienten zur Methode kann mithelfen oder richtungweisend sein. Wird eine Psychoanalyse – mindestens lange Zeit über – strikt abgelehnt, ist selbst bei tiefsitzenden Störungen keineswegs eine psychotherapeutische Behandlungsunfähigkeit gegeben. Die Zeit allein symptomatologischen Angehens einzelner Störungen am Patienten ist im Grunde für jede Art von Psychotherapie vorbei. Es geht um den Menschen als vollgültige Person (WIESENHÜTTER 1003). Wie der Arzt zu dieser Person in Kommunikation zu treten versteht und sich selbst dabei einsetzt, das bestimmt und modifiziert die Tiefen- und Breitenwirkung der angewendeten Methode.

I. Grundlagen

A. Spannung und Entspannung

Man kann das Begriffspaar Spannung-Entspannung schön oder unschön, kennzeichnend oder unzutreffend für die gemeinten Erlebnisse finden; es läßt sich nicht bezweifeln, daß der heutige Mensch es im wissenschaftlichen und alltäglichen Sprachgebrauch laufend anwendet, wenn es um ihn besonders affizierende Geschehnisse geht. Ja, am Problem der weltpolitischen Spannungen bzw. nötiger Entspannung entzündet sich die Fage nach Fortbestand oder Untergang der Menschheit. Nimmt es dann wunder, wenn auch der Patient, der in diese Zeit und Welt eingeordnet lebt, beim Arzt zunehmend nach Entspannung verlangt, auch wenn er darunter nicht etwas fest Umrissenes versteht? Man ist versucht, den heutigen Menschen als einen in unerträglichen Spannungen lebenden zu charakterisieren. Z. B. Korff 492 bezeichnet unser Arbeits- und Berufsleben als Spannungsfeld schlechthin. Und sind es nicht Kolonisatoren, Krieger, Abenteurer, Bergsteiger, Sportler usw., die uns daran erinnern, daß der Mensch kaum etwas schlechter verträgt als ein ödes, fades, spannungsloses Einerlei im Alltag? So dürften es eher bestimmte *Verschiebungen und Vereinseitigungen unseres Lebens* und Daseins sein, die den Problemkreis der Spannungen und Entspannungen nicht neu erstehen, sondern in spezifischer Weise in das Bewußtsein des heutigen Menschen treten ließen. Dabei ist von vornherein deutlich, daß mit demselben Begriffspaar außerordentlich verschiedene Erscheinungen und Bereiche getroffen werden, so daß wir zunächst einmal gezwungen sind, uns mit der begrifflichen und phänomenologischen Seite zu beschäftigen, bevor wir zur psychotherapeutischen und psychopathologischen Anwendung gelangen.

Allgemein ist man geneigt, die Begriffe Spannung und Entspannung als primär technische anzusehen, und findet es typisch, daß der Mensch im Zeitalter der *Technik* mechanistisch denkt und sich entsprechend sprachlich ausdrückt. Indes ist mit einer solchen Ableitung wenig ausgesagt. Ähnlich wie der Einzelmensch nicht nur politischen, sozialen und kulturellen Zeitströmungen unterliegt, sondern diese aktiv gestaltet, baut er die technische Welt auf, um gleichzeitig von ihr geformt zu werden. Es ist müßig zu fragen, was eher da war, das Ei oder das Huhn; es ist nicht zu entscheiden, ob erst die hochspezialisierte und perfektionierte moderne Welt der Technik die vermeintlichen »Spannungen« im Menschen schuf oder umgekehrt bestimmte »Spannungen« im Menschen es waren, die ihn die Welt der Technik mit all ihren äußeren und seelischen Rückwirkungen gestalten ließen. Statt einer einseitigen Ableitung des einen vom anderen ist es angebrachter, gemäß dem in der Einführung Grundgelegten von einem miteinander Gegebensein auszugehen, von einer gestaltkreisartigen Verflochtenheit (WEIZSÄCKER 974) oder von einem »zweieinheitlichen Geschehen« (STOKVIS 885). Der Mensch lebt nicht nur in der Welt, von ihr scharf abgegrenzt, wie ein Ei in einem Korb liegt; er gestaltet diese Welt und ist damit weitgehend diese, wie sie ihrerseits den Menschen formt. So ist es unumgänglich, daß wir Erscheinungen in der Außenwelt als korrespondierend oder gar identisch mit eigenen inneren Zuständen und Erlebnissen empfinden und sie deshalb mit denselben Begriffen belegen, auch wenn es sich nicht um die objektiv gleichen Vorgänge handelt. L. BINSWANGER hat aus dieser Tatsache die Daseinsanalyse entwickelt. Z. B. bezeichnen wir als »hoch« und »tief« Dinge in der Außenwelt, die wir sehen oder in der Physik wissenschaftlich beschreiben. Hoch und tief kann aber auch unsere Stimmungslage sein, unsere Moral, ein Leistungsstand usw. Es ist deshalb dem Menschen möglich, wenn er die Tendenz hat, sich zu »versteigen«, dies in Form übertriebener (»überspannter«) moralischer Ansichten, eines Geltungsstrebens und paranoisch »rein psychisch« zu tun, oder indem er, wie IBSENS Baumeister Solneß (vgl. 71) Kirchtürme von solcher Höhe in die Welt baut, daß sie keinen Stand mehr auf der Erde finden.

Damit sind wir bereits mitten in der existentiellen Problematik der Spannung und Entspannung. In Anlehnung an die Atomphysik könnte man formulieren: Noch bevor das Räumliche eine Rolle spielt, ist Energie gegeben, mit dem Absetzen des ersten Elektrons vom Atomkern Kraft bzw. Spannung. Ohne Spannung wäre Nichts. *Spannungsloses Sein wäre Nicht-Sein*[1]. Eine totale Entspannung tritt nach WIESENHÜTTER 1007/8 erst mit dem Sterben ein. Analog der mikrophysikalischen ist die makrophysikalische Welt »aufgebaut«, die Welt, die nicht nur uns »hat« und die wir »haben«, sondern die wir auch »sind«. Der erste Mensch, der seinen Bogen »spannte«, um »angespannt« das Tier zu verfolgen und zu erlegen, »spannte« danach das Fell zum Trocknen auf, um sich später auf ihm »auszuspannen«. Er unterlag den gleichen Gesetzen und vollzog die gleiche Bestimmung wie der heutige Techniker, der mit der elektrischen »Spannung« umgeht, die Last eines Bauwerkes mittels »Spannbeton« fundiert, die »Spannung« einer Brücke oder

[1] Zum Welt und Mensch umfassenden und fundierenden Prinzip wird diese Tatsache in der Naturphilosophie von P. TEILHARD DE CHARDIN 918 erhoben: »... eine Ekstase, die über die Ausmaße und den Rahmen des sichtbaren Universums hinausführt. Ekstase in Eintracht oder Zwietracht; aber in beiden Fällen aus Übermaß der inneren Spannung. Das allein angemessene und denkbare biologische Ende des Phänomens Mensch.«

eines Staudammes einem bestimmten Druck gegenüber berechnet und dabei ebenso seine geistige »Spannkraft« einzusetzen hat wie der Arbeiter die »Spannkraft« der Muskeln. In ihrer Freizeit lesen sie ein »spannendes« Buch oder besuchen einen »spannenden« Film. Welche Fülle von Vorgängen, in denen ein- und dasselbe Grundprinzip, nicht nur des Lebens im engeren Sinne, sondern des Seins schlechthin immer wiederzukehren und deutlich zu werden scheint – und doch welche Unterschiede des In-die-Erscheinung-Tretens in den einzelnen Seins- und Lebensbereichen!

Die kurze Analyse zeigt, daß das, was der Daseinsanalytiker (hier im weiteren Sinn) unter »Spannung« als durchgehendes Seins- und Lebensprinzip verstehen kann, nicht identisch ist mit dem, was der Physiker oder Techniker mit dem festumrissenen Begriff der Spannung meint, oder gar der Psychologe und Psychopathologe, wenn er bestimmte Verhaltensweisen und Erlebnisse eines Menschen untersucht. Daseinsanalytisches Interpretieren bewegt sich – nicht zu Unrecht der Sprache folgend – in einer anderen Denk- und Sichtebene, es ist eine andere, umfassende und allgemeine Art des Verstehens, als es das konkrete Umgehen mit der Materie oder mit Personen tut. Auf der Ebene dieses Umganges gibt es nicht »das« Ding schlechthin, nicht »den« Menschen, sondern viele verschiedene Dinge und Menschen, gibt es nicht »die« Spannung oder Entspannung, sondern viele Weisen von Spannungen und Entspannungen. Aber diese zweite Ebene ist nicht die allein wahre und berechtigte. Daß die Sprache vor aller Wissenschaftlichkeit und rationalen Präzisierung dieselben Begriffe für so differente Erscheinungen und Bereiche zur Anwendung bringt, weist auf tiefere Grundlagen hin, die wir sonst möglicherweise gar nicht mehr erkennen und »verstehen« würden. Es soll damit nicht nur gesagt sein, daß wir alle – ob bewußt oder unwillkürlich – in einer bestimmten Ebene und Weise »daseinsanalytisch« denken. Dahinter steht das Problem, daß wir Menschen mit der Wahrnehmung und dem Denken nur ausschnitthaft erfassen (K. JASPERS 426), daß wir unter der rationalen Sphäre mit dem umfassenden Ganzen verbunden sind. Das kommt in den Beziehungen, die uns die Sprache – gleichsam am Übergang der Ebenen und Sphären – lehrt, zum Ausdruck. Ja, wenn wir uns im folgenden einzelnen Entspannungsmethoden zuwenden, werden wir darauf stoßen, daß diese weit genug fortgesetzt in »Versenkungszustände« übergehen (wie sie ursprünglich aus ihnen abgeleitet wurden), in denen jenseits aller Rationalität das Erleben der Vereinigung mit dem Umfassenden, mit dem »Sein« (DÜRCKHEIM 211) wieder auftritt und die rational getroffenen Unterscheidungen relativiert werden. Dieser Hinweis sei ergänzt durch die Sicht GOETHES, der bei der Umschreibung der Spannung als »der indifferent erscheinende Zustand eines lebenden, energiebeladenen Wesens in voller Bereitschaft sich zu manifestieren« noch keinen Unterschied zwischen physischen und psychischen Begriffsbestimmungen machte – ähnlich wie SCHILLER: »Das Ideal der Erholung ist die Wiederherstellung unseres Naturganzen nach einseitigen Spannungen.«

Es ist unsere Aufgabe, nach dem Hinweis auf die umfassende Seinsebene und die ihr entsprechende Sicht- und Denkweise dem Zuge wissenschaftlichen »Ausscheidens« und Herausgreifens zu folgen. Wir engen das Thema ein auf das Verhalten des Menschen. Die heutige Verhaltensforschung und ihr namhafter Vertreter BUYTENDIJK 137–40 kommen unserem Anliegen insofern entgegen, als sie mit dem Begriff des Verhaltens psychologische und physiologische Vorgänge noch nicht trennende Phänomene erfassen. Bei der Beschreibung »der menschlichen Haltung und Bewegung« erhalten wir notwendigerweise Einblicke in den Fragenkreis der Spannung und Entspannung am Menschen, ja, »eine Haltung« wird definiert als »ein aktives Nicht-Bewegen oder ein aktives Sich-Entspannen, eine Ausgangslage für Bewegung und Ruhe«. Bewegungen und Haltungen sind nicht ohne ständig sich ändernde *Spannungsverteilungen (relative An- und Entspannungen)* möglich. Diese wiederum richten sich nach der sinnvollen Ein- und *Zuordnung der Funktionen zur jeweiligen Situation* bzw. Aufgabenkonstellation in der Welt. Nicht muskuläre oder neurale Prozesse können allein zustandsgerechte Spannungsverteilungen aufbauen und gewährleisten; auch nicht allein ein psychisches Geschehen wie das Gefühl der Sicherheit läßt uns unsere Muskeln entspannen, sondern wir tun das erst, wenn wir auch realiter gesichert sind. Aber es ist unrichtig zu meinen, der menschliche Leib verfolge das Prinzip möglichst weitgehender Entspannung bzw. Erschlaffung analog dem materiellen Prinzip des geringsten Energieaufwandes. Normalerweise werden dauernd Haltungen verändert und damit Spannungsänderungen vorgenommen. Dieser Vorgang wird verständlich gemacht durch das geschlossene »Dasein«, welches Tier und Mensch in und mit der Umwelt aufweisen: »Dieses ›mit‹ bezeichnet ein Zusammensein im Sinne einer Wechselwirkung, aber auch ein ›Gegenüber-Stehen‹ im Sinne der Auseinandersetzung. Die Doppelsinnigkeit muß sich in einer doppelten Ausrichtung und in einer polaren Spannung der Funktionen äußern. Sie zeigt sich in einer aktiven und in einer passiven Stellungnahme zu den Dingen; die polare Spannung der Funktionen wird durch ihre Gegensätzlichkeit im ununterbrochenen Zusammenhang bedingt. Die Umwelt-Gerichtetheit führt zu einer Spannung und diese wiederum zu einer Selbstbewegung, wenn ein bestimmter Grenzwert überschritten wird. Als die Erfüllung der Bewegungstendenz hebt sie die Spannung auf. Spannung und Entspannung wechseln miteinander notwendigerweise ab, indem Spannung Bewegung, diese wiederum Entspannung bewirkt« (138, S. 114).

Das Problem der Spannung und Entspannung ist in dieser Grundlegung nicht ein solches der Koordination von Muskeln, neuralen Bahnungen oder Reflexen und Reaktionen am isolierten Organ, sondern das eines Lebewesens in seiner Welt. Es liegt die für die Psychotherapie wichtige Ableitung auf der Hand, nicht gesondert somatische, psychische oder soziale Faktoren zu erfassen, wenn es zur »Überspanntheit« (BUYTENDIJK 137) kommt, sondern den Menschen als Ganzes, und d. h. in und mit seiner Welt, zu sehen und zu behandeln (vgl. MOSEBACH 658, WIESEN-

HÜTTER 1003). Aber bleiben wir zunächst bei der Frage, warum absolute Entspannung kein biologisch notwendiges und positives Ziel ist: »Man kann nicht aus ruhigem Sitzen oder Liegen, nicht einmal aus entspannter aufrechter Haltung plötzlich entfliehen, zugreifen oder abwehren. Bei den niederen Tieren, z. B. bei einem Insekt, fehlt eine echte Ruhehaltung und besteht eine tonische Spannung, wodurch stets unmittelbar auf Eindrücke reagiet werden kann« (138, S. 209). Beim Menschen ist diese Unmittelbarkeit zwar gelockert, aber nicht aufgehoben. Das zeigt sich unter anderem in den motorischen Mit- und Ausdrucksbewegungen, die unsere Stimmungen, Gefühle, Affekte begleiten. Man meint zunächst, daß hierbei eine gesetzmäßige psychophysische Wechselwirkung (oder ein Parallelismus) von Spannung und Entspannung besteht. Jedoch sind die Verhältnisse weit verwickelter. Unlustgefühle und Depressionen gehen mit Muskelentspannungen einher. Dem entspricht aber nicht etwa innere Ruhe, sondern Unruhe, welche die normalen (Ruhe-)Spannungen aufhebt und sich daher in einem Spannungsverlust ausdrückt. In der bildhaften Kennzeichnung der »gedrückten« Stimmung liegt denn auch alles andere als »Entspannung« im üblichen Sinn erlebnismäßiger Befreiung, Harmonisierung, Entlastung, sondern lastender Druck, überwältigende Schwere, Einengung. Eine Entsprechung wies WEIZSÄCKER 972 im somatischen Bereich nach. Ein Rigor erweckt über den Gesamtausdruck des Patienten im Untersucher (wie in diesem selbst) den Eindruck einer größeren Muskelspannung. Objektiv läßt sich jedoch das Gegenteil nachweisen. Mit BUYTENDIJK kann man auch das Lächeln insofern »paradox« ansehen, »als seine Muskelspannung als die Lösung einer aktiven Ruhehaltung erlebt wird. Das liegt daran, daß die Ruhehaltung in Auseinandersetzung mit der Außenwelt als ein Verschlossen-Sein, der sich im Lächeln offenbarende innere Zustand dagegen als ein Sich-Öffnen erlebt wird« (138, S. 220). Man lacht erst richtig, wenn man mit anderen zusammen lacht (PLESSNER). Ähnlich liegen die Verhältnisse bei der Aufhebung der Spannung in Form eines Gelähmtwerdens im Schock oder beim Erstarren vor Schreck.

Man hat alle diese Erscheinungen lange Zeit zu vereinfachend und gradlinig als innere Reaktionen auf von außen kommende Reize aufgefaßt. Dann müßten aber innere und äußere Spannungen und Entspannungen identisch sein bzw. immer gleichsinnig verlaufen, was sie – wie gezeigt – in vielen entscheidenden Fällen nicht tun. Sie sind nicht nur Gefühle oder Muskelzustände. Spannung und Entspannung sind Gegensätze, »weil sie einer gegensätzlichen Haltung zur Außenwelt entspringen. Deshalb lassen sich sowohl Ausdrucksbewegungen als auch Gefühle als gespannt und entspannt, munter oder gedrückt, frisch oder ermüdet, aktiv oder ruhig bezeichnen. Diese Begriffe treffen sowohl den Gemütszustand als auch die äußere menschliche Erscheinung« (S. 224). Wenn also eine Reihe von Affekten, wie Freude, Angst, Zorn, Ärger, den Spannungszustand gemein hat, so ist das, was hier Spannung genannt wird, doch in vielem verschieden. Beim *Zorn* ist die *Spannung expansiv,* beim *Ärger unruhig,* »bei *Freude* eine *elastische* wie bei der Stahlfeder oder dem Bogen, manchmal auch eine *anschwellende* Spannung, die mit der Füllung zunimmt, wie bei einem Gummiball. Bei *Schrecken* und verwandten Gefühlszuständen ist die Spannung eigentlich eine *Erstarrung*« (138, S. 225). Wohl sind diese Formen psychischer Spannung von muskulären Haltungs- und Spannungs-Variationen begleitet, die ihrerseits über die Haltungs-, Bewegungs-, Muskel- und Krampfempfindungen die innere Gefühlslage mitbestimmen. So kann ein schlaffes Sich-Bewegen deprimierend wirken und ein lebendiger Gang eine (leichte) Depression mindern. »Es ist fast unmöglich, betrübt zu bleiben, wenn die Motorik sich ermuntert.« BUYTENDIJK spielt hier auf die JAMES-LANGEsche Gefühslehre an, die freilich in einer strengen Gesetzhaftigkeit oder auch nur weitgehenden Regelhaftigkeit übertrieben ist. Jedoch leitet sie zu dem anthropologischen Anliegen über, am lebenden Menschen nicht einzelne somatische Funktionen, psychologische Daten oder Innenweltreaktionen auf Außenreize hin zu isolieren und in dieser Isolierung zu verabsolutieren, sondern sie auf dem Boden des menschlichen In-der-Welt-Seins als zusammengehörig zu sehen: »In der Affekttheorie von JAMES-LANGE wird der periphere Einfluß auf den Affekt mit Unrecht in dem Strom von Eindrücken gesucht, der von den bewegenden Muskeln, den Blutgefäßen, der Haut, den inneren Organen ausgeht. Richtig ist jedoch, daß zugleich *mit der inneren Bewegung die körperlichen Spannungsrichtungen erfahren werden*« (138, S. 251). Mit GOETHE kann man fortfahren: Das Innere wird zum Äußeren, das Äußere zum Inneren.

Für die Therapie bekommen wir durch diese Sicht einen bedeutsamen Hinweis, nämlich Entspannungs- und ähnliche Übungen nicht auf isolierte somatische oder psychische Vorgänge oder Symptome zu beziehen, sondern eine innere und äußere Gesamtsituation zu schaffen, die diesem Menschen in seiner Lage angemessen ist. So kann allein die Aufforderung, ein Muskelgebiet zu entspannen, in der einen oder anderen Situation, bei dem einen oder anderen Arzt, von völlig anderen Erlebnissen, »Tiefenwirkungen« und Erfolgen begleitet sein. Wenn BUYTENDIJK formuliert: »Man greift nicht nach einem Apfel, um zu greifen, sondern um den Apfel zu besitzen«, läßt sich das unschwer auf die therapeutische Situation übertragen: Ein Patient kommt nicht zu Entspannungsübungen, um zu entspannen, sondern die Entspannung soll ihm dienen, mit seinem Leben und seinen Aufgaben, an welchen er versagte, besser fertig zu werden. Und wenn gesagt wird: »Indem der Mensch lebt, überläßt er den Körper sich selbst, und zugleich läßt man sich selbst in den Automatismus des Körpers entgleiten«, gilt das ebenso vom (somatisch oder »eingebildet«) Kranken, der nicht mehr seinen Leib unreflektiert lebt, sondern ihn (oder Teile von ihm) sich gleichsam selbst überläßt, wobei der Körper sogar zum »Gegner« werden kann. Behandeln wir diesen Körper, behandeln wir nicht nur ihn, sondern den jeweiligen Menschen in seiner Situation und Welt.

Die eingehende Besprechung der psychische und physische Seiten ungetrennt erfassenden Verhaltensforschung von Spannung und Entspannung hat den Vorteil, daß wir uns einer weiteren wissenschaftlichen Einengung und damit Entfernung vom konkreten Leben bewußt bleiben, wenn wir uns allein psychologischen Fragestellungen zuwenden. Schon der erste Systematiker wissenschaftlicher Psychologie, WUNDT 1031, hat »Spannung und Entspannung« beschrieben und neben »Lust und Unlust«, »Erregung und Ruhe« den Gefühlen zugeordnet (ähnlich KLAGES). Eine gewisse Berechtigung dieser Unterscheidungen geht aus den Untersuchungen BUYTENDIJKS hervor, allerdings unter der Einschränkung, daß es sich um wissenschaftlich abstrahierende Systematisierungen handelt. Erkennt man den Gefühlen – mit REVERS 748, VETTER 942 und WELLEK 979 – die zentrale und alle Seiten und Bereiche durchwirkende Bedeutung in der Persönlichkeit zu, mag einleuchten, daß das Phänomen der Spannunng und Entspannung nicht allein einer »Schicht« zudiktiert werden darf. Es ist auch in den Äußerungen unserer Patienten nie in isolierter Form anzutreffen, sondern erst aus der Verbindung mit anderen Vorgängen oder als deren Zusammenfassung zu erschließen. So erklärt sich, daß ein Praktiker (und nicht allein Systematiker oder Theoretiker), wie FREUD 280–6, die Gefühle der Erregung, Spannung und Lust (bzw. Unlust) nur zusammen beschreiben kann; z. B. in den »Drei Abhandlungen zur Sexualtheorie« spricht er vom »Spannungscharakter der sexuellen Erregtheit« und davon, »daß ein Spannungsgefühl den Unlustcharakter an sich tragen muß« ... »Rechnet man aber die Spannung der sexuellen Erregtheit zu den Unlustgefühlen, so stößt man sich an der Tatsache, daß diese unzweifelhaft lustvoll empfunden wird. Überall ist bei der durch die Sexualvorgänge erzeugten Spannung Lust dabei.« So kommt er (in »Jenseits des Lustprinzips«) zu der doppelten Sicht einer *lustvollen und* einer *unlustvollen Spannung* und der Spannung zwischen Lebenstrieben und Todestrieb, zu welcher sich (in »Das Ich und das Es« und in »Neue Folge der Vorlesungen zur Einführung in die Psychoanalyse«) die Spannung zwischen »Über-Ich« und »Es« gesellt, welche im Ich »Spannungsgefühle der Minderwertigkeit und des Schuldbewußtseins« erzeugt. Wir werden daran erinnert, daß eine ähnliche »Spannung« zwischen Minderwertigkeitsgefühl und Machtstreben das Werk von A. ADLER durchzieht und daß die Lehre von der »psychischen Energie« bei C. G. JUNG ohne den Begriff der Spannungen und entsprechender Integrationen (von Bewußtem und Unbewußtem usw.) undenkbar wäre. Die gesamte Tiefenpsychologie wird beherrscht von Begriffen wie *Aufstauung, Abreagieren, Entlastung, Hemmung, Enthemmung, Verdrängung, Affektstrom,* die alle *»energetisches« Denken* in Ableitung von der Mechanik und Physik verraten und den Problemkreis von Spannung und Entspannung unmittelbar in sich bergen. Solange es sich dabei nur um »Bilder« handelt, die möglichst plastisch das ausdrücken sollen, was im Erleben des Patienten vor sich geht, ist kaum etwas gegen diese Begriffe einzuwenden. Freilich war die ältere Tiefenpsychologie noch vom Vorbild der Naturwissenschaften so fasziniert, daß die mechanistischen Aspekte kaum andere zuließen. Erst G. R. HEYER 390 stellte bei der Anwendung des Kraftfeldbegriffes auf das Seelenleben klar den Analogie- und Bildcharakter heraus.

An dieser Stelle ist man versucht, das Begriffspaar der Spannung und Entspannung nicht nur durch die Tiefenpsychologie und Psychotherapie, sondern auch in der Psychosomatik, in der Psychopathologie, ja in der ganzen Heilkunde weiterzuverfolgen. Es würde sich bald herausstellen, daß es – sogar bis in die Konstitutionslehren (s. HOFFMANNS 405 Lehre von der krankheiterzeugenden Dissonanz einzelner Schichten) – überall Eingang fand. Man stünde vor der Aufgabe, die gesamte Pathologie unter dem Aspekt von Spannung und Entspannung neu aufzurollen und zu beschreiben. Im Begriff des Krankseins ist unmittelbar der des »Abgespanntseins« enthalten, auch wenn dieses noch nicht bis in das bewußte Erleben, sondern nur bis in die Sphäre leichter vitaler Leistungseinbußen vorgedrungen ist (vgl. PLÜGGE und KOHN 716). Nicht zufällig war der 1er Congrès de Médecine psychosomatique de langue française (VITTEL 1960) der »relaxation« gewidmet, wobei selbst die Psychoanalyse (HELD, KÜHNEL, REVERCHON) weniger unter dem Aspekt des Lustprinzips als unter dem der Entspannung abgehandelt wurde. Im französischen Sprachraum ist der Begriff der »tension psychologique« seit JANET (»Les névroses«) eingeführt.

Das Vorhaben, spezielle Krankheitsbilder unter dem Aspekt der »Überspannung« oder der Erschlaffung zu beschreiben, würde den gleichen Schwierigkeiten begegnen wie die Einordnung einiger Krankheitsbilder als »psychosomatische«, während man andere davon ausschließt. Jede Krankheit hat ihren psychischen Aspekt, ihre seelischen Aus- und Rückwirkungen; jede Krankheit hat auch etwas mit »Spannungsverschiebungen«, mit Veränderungen im Bio-»Tonus« und mit Beeinträchtigungen der Gefühle zu tun. Wenn im folgenden eine Reihe von Krankheiten und neurotischen Zustandsbildern genannt wird, bei welchen unser Fragenkreis besonders hervortritt, ist damit nicht eine einordnende und andere Krankheiten ausschließende Systematik gemeint. Eine systematische Pathographie der »Spannungs«-Krankheiten würde unserer anthropologischen Grundlegung und psychotherapeutischen Ausrichtung widersprechen. Sie müßte den Problemkreis der Spannung und Entspannung so betonen und isolieren, daß die gebrandmarkte Verabsolutierung eines Aspektes fast unvermeidlich die Folge wäre. Symptome und Einzelerscheinungen am Patienten träten in den Vordergrund, während es gerade unsere Aufgabe ist, den Patienten als vollgültige Person in seiner Welt zu erfassen. In diese Richtung wirkte auch die Psychotherapie revolutionierend, daß nicht – wie in den gängigen Lehrbüchern der Medizin – in allen Menschen die gleichen Krankheitssymptome beschrieben und systematisiert werden, an welche – meist im Kleindruck – die Behandlungsmethoden angeschlossen sind. Hier tritt der einzelne Patient mit seinen Besonderheiten und Wandlungen im Verlauf der in den Vordergrund gerückten Behandlung in den Mittelpunkt. Nur sekundär werden mögliche Systematisierungen und allgemeingültige Lehren abgeleitet.

Es ist außerdem von vornherein ersichtlich, daß es kein feststehendes durch alle Menschen hindurch zu verfolgendes objektives Kriterium gibt, nach welchem man »Überspanntheiten« oder übermäßige Erschlaffungen im Sinne pathologischer Abweichung von der Norm zu diagnostizieren hätte – dies weder im somatischen Bereich, etwa nach dem objektiven Grad der Muskelspannungen, noch im psychischen Erleben. Bestimmte Muskelanspannungen, die der eine stundenlang ohne subjektive Beeinträchtigung und Mißempfindungen erträgt, würden den anderen schon nach Minuten ermüden. Es ist eine Erfahrungstatsache (SCHULTZ 815), daß der gleiche Mensch dann weit größere Anspannungen erträgt und nicht ermüdet, wenn er mit vollem Interesse bei einer Arbeit oder Tätigkeit ist. Jeder von uns kann das nachkontrollieren. Analoges läßt sich vom charakterologischen Bereich aussagen. Wenn heute Männer unseres Kulturkreises sich bei jedem Wiedersehen weinend in die Arme fallen und überhaupt jeder Emotion mit Tränen oder »exaltierten« Ausbrüchen der Freude Nachdruck verleihen wollten, würde man sie wohl als »überspannt« bezeichnen. Aber in anderen Kulturkreisen und noch vor wenigen Jahrzehnten bei uns wich ein solches Verhalten nicht vom üblichen ab. Daraus können wir ersehen: Weder im somatischen noch im psychischen Verhalten gibt es *einen* »Eutonus«, der als feststehender und durchgängig objektivierbarer Mittelwert bei jeder Person, in jeder Zeit und Situation vorhanden wäre und der bei einer Überschreitung nach oben oder unten eine Diagnose im Sinne des Pathologischen zuließe. Wir werden wiederum auf den Maßstab verwiesen, welchen der jeweilige Mensch in seiner Welt jedesmal weitgehend neu liefert.

Das bisher Ausgeführte wollen wir auswerten und im Auge behalten, wenn wir uns den praktisch-psychotherapeutischen Beispielen und Methoden nähern. Nur ein einseitiger Seelenmechanist kann glauben, daß mit demselben Ausdruck der Entspannung im materiellen und psychischen Bereich Gleiches getroffen werde, daß beide Bereiche gleichen Gesetzen und einem gleichen »Verhalten« unterlägen. Der Mensch gehört zwar auch zur Natur und besteht auch aus Materie, unterliegt diesen jedoch nicht nur, sondern kann ihnen auch gegenübertreten und sie abändern. Unter bestimmten experimentellen Bedingungen können so ausschnitthafte Vorgänge zur Beobachtung gelangen, die mechanischen Gesetzen entsprechen. Aber im konkreten Leben gibt es keinen physikalischen Gegensatz von Spannung und Entspannung, sondern nur ein Mehr oder Weniger an Spannungen, wobei Richtungen, Verteilungen, Äußerungsweisen, Erlebnisse usw. wechseln und damit subjektive und objektive Beurteilungsmöglichkeiten. Das haben wir uns vor Augen zu halten, wenn wir das Gesamtverhalten des Menschen in einen psychischen und einen somatischen Bereich aufspalten wollen. Wie der Mensch in der Welt, aber auch ihr gegenüber existiert, ist ein ähnliches Verhältnis zwischen Seele und Leib festzustellen, welches viele von mechanistischen und gradlinig kausalen Denken her als »Paradoxien« erscheinende Vorgänge verständlich macht. So kann einer seelischen Entspannung, etwa beim Einschlafen oder beim Autogenen Training, eine meßbare körperliche Entspannung in Form vermehrter peripherer Durchblutung und objektiver Muskelentspannung entsprechen; sie braucht dies aber nicht. Bei einzelnen Patienten erhalten wir die Auskunft, daß sie Beine oder Arme als ganz entspannt, schwer und warm empfinden, während wir objektiv beobachten, daß die Strecker an Beinen und Armen immer stärker innerviert werden, so daß die Extremitäten sogar von der Unterlage in die Höhe wandern (s. u.).

Eine ähnliche »Paradoxie« scheint vorzuliegen, wenn wir bei einer Reihe von Entspannungsübungen nicht eine durchgehende »Entspannung« im Sinne des Erschlaffens erleben, sondern eine Leistungssteigerung, und zwar nicht nur im Anschluß an eine etwaige Erholung, sondern während des Entspannens. Ohne hier im Entfernten eine Übersicht über medikamentöse Entspannungstherapie geben zu wollen, sei der Seitenblick gestattet, daß das gleiche Ergebnis dort bekannt ist. Nicht nur roborierende und aufpeitschende Pharmaka steigern Leistungsfähigkeit und Leistungswillen, sondern auch und gerade entspannende (vgl. CERNEA 156, KUGLER u. a. 526, KIELHOLZ 461, WIESENHÜTTER 987). Umgekehrt setzt Pervitin die Hypnotisierbarkeit nicht herab, sondern im Gegenteil herauf (SCHULTZ 819, STOKVIS 880)! Wiederum kommen wir in unserem Verständnis keinen Schritt weiter, wenn wir das mechanistische Bild von Spannung und Entspannung vor Augen haben. Es handelt sich eben nicht einfach um Überspanntheit oder Erschlaffung in toto, sondern um die Frage der Spannungsverteilungen und der Teilentspannungen. Subjektiv kann jeder in bestimmten Phasen der Ermüdung entsprechende Beobachtungen an sich selbst anstellen. Es ist also im ganzen korrekter, von »Fehlspannungen« zu sprechen, wenn wir objektiv oder subjektiv von einem gewissen Gleichgewicht abweichende Vorgänge registrieren. Das wird uns besonders vor Augen gehalten durch die bekannte Tatsache, daß man Schwerarbeiter zum Ausgleich nicht einfach entspannen läßt, sondern gymnastische und sportliche Übungen gerade im Hinblick auf die während der Arbeit nicht überbeanspruchten Gliedmaßen durchführt, diese also auch noch »spannt«, wodurch erst ein Ausgleich der »Spannungen« erzielt wird (695, 994). Der Begriff der »konzentrativen Selbstentspannung« (SCHULTZ) ist also ebensowenig »paradox«, wie die genannten Maßnahmen, wenn wir uns von der mechanistischen Teilsicht der Spannung und Entspannung am lebenden Menschen befreien.

Ein Gleiches ist nötig, sobald wir uns speziellen Krankheitsvorgängen zuwenden. Es wäre verfehlt, »Entspannung« als Heilmittel schlechthin anzusehen. K. LEONHARD 553, M. PFLANZ und TH. VON UEXKÜLL 708, H. RENNERT 743, W. SCHULTE 807 und STAMPA 851 wiesen auf die *pathogene Wirkung der Entlastungs- und Entspannungs-Situation* nach der Pensionierung oder der Heimkehr aus der Gefangenschaft hin, BORELLI 96 und SPERLING 848 auf ähnliche Folgen eines nicht angemessen verlebten Urlaubs. Das gleiche ist für die Auslösung eines Herzinfarktes oder epileptischer Anfälle (nach der Arbeit oder nachts!) bekannt. Auch hier werden wir wieder gemahnt, nicht einfach Spannung oder Entspannung im Gegensatzsinn zu beachten oder erzielen zu wollen. Es geht um die rechte »Spannung« für diesen Menschen in seiner Situation. Das gilt in gleicher Weise für all die Krankheiten, für die man »Über«- (besser: Fehl-)Spannungen oder krampfhafte Dauerhaltungen besonders charakteristisch und deshalb Entspannungsübungen bevorzugt indiziert ansieht, bei der Neurasthenie, dem Hochdruck, der »Managerkrankheit«, dem Rheumatismus, Asthma usw.

Nach dem Ausgeführten ist es schwierig, vielleicht auch irreführend, eine von mechanistischen Vorstellungen völlig freie, eigene und für therapeutische Zwecke brauchbare *Definition* der »psychischen Spannung« (denn nur um diese handelt es sich auch in der »Entspannung«) zu geben. Mindestens läßt sich zweierlei unterscheiden (s. STOKVIS und SONDHEIM 892): Einmal wird unter dem Ausdruck der psychischen Spannung ein *dynamisches Geschehen* (Spannungsverschiebungen, Entspannung) verstanden *(»Spannung« im engeren Sinn)*, zum anderen ein mehr oder weniger *statischer Zustand*, so wenn wir vom »Eutonus«, der Tonus- oder Spannungslage, vom *»Gespannt-Sein«* in der Anstrengung, in der Furcht, Angst, Hoffnung oder tiefenpsychologisch von der »Stauung der Affekte« sprechen. Daß es sich beim Gespannt*sein* nicht ausschließlich um Gefühle handelt, wird aus der »gespannten« Erwartung vor wichtigen Ereignissen ersichtlich, an der meistens geistige Strebungen aktuell beteiligt sind. Bei jedem psychischen Gespanntsein sind mindestens zwei Strebungen vorhanden, sei es in der Persönlichkeit selbst oder zwischen ihr und einem anderen, die gegeneinander stehen und auf eine Veränderung, einen Ausgleich, eine Entscheidung hinzielen (sei es wiederum allein im Inneren oder zwischen diesem und einem Äußeren), wobei aber noch keine Strebung ein Übergewicht hat. Das psychische Entspanntsein ist das gedachte Gegenteil, das Bei- und nicht Gegeneinander der Strebungen (z. B. in der »Versenkung«). Ein Zwangskranker bleibt ständig im Gespanntsein, zwischen der Strebung, den Zwang auszuführen, und dem Bestreben, sich dem Zwang zu entziehen. Bei der Durchführung eines schweren Vorhabens kann das Bestreben nach dem Gelingen äußeren Gegnern oder Eigenschaften des Materials entgegenstehen.

Das dynamische Geschehen der Spannung und Entspannung im engeren Sinn spielt sich ab in dem ständigen Wechsel von Gespanntsein und Entspanntsein, welch letzteres ebenfalls nur eine besondere Form von Gespanntsein im weiteren Sinn ist. Ein Entspanntsein gibt es immer nur in bezug auf »Teile« der Persönlichkeit oder ein entgegenstehendes Stück der Außenwelt. So wird der Zwangskranke zwar nicht absolut spannungslos, aber von dem eben noch aktuellen Gespanntsein befreit, wenn er aus dem Zwang heraustritt, indem er ihm nachgibt und die Zwangshandlung ausführt. Oder: Das Gespanntsein während der lebensgefährlichen Krankheit einer geliebten Person hört auf, d. h. Entspannung tritt ein, sobald Genesung oder Tod des Mitmenschen eine Entscheidung erzwungen hat. Nach der gelungenen Vollendung eines Vorhabens treten die Strebungen, es durchzuführen, aus der Verbindung mit den bisherigen Widerständen. Handelt es sich um einen Unternehmer mit einem »hohen Psychotonus«, wird er nach dieser »Entspannung« sofort wieder ein neues »Gespanntsein« anstreben, in Arbeit, Sport, Denkspielen oder »spannender« Lektüre. Hier wird der »Eutonus« also ganz und gar nicht in einem (relativen) Entspanntsein gesucht und gefunden, sondern im Gespanntsein, wobei sich herausstellt, daß für diese Person »Gespanntsein« und »Entspanntsein« gar nicht in der gleichen Weise als Gegensätze empfunden und erlebt werden wie etwa bei einer zweiten, die nur mit Widerwillen an die Arbeit geht und während ihrer Durchführung das Nichtstun ersehnt.

So wird uns das Aspekt- und Ausschnitthafte der psychologischen Betrachtungsweise von Spannung und Entspannung wieder vor Augen geführt, welches auf den jeweiligen Menschen in seiner Welt zurückleitet. Was den einen stört und anstrengt, ist der andere gewohnt. Was der eine für wahr und richtig hält, glaubt der andere nicht. Während der erste in der Frontsituation in schwere Spannungen und Zwänge verfällt, wird der zweite dort seinen Zwang los und fühlt sich befreit, entspannt und entlastet, während ihn nach der Heimkehr erneut die Zwangsneurose »heimsucht«. So sind nicht objektiv, kausal und vorhersehbar Spannungs- und Entspannungszustände zu bestimmen, sondern nur von Mensch zu Mensch und von Situation zu Situation neu. Daß hierbei autosuggestive Faktoren eine erhebliche Rolle spielen und ebenso wie Übungen psychotherapeutisch eingesetzt werden können, wird im weiteren verdeutlicht. Die Verbindung von (Auto-)Suggestionen und Entspannungen sah die bisherige Psychotherapie meist in dem gemeinsamen »Herab«, nicht nur der Spannung, sondern auch des Bewußtseins in Verbindung mit der Erreichung einer allgemeinen Passivität. Bereits hier kann erwidert werden, daß die Ansicht der passiven allgemeinen Erschlaffung in der Entspannung ebenso einseitig und Ausschnitte verabsolutierend ist wie die Meinung von der allgemeinen Herabsetzung »des« Bewußtseins. Ebenso wie bei dem Gesamtverhalten der Entspannung kommt es hinsichtlich des Bewußtseins zu »Verschiebungen«, die u. a. zu Leistungszunahmen infolge der »Einengung« auf wenige Inhalte (besseres Erinnern an bestimmte Begebenheiten z. B.) führen. So ist der (autosuggestive) Entspannungszustand zu bezeichnen als eine Änderung der leiblichen Spannungsverteilung und der zugehörigen Erlebnisweisen, ebenfalls im Sinne einer (selektiven) Verschiebung der Bewußtseinsinhalte (nicht einer durchgehenden Herabsetzung), wobei widrige und das innere wie äußere Gleichgewicht störende Einflüsse weitgehend zurückgedrängt sind. Im folgenden wird meist von »hypnoider Bewußtseinsveränderung« gesprochen, deren Hauptunterschied zur echten Hypnose in der aktiven (autosuggestiven) *Selbst*beherrschung seitens des Patienten im Gegensatz zum passiven Sichhingeben an den Hypnotiseur besteht, oder einfach vom *»hypnoiden Zustand«*, da mit diesem über die Bewußtseinsveränderungen hinaus das gesamte (Leib, Seele und Geist umfassende) Verhalten des Menschen besser getroffen wird. Nach E. KRETSCHMER 518 beruht der hypnoide Zustand hauptsächlich auf folgenden »Einzelmechanismen: 1. Tiefe Entspannung der willkürlichen Muskulatur; 2. Entspannung der vegetativen Apparate mit Umstellung auf die vagische ›Sparbrennerwirkung‹; 3. Entleerung des Bewußtseinsfeldes durch zunehmende Abblendung und Einengung bei passiver Haltung. Voraussetzung dafür ist vor allem die Abblendung aller lebhafteren und arhythmischen Sinnesreize und inneren Denkvorgänge, während das Hypnoid durch schwache, einförmige und rhythmische Sinnesreize gefördert wird; 4. der optische Apparat, speziell bestimmte Zustände der Augenmuskeln, sind dabei von besonderer Bedeutung. – Es lassen sich weitere Mechanismen herausheben, wie die ›Somatisierung‹ des Bewußtseinsfeldes, d. h. die Einengung auf die Innenerlebnisse des eigenen Körpers: die Versuchsperson ›gleitet passiv fühlend in ihr Körpererlebnis‹, wie dies J. H. SCHULTZ ausgedrückt hat.«

Kehren wir noch einmal zum Ausgang unserer Untersuchungen und zu der Tatsache zurück, daß heute so viele Patienten nach Entspannung verlangen, so sind wir dem Verständnis ein Stück nähergerückt. Sicher ist es nicht eine allgemeine Zunahme »der« Spannungen, die ursächlich dahinterstünde. Auch hier müssen wir auf selektive Veränderungen und Verschiebungen aufmerksam werden. Man hat die Vermassung, die Verstädterung, die Industrialisierung, die Entwurzelungen aus Gemeinschaften und Glauben namhaft gemacht, die den Einzelmenschen in immer mehr und neue Spannungsfelder brachten (992–4). Die Hochspezialisierung des Arbeitslebens, die nur noch »Teilqualitäten« des Menschen in Anspruch nimmt und andere Seiten verkümmern läßt, die Hochzüchtung einzelner Fähigkeiten und Begabungen, schon in der Schule, die allgemeinen Leistungsanforderungen und vieles mehr kommen hinzu. Sie alle können nicht abgewertet oder negiert werden. Nur sei auch hierbei auf das Problem der Vereinseitigungen und der Selektion hingewiesen, dem der Mensch nicht nur unterliegt, sondern das er auch erzeugt und agiert. Weniger die allgemeine Spannungszunahme in der Welt steht damit im Vordergrund, sondern die Spannungsverschiebungen und die mit ihnen gleichzeitig feststellbaren Verschiebungen der Bewußtseinsinhalte. In spezifischer Weise ist das Problem der Entspannung in das Bewußtsein des abendländischen Menschen getreten. Der Arzt wird sich darauf beschränken, wie er es bei seinem Patienten feststellen und behandeln kann. Aber hinter dieser Beschränkung leuchten umfassendere Zusammenhänge auf!

B. Autosuggestion

Seit dem Wirken Coués und seiner Anhänger ruft in dem wissenschaftlich eingestellten Arzt der Begriff der Autosuggestion unangenehme Erinnerungen wach. Die Meinung, daß er mehr oder weniger für Praktiken von Gesundheitsaposteln, Naturheilkundigen und anderen Laienhelfern anzuwenden sei, verdunkelte seine außerordentliche Bedeutung für die gesamte praktische Heilkunde. Freud war sich ihrer noch bewußt, als er die Suggestionsproblematik seinem »Übertragungs«-Begriff zuordnete. Heute taucht der gleiche Fragenkreis bei der Erforschung der »Placebo«-Wirkungen wieder auf. Zusammen mit der stärkeren Betonung der Selbst-Übungen und der Übernahme der Eigenverantwortung des Patienten für sein Leiden und dessen Behandlung in der Psychotherapie kommt aber auch der Autosuggestion eine erhöhte Bedeutung zu – gemäß der überspitzten Formulierung Weizsäckers, der Kranke *mache* seine Krankheit selbst. Sind viele Patienten nicht geneigt, alles andere als sich selbst für das Zustandekommen ihrer Leiden anzuschuldigen und Hilfe von jedem zu erwarten, nur nicht von sich selbst? Eine Ausschaltung jenes Fragenkomplexes, der mit der Autosuggestion getroffen und verbunden ist, würde einer Selbstvergessenheit wichtigster Grundlagen der Seelenheilkunde gleichkommen. Auch die Tatsache des Bedürfnisses vieler Patienten, Gesundheitsapostel aufzusuchen, sollte keine Bagatellfrage, sondern des Nachdenkens wert sein.

Das Gesamtgebiet der Suggestion, in welche die Autosuggestion als Teilgebiet einzuordnen ist, wurde in einer gesonderten Studie (Stokvis und Pflanz 891) abgehandelt, auf die verwiesen sei. Zur Einführung in die anschließenden Methoden seien aber einige Punkte eingehender besprochen. McDougall 197 z. B. weigert sich, die spezifische Wirkung der Autosuggestion anzuerkennen, und schiebt ihren psychotherapeutischen Einfluß ausschließlich auf die Heterosuggestion. Ebenso wie Déczi 178, Gould 327, Hellpach 377, Herzberg 384, Heyer 391, Janet 424, Klemperer 471, Liertz 579 und Schilder 782 geht er in seiner Beweisführung so weit, daß er die Behauptung der alten Schule von Nancy (Bernheim 53), nach welcher jede Wirkung der Suggestion auf Autosuggestion beruhen soll, umkehrt. Er argumentiert, daß der Patient bei jeder psychotherapeutischen Anwendung der Autosuggestion an den Helfer denkt, auch wenn dieser nicht anwesend ist. McDougall zieht als Beispiel die Furcht vor einem Bären heran, der aus dem Walde auf uns zukommt. Diese Furcht wird durch den Bären hervorgerufen: ›It would not be true or useful to say that my fear was self-inspired and that the bear has nothing to do with the case or plaid but a secondary rôle in the drama.‹

Diese Worte McDougalls treffen nicht den Kern der Frage: Wenn der Bär dieses Beispiels ein ungefährlicher Hund gewesen wäre, so könnte – wenn wir vor ihm geflohen wären – dies nur auf unsere »autosuggestive« Vorstellung hinsichtlich der Gefährlichkeit des Objektes uns gegenüber zurückgeführt werden. Es wäre also die Furcht sehr wohl ›self-inspired‹ und die Rolle des furchterregenden Objektes ein sekundäres Phänomen.

Am lebenden Menschen in realen Situationen ist ein inniger Zusammenhang von Auto- und Heterosuggestion nicht zu leugnen. Ist einerseits keine Heterosuggestion denkbar ohne Autosuggestion, ist auch das Umgekehrte der Fall. Die erwähnte Lehre von Bernheim, welcher sich die psychoanalytische Schule (Férenczi 253, Freud 282, 284, Jones 435/7) sowie Baudouin 37, 39 und Löwenfeld 595 anschlossen, hat ihre Berechtigung, und es läßt sich zeigen, daß Autosuggestion ein unentbehrlicher Bestandteil der (Hetero-)Suggestion ist. Umgekehrt sind bei der Autosuggestion stets Affekte von Bedeutung, die mit gefühlsmäßigen Bindungen an andere zusammenhängen, also wiederum heterosuggestive Einflüsse. So bilden Hetero- und Autosuggestion eine untrennbare Einheit, die auch Maeder 603, Myers 669, Du Prel 721, Schmidkunz 793 und Wundt 1030 herausstellen. Jede der gegensätzlichen Thesen hat ihre Teilberechtigung, ist aber allein unvollständig.

Wenden wir uns kurz dem Gesamtvorgang der Suggestion zu. Wir verstehen unter Suggestion die Beeinflussung eines anderen Menschen unter weitgehender Umgehung der rationalen Persönlichkeitsbereiche, also in Form *»affektiver Resonanz«* (Stokvis) auf dem Boden eines *»zwischenmenschlichen Grundvollzugs«* (Pflanz). Bechterew 43 sprach von einer »Umgehung des Willens, des Ich« und »des Bewußtseins«. Kretschmer 513, 515 bezeichnet die Suggestion als »die nicht durch Gründe und Motive, sondern unmittelbar reizmäßig erfolgende Übertragung von Empfindungen, Vorstellungen und besonderen Willensantrieben«. Andere Autoren weisen auf die suggestive Wirkung stark affektiv besetzter »Bilder« hin. Die soziale, also zwischenmenschliche Seite der Suggestion wurde am entschiedensten von Hofstätter 407 betont, sogar so weit, daß er den Begriff der Suggestion für überflüssig hält und ihn in dem der Gruppendynamik auflöst. Damit ist im Grunde die affektive (also subrationale) Seite des Gruppenlebens verabsolutiert, die in den mit Suggestion gleichzusetzenden Vorgängen der Imitation, Nachahmung, der psychischen Infektion und Induktion (s. ältere »Massenpsychologie« 992) so überaus deutlich werden. Instruktiver sind Vorläufer dieser Ansicht.

Freuds Begriff der »Übertragung« ist aus der Sphäre zwischenmenschlicher Beziehungen entnommen, auch wenn wir heute nicht mehr unter ihn alle diese Beziehungen (z. B. Liebe, Sympathie) subsumieren können (vgl. z. B. Schottlaender 800). Ähnlich wie später Férenczi 253 und Schilder 782 sieht er im

Suggestionsphänomen Wiederbelebungen infantiler Objektbeziehungen. Die Macht des Suggestors wurzele in der früheren Macht der Eltern. Der Suggerierte gleicht damit (partiell) einem Kinde. In der Tat spielt beim Kind die rational-sprachliche Seite im mitmenschlichen Umgang noch keine solche Rolle wie beim Erwachsenen. Statt dessen ist in diesem »präverbalen Stadium« (EHRENSTEIN, HELLPACH, KEES, KRETSCHMER, RUESCH s. 891) ein »breiter Induktionsstrom von motorischen Signalen hin und zurück« über physiognomische Gebärden und ein wechselseitiges Agieren und Reagieren körpersprachlicher Art« (CHRISTOFFEL) die eigentliche Verständigungsform und das bevorzugte Kommunikationsmittel. Nach den psychoanalytischen Auffassungen von ABRAHAM 1 und JONES 436/7 ist die Autosuggestion auf den Narzißmus des Kindes zurückzuführen und die Heterosuggestion auf die Vater-Imago. Die Außenwelt werde dabei abgewehrt oder das Ich von ihr abgelöst, während es sich dem eigenen Ich-Ideal zuwendet. Hierdurch werden primitive Vorstellungen wie die »Omnipotenz der Gedanken« wieder rege. Innere Instanzen treten an die Stelle der äußeren.

Sehen wir in diesen Versuchen immer noch »Instanzen« gegeneinandergerichtet im Vordergrund der Forschung stehen und ebenso den Versuch einer isolierenden Betrachtung der Suggestion und Autosuggestion nach mechanistischem Vorbild, rollte E. STRAUS 902/3 erstmals das Problem vom anthropologischen Standpunkt aus auf. Mit diesem tritt die Suggestion ganz in den Blickpunkt des Gemeinschafts- bzw. Wir-Erlebens. Durch Suggestionen werden nicht Gemeinschaften und Wir-Erlebnisse erzeugt (wie man das bis dahin oft darstellte), sondern die Grundtatsache des menschlichen »Wir« ist die Voraussetzung, daß Suggestion vorkommt. Unter dieser Grundlegung ist aber die scharfe Trennung von Hetero- und Autosuggestion nicht mehr möglich. Es handelt sich um die »Resonanz« zwischen Personen, die in einer zwischenmenschlichen Verbundenheit stehen, so daß man besser statt von *»Suggestion«* von *»affektiver Resonanz«* spricht. Zwischen zwei Personen vollzieht sich hierbei ja nicht eine gradlinige Kraftwirkung mit dem Übergewicht einer Seite. Es handelt sich vielmehr um eine doppelseitige Resonanz, um ein gegenseitiges Widertönen, wobei weniger die Worte – und schon kaum ihr rationaler Gehalt – als motorische Ausdrucksmittel und Gesten wirken. Der Suggerierte kann die Kommunikation unterbrechen; bleibt er in ihr, beeinflußt er den Suggerierenden zurück, löst er in ihm autosuggestive Vorgänge aus. Umgekehrt erreicht dieser nur den Erfolg, wenn er auch Autosuggestion im Suggerierten in Gang bringt. Eine Trennung von Suggestion und Autosuggestion ist also unmöglich.

Wenn die psychoanalytische Lehre von der Regression und Infantilität somit anthropologisch weitergeführt wird, können wir die (Auto-)Suggestionswirkung in dem grundsätzlichen Kontaktbedürfnis und In-Kommunikation-Stehen des Menschen verwurzeln, welches gleichsam unter der rationalen Individualsphäre besteht. Der Mensch ist nur »als halber« (NOVALIS, WEIZSÄCKER) angelegt, ewig ergänzungsbedürftig, allein nicht existenzfähig, dies nicht nur in der Kindheit! Wer – ob gezwungen oder freiwillig – sich aus dem Kontakt mit Menschen herausbegibt und längere Zeit allein zu leben beginnt, verfällt zunehmend schweren psychischen Veränderungen, Halluzinationen, welche die abhandene, aber für den Menschen unentbehrliche Um- und Mitwelt wieder hinzaubern (vgl. W. JACOBI 417, LINDEMANN 582, ZISKIND 1041). Bei manchen heutigen, im Alter oder durch Entwurzelungen vereinsamten Patienten ist es für den Arzt wichtig, dies zu wissen. Der Kranke sucht bei ihm weit mehr als eine momentane Entspannung oder die Befreiung von einem lästigen Symptom. Je größer das Mangelerleben im Patienten ist, desto größer wird die »Suggestiv«-Kraft des Arztes, wenn er sie nützt.

Nur auf einen ersten oberflächlichen Blick hin widerspricht die Fundierung der Suggestion bzw. der »psychischen Resonanz« in der zwischenmenschlichen Sphäre einer Einordnungsmöglichkeit der Autosuggestion. Der Mensch ist nicht nur in der Welt, er ist auch diese Welt, wie wir darlegten. Indem er in diese Welt hinaus und damit sich selbst gegenübertreten kann, verhält er sich nicht nur in der Welt und anderen gegenüber, sondern verhält er sich auch zu sich selbst (KIERKEGAARD). Auf dieser anthropologischen Grundtatsache beruht die Selbstreflexion und damit das sich selbst Einberechnen und Kontrollieren. So ist der Mensch genötigt, mindestens »zwei Seelen« (GOETHE) ständig zu leben, die erst ein Sich-Selbst-Gegenübertreten ermöglichen. Als Repräsentanten der Innen- bzw. Außenwelt wurden sie von STOKVIS und PFLANZ mit den Bezeichnungen »Ich« und »Selbst« belegt (die freilich nicht mit den JUNGschen termini identisch sind und nur als arbeitshypothetische Begriffe dienen). In der Autosuggestion treten nun nicht zwei reale Personen, sondern Ich und Selbst in eine Beziehung, die als »affektive Auto-Resonanz« zu bezeichnen ist. Und hier sind dann die gleichen formalen Bedingungen anzutreffen wie bei der Heterosuggestion.

Unterschieden wird 1. ein *Stadium der Akzeption,* in welchem Ich und Selbst sich in affektiver (Auto-)Resonanz begegnen. Das Ich hat sich zuvor einen bestimmten Bewußtseinsinhalt zu eigen gemacht, also wahrgenommen und empfunden, der dem Selbst »untergeschoben« werden soll (subgero = ich schiebe unter – nämlich unter ratio, bewußtes Planen und Wollen). Dies erfolgt in dem *2. Stadium suggestionis.* Erzielt werden soll jetzt, z. B. in der Therapie, eine vegetative Umstellung oder eine Haltungsänderung, wie sie sich das Ich (der Mensch zunächst rational) »vorstellte«. Für die Ermöglichung erforderlich ist, daß die »Vorstellung« affektiv besetzt wird, also Tiefendimensionen hinzugewinnt, nachdem der Mensch seine Zustimmung erteilte. Das geht nicht in einem Augenblick, sondern nur durch wiederholende Übung (bei der Autosuggestion durch Selbst-Übung), die eine »Umschaltung« (SCHULTZ 821) bewirken. Im anglo-amerikanischen Schrifttum werden hierfür die Ausdrücke ›concentration without effort‹ (BROWN 126), ›twilight zone‹ (MORTON-PRINCE) oder einfach ›Relaxation‹ (ADLER und SECUNDA 5, CONN 168,

Jacobson 420, Lindberg 581, Schneck 796, Padovani und Bachet 690 – wobei die letztgenannten Autoren meist auf die Erreichung eines [auto-]hypnotischen Zustandes abzielen; s. auch 6, 7, 20, 267, 372, 382, 397, 410, 504, 576, 613, 650, 674, 777, 791, 846, 855) benutzt, im Französischen »recueillement« (P.-E. Lévy 565–71), »réflexion méditative« (Payot), »Autohypnose« (Bonnet 95, Salter 773). Sie sind identisch mit »konzentrativer Selbstentspannung« (Schultz), »gesammelter Aufmerksamkeit bei minimaler Anspannung« (Baudouin 37) und »Aktiv-Relaxation« (Stokvis), womit die Verbindung zwischen Entspannung und Autosuggestion deutlich wird: Da Autosuggestionen »Anspannung« von Willen und Aufmerksamkeit umgehen, sind sie (therapeutisch) im Entspannungszustand am wirksamsten. Die Einzelheiten dieser »Umschaltung« sind den Schilderungen der Übungsmethoden zu entnehmen. Das 3. *Stadium effectionis* gehört zum (Auto-)Suggestionsvorgang selbst. An dem Erfolg, am Effekt, läßt sich nur rückblickend feststellen, ob eine (Auto-)Suggestion zustande kam, oder ob es bei rein rationalen Vorstellungen geblieben ist. Diese können auch zu einer »negativen Suggestibilität« (Binet 67, Straus 902) beitragen: Mitunter sind es affektive Ablehnungen oder Zuneigungen, die uns im Leben zu bestimmten Vorstellungen und Urteilen führen, die wir bewußt glauben, auf logische Argumente zurückführen zu müssen. So können Ängste, Selbstüberschätzung, Minderwertigkeitsgefühle zu affektiven Widersprüchen Anlaß geben, die ebenso wie Triebablehnungen nur vom Patienten in die rationale Sphäre verlegt werden, in Wirklichkeit aber autosuggestiv verstärkend oder hindernd wirken und damit der Affektivität zuzurechnen sind. Hieraus können sich Kontraindikationen bei der Anwendung autosuggestiver Behandlungen ergeben (s. u.).

Für die Technik der Anwendung empfiehlt sich eine (nicht absolute, sondern schwerpunkthafte) Zweiteilung in eine *aktive* und eine *passive* Autosuggestion. Bei der Methode Coués, dem immer wieder fortzusetzenden »Eintrichtern« der Formeln »tous les jours, à tous points de vue, je vais de mieux en mieux« und »ça passe, ça passe« ist die Formel selbst das technische Hilfsmittel, das Objekt, der Inhalt der Autosuggestion. Der Patient verhält sich passiv. Bei anderen Hilfsmitteln aber, wie sie aktive Entspannungs- und Atem-Übungen darstellen, kommt die Formel erst an zweiter Stelle, und der Patient muß aktiv tätig werden. Wird bei der passiven Autosuggestion die Formel »gedankenlos« hergesagt, kommt bei der aktiven jedes Wort in gezielter und pointierter Form zu seinem Recht.

Eine weitere Unterscheidung geht aus den bisherigen Ausführungen fast automatisch hervor, nämlich die zwischen *absichtlicher* und *unabsichtlicher* Autosuggestion. Bei der Heterosuggestion kann man sagen (Bechterew 43 und Carp 144, 147, 149), daß der von einem anderen herstammende Gedankeninhalt sich wie ein Dieb in der Nacht ins Haus einschleicht und es dann als Hausherr verkleidet verläßt. Bei der unabsichtlichen Autosuggestion geschieht etwas Ähnliches: Der Mensch gibt

als seine Meinung und Überzeugung wieder, was sein Gefühl, seine Affektivität, ihm »einreden«, und meint, ausschließlich auf Grund logischer Faktoren zu dem bestimmten Urteil gekommen zu sein. Bei der absichtlichen (vorhergesehenen), vor allem therapeutischen, Autosuggestion ist das anders. Das »Selbst« weiß zuvor, daß es beeinflußt werden soll, und doch »schleicht« auch hier unbemerkt der Einfluß, die Vorstellung, das Bild von den tieferen, affektiven Sphären her bzw. über diese in das Selbst ein, also weitgehend unbewußt – oder besser: »unterbewußt«. Allerdings kann nicht jede Vorstellung autosuggestiv realisiert (»umgeschaltet«) werden. Vorstellungsbilder des phantasierenden Denkens werden niemals realisiert, so »hell« die Vorstellung in der Phantasie auch sein mag. Ebensowenig können vorgestellte abstrakte Begriffe realisiert werden. Für die Realisierung müssen Vorstellungen einer oder mehrerer der folgenden Anforderungen genügen:
1. sie müssen eine affektive Bedeutung haben,
2. ihr Inhalt muß zielbewußt sein,
3. in der Vorstellung muß der Autosuggestor selbst als derjenige auftreten, der den Gedanken oder die Handlung ausführt, bzw. er muß in einem Passivitätsverhältnis dazu stehen; der Mensch muß also auf irgendeine Weise persönlich in der Vorstellung eine Rolle spielen, und zwar wahrnehmend oder fühlend. Wenn einmal die Vorstellung in die bewußten Teile des Selbst »untergeschoben« ist, muß die Effektivierung stattfinden, durch die der Vorstellungsinhalt in ein Denkprodukt, eine Handlung oder einen Willensimpuls umgesetzt wird.

Wenn jedoch das Objekt der psychischen Resonanz eine Veränderung im vegetativen System ist, ein Bewegungs- oder ein Gefühlsimpuls, findet das Stadium der Realisierung nicht statt: Die vegetative Veränderung, die Bewegungen und das Gefühl brauchen ja nicht zum Bewußtsein zu kommen. Wenn man z. B. in Hypnose jemandem suggeriert, daß er eine Brandblase bekommen werde (Kreibich 509, 511, Schindler 784, J. H. Schultz 818), ist er sich der vegetativen Veränderung, die diese Suggestion zur Folge hat, nicht »bewußt«. Wenn viele Menschen beisammen sind und einer unter Anzeichen heftiger Angst schnell wegläuft, werden andere seinem Beispiel folgen: Hier liegt ein Fall absichtlicher und unvorhergesehener Resonanz vor, wobei die resonierte Vorstellung (motorische Veränderung) nicht über das Ich läuft; sie erhält einen »depersonalisierten« Charakter. Ähnlich liegt der Fall bei manchen hypnotischen und posthypnotischen Suggestionen. Dasselbe gilt mutatis mutandis für den Einfluß auf das vegetative System.

Für den Psychotherapeuten ist wichtig zu wissen, unter welchen Umständen eine autosuggestive Therapie mit Erfolg stattfinden kann. Die speziellen Indikationen und Kontraindikationen sollen später zur Sprache kommen; hier sei kurz angedeutet, *welche Faktoren* das Zustandekommen der *Autosuggestion hemmen* können. Es sind solche, die entweder von sogenannten höheren oder von niederen Persönlichkeitsanteilen ausgehen. Hemmend wirkt einmal ein stark entwickeltes Individualitätsbewußtsein, mit welchem in der Regel eine schwache identifikatorische Neigung verbunden ist (eine sogenannte starke Persönlichkeit), zum anderen Neigungen und Strebungen, die der Vorstellung, welche das Objekt der Autosuggestion ist, affektiv zuwiderlaufen: Zweifel, Mißtrauen usw. In diesem Zusammenhang sei auch auf den komplexen Begriff der Selbstüberschätzung hingewiesen, die meistens auf einer Überkompensation von Insuffizienzgefühlen beruht, mitunter aus hypomanen Temperamentsfaktoren oder aus geringer Intelligenz hervorgeht. Bei der Kennzeichnung der negativen Suggestibilität wurden diese Faktoren bereits genannt.

Einen stark hemmenden Einfluß kann der Wille ausüben, worauf der Therapeut sorgfältig Rücksicht zu nehmen hat: Wenn der Patient sich sehr anstrengt, um die autosuggestive Methode gelingen zu lassen, mißglückt diese oft. Die Anhänger der sogenannten Neuen Nancyer Schule (BAUDOUIN, BRAVOIS, COUÉ, LETSCHINSKY und SOPHIE LORIÉ 555) sprachen von der »loi de l'effort converti«: dem Gesetz der das Gegenteil bewirkenden Anstrengung (37, S. 127 ff.). Bekannte Beispiele sind das Nichtschlafenkönnen, wenn man durchaus schlafen will, oder ein Anfänger auf dem Fahrrad, der einem Stein ausweichen will und gerade auf ihn stößt. Die bewußte Willensanstrengung reizt und verstärkt die entgegengesetzten Impulse. Krampfhaftes Wollen einerseits und ängstlicher Zweifel an der Verwirklichung andererseits hemmen die Realisierung; zudem wird bei Anspannung des bewußten Willens die Aufmerksamkeit so erhöht, daß eine Umgehung und weitgehende Ausschaltung der ratio, die für die autosuggestive Realisierung dieser Vorstellung nötig sind, unmöglich werden. Wird der bewußte Wille auf eine Vorstellung gerichtet, kann dies Äußerung der Tatsache sein, daß bereits anders gerichtete (affektive) Vorstellungen bestanden haben, von denen ein verstärkter Impuls zu einer Gegenvorstellung ausging, auf die man sich besonders stark (affektiv) konzentriert. – Nur dann, wenn im Wollen eine Bereitschaft liegt, z. B. wenn jemand geneigt ist, den Mut zu bewahren, wird er für Autosuggestionen leicht zugänglich sein, besteht hier doch der Wunsch, suggeriert zu werden.

Genannt seien auch die *Faktoren, die den autosuggestiven Vorgang fördern.* Natürlich gehören hierzu in erster Linie die soeben aufgeführen Komponenten, aber jetzt in umgekehrtem Sinne: ein schwach entwickeltes logisch rationales Denken, eine (rational) »schwache« Persönlichkeit, ein festes Vertrauen auf die Verwirklichung, die Nicht-Anspannung des Willens. – Ferner sei auf einige affektive Einflüsse hingewiesen, die vom bewußt und vom unbewußt erlebenden Subjekt ausgehen können: der Wunsch, die Erwartung, daß der Prozeß verwirklicht wird, die innere Bereitschaft hierzu, die autoerotische Gebundenheit (Narzißmus) und ferner der Gefühlswert der Vorstellung. Vorstellungen mit einer starken emotionalen Bedeutung, die also im unbewußt erlebenden Subjekt Affekte wecken können, fördern den Vorgang. Angst vor Verantwortlichkeit macht jemanden leichter (auto)suggestibel; er wird eher dazu kommen, den Suggestor, sein eigenes unbewußt erlebendes Subjekt, als spiritus rector anzunehmen. Last not least sind zu nennen Veränderungen des Bewußtseins und der Intelligenz, sowohl physiologische (Müdigkeit, Schläfrigkeit) als auch psychopathologische (leichtere Formen von Oligophrenie, Demenz, hysterische Charakteranomalien, epileptische, [auto-]intoxikative Zustände). Nicht selten verändert das Ausführen bestimmter Bewegungen das Bewußtsein: rhythmische Tanzbewegungen, die bei manchen Negersekten üblich sind, rhythmische Atembewegungen (Hathayoga) oder gymnastische Übungen in Gruppen. Auch bei psychotischen Zuständen kann die (Auto-) Suggestibilität (mitunter sogar stark) gesteigert sein, denken wir an die Echolalie oder völlige Analgesie (selbst der Zunge) bei Katatonikern. Die Anwendung ähnlicher Formeln, wie sie Coué aufstellte, führten bei Patienten mit multipler Sklerose zu Erfolgen.

Die somit angeschnittene Frage der Autosuggestibilität bedarf einer ergänzenden Erläuterung. Hetero- und Autosuggestibilität lassen sich nach den Ausführungen über die »psychische Resonanz« nicht scharf trennen, schon weil ein jeweiliger Effekt nur durch Selbst- und Fremdbeobachtung feststellbar ist. Der theoretische Unterschied ist der, daß bei der Autosuggestion die Person des Suggestors und des Suggerendus identisch sind; nur wird gleichsam eine Schwäche des »Selbst« gegenüber dem »Ich« nötig, d. h. bei der absichtlichen (therapeutischen) Autosuggestion muß der Mensch als Autosuggestor eine starke Fähigkeit zur Selbstreflexion und Selbstkontrolle besitzen. Gleichzeitig muß er aber auch als Autosuggerendus in einen passiven Zustand »umschalten« können, was (s. o.) nicht einfach mit einer Entspannung im Sinne von Erschlaffung gleichzusetzen ist. Im Gegenteil kann ein solcher Zustand gerade durch Autosuggestion unterbrochen werden. Im Gegensatz zur Heterosuggestion sind Menschen mit der ausgeprägten Fähigkeit zum Wechselspiel von Aktivität und Hingabe, von Selbstreflexion und Sich-selbst-Genügen besonders zur Autosuggestion geeignet, also vor allem solche, die sich ungern von anderen Menschen abhängig machen und helfen lassen. Liegen diese Vorbedingungen nicht bis zu einem gewissen Grade vor, kann es zur Ablehnung, zur »negativen Autosuggestibilität« kommen. Das Gegenteil des Erwarteten tritt ein. Der Patient wird gespannter, die Gedanken schweifen ab und scheinen sich selbständig zu machen. Bei der Autosuggerierung von Ruhe treten beunruhigende Bilder auf. Bei solchen Patienten kann man sogar das Auftreten des gegenteiligen Effektes zur Methode erheben. Wer unter der Anstrengung, unbedingt schlafen zu wollen, nicht einschlafen kann, wird aufgefordert, die Augen offen zu halten. Wer an Errötungsfurcht leidet, soll sich in bestimmten Situationen vornehmen, gerade zu erröten (Baudouin 37, Frankl 277, 278, Malleson 607, Wolpe 1024). Das ist die Methode der »paradoxen Intention« oder der »reciprocal inhibition«.

Aus diesen Ausführungen geht hervor, daß die Autosuggestion nicht einfach mit einem Befehl an sich selbst gleichzusetzen ist, wie OLKON oder WUNDT meinten. Denn hierbei bleibt man im Bereich bewußten Wollens unter absichtlicher Ausschaltung aller Gegenimpulse. Man »verdrängt« das Affektive, wenn es sich entgegenzusetzen strebt, agiert es nicht. Der Wille ist bei der Autosuggestion nur in Form des ersten Anstoßes, im ersten Stadium von Bedeutung. Gegenimpulse werden nicht willentlich ausgeschaltet, sondern gehen in der autosuggestiven »Umschaltung« gleichsam unter. Der Autosuggestion ähnlicher sind »geheime« Wünsche oder Bitten, die man an sich selbst richtet, da sie auch weitgehend unterbewußt auftreten. Nun kann aber einem solchen Wunsch entsprochen werden oder nicht. Er ist unverbindlich. Darin liegt der grundlegende Unterschied zur Autosuggestion, die verbindlich ist oder gar nicht eintritt. Wenn wir bedenken, wie relativ wenig der Durchschnittsmensch bewußt und willentlich plant, urteilt und handelt, wie stark er sich ständig Gefühlen, Antrieben und Intuitionen überläßt, überlassen muß, da er zur Anstrengung allein und dauernd in vollster Aktion befindlicher Rationalität gar nicht fähig ist, er also ständig nicht nur etwas »untergeschoben« erhält, sondern sich selbst ständig (unabsichtlich) »unterschiebt«, können wir die Bedeutung der (Auto-) Suggestion nicht hoch genug einschätzen und müssen sie therapeutisch einberechnen.

C. Psychosomatik autosuggestiver Entspannungsübungen

Bevor einzelne Behandlungsmethoden besprochen werden, sei auf die psychosomatische Wirkungsbreite hingewiesen, die autosuggestiven Entspannungsübungen zur Verfügung steht. Bisher wurde vorwiegend auf die psychischen Seiten der Entspannung und Autosuggestion eingegangen, auf Einflüsse und Veränderungen im Vorstellungs-, Gefühls-, Willens-Leben, in den Handlungen und Verhaltensweisen. Von ebensolcher Bedeutung ist aber die Beeinflussung somato-funktioneller Vorgänge. Es ist gleich einleitend festzustellen, daß der Wirkungsbereich entspannender Autosuggestionen mit dem der Hypnose weitgehend gleichzusetzen ist. Ja, theoretisch ist dieser Bereich beinahe unbegrenzt, da der Mensch nicht aus Geist, Seele und Körper zusammengesetzt, sondern als Person sein Leib selbst ist. So ist gleichsam jede Zelle auch geistig und seelisch »erreichbar«, hat jedes Organ nicht nur körperliche Funktionen, sondern auch seelische Bedeutungen. Ist ein Organ krank, ist auch das Gesamterleben beeinträchtigt. Umgekehrt kann man vom Erleben her das Organ beeinflussen. Der Laie spricht das, was wir mit der absichtlichen autosuggestiven »Umschaltung« meinen, meist in der Wendung von der »Kraft des Gedankens« oder »des Glaubens« aus.

Ein Beispiel für die Beeinflussung durch unabsichtliche Autosuggestion lieferte ein vasolabiler Patient (ein junger Mann von 28 Jahren), der anscheinend und auch seiner eigenen Meinung nach ruhig in das Sprechzimmer des Arztes trat, doch der – wie sich herausstellte – einen erhöhten Blutdruck hatte (systolisch 175 mm Hg), während er anläßlich seines Besuches bei demselben Arzt in einem anderen Zimmer (einer anderen Stadt) eine wesentlich niedrigere Tension aufwies. Das nächste Mal zeigte sich der Druck in dem erstgenannten Sprechzimmer wiederum erhöht (jetzt bis 170 mm Hg). Eine Kurzanalyse ergab, daß dieses Zimmer bei ihm Reminiszenzen an einen ähnlich eingerichteten Raum eines Kollegen hervorrief, in welchem ihm vor acht Jahren mitgeteilt worden war, daß er an einer gonorrhoischen Infektion leide, und ihm die intrazellulären Diplokokken in seiner Ausscheidung unter dem Mikroskop gezeigt worden waren. Diese jetzt zunächst nicht mehr bewußte (»unterbewußte«) Reminiszenz erhöhte über die Affektivität den Blutdruck.

Solche alltäglichen Beobachtungen leiten zu der Frage affektiver Beeinflussung von Organfunktionen über, die hier nur berührt, nicht in extenso unterbreitet werden kann. Erinnert sei an die Lehren einer zentralen Steuerung der elementaren Gefühle durch den Thalamus (HEAD, SCHILDER 781) und durch den Hypothalamus (W. R. HESS 385–7, ROUSSY 769); diesen Lehren wurde in der Richtung widersprochen, daß es sich hier lediglich um (meist sogar hemmende) Umschaltstellen handele, die mit den eigentlichen psychophysischen Wechselbeziehungen wenig zu tun haben (Alpers 16, Grinker 331, Ingram 414, M. A. Kennard 458, Masserman 614/5, Vonderahe 957). Eine große Zahl von Untersuchungen liegt über die hormonalen Auswirkungen, vor allem in Form einer Adrenalinausschüttung nach erregenden Reizen, vor (Brandt und Katz 109, Diethelm 192, Gutstein 341, Meythaler und Wossidlo 642 usw.). Man hat sich im Anschluß an solche Untersuchungsergebnisse aber vor allzu weit führenden theoretischen Spekulationen zu hüten. E. Straus 904 formuliert treffend: *Es denkt nicht das Gehirn* oder sonst ein einzelnes Organ; *es denkt der Mensch.* So fühlt und empfindet auch immer der Mensch in seiner Welt und Situation – wie oben ausgeführt – nicht irgendein Stück Hirn oder eine Drüse innerer Sekretion. Im gleichen Sinn hat Straus die Lehren der Reflexologie – wie wir sagen können – auf ihren bild- und ausschnitthaften wissenschaftstheoretischen und arbeitshypothetischen Wert zurückgewiesen und eingeengt.

Es liegt nahe, autosuggestive Einflüsse auf somatische Vorgänge im Sinne der bedingten Reflexologie, der psychokonditionalen Theorie Pavlovs 697–9 zu betrachten. Im Zustand des Entspannt-Seins werden neue bedingte Reflexe eingeschliffen (Völgyesi 944/5) und »auf assoziativem Wege« die unwillkürlichen Prozesse allmählich willkürlich beeinflußt (Brown 126). Seinerzeit sah Pavlov die Suggestion als »the most simple form of a typical conditioned reflex in man« an (698). Die Suggestion in Hypnose faßte er (697) als eine Inhibitionsphase auf, in welcher die schwachen bedingten, vom Hypnotisator ausgehenden Reize (Worte) eine intensivere Wirkung ausüben als die Reize aus der gewohnten Umgebung. (Ohne prinzipiell neue Gesichtspunkte zu eröffnen, erklärte Andrew Salter 774 die Autohypnose ebenfalls als eine allgemeine Inhibition im Pavlovschen Sinne.) Hansen 357 arbeitete dieses Prinzip weiter aus. Er betrachtet die körperlichen Reaktionen, die infolge eines spezifischen Reizes auftreten, als bedingte Reflexe. Die körperlichen Prozesse können nach ihm auch assoziativ unter Einfluß bestimmter Reize, die als »Signal« fungieren, stattfinden; es ist dann ein bedingter Reflex entstanden. Als Signal für das Auftreten derartiger bedingter Reflexe kann eine suggestive Vorstellung fungieren, wodurch die autosuggestive Beeinflussung vegetativer Prozesse im Lichte des bedingten Reflexes erklärt wird.

Wie weit reicht der Einfluß der Autosuggestion ins Körperliche? »Unser ganzer Körper ist schlechterdings fähig, vom Geist in beliebige Bewegung gesetzt zu werden«, schrieb schon Novalis; die (Auto-)Suggestion könne alles, meint Moser 659, S. 210. *Die Wirkungssphäre der Autosuggestion ist mit der der Affekte gleichzusetzen.* Ihr Einfluß äußert sich selten in absichtlicher Weise, sondern meistens als unabsichtliche Wirkung. Eine einzelne Vorstellung aber, schon allein das Sichrichten auf ein Organ, kann geringe funktionelle Änderungen zustande bringen (s. Westerman Holstijn 985 und Stokvis 863, 885). Man darf nicht außer acht lassen, daß mit dem Ausrichten der Aufmerksamkeit ein affektiver Faktor unzertrennlich verbunden ist. Es sei die psychoanalytische Schilderung des Einflusses der Affekte auf die Organe angeführt, die LANDAUER 537 im Psychoanalytischen Volksbuch von MENG gab, ferner die experimentelle hypnotische Untersuchung von WOLBERG 836. Eine alte interessante Sammlung meist anekdotischer Beispiele ist das noch heute aktuelle Werk von HACK TUKE (1888) 345 »Geist und Körper«. Die umfassendste Sammlung älterer und neuerer Literatur auf diesem Gebiete stellt das Standardwerk von FLANDERS DUNBAR 224 »Emotions and bodily changes« dar. Eine Übersicht somatopsychischer Auswirkungen von (jüdischer) Magie und Aberglauben gibt JOSHUA TRACHTENBERG 932.

Es geht hier nicht darum, alle diese Einflüsse vollständig zu schildern. Schon in der Umgangssprache kommt der Einfluß von Emotionen auf fast alle körperlichen Abläufe zum Ausdruck: Das Herz klopft schneller vor Freude, schmerzt aus Mitleid, bricht vor Schmerz; das Blut kocht, stockt in den Adern; rot (blaß) werden vor Zorn (Zirkulation); in die Hose machen vor Angst (ein »Angstscheißer«), sich grün und gelb ärgern, die Galle läuft über (tractus digestivus); der Atem stockt, ein atemberaubendes Schauspiel, tief oder schwer atmen vor Entrüstung, den Atem anhalten, wutschnauben, schnauben vor Zorn; die Nasenflügel zittern vor Entrüstung (tractus respiratorius); abmagern vor Kummer (Stoffwechsel); als grobes Schimpfwort (im Dialekt): ein »Angstpisser«, jemand, der ängstlich oder feige ist (tractus uropoeticus); schäumen vor Wut; Gift speien usw.

Bei Hyper- und Hypotonie der *Muskeln* kann autosuggestiv ein Eutonus erzielt werden. Dies ist nicht nur bei willkürlichen, sondern auch bei unwillkürlichen Muskeln möglich. Psychosomatisch betrachtet F. DUNBAR 222 den Muskeltonus bildlich als »a general defense against expression of vegetative energies«. Auch der normale Tonus kann autosuggestiv herabgesetzt oder erhöht werden. Den Zusammenhang zwischen Muskelspannung und innerem Erlebnis der Spannung während des Schreibens erforschten RUESCH und FINESINGER 770. Es ergab sich eine positive Korrelation (s. auch RUESCH, FINESINGER und SCHWAB 771). Ein Beispiel dafür, daß ein normaler Tonus autosuggestiv herabgesetzt werden kann, geben Untersuchungen mittels des Elektroenzephalographen während Aktiv-Relaxationsübungen (FRANKE und STOKVIS 276; s. auch die hirnelektrischen Befunde von FRANCK und THREN 273 bei gestuften Aktiv-Hypnosen nach KRETSCHMER und von BARKER und BURGWIN 32/3 an Normalen und Epileptikern mit Veränderungen in der Amplitude der Alpha-Wellen im hypnotischen Zustand; vgl. LOOMIS 587, LUNDHOLM und LOWENBACH 599).

Daß als Folge einer Aufregung erhöhte Muskelspannung mittels einer Aussprache (psychokathartische Behandlung) erniedrigt werden kann, ist allgemein bekannt. So schreibt MAURICE LEVINE 563 über emotionelle Erlebnisse, »the very act of putting them into words ... leads to some relaxation«. – Jeder Psychoanalytiker weiß, daß der »Muskelpanzer« (Muskelhypertonie) eine Widerstandserscheinung ist und daß, wenn sich der Widerstand in Affektäußerungen auflöst, auch der Muskelpanzer schwindet. Umgekehrt können Entspannungsübungen in solchen Fällen einen Affektausbruch zur Folge haben (FÉRENCZI, REICH). Einige interessante Beispiele teilte 1950 NIELSEN auf dem Pariser Psychiater-Kongreß mit (676). – Bei manchen Frauen tritt unmittelbar nach dem Orgasmus Schluchzen im eingetretenen Entspannungszustand auf.

Zu erwähnen sind an dieser Stelle Untersuchungen von POLZIEN 717 über die »Organresonanz« im Entspannungs- bzw. Versenkungszustand (wobei zwischen Hypnose, Autogenem Training und meditativer Entspannung nicht unterschieden wird). Deutlich waren durchweg ein Abfall der Muskelaktionsspannung sowie eine Verminderung des Atemminutenvolumens und des Grundumsatzes. Hinzu kommen typische Verschiebungen in der Haut- und Kern-Durchblutung bzw. *-Temperatur.* Im Entspannungszustand steigt distal rascher und stärker als proximal die Hauttemperatur an den Extremitäten um durchschnittlich 1,3 Grad. Die (rektal gemessene) Kerntemperatur fiel etwa 1 bis 2 Minuten nach dem Ansteigen der Hauttemperatur allmählich ab. Die gleichen Temperaturverschiebungen, die als »Regressionen« gedeutet werden, wurden in anfallsweise auftretenden neurotischen Zuständen beobachtet. Wenn POLZIEN daraus schließt, daß manche Neurosen de facto »Versenkungszuständen« gleichzusetzen sind, nähert er sich einer Formulierung von STOKVIS 883, die Hypnose sei ein zeitweiliges hysterisches Verhalten. Zu teilweise ähnlichen Ergebnissen gelangten FLECKER 267, LANDMANN, RENES und STOKVIS.

Das Beispiel einer autosuggestiven Erhöhung des normalen Tonus liefert die Beobachtung von ABRAMI, WALLICH und BERNAL 3 an einem Mann, der imstande war, seinen *Blutdruck* willkürlich von normalen Werten auf rund 300 mm Hg zu erhöhen, welche besondere Leistung durch eine Spannung von Synergisten und Antagonisten erklärt wird. Aus eigenen Beobachtungen sei ein 47jähriger Patient mit paroxysmaler Tachykardie genannt, der sich autosuggestiv »umschalten« konnte und dann einen epileptiformen Anfall bekam (Pulsfrequenz von 72 auf 180; Blutdruck von 120/70 auf 180/85 mm Hg). Er konnte auch seinen Puls verlangsamen (von 72 auf 56 Schläge) 720.

Dieser Rubrik von Erscheinungen gehören ähnliche bei sogenannten Muskelmenschen an, die von Klinik zu Klinik reisen. Diese Leute vermögen durch (meistens affektive) Vorstellungen ihre Pupillen zu erweitern, die musculi errectores pilorum zu strecken (wodurch Gänsehaut entsteht), ihr Herz zu verschieben usw.

Ein solcher Mann ließ sich vor mehr als 30 Jahren im anatomischen Laboratorium zu Amsterdam sehen; er vermochte – indem er sich vorstellte, daß er an einem Abgrund entlang lief – seine Pupillen zu erweitern. Auch in der Literatur sind solche Menschen beschrieben, die dem Publikum ihre Leistungen vorführen (499). Vor einiger Zeit wurde im Leidener medizinisch-psychologischen Laboratorium ein 51jähriger leicht debiler Mann untersucht, der sich durch die Vorstellung »ich will« imstande zeigte, seine Pupillen willkürlich zu erweitern. Bei diesem außerordentlich von sich selbst eingenommenen Mann waren offenbar die Worte »ich will« Äußerung der bestimmten Erwartung, daß die Entscheidung sich bei ihm verwirklichen werde. Einen ähnlichen Fall beschrieb S. SEELIGMANN 678. – Manche Menschen können bei sich selbst eine Pupillenerweiterung zustande bringen, indem sie sich Dunkelheit vorstellen; uns ist ein noch relativ junger Kollege bekannt, der seine Pupillen verengen kann, indem er sich Licht vorstellt, eine Erscheinung, die selten vorkommt. In diese Rubrik gehört auch der Pupillenreflex von FÉRÉ 352, die Erweiterung, die bei einem Hypnotisierten eintritt, wenn man ihm die Suggestion gibt, daß er in der Ferne ein Vögelchen auf einer Turmspitze sitzen sieht. Der obenerwähnte Kollege weist diese Erweiterung auch im Wachzustand auf, wenn er sich autosuggestiv dasselbe vorstellt. – In allen diesen Fällen liegt eine indirekte willkürliche Beeinflussung der inneren Augenmuskeln vor, und zwar auf dem Wege einer Vorstellung. – Von dem Physiologen E. F. WEBER wird erzählt, daß er willkürlich sein Herz stillstehen lassen konnte.

Daß die Muskelkraft einerseits verstärkt, andererseits geschwächt werden kann, beweist der günstige Einfluß von suggestiver bzw. autosuggestiver Therapie bei Patienten mit Myasthenie und anderen neurologischen Leiden. Dasselbe ergibt sich aus den zahlreichen Fällen, in denen kranke Menschen sich einbilden, schwächer zu sein, und demzufolge auch weniger leisten, als – objektiv betrachtet – zu erwarten ist. Von den zahlreichen experimentell nachgeprüften Untersuchungen über den Einfluß (auto-)suggestiver Faktoren auf Muskelarbeit sei die von MANZER 609 angeführt.

Die Koordination ist von autosuggestiven Einflüssen abhängig, wie das Symptom des Stotterns beweist (soweit dies entstanden ist durch die Vorstellung eines Unvermögens, flott sprechen zu können). Ebenso gehören hierher manche Geh- und Schreibstörungen und eine mindergeschmeidige Beherrschung der gesamten Motorik unter Einfluß autosuggestiver Vorstellungen. Die Reflexe können ebenfalls suggestiv verändert werden, je nach der Spannung der betreffenden Muskeln bzw. Muskelgruppen. – Man lasse Versuchspersonen in Ruhe ein fesselndes Buch lesen: Die Kniesehnenreflexe erweisen sich bei quantitativ gleichbleibendem Klopfreiz erhöht. Dieser eigene Befund deckt sich mit dem ähnlicher Untersuchungen von JACOBSON und R. SOMMER. Die »Spannung«, in der sich die Person befindet, ist auch an der Zunahme des Blutdrucks, der Pulsfrequenz und der Veränderung des Atemtypus festzustellen. Gleiche Experimente erwähnt FEERHOW 249.

Die Aktionsströme der Muskeln können sich ebenfalls – wie eigene Beobachtungen zeigten – unter dem Einfluß autosuggestiver Vorstellungen verändern. Es ist einerseits möglich, daß die Aktionsströme bei vollkommener Muskelentspannung kleiner werden, ja sogar verschwinden, während sie bei der Vorstellung einer Bewegung wieder entstehen. Wenn man die Versuchsperson an ihren eigenen Händen ziehen läßt (Handgriff von JENDRASSIK), treten vermehrte Aktionsströme im musculus quadriceps auf (21). Ferner konnten bei einigen Versuchspersonen, die aufgefordert wurden, fest an Gehbewegungen zu denken, elektrische Aktionsströme in den Beinmuskeln nachgewiesen werden. Diese traten auf, sowohl wenn die Bewegungen in Gedanken zur Ausführung gelangten als auch dann, wenn sie bei anderen, welche die Bewegungen tatsächlich ausführten, wahrgenommen wurden. Gleiche Resultate sind bei ALLERS und SCHEMINSKY 15 zu finden. STROTHER 908 untersuchte den Einfluß von autosuggestiven affektgeladenen Vorstellungen auf die Muskelpotentiale. Es ergab sich, daß Angst, Haß und Wut die stärksten Änderungen hervorriefen.

Auf die suggestive Beeinflußbarkeit der Blutstillung wird eine Anspielung u. a. in der Odyssee (Lib. XIX, 488) gemacht, wo vom »Besprechen« von Blutungen die Rede ist. Rasputin soll die Blutstillung beim Sohne des russischen Zaren hypnosuggestiv beeinflußt haben (wahrscheinlich beruhten seine »Erfolge« auf spontanen Intermissionen). Umgekehrt können suggestiv Blutungen hervorgerufen werden, wovon MOLL 648, S. 124, in seinem Standardwerk »Der Hypnotismus« viele Beispiele gibt.

Das *Blutgefäßsystem* kann ebenfalls autosuggestiv beeinflußt werden. WOLF und WOLFF 1023 untersuchten die kardiovaskulären Veränderungen bei Normalen und bei Kreislaufkrankheiten, »burden by emotional stress«. Die autosuggestive Beeinflussungsmöglichkeit ist auch für den Therapeuten von Bedeutung: Manche Patienten mit chronischen Gefäßerkrankungen können ebenso autosuggestiv günstig beeinflußt werden. So berichtet LIPKIN 584 über günstige Resultate bei Patienten mit vasospastischen Störungen der Glieder mittels Entspannung und suggestiver Therapie. Auch »Euthanasie« bei Unheilbaren ist auf diese Weise durchführbar (873).

Wenn man prüft, welche Erscheinungen auf autosuggestivem Wege am Gefäßsystem hervorgerufen werden können, muß auf den weitgehenden Einfluß hingewiesen werden, der durch Übungen wie dem Autogenen Training von J. H. SCHULTZ, zu erreichen ist. Sowohl Verlangsamung als Beschleunigung des Herzschlages und Regulierung des Rhythmus können bewirkt werden (z. B. bei Patienten mit paroxysmaler Tachykardie); außerdem sind Änderungen im kapillaren Zustand nachzuweisen. In einem Fall konnte – wie SCHULTZ berichtet – bei Anwendung des Autogenen Trainings ohne ärztliche Kontrolle ein RAYNAUD-ähnlicher Zustand des Armes festgestellt werden. Bei einem 47jährigen Patienten trat während autosuggestiver Übungen ein angina-pectoris-ähnlicher Anfall auf (877). Umgekehrt ist es dem Psychotherapeuten bekannt, daß bei Angina-pectoris-Patienten autosuggestive Entspannungsübungen mitunter Erfolg erzielen (KOSTER 494, eigene Beobachtungen 873).

Zur weiteren Illustration sei der Fall eines Monteurs angeführt, der einige Reparaturen an einer Hochspannungsleitung ausführen mußte. Als er infolge eines unglücklichen Versehens den Draht berührte, von dem er annahm, daß er unter Strom stand, fiel er tot nieder. Später konnte festgestellt werden, daß das ganze Netz zuvor stromlos gemacht worden war. Streng genommen steht nicht fest, ob der Tod autosuggestiv oder durch die Wirkung des Schreckens erfolgt ist. – Vielleicht beruht der auf autosuggestivem Weg eintretende Tod der Maoris und Malayo-Polynesier als Folge einer Versündigung gegen kollektive Vorschriften (MAUSS 618, STUMPFE 911) mit auf Störungen in der Zirkulation.

Die große Veränderung, die der Pulsschlag erleiden kann, wenn man bei sich selbst Suggestionen hervorruft, sich durch seine Einbildungskraft hinreißen läßt, ist allgemein bekannt. Allein durch die Vorstellung eines schnell tickenden Metronoms kann der Pulsschlag beträchtlich an Frequenz zunehmen, die eines langsam tickenden kann ihn abnehmen lassen. Daß Erinnerungen an gefährliche Situationen Puls- und Blutdruckerhöhungen zur Folge haben, beweist die Untersuchung von DON P. MORRIS 657 an jungen Krankenschwestern und Piloten.

Plethysmographisch konnten die erwähnten Befunde bestätigt werden (NYSSEN 678), vor allem beim Rot- oder Bleichwerden infolge bestimmter affektiver Gedankeninhalte und in Form von Veränderungen der Durchblutung des Genitalapparates bei erotischen Vorstellungen (BURCH und RAY 134). Im EKG konnten JENNESS und WIBLE 428 unter Affektwirkungen nur eine Frequenzverminderung feststellen. Im gleichen Sinne äußert sich SCHNECK 797. Manche Autoren (BIER 59 und FLETSCHER 268) erwähnen eine deutliche Herabsetzung von PQ. Zu verweisen ist auf die Publikation von REINDELL und BAYER 741 über emotionale Einflüsse auf die Zirkulation (s. auch SCHILDGE und REINDELL 783). HOWARD E. HEYER 393 beschrieb T-Änderungen bei starken affektiven Reizen, ebenso MAINZER und KRAUSE 605 sowie STEVENSON 859 bei Patienten mit Extrasystolie, KLEINSORGE und KLUMBIES 467/8, die sogar spezifische Veränderungen durch einzelne Affekte hervorgerufen zu haben glauben. Auch die *Verdauungsorgane* können autosuggestiv beeinflußt werden. Allein die Vorstellung von schmackhaften Speisen (Zitrone!) läßt den Speichel fließen, läßt einem »das Wasser im Munde zusammenlaufen«. Durch Erstaunen kann einem »die Spucke wegbleiben«.

Beobachtungen an Patienten mit einer Magenfistel lehrten, daß die Beeinflußbarkeit auch für die Sekretion des Magensaftes gilt. Die Abhängigkeit der Sekretion von suggestiven Einflüssen zeigen u. a. die interessanten Untersuchungen von HEILIG und HOFF 375, HEYER 391, LUCKHARDT und JOHNSTON 598. Es ist allgemein bekannt, daß die Verdauung gefördert wird durch eine anmutig gedeckte Tafel, fröhliche Tischmusik und eine unterhaltende Tischdame. Umgekehrt ist Ärger ein schädlicher Faktor: Die Gallensekretion wird durch ihn, wie WITTKOWER 1020 in Hypnoseexperimenten nachwies, gehemmt. – Die alltägliche Erfahrung lehrt, daß der Mensch, der in Angst gerät, Diarrhöe bekommt; wer sich in fortwährender »Spannung« befindet, bekommt Obstipation.

Daß die Peristaltik hypnosuggestiv zu beeinflussen ist, ist allgemein bekannt (KOSTER 494, MARCUS und SAHLGREN 612). Der Gedanke an etwas Unangenehmes kann die Eßlust verderben; ebenso kann besonders beim Kinde, das etwas Angenehmes vernimmt, die Eßlust zunehmen. Ausdrücke der Umgangssprache illustrieren dies: Eine unangenehme Pflicht »liegt mir auf dem Magen«; es kann einem vor etwas »übel« oder »schlecht werden«; eine bestimmte Tatsache ist »zum Kotzen«. Die pathogene Wirkung solcher Affekte auf die Magenschleimhaut und ihre Rolle bei der Ulkusgenese wurden besonders von F. ALEXANDER 12 und GLATZEL 322 hervorgehoben.

Die *Atmungsorgane* können ebenfalls autosuggestiv beeinflußt werden. Der Typus und die Frequenz der Atmung ändern sich z. B., wenn man im Begriffe ist, schnell mit dem Fahrrad wegzufahren; der Puls ist dann, schon bevor man mit dem Radfahren begonnen hat, durch die unabsichtliche autosuggestive Vorstellung beträchtlich beschleunigt. Wie sehr autosuggestive Einflüsse ferner in diesem Bereich von Bedeutung sind, beweisen Fälle von Asthma bronchiale, die mit günstigem Resultat psychotherapeutisch behandelt wurden. Es können hier nicht alle emotionalen Faktoren beim Entstehen dieser Krankheit expliziert werden (deren ätiologischen Komponenten von den Internisten immer mehr Wert beigemessen wird), sondern es sollen zwei Beispiele folgen, die von dem autosuggestiven Einfluß beim Entstehen und beim Aufhören eines Anfalls zeugen.

Zunächst ein Asthmapatient, der eine Allergie gegen Kapok aufwies: Er war bei Bekannten als Logiergast eingeladen, und man hatte für ihn ein neues Kissen mit Daunenfüllung gekauft. Experimendi causa wurde ihm mitgeteilt, daß er erst am folgenden Tage ein neues Kissen bekommen werde und daß er es diese Nacht mit dem Kapokkissen eben noch versuchen müsse. Die Folge war, daß er in derselben Nacht einen Anfall bekam. Die weiteren Nächte blieb er frei von Anfällen. – Ein anderer Asthmapatient, der in einem Hotel in Südfrankreich übernachtete und dort nachts einen Anfall bekam, stieß die Fensterflügel auf, um sich frische Luft zu schaffen. Der Anfall hörte auf. Erst am folgenden Morgen zeigte sich, daß das Fenster auf die dumpfe Hotelhalle ausmündete.

Ferner ist der *Urogenitaltrakt* autosuggestiven Einflüssen zugänglich. Die Vorstellung, einen Liter Wasser getrunken zu haben, kann schon zu einer Steigerung der Nierentätigkeit führen. Bekannt ist die mitunter überraschende Auswirkung der Vorstellung eines Wasserfalles oder eines laufenden Wasserhahns (visuell oder akustisch) auf Personen, die infolge einer emotionalen Hemmung nicht urinieren können (sogenanntes Harnstottern), wodurch auf dem Wege einer Reizung des Nervus pelvicus eine Erschlaffung des Musculus sphincter vesicae in- und externus und eine Kontraktion des Musculus detrusor urinae eintritt und die Blase schleunigst geleert wird. Jeder weiß: Das Sehen eines Urinierenden wirkt ansteckend.

Ebenso können die *genitalen Funktionen* beeinflußt werden. Das ergibt sich aus den Resultaten bei autosuggestiver Behandlung von Impotenz (s. die »Paradoxe Intention« FRANKLS 277, 278). – Daß die Menstruation von (auto-)suggestiven Einflüssen abhängig ist, ist allgemein bekannt (s. KROGER und FREED 521, MOLL 648, S. 354, PRILL 724). Man kann durch Suggestion im Wachzustand die Menses einige Tage früher oder später eintreten lassen (GASCARD 312, KOHNSTAMM 488), z. B. bei Schauspielerinnen, die fürchten, daß sie am Abend ihres Auftretens menstruieren würden. FOREL vermochte bei Pflegerinnen in hypnotischem Zustand auf den Tag genau die Menstruation aufzuschieben. Auch autosuggestive Faktoren sind hier im Spiel: das Essen von sechs bis acht Zitronen während zweier Tage vor dem erwarteten Eintreten der Menses kann, wie ein alter Volksbrauch lehrt, die Menstruation hinauszögern. Die ängstliche Erwartung, gravid zu sein, ist dazu ebenfalls imstande. Menstruationsstörungen sind nicht leicht zu beeinflussen; aber einige Autoren (BECHTEREW 43, DELIUS 182, HÜBNER 411, DIEK 188, HIRSCH 398, S. 201, KOHNSTAMM 486) berichten über elektro- oder hypnosuggestive Besserungen.

Der Zustand der *Haut* kann in starkem Maße durch autosuggestive Vorstellungen verändert werden: »Die Haut ist ein Erfolgsorgan somatischer Äquivalente für psychische Abläufe« (LIEK-DANTZIG 577, S. 174). Dies ergibt sich aus der rein (auto-)suggestiven Behandlung von Warzen (Verrucae planae juveniles [BLOCH 84, OBERMAYER und GREENSON 679]) und aus Versuchen, die in Hypnose angestellt wurden (ESTRIN 117, BUNNEMANN, SACK, BORELLI 97 usw.), und zwar über das Entstehen und Verschwinden von Warzen (BONJOUR 94, GRUMACH 338, KALZ 444, KARRENBERG 450, MANOLILOV 608, MEMMESHEIMER 630, PALOP 691, SCHOLTZ 799, VOLLMER 955/6), auch von juvenilen Warzen (MACDOWELL 199), über Condylomata acuminata (BONJOUR 94), über Herpes simplex (ULLMAN 939), über Brandwunden (SUMBAEV 913), über Blasen (KREIBICH 509–11, dessen Ergebnisse u. a. von STRANDBERG 897 bezweifelt werden, HELLER und SCHULTZ 376, KOHNSTAMM 489, PATTIE 694), über das œdème bleu (CHARCOT 157), über lokalisierte Urtikaria (MOODY 650), über Erythema (DEREK RICHTER 751), über Ekzema (KOSTER 497). Interessante Hauterscheinungen unter Einfluß autosuggestiver Erregungszustände beschrieb HARRIS 364, während MOODY 651 über einen Patienten berichtete, der Striemen auf dem Arm zeigte während des affektiven Wiedererlebens eines früheren Ereignisses, bei welchem seine Unterarme mit einem Strick festgebunden worden waren. Bei all den beschriebenen Veränderungen ist neben dem endokrinen System das *Nervensystem* beteiligt – denken wir allein an die trophischen Veränderungen der Haut.

Die Beziehungen zwischen Schmerzwahrnehmungen und vegetativem Nervensystem sind heute noch weitgehend unbekannt und möglicherweise wissenschaftlich nicht völlig aufhellbar, wie aus der Tatsache hervorgeht, daß in bestimmten das

Bewußtsein verändernden Atemübungen ohne Schmerz oder Blutverlust die Arme von einer Nadel durchbohrt, die Hände festgenagelt, also Erscheinungen wie bei den indischen Fakiren, erzielt werden können. Versuche, sie »parapsychologisch« zu erklären, sind dafür ebenso charakteristisch wie das Bestreben der Verhaltensforschung und der anthropologischen Medizin (vgl. BUYTENDIJK 139/40), phänomenologisch hinter die Trennung von Körper und Seele, Innen- und Außenwelt zurückzugehen. Eine autosuggestive Analgesie, die anzuführen ist, konnte 1948 bei dem holländischen geistesgestörten »Fakir« Mirin Dajo, der sich die Brust von einem Knaben durchstechen ließ, beobachtet werden. Aus medizinisch-ethischen Gründen sahen wir von weiteren experimentellen Untersuchungen ab (vgl. BESSEMANS 56, MASSONI und UNDRITZ 616, TENHAEFF 922).

In diese Rubrik dürfte weitgehend auch der Zustand gehören, in welchem indische Fakire ohne schädliche Folgen barfuß über glühende Kohlen laufen. Ohne daß wir uns imstande wähnen, solche Phänomene mit Hilfe unserer modernen Wissenschaft voll erklären zu können, spielen neben der Möglichkeit einer Resistenzerhöhung durch erhöhte Schweißabsonderung autosuggestive und autohypnotische Vorgänge bei der Erzeugung der Analgesie eine Rolle. Daß umgekehrt autosuggestiv eine Hyperalgesie oder besser eine autosuggestive Beeinflussung des Wahrnehmungsvermögens für Wärmereize erzielt werden kann, beweisen die Leistungen eines Artisten, der vor Jahren in verschiedenen deutschen Kliniken auftrat. Er ließ sich eine Münze auf den entblößten Unterarm legen, stöhnte vor Schmerz und rief aus »Ach, wie heiß, wie brennt das!« Zwei bis drei Minuten später zeigte sich ein roter Fleck auf der Haut, mitunter selbst eine Brandblase (GULAT-WELLENBURG 340, S. 19). Allgemein bekannt ist der Einfluß auf sensorische Wahrnehmungen. Beispiele liefern die »Einbildung« der Menschen, etwas Bestimmtes zu schmecken, zu riechen, zu sehen oder zu hören.

Wie weit autosuggestive Vorgänge in das Nervensystem eingreifen können, zeigen der von KOLLE 491, S. 83, beschriebene Fall von »Halbseitenlähmung mit allen Zeichen einer zentralen Läsion«, der als Folge eines hemikranischen Gefäßspasmus auf dem Boden einer schweren lebensgeschichtlichen Krise gedeutet und psychotherapeutisch geheilt wurde, sowie die eingehend beschriebene eigene Beobachtung eines Patienten (989, S. 115), der nahezu als Zusammenfassung der bisherigen Aufzählung dienen kann. Er ließ sich autosuggestiv in Anfallszustände »fallen«, die mit Bewußtseinstrübung, migränösem Halbseitenkopfschmerz, gleichsinnigen linksseitigen Sehstörungen, Anstieg der Körpertemperatur bis 40,4 Grad, Pulsanstieg bis zu unzählbarem Fadenpuls, Durchfällen, Pollakisurie (mit Einkoten und Einnässen), Blutdruckanstieg bis 220 mm Hg systolisch, profusen halbseitigen Schweißausbrüchen, einer Leukozytose bis 14 000, einem Anstieg des Blutzuckers bis 305 mg% (nur im Anfall!) bei gleichzeitigem Auftreten von Harnzucker einhergingen. Nach Jahren wiederholter Anfallszustände wurde eine bleibende koronare Durchblutungsstörung im EKG diagnostiziert. Das Besondere dieses Falles ist, daß es sich nicht um einen primär

»Stigmatisierten« oder labilen Psychopathen handelte, sondern um einen ungewöhnlich ehrgeizigen und sportlich wie geistig leistungsfähigen Menschen, der sich im Verlauf entgegenstehender Lebens- und Kriegsverhältnisse und durch ein Sichwidersetzen gegen körperliche Krankheiten erst allmählich vegetativ »labilisierte«, bis er gleichsam auf der Klaviatur somatischer Funktionen die beschriebenen Anfallszustände agierte. Auch er wurde, bis auf den Myokardschaden, psychotherapeutisch (hypnotisch-kathartisch) geheilt.

Die wechselnde *Heilungsdauer bei Krankheiten* verschiedenster Art unter sonst möglichst gleichen Umständen (bei Verwundungen, Versuche von Tashiro und Beckman [zit. bei Schwarz 829], bei Beinbrüchen Beeinflussung der Glandula parathyreoidea) steht mit autosuggestiven Faktoren im Zusammenhang. Neben vielen anderen (somatologischen) Faktoren darf hier die Erwartung hinsichtlich der Heil-Chancen, der Wunsch gesund zu werden, der Drang zu leben oder zu sterben, nicht außer acht gelassen werden. An die interessante Mitteilung von Liek 578 sei erinnert, nach der unter Einfluß einer suggestiven Therapie bei einer bestehenden Ankylose eine weitgehende Wiederherstellung der Funktion der Gelenke erreicht wurde. Die erhöhte Empfänglichkeit für verschiedene Infektionskrankheiten als Folge einer fortwährenden Angst, angesteckt zu werden, ist mit ein typischer Beweis für die Bedeutung der Autosuggestion. Untersuchungen ergaben, daß die Immunitätsverhältnisse in diesem Fall schlechter sind, so die von Heilig und Hoff: In Hypnose bei Suggestion von Unlustemotionen sank der Opsoningehalt, während bei anderen Patienten Eruptionen von Herpes labialis hervorzurufen waren. Offenbar nehmen die Abwehrmechanismen durch den Unlustaffekt an Stärke ab und bricht so die Infektion leichter aus. Die Abhängigkeit des Ausbruchs der Infektionskrankheiten von emotionalen Faktoren war schon Goethe und Napoleon bekannt. Sie nimmt im heutigen psychosomatischen Schrifttum – vom Schnupfen (Stresemann-Denninger 906) bis zur Tuberkulose (Huebschmann 412, Wittkower 1020) – einen breiten Raum ein.

Kurz sei auf die Beeinflußbarkeit des *Lymphsystems* durch (Auto-)Suggestionen hingewiesen. Als Beispiel diene der Gesichtsturgor (die Gewebespannung des Gesichts), welcher stark von emotionalen Faktoren abhängt. Der Affekt kann bestimmen, wie der Mensch aussieht. Das Aussehen ist einerseits abhängig vom Tonus, andererseits von der Durchtränkung mit Lymphe: Verfallen aussehen, »alt« aussehen nach heftiger Emotion; bleich und angegriffen aussehen (Zirkulation und Turgor); Ringe unter den Augen haben durch Leid; »gedunsen« aussehen; Exophthalmus bei Basedow-Patienten, all das wechselt je nach dem Gemütszustand. Man denke auch an das »lymphatische Aussehen« von Kindern. Die Resorption der Nahrung im Darm, an der die Lymphwege beteiligt sind, hängt mit dem affektiven Leben und so mit autosuggestiven Einflüssen zusammen. Wie Liek-Dantzig 577, S. 141, mitteilt, war der englische Arzt Wright imstande, willkürlich Ödeme an seinen Armen und Beinen entstehen zu lassen, was mit auf eine veränderliche Durchlässigkeit der Blutgefäßwände zurückzuführen sein dürfte. Zur Erklärung dieser Erscheinungen sei darauf hingewiesen, daß die Nervenversorgung der Lymphgefäße auf ähnliche Weise stattfindet wie die der Blutgefäße.

Auch die Beeinflussung anderer *Drüsen* sei kurz erwähnt. Bei bestimmten Gemütszuständen (Angst) kann die Vaginalschleimhaut trocken sein (Schleimhautsekretion). – FOREL konnte bei einer Frau in der Laktationsperiode unter Einfluß einer einzigen hypnotischen Behandlung die Milchausscheidung, die aufgehört hatte, wieder in Gang bringen. Wie bereits angedeutet, ist die Schweißsekretion für autosuggestiven Einfluß besonders zugänglich. Die Intensität der Schweißabsonderung hängt aufs engste mit der Affektivität zusammen. Schon bei geringen Emotionen nimmt die Schweißabsonderung zu, wodurch der Hautwiderstand geringer wird. Hierauf beruht das Prinzip des psychogalvanischen Reflexes; eine bestimmte Vorstellung kann schon einen großen Ausschlag der Galvanometernadel zur Folge haben.

Aus den bisherigen Ausführungen geht hervor, wieweit die Drüsen mit innerer Sekretion ebenfalls dem Einfluß der Autosuggestion ausgesetzt sind. Es ist allein auf die somatischen Begleiterscheinungen zu verweisen, die durch eine autosuggestive Angstvorstellung eintreten (Herzklopfen, Diarrhöe, Schwitzen, Zittern) und die an die Symptome einer Hyperfunktion der Glandula thyreoidea erinnern, ferner auf die körperlichen Erscheinungen bei Wut, welche auf Ausschüttungen von Adrenalin (Nebennierenfunktion) zurückgeführt werden, auf die Glukosurie bzw. auf die Hyperglykämie, die unter Einfluß von stark affektiven autosuggestiven Vorstellungen auftreten kann. Auf diese Erscheinungen wurde in anderen Arbeiten eingehend eingegangen (12, 106, 224, 368, 440, 596 usw.).

An dieser Stelle sei auch die *»eingebildete Schwangerschaft«* (grossesse nerveuse) erwähnt. Hierüber gibt es eine ausgedehnte Literatur (GALANT 310, HOFSTÄTTER 406, LOECHEL 585 und PRILL 724). Bekanntlich können unter dem Einfluß stark wirkender affektiver Vorstellungen (Wünsche, Angst) fast alle Symptome der Gravidität auf autosuggestivem Wege nachgeahmt werden. Bei derartigen Patientinnen hören die Menses auf. Es tritt eine starke Pigmentation der Areola mammae und der Linea alba auf, eine Absonderung von Colostrum, ein Chloasma uterinum, eine Zunahme des Bauchumfangs und in seltenen Fällen selbst hörbare Herztöne des vermeintlichen Kindes. Untersuchungen über den psychoendokrinen Zusammenhang bei der »Pseudocyesis« wurden von STERNBERG 858 veröffentlicht. Nach MOULTON 662 ist ein persistierendes corpus luteum als somato-funktionelle Ursache anzusehen. Manche Autoren vertreten die »phantastische« Meinung, daß unter Einfluß von autosuggestiven Vorstellungen die Gravidität verhindert werden kann. Als »Beweis« führt DUMONTPELLIER 219 den Fall einer jungen Frau an, die sofort gravid wurde, worauf die autosuggestive Idee, daß dies bei ihr nicht möglich sei, die Gravidität unwirksam gemacht habe. Über das »post« oder »propter« sei hier nicht diskutiert.

Aus diesen Berichten ergibt sich, daß Autosuggestionen sowohl auf das Erleben als auf somato-funtionelle Vorgänge wirken. Ihre methodologische, übende Anwendung durch den Arzt kann also, wenn sie indiziert ist, einen günstigen Einfluß auf den Verlauf von Krankheiten ausüben. Indikationen und Gegenindikationen werden im letzten Kapitel systematisch besprochen. Auch wird sich die Aufgabe einer Prüfung ergeben, inwieweit der Arzt die Methoden autosuggestiver und entspannender Übungen seinem therapeutischen Arsenal einfach hinzuzufügen vermag oder zu welchen Umformungen und Variationen sie in der Anwendung durch den einzelnen fähig sind und notwendigerweise führen.

II. Behandlungsmethoden

Im folgenden werden die einzelnen Arbeitsmethoden autosuggestiver, entspannender und übender Psychotherapie besprochen. Technische Anweisungen stehen im Vordergrund, wenn sich auch einige kurze theoretische Ergänzungen nicht umgehen lassen. Das Ganze soll durch eine Reihe von Beispielen erläutert werden, die der Klinik und der Praxis entlehnt sind. Die Auswahl der beschriebenen Fälle ist nicht ausschließlich auf solche beschränkt, die ein günstiges Resultat hatten; es wäre leicht gewesen, das Material nur aus einer Anzahl derartiger Fälle zu wählen. So entstünde jedoch ein unrichtiges Bild vom Wert dieser Methoden.

Einem Patienten ist mit dem bekannten Psychiaterklaps, es werde schon alles in Ordnung kommen, wenig geholfen. Ebensowenig behandelt man ihn sinngemäß, wenn man darauf hinweist, er habe sich vor Augen zu halten, daß er nicht in seiner Krankheit steckenbleiben soll. Die methodische Anwendung einer autosuggestiven oder entspannenden Behandlung erfordert die Anwendung der richtigen Technik und daher ... deren Kenntnis. Die Zeit, in der man sich mit dem autoritär in Hypnose gegebenen Befehl, die Symptome müßten verschwinden, begnügte, liegt für immer hinter uns. Die gegenwärtige Therapie fordert mehr vom Arzt; er muß dem Patienten größere Freiheiten der *Selbst*bewegung vermitteln, krampfhafte Dauerhaltungen beseitigen helfen, schädliches innerliches Gespannt-Sein zum Verschwinden bringen, und zwar mit Hilfe von Methoden der Entspannung, Ruhe, systematischen Übung und Autosuggestion. Ohne einige Einsicht in das Entstehen, die Dauer und den Sinn der Symptome wird der Arzt diese Behandlung kaum beginnen können. Er hat zuvor eine mehr oder weniger ausführliche Persönlichkeitsanalyse durchzuführen, die einen Einblick in die Empfänglichkeit des Patienten für die Methoden vermittelt; vor allem kommen hierfür tiefenpsychologische Gesichtspunkte in Betracht.

Zur Einteilung der Behandlungsmethoden sei das *technische Hilfsmittel als Kriterium* gewählt. Es gibt eine Gruppe von Verfahren (z. B. die von Coué gehört zu ihr), bei denen eine Bewußtseinsveränderung bzw. ein hypnoider Zustand durch das schnelle Wiederholen kurzer Formeln hervorgerufen wird. Hier spielt die Formel eine doppelte Rolle: In erster Linie ist sie ein Werkzeug, von dem in der Technik Gebrauch gemacht wird; in zweiter Linie ist sie das Objekt der Suggestion. Eine conditio sine qua non ist, daß das Denken, welches dem Ich adhärent ist, weitgehend ausgeschaltet wird: Die Vorstellung wird gleichsam zum Gefühl gesandt und soll dort ihre Wirkungen entfalten. Der Kranke befindet sich in einem vollkommen *passiven* Zustand; selbst die geringste Spur von Aktivität während der Behandlung kann störend wirken. »La détente est un état passif, donc pour l'acquérir, le moyen n'est pas d'agir dans un sens quelconque, mais de ne pas agir«, schrieb CAUBET 154 (»Die Entspannung ist ein Zustand, den man erleidet; das Mittel, ihn zu erreichen, besteht nicht darin, daß man in irgendeinem Sinne tätig, sondern daß man untätig ist«). Erst wenn eine hypnoide Einengung des Bewußtseins eingetreten ist, kann eine Beeinflussung stattfinden.

Betrachten wir die zweite Gruppe von Methoden. Bei ihr liegen die Verhältnisse anders. Es wird nicht unmittelbar mit der Formelgebung begonnen. Als technisches Hilfsmittel werden anstelle des schnellen Wiederholens der Formel andere Verrichtungen angewandt, z. B. Entspannung der Muskeln und Atemübungen. Das »Ich« bleibt *aktiv*, bis ein bestimmter Grad von Entspannung bzw. Versenkung erreicht ist, um dann erst das »unterbewußte« Subjekt (»Selbst«) zu beeinflussen. Der Vorgang spielt sich also anders ab als bei der ersten Gruppe: Dort wirkte die Aktivitätshaltung des Ich störend, hier ist sie notwendig. Wir können darin ein Analogon zum hypnotischen Zustand erblicken, in dem ja die Person mit Hilfe der einen oder anderen Technik in einen veränderten Bewußtseinszustand gebracht wird, woraufhin erst die Beeinflussung des »unterbewußten« Subjekts stattfindet. Bei der letztgenannten Gruppe autosuggestiver Methoden tritt das Ich an die Stelle der ich-fremden Persönlichkeitsanteile (Selbst). Man kann jetzt von einer Autohypnose sprechen. Dabei werden vom Ich aus die Vorstellungen in den Gefühlsbereich gesandt. Um Mißverständnissen vorzubeugen, sei darauf hingewiesen, daß es auf den Grad der Bewußtseinsveränderung nicht ankommt; obwohl die Einengung des Bewußtseins durch hypnotischen Einfluß oft tiefer ist als die durch eine Autosuggestion, kann auch das Umgekehrte der Fall sein.

Auf die ihm eigene »suggestive« Weise wußte DUBOIS seine Patienten von der Unrichtigkeit ihrer Auffassungen über ihre Leiden zu überzeugen, sie zu lehren, welch verhängnisvolle Rolle verkehrte autosuggestive Vorstellungen spielen, z. B. als Folge des Lesens gewisser populärer Heilkunde-Schriften, und ihnen die Überzeugung zu geben, daß sie ihr Symptom verlieren würden. Unter *»Persuasion«* versteht man seit seinem Auftreten in der Psychotherapie die Anwendung der »orthopädagogischen« Methode, durch logische Argumente den Patienten zu überreden und zu überzeugen, die Methode also, die schon von SOKRATES geübt wurde und die in Form der »Logotherapie« (WEIZSÄCKER, FRANKL) eine neuerliche Wiederauferstehung erlebte. Tatsächlich steht die Persuasion qua talis mit der Psychoanalyse in gewissem Zusammenhang; bei beiden Methoden erstrebt man – auf ganz verschiedenem Wege! – etwas Ähnliches. Die Persuasion kann mit einer der in diesem Kapitel beschriebenen Übungsmethoden kombiniert werden. Ja, sie erscheint mit ihnen gekoppelt immer wieder. Es sei aber darauf hingewiesen, daß DUBOIS

205 sich in dem Irrtum befand, der Kranke könne auf dem Wege der »reinen ratio« durch Persuasion von seinen Symptomen geheilt werden.

Es ist ein typisches Zitat aus den fesselnd geschriebenen Werken von DUBOIS 206, S. 202, welches klar die suggestiven und autosuggestiven Faktoren seiner Arbeitsmethode belegt: »Der Nervöse befindet sich auf dem Wege der Heilung, sobald er die Überzeugung von seiner Heilbarkeit hat ... Dies ist der leitende Gedanke, den sich der Arzt fest einprägen muß ...; er muß selbst davon überzeugt sein und seine Überzeugung durch jene Macht der Ansteckung, welche die Aufrichtigkeit besitzt, auf andere zu übertragen wissen.« Mit Recht wies er darauf hin, daß oft ein unbedeutendes Leiden auf autosuggestivem Wege dem Patienten sehr belangreich vorkommt und so fixiert wird; er lehrte seine Patienten das Wort von TALLEYRAND, daß sie »eingebildete Gesunde« werden müssen (204). DUBOIS 208/9 meinte, daß die Heilung durch Persuasion zustande käme, indem adäquate Vorstellungen geweckt würden, während man bei der Suggestion mit inadäquaten arbeite. Dieselbe Meinung verkündeten HETZEL 950 und VOGT 949. Auch DÉJÉRINE 181, FLATAU 266, WILLY HELLPACH 377, LEWANDOWSKY 573, S. 279, und OPPENHEIM 686, S. 1399, warnten vor einer Verwirrung dieser beiden Begriffe. BABINSKI 27 war keinen Schritt näher bei der Wahrheit, als er – zu Unrecht – »Persuasion« der »Suggestion« gegenüberstellte in dem Sinne, daß er unter der ersten Gruppe die verständige und wohltätige und unter der anderen Gruppe die unverständige und eventuell schädliche Suggestion verstand. Er nannte den Zustand, in dem man mittels Suggestion Erscheinungen entstehen und verschwinden lassen kann, »pithiatisme«. Die richtige Einsicht jedoch hatte schon BERNHEIM 54, als er 1907 die Persuasion als »un mode de la suggestion« bezeichnete. Zu demselben Schluß kamen DE HAAN 342, ISSERLIN 415, KRONFELD 522, JOHANNES LANGE 539, MAX MÜLLER 667, STUCHLICK 910 und TRÖMNER 934. KOHNSTAMM 489 weist in seinem Werk »Erscheinungsformen der Seele« darauf hin, daß die rationale Unterrichtung des Patienten ihre Wirkung stets auf dem Wege »des Glaubens« ausübt. Aus historischen Gründen sei erwähnt, daß die Methode der Persuasion schon 1897 von dem Russen GORODICHZE 326 vorgeschlagen und später von STRANSKY als »logisierende Überredung« beschrieben worden ist (s. u.). Die Methode von DUBOIS, einst die Psychotherapie κατ' ἐξοχην genannt (DÉJÉRINE 181, S. 408 ff., ROGER 759), ist inzwischen wieder verlassen worden; in einzelnen Fällen kann sie mit Erfolg angewandt werden.

Es sei aber vermerkt, daß die Lehre der »moralischen Orthopädie«, nach der das Leiden verschwinden soll, wenn der Kranke seinen Denkfehler korrigiert, als wichtigstes therapeutisches Agens das Erlebnis der Distanzierung des Kranken von seinem Leiden enthält. Ein Vorteil dieser Methode ist, daß der Patient – der Mensch in Not – keine passive Rolle im Heilungsprozeß spielt, sondern zusammen mit dem Arzt aktiv mitarbeitet. Dasselbe gilt für fast alle hier folgenden Methoden. Ein

Nachteil derartiger Arbeitsweisen jedoch ist, daß der Erfolg ganz und gar von der Aktivität abhängt, die der Kranke aufzubringen imstande ist, um sein Leiden zu bekämpfen, und diese Aktivität ist oft nicht allzu groß. Dann muß meist die Suggestivität des Arztes in mehr oder weniger latenter Form zu Hilfe kommen und über die Autosuggestivität die Heilung fördern.

Die Methode von Dubois leidet an zwei Übeln. Das erste kam bereits zur Sprache: Die therapeutische Wirkung der Denkvorgänge wird überschätzt, während die wichtigeren affektiven Faktoren vernachlässigt werden. Dies sah Déjérine. Er versuchte vergebens eine Brücke zwischen den beiden »Agentien«, die bei dieser Methode wirksam sind, zu schlagen. Es ist nicht möglich, daß allein rationale Faktoren die Neurose zur Heilung bringen. Die Störungen beruhen nicht auf einem Mangel an Einsicht oder auf Unwissenheit. Der zweite Fehler ist die Annahme, daß die gesunden psychischen Verhältnisse willentlich und bewußt wiederhergestellt werden könnten. Sind doch die Symptome in Wirklichkeit nur die oberflächlich sichtbaren Äußerungsformen tiefer gelegener krankhafter Prozesse, von denen der Patient überhaupt nichts weiß.

Aus diesen Vorbemerkungen gelangen wir zur Einteilung der Behandlungsmethoden in zwei Hauptgruppen:

A. Passiv autosuggestive und entspannende Übungen

B. Aktiv autosuggestive und entspannende Übungen

Zur ersten Gruppe gehört – wie angedeutet – die Methode von Coué, zur zweiten gehören konzentrative Entspannungsübungen, wie das Autogene Training (Schultz) oder die aktive Tonusregulation. Unter dieser Einteilung seien die folgenden Methoden besprochen:

A. Passiv autosuggestive und entspannende Übungen

I. Kollektive Behandlungsmethoden

a) Die Methode von Coué
b) Die Methode von Jolowicz
c) Aus dem religiösen Leben abgeleitete Verfahren
d) Meditation nach Graf Dürckheim
e) Musik und Entspannung

II. Individuelle Behandlungsmethoden

a) Die Methode von Baudouin
b) Die »Autohypnose« von Bonnet
c) Die Methode von Paul-Emil Lévy

d) Die Methode von DÉCSI
e) Die »Elementare Autoanalyse« von BEZZOLA
f) Die Methode von BAERWALD
g) Die sogenannten Willensübungen (Übergang zu B)

B. Aktiv autosuggestive und entspannende Übungen

a) Das Autogene Training von J. H. SCHULTZ
b) Methoden von FREDERKING, KRETSCHMER, STRANSKY
c) Die Entspannungsmethode von JACOBSON
d) Aktive Tonusregulation nach STOKVIS (Exkurs: Yogatechnik)
e) Das READsche und das LAMAZE-Training (Exkurs: russische Psychotherapie)
f) Konzentrative Bewegungstherapie nach STOLZE
g) Eutonie nach G. ALEXANDER
h) Funktionelle Entspannung nach M. FUCHS
i) Verhaltenstherapie nach WOLPE, RACHMAN, SCHULZE
k) Gestalt- und Integrative Bewegungstherapie nach PERLS, PETZOLD
l) Bioenergetik nach REICH, LOWEN
m) Die »mechanisierte« Methode und andere Entspannungsübungen
n) Psychogymnastik
o) Okulopsychologie nach BATES
p) Entspannung in der Gymnastik

A. Passiv autosuggestive und entspannende Übungen

I. Kollektive Behandlungsmethoden

Nur wenige Ärzte neigen dazu, in einer Zusammenkunft vieler Patienten die Rolle des Wohltäters auf sich zu nehmen und Gefahr zu laufen, als Kurpfuscher betrachtet zu werden. Hierzu gehört eine besonders geartete Persönlichkeit des Arztes. Vereinzelte Psychotherapeuten (BRAUCHLE 111–14, BROOKS 122, DELIUS 183[1], HARFORD 361, JOLOWICZ 434) berichten über gute Resultate durch Anwendung einer Massentherapie. In seiner »Psychotherapie« verwirft KOGERER 482 eine kollektive Psychotherapie keineswegs.

Durch den Vorteil der Zeitersparnis solcher an sich immer wieder abstoßenden Massenbehandlungen ist in den zwanziger Jahren manchem unbemittelten Patienten, der sonst nicht zu einer psychotherapeutischen Behandlung gelangt wäre, doch ein Nutzen entstanden. Wenn sich das Individualitätsgefühl des Patienten gegen die Massenbehandlung sträubt, kann man eine individuelle Behandlung anwenden, die mit der kollektiven kombiniert wird (cf. die moderne Gruppenpsychotherapie). Das Gemeinschaftserleben des Patienten wird gefördert, und er kann einsehen, daß er nicht zu den Ausnahmefällen gehört. Allerdings besteht bei solch einer primitiven Art von Gruppentherapie auch die Gefahr, daß die Patienten durch Gespräche untereinander ihre Klagen und Erscheinungen gegenseitig übernehmen.

a) Die Methode von Coué

Von den Methoden passiver Autosuggestion, bei denen eine kollektive Behandlung stattfindet, muß an erster Stelle COUÉS Arbeitsweise genannt werden, die für den modernen Psychotherapeuten fast nur noch eine geschichtliche Bedeutung hat. Doch kommt ihrer Erörterung ein wichtiger Platz zu, da der Vorgang der Autosuggestion mit ihr verbunden ist.

Die Kritik, die dem Apotheker COUÉ zuteil geworden ist, war nicht sanft. A. HOCHE 401 schreibt in seinem Referat über »La maîtrise de soi-même«: »Eine mit Wissenschaftlichkeit leicht verbrämte Reklameschrift zugunsten des Autors!«

[1] In der angegebenen früheren Arbeit sind allerdings die Ziele späterer Schriften noch nicht enthalten: »Suggestionen wirken besonders dann, wenn sie das anregen, was rassisch in den Menschen gelegt ist«; oder: »stets soll die gesunde national-sozialistische Einstellung betont werden« 162.

Friedländer 289 nennt die Methode Coués primitiv, infantil und debil. Mit beißendem Sarkasmus sagt Décsi 179, daß Coué zu den Quacksalbern gerechnet werden müsse, die die wunderbar nivellierenden Kräfte in der Natur der Menschheit geschenkt haben, um die Mißgriffe ungeschickter Ärzte zu kompensieren! Wir werden danach trachten, uns von Vorurteilen frei zu machen, um uns vom Wert seiner Technik Rechenschaft geben zu können. Es ist falsch, eine Methode, von der bewiesen ist, daß sie vielen Menschen geholfen hat, mit einem verächtlichen oder mitleidigen Lächeln zu übergehen, nur weil sie sich nicht auf Wissenschaftlichkeit berufen kann.

Coué hatte, wie »primitiv« er auch zu Werke gegangen ist, doch seine Verdienste. Er lenkte an erster Stelle die Aufmerksamkeit, nicht nur des Laien, sondern auch des Arztes, neu auf die Bedeutung autosuggestiver Therapie. Außerdem wies er immer wieder darauf hin, daß es nicht nur möglich ist, dem Kranken den Glauben an seine Heilung beizubringen, sondern auch bei ihm das Vermögen zur Selbstheilung zu fördern, indem an dessen Mitwirkung appelliert wird. Selbst Birnbaum 75 – im übrigen ein mitleidloser Bekämpfer von Coués Arbeitsweise – entzieht ihm nicht das Lob, welches ihm wegen dieses Appells zukommt. Auch der Psychoanalytiker Jones 435, S. 40, sprach schon 1921 vom »Kriterium der Selbsttätigkeit des Patienten« und J. H. Schultz verfolgte vom Beginn seines Wirkens an das gleiche Prinzip.

Coué verdeckte auf geschickte Weise den für den Patienten oft beschämenden Gedanken, bei einem anderen Hilfe suchen zu müssen. »C'est donc vous-même qui avez crée cette influence, sans vous en rendre compte«[1] (»Also haben Sie selbst diesen Einfluß ausgeübt, ohne sich darüber Rechenschaft zu geben [sich darüber im klaren zu sein«, Je dis, S. 13]). Er machte den Kranken selbst für ein Mißglücken der Therapie verantwortlich. Es ist aber nicht Coué gewesen, der als erster die Aufmerksamkeit auf dieses Prinzip lenkte. Es müssen Adler und vor diesem Rosenbach 766 genannt werden. Der letztere ist als einer der Pioniere der Internisten zu betrachten, welche die Bedeutung der psychischen Therapie in der Medizin zu schätzen wußten (von Bergmann, Heyer, Siebeck, von Weizsäcker, Wenckebach usw.). Er schrieb schon im vorigen Jahrhundert: »Vorstellungskrankheiten können nur geheilt werden, wenn der Kranke einen aktiven Anteil an der Heilung nimmt, wenn er entweder aus eigener Initiative, dem eigenen Wunsche folgend, oder scheinbar passiv, in Wirklichkeit doch aktiv, seinen Vorstellungsinhalt im Sinne dieses Bestrebens ändert.«

Der *Erfolg* der Methode Coué beruht im Grunde auf dem *Einfluß seiner suggestiv*

[1] Die in diesem Buch zitierten Aussprüche von Coué sind entlehnt aus seinen Werken: »La maîtrise de soi-même«, Ausgabe 1938 (im Text bezeichnet als »La M.«), »Ce que je dis«, Ausgabe 1926 (bezeichnet als: »Je dis«) und »Ce que j'ai fait«, Ausgabe 1926 (bezeichnet als: »Fait«).

wirkenden Persönlichkeit, ungeachtet seiner eigenen Behauptung: »I say emphatically that my personality is of no account in the matter« (American impressions 169, S. 147). Ferner liegt in der großen Einfachheit der Fiktion, der Patient heile sich selbst einzig und allein dadurch, daß er einige Worte schnell wiederholt, ein kräftiges suggestives Element. Er pflegte seine Anhänger bei sich im Hause zu empfangen. Inmitten seiner Bewunderer benahm er sich wie die Einfachheit in Person, wie ein mitlebender Freund, ein Vater in seiner Familie, deren jedes Glied des magischen Einflusses seines Vaters teilhaftig zu werden hoffte. Die zur Schau getragene Bescheidenheit wirkte äußerst suggestiv: »Il n'est pas de modestie plus sincère que celle qui était la sienne«, schrieb sein Schüler BAUDOUIN 36 in einer begeisterten Schilderung seiner Person und seines Werkes; an anderer Stelle rühmt er aufs neue »l'immense modestie du maître«. Während er durch den Saal die Runde machte, nickte er diesem und jenem freundlich zu, klopfte einem anderen ermutigend auf die Schulter, hatte für einen dritten ein freundliches Wort. So verstand er eine Atmosphäre der Erwartung und des Vertrauens bei seinen Patienten zu schaffen, die auch C. HARRY BROOKS 123, F. LAMBERT 536 und G. LEBZELTERN 548 beschrieben. Die suggestive Atmosphäre wurde erhöht durch das Verlesen der soeben mit Danksagungen angekommenen Post oder auch dadurch, daß unter die neuen Patienten alte gemischt wurden.

Nach einer kurzen Einleitung wies er seine Patienten darauf hin, daß sein Einfluß nur so weit reiche, als sie ihm selbst zuschrieben. Auf suggestive Weise bekundete er, daß der Faktor, durch den sie geheilt würden, nicht der Einfluß der Suggestion sei, der von ihm ausgehe: »Apprenez à vous guérir, vous le pouvez; moi, je n'ai jamais guéri personne. C'est en vous qu'est le moyen, appelez votre esprit, faites-le servir à votre bien physique et moral, et il viendra, il vous guérira, vous serez fort et heureux«. (»Lernen Sie es, sich selbst zu heilen, Sie können es; ich habe nie jemanden geheilt. In Ihnen liegt die Möglichkeit, rufen Sie Ihren Geist zu Hilfe, lassen Sie ihn Ihrem körperlichen und seelischen Wohl dienlich sein, und er wird da sein, wird Sie heilen, Sie werden stark und glücklich sein«, La M., S. 118.)

In dieser Atmosphäre schritt COUÉ dann zu einer äußerst populären Darstellung seiner simplifizierenden Ansichten vom Zustandekommen autosuggestiver Vorstellungen. Seine Betrachtung läuft in der Hauptsache auf die beiden Lehrsätze hinaus: »Toute idée que nous avons dans l'esprit, bonne ou mauvaise, a non seulement, comme le disait BERNHEIM, tendance à se réaliser, mais encore devient une réalité pour nous dans le domaine de la possibilité« (»Jeder Gedanke, den wir im Sinn haben, sei er gut oder schlecht, hat nicht nur das Bestreben, wie BERNHEIM sagte, verwirklicht zu werden, sondern wird außerdem noch Wirklichkeit für uns in dem Bereich der Möglichkeit«, Je dis., S. 17) und »plus que nous voulons faire une chose avec l'idée que nous ne pouvons pas la faire, plus nous faisons le contraire de ce que nous voulons« (loi de l'effort converti) (»Je intensiver wir eine Sache betreiben mit dem Gedanken, daß wir sie nicht ausführen können, um so mehr tun wir das Gegenteil dessen, was wir wollen [›Gesetz‹ der das Gegenteil bewirkenden Anstrengung]«, Je dis., S. 47).

Er hatte die Gewohnheit, diese Aussprüche durch Demonstration einfacher Experimente zu erläutern. Hier folgen zwei der vorbereitenden kleinen suggestiven Versuche, bei denen Coué zu seinen Klienten in einem gemessenen und befehlenden Tone sprach, ohne die Stimme allzusehr zu erheben.

Erstes Beispiel: Dieser Versuch diente dazu, die Wirkung der »Einbildungskraft« vorzuführen (ideo-motorische Wirkung). Coué stellte die Versuchsperson vor sich hin; sie mußte in gestreckter Haltung stehen bleiben, die Füße etwas aneinandergedrückt, die Knöchel schlaff. Nun legte er der Person die Hände auf die Schläfen, ohne dabei einen Druck auszuüben, richtete seinen Blick auf die Nasenwurzel, ohne mit den Augen zu zwinkern, und trug dann auf, ununterbrochen zu denken: »Ich falle hintenüber, ich falle hintenüber.« Sie mußte ihre Gedanken ausschließlich hierauf richten und durfte keinen Augenblick denken, ob sie sich beim Fallen vielleicht verletzen würde. Sie durfte sich aber nicht mit Absicht fallen lassen und durfte vor allem keinen Widerstand leisten, wenn sie eine Wirkung spürte. Hierauf wurde sie aufgefordert, mit einem Ruck den Kopf zu heben und die Augen zu schließen. Nun hielt Coué die Faust unter den Nacken und die linke Hand auf die Stirn des Patienten und sagte: »Denke nun: ich falle hintenüber, ich falle hintenüber« usw. Wenn die Person eine entgegengesetzte Bewegung machte oder dem Fallen zu widerstehen trachtete, erklärte ihr Coué, daß sie sich dagegen stemme und nicht genügend konzentriert an das Fallen denke und daß sie zweifellos gefürchtet habe, sich beim Fallen zu verletzen. Hätte sie den Rat befolgt, dann wäre sie sicherlich wie ein Backstein gefallen. Coué wird diesen Fallversuch wohl Hack Tuke 345 entlehnt haben. Nach eigenen Erfahrungen glückt er in mindestens der Hälfte der Fälle.

Ein Parallelversuch besteht darin, den Patienten zwischen Daumen und Zeigefinger lose ein Geldstück oder einen Schlüsselbund festhalten zu lassen und ihn nun ununterbrochen denken zu lassen, daß der Gegenstand falle. Der Griff wird dann sofort loser. *Die Vorstellung hat die Neigung, sich zu verwirklichen* (s. De Clercq van Wheel 165). Nunmehr läßt man ihn intensiv denken, während er das Geldstück kräftig festkneifen muß: »Ich will es fallen lassen, aber ich kann nicht«; tatsächlich beginnt die Hand zu zittern, und es fällt nicht.

Zweites Beispiel: Bei diesem Versuch ließ Coué die Klienten die Finger ineinander falten und sie möglichst kräftig aneinander pressen, und zwar so fest, daß sie zu zittern begannen. Er blickte sie dann scharf an, hielt seine Hände auf die der Versuchsperson, während er einen leichten Druck auf sie ausübte, als ob er sie fester zusammenschließen wollte. Nun trug er dem Betreffenden auf sich vorzustellen, daß er, wenn man bis drei gezählt hatte, die Finger nicht mehr auseinander bekommen könnte, während er denken mußte: »Ich kann es nicht, ich kann es nicht.«

Hierauf zählte Coué in langsamem Ton von eins bis drei und sprach nachdrücklich: »Sie können es nicht, Sie können es nicht.« Es zeigte sich, daß die Versuchsperson, wenn sie intensiv dachte »ich kann es nicht«, nicht nur die Finger nicht losbekommen konnte, sondern daß diese je länger desto fester ineinander griffen, je mehr sie zu versuchen glaubte, sie loszubekommen (»Gesetz« der das Gegenteil bewirkenden Anstrengung). Wenn Coué einige Augenblicke später sagte: »Denken Sie nun: ›ich kann‹«, dann bekam sie die Finger los.

Man kann solche kleinen demonstrativen, den Patienten aber von der Wirkung der Autosuggestion überzeugenden und ihn damit für die Therapie vorbereitenden Versuche ad infinitum ausdehnen. So läßt man ihn die Hände aufeinanderlegen und suggeriert ihm, daß sie nicht auseinander können; man läßt ihn die Hand auf den Tisch legen und suggeriert ihm, daß sie darauf festgeklebt ist. Man suggeriert jemandem, der sitzt, daß er nicht aufstehen kann, oder jemandem, der steht, daß er nicht zu gehen vermag.

Das Bedenkliche an den soeben beschriebenen Versuchen ist, daß der Patient das Gefühl bekommen kann, er handele mehr oder minder unter fremdem Zwang, wodurch in der Regel Insuffizienzgefühle aufkommen oder zunehmen. Vielleicht rührt hierher die Dissimulation mancher Menschen, der betreffende Versuch sei geglückt. Auf dieselbe Weise wie man bei Hypnosen mit Dissimulationen zu tun hat (863, S. 143), muß man auch auf eine autosuggestive Dissimulation achten! Stets soll der Arzt in den Vordergrund rücken, daß es keine fremde Macht von außen, sondern daß es sein, des Patienten, eigenes Vorstellungsleben ist, dem er das Gelingen der verschiedenen kleinen Versuche zuzuschreiben hat, und zwar dank der unwillkürlichen Muskelbewegungen. Der Patient muß einsehen und erleben, daß jeder normale Mensch Kräfte besitzt, die »außerhalb« des »gewöhnlichen« Willens Wirkungen erzielen, und daß er imstande ist, Vorstellungen zu mobilisieren, durch die den Krankheitserscheinungen entgegengetreten wird. Es ist nicht die Absicht, daß der Patient ein Medium wird, wohl aber ein verständnisvoller und wohlwollender *Mitarbeiter*, der das vom Arzt Gelernte ruhig und geduldig weiterübt. Durch Versuche wie diese soll die Bedeutung der Autosuggestion beleuchtet werden. Deshalb spricht man absichtlich nicht davon, daß auch suggestive Faktoren ausschlaggebend beteiligt sind. Bei der Ausführung dieser Experimente muß man, wenn der Versuch einmal nicht glücken sollte, den Patienten darauf hinweisen, daß dies auf seinen Mangel an Konzentration zurückzuführen ist. So bleibt die Autorität des Helfers gewahrt. Anstelle der kleinen Versuche, die Coué angegeben hat, läßt man besser als Einleitung einfache Experimente ausführen, bei denen tatsächlich die Autosuggestion die Hauptrolle spielt und der Patient von seinem eigenen affektiven Vorstellen und Erleben überzeugt wird.

Ein ausgezeichnetes Experiment, um die Grunderscheinung der Ideoplastie motorisch zu demonstrieren, ist unseres Erachtens noch immer der Pendelversuch von CHEVREUIL[1]. Dieser kann mit Erfolg bei einer individuellen Behandlung angewandt werden. Man hält selbst ein Senkblei (z. B. einen Ring an einem Bindfaden von ungefähr einem halben Meter Länge), ohne die Arme zu stützen, über dem Mittelpunkt eines Kreises, durch den zwei Mittellinien senkrecht zueinander gezogen sind. Man gibt dem Patienten die gleiche Apparatur und trägt ihm auf, die Aufmerksamkeit auf eine dieser Linien zu konzentrieren. Nach einiger Zeit zeigt sich, daß das Senkblei über der betreffenden Linie hin und her pendelt. Ebenso ist es möglich, durch Konzentration der Aufmerksamkeit dem Senkblei eine andere Richtung zu geben, es stillstehen, in einem Kreise oder auch in einer Ellipse drehen zu lassen, in der Richtung des Uhrzeigers, entgegengesetzt oder in der 8-Form. Wenn der Versuch mißlingt, hat der Patient sich nicht genügend konzentriert, seine Gedanken sind abwesend, die Vorstellung war nicht intensiv genug, oder es bestand eine unerwünschte Haltung gegenüber dem Versuchsleiter und dem Experiment. Man muß vorher den Patienten hierauf mit Nachdruck hinweisen. Später kann man den Versuch insofern ändern, als man das Pendel den Blicken der Versuchsperson entzieht und sie sich die Richtung nur noch vorstellen oder zusätzlich das Pendel des Versuchsleiters beobachten läßt. – Natürlich kann man auch das Pendel gebrauchen, um die »loi de l'effort converti« (»law of reversed effort«) bzw. das »Gesetz der das Gegenteil bewirkenden Anstrengung« (875, S. 147) ad oculos zu demonstrieren: Je mehr man sich (in einer bestimmten Haltung von krampfhaftem, ängstlichem Gespannt-Sein und Zweifeln) anstrengt, das Experiment gelingen zu lassen, desto geringer ist die positive Aussicht; die Vorstellungen von den Bewegungen des Pendels wirken nun konträr-autosuggestiv.

Es ist falsch, die Menschen in der Meinung zu lassen, daß hier okkulte Kräfte im Spiele seien. Bekanntlich spielt das »siderische Pendel« im Okkultismus eine große Rolle (344, 409). Man gebraucht es unter anderem zum Stellen einer Diagnose (964), für das Aufzeigen menschlicher Charaktereigenschaften (532), das Auffinden von Wasser oder Metallen im Boden, die Identifizierung von Gemälden und Zeichnungen großer Meister. Eine Reihe verwickelter Hypothesen ist über die vermeintlich okkulte Wirkung des Pendels aufgestellt worden. Mit großem Eifer hat L. OELENHEINZ 681 die verschiedenen Hypothesen gesammelt. Er möchte den Leser überzeugen, wie ungereimt es sei, die Wirkung des Pendels auf autosuggestivem Wege zu erklären und die Bewegungen als ideomotorische zu betrachten. Er lehnt diese Auffassung als »wissenschaftlich nicht einwandfrei« ab und bricht in den

[1] Es ist mehr als 150 Jahre her, seit Marquis de CHEVREUIL 161, 162 das Prinzip seines Pendels aufgestellt hat (1812). Derselbe Versuch ist jedoch schon von GALTON beschrieben. Später haben BACON und HAHN-PUHE von ihm Gebrauch gemacht. Viele Anhänger von COUÉ meinen zu Unrecht, daß BAUDOUIN diesen Versuch erdacht habe (s. z. B. BAERWALD 29, S. 175).

Seufzer aus: »Es ist nicht einzusehen, warum gerade die wundersame Erscheinung der Autosuggestion natürlicher sein soll als die Annahme einer besonderen Kraft. Es heißt doch nur, ein Wunder durch ein anderes erklären ...«

Bacon 28 beschrieb im Jahre 1826 ein kleines, auch den heutigen Patienten noch möglicherweise überraschendes Experiment: Ein an einen Faden gebundener Ring wird in ein Glas gehalten; es wird dem Patienten mitgeteilt, daß der Ring, ohne daß seine Hände sich bewegen, so oft gegen die Wand des Glases schlagen wird, wie die Uhr Stunden zeigt. Durch das Starren nach einem Gegenstand, der an einem Faden hängt – im Jahre 1883 benutzte Bernheim 53, S. 121, dem Coué ohne Quellenangabe so viel entlehnt hat, hierzu bereits eine Uhr an einer Kette! –, gerät der Patient auf die Dauer in einen Zustand leichter hypnoider Bewußtseinsveränderung, wodurch er für autosuggestive Einflüsse zugänglicher wird. Man kann dank der Tatsache, daß das Pendel durch Konzentration der Aufmerksamkeit eine andere Bahn beschreibt, unterstreichen, daß auch dieser Vorgang »unbewußt« stattfindet. Der Patient hat nur an das Endziel gedacht und hat es dem »Unbewußten« überlassen, dieses zu verwirklichen. Auf dieselbe Weise, so erläutert der Arzt ferner, überläßt man auch die Heilung, nachdem der Patient sich auf diese konzentriert hat, dem Unbewußten, da dieses die Heilung ebenso verwirklichen werde. Will man das Pendel bei Kindern anwenden, so empfiehlt es sich, durch kleine Modifikationen dieses technische Hilfsmittel zu einem Spielzeug umzuformen. Man ersetzt den Gegenstand durch einen nachgemachten Vogel, der auf ein Stück Brot zufliegt. Dann kann man Wettkämpfe untereinander organisieren usw. In der Regel haben die Kinder hierfür viel Interesse. *Man soll allerdings eine derartige Therapie bei Kindern nur in Ausnahmefällen anwenden.*

Auf einer Linie mit dem Pendelversuch von Chevreuil steht der Versuch von E. D. Wiersma. Die Versuchsperson streckt mit geschlossenen Augen den Zeigefinger aus und konzentriert sich auf den Gedanken: »der Finger geht nach oben, nach unten« usw. Wenn die Bewegung des Fingers mit einer Registriereinrichtung in eine Kurve aufgenommen wird, zeigt sich, daß sich der Finger tatsächlich bei intensiver Konzentration in die entsprechenden Richtungen bewegt, und zwar ohne daß die Versuchsperson sich dessen bewußt ist. Dieser Versuch ist ein Gegenstück zum »Armhebeversuch« von Jolowicz 434, S. 131. In diesem Zusammenhang sei auch das »katatonische Experiment« von Kohnstamm erwähnt, das als Gesellschaftsspiel durchgeführt wird und noch näherer wissenschaftlicher Untersuchung bedarf. Der Patient stellt sich mit der Seite gegen eine Wand, während die Arme lose am Körper herabhängen. Nun wird die dorsale Fläche der Hand und des Unterarms ungefähr eine Minute lang mit Anspannung aller Kräfte an die Wand gedrückt. Man muß darauf achten, daß der Patient tatsächlich die betreffenden Muskeln des Armes anspannt und den Druck nicht mit dem Körper unterstützt. Wenn man ihm dann aufträgt, den Druck loszulassen und den Körper umzuwenden, wodurch der

Arm von der Wand abkommt, hebt sich der Unterarm, oft der ganze Arm, trotz der Tatsache, daß der Patient keinen Druck mehr auszuüben meint. Diese überraschende Erscheinung, die erst nach einer Latenzzeit auftritt, ist als Nachwirkung der tonischen Kontraktion der Muskeln aufzufassen. Sie kann ebenso wie der Pendelversuch zur Demonstration dienen, wie stark intensive Vorstellungen zur Realisierung in Handlungen tendieren.

BAUDOUIN hat einen illustrativen kleinen Versuch beschrieben, den er als »Stuhlexperiment« bezeichnet. Der Patient stellt sich hinter einen Stuhl, legt die Hände horizontal flach auf die Lehne, während der Daumen fest gegen ihre Rückseite angedrückt wird. Nun muß er unaufhörlich daran denken, daß der Stuhl nach rückwärts kippt, ihn zurückdrückt, und daß er diese Bewegung hemmen soll. Je mehr Mühe er sich gibt, den Fall aufzuhalten, desto schneller kippt meistens der Stuhl hintenüber.

Abschließend seien noch die Experimente von CUMBERLAND genannt, die im Volk als »Telepathie mit Kontakt« bezeichnet werden oder als CUMBERLANDismus 241, so benannt nach STUART CUMBERLAND, dessen Auftreten gegen Ende des vorigen Jahrhunderts viel Aufsehen erregte. Diese Versuche, auf die an anderer Stelle im Anschluß an psychophysiologische Untersuchungen eingegangen wurde (868) und über die man in dem Werk von MOSER 659, S. 270, »Der Okkultismus« ausführliche Literatur findet, beruhen auf der Schulung der Versuchsperson, unmittelbar und intensiv die feinste Muskeltätigkeit eines Begleiters wahrzunehmen. Der Begleiter ergreift die Versuchsperson beim Handgelenk und stellt sich konzentriert den Gegenstand vor, der vorher irgendwo versteckt wurde. Durch dieses intensive Vorstellen macht der Begleiter unbewußt mit seinem ganzen Körper, vor allem jedoch mit der Hand, Bewegungen in der Richtung, in der sich der Gegenstand befindet. Nach einiger Übung sind die meisten Versuchspersonen imstande, die Bewegungen und Reaktionen zu deuten, und so kann man ihnen den ganzen Vorgang verständlich machen. Natürlich hat man von vornherein jeden Gedanken an paragnostische Einflüsse zu beseitigen.

Auf ähnlichen Vorgängen beruhen die Bewegungen des spiritistischen Kreuzes: Zwei einander in einer Ebene unter rechtem Winkel kreuzende kleine Latten, an die im Kreuzungspunkt ein drittes, spitz zulaufendes Stäbchen senkrecht zur Ebene der beiden anderen geschraubt ist. Das Kreuz, von zwei oder vier Personen festgehalten, bewegt sich über einem Alphabet, wodurch Buchstaben angegeben und Sätze gebildet werden. Auch das sogenannte Tischrücken beruht auf dem gleichen Prinzip. Das hat schon BUMKE 1909 gesehen (133). Wissenschaftliche Paraspychologen, wie BENDER 45, DIETZ 193 und TENHAEFF 922, neigen zu derselben Ansicht.

Aus dem großen Gebiet der Massenexperimente sei hier nur ein Beispiel angeführt, da diese doch von geringerer therapeutischer Wichtigkeit sind, allein schon wegen der Abneigung, die der Arzt natürlicherweise gegen kollektiv angewandte Therapie hegt. Bei den Versuchspersonen handelte es sich um fast zweihundert Angestellte eines großen Bürobetriebes. Das Gelingen ist bei einem solchen Versuch abhängig von der Einleitung, Einkleidung und Wahl der suggestiv beschreibenden Ausdrücke. Es folge, um die technische Ausführung dieses Experimentes zu verdeutlichen, ein stenographischer Bericht über die angewandten Sätze:

»Wir werden heute ein Experiment aus dem Gebiet der Massensuggestion ausführen. Das Gelingen dieses Experimentes steht und fällt mit der Mitwirkung der Zuhörer. Bei denjenigen, die nicht genügend intensiv daran teilnehmen, wird es nicht gelingen. Aber bei denjenigen, die sich hundertprozentig hingeben, wird es auch hundertprozentig gelingen. Unzählige Male ist dieser Versuch dank der Mitwirkung der Zuhörer geglückt, und so wird er auch heute glücken. Die Erfahrung hat gelehrt, daß man die Zuhörer in diesen Fällen in verschiedene Gruppen einzuteilen hat. Die erste Gruppe denkt: ›Ich lasse mich nicht unterkriegen.‹ Diese Menschen sind nicht geeignet für dieses Experiment. Dieser Versuch soll ja zeigen, was das Wesen der Suggestion ist, und hierzu ist eine Bereitschaft nötig, die Suggestion an sich vollziehen zu lassen. Bei demjenigen, der sich widersetzt, kann sich die Suggestion nicht verwirklichen. Die Menschen denken mitunter, daß es ein Beweis für den Mangel an ›Persönlichkeit‹ sei, wenn die Probe bei jemandem gelingt. Nichts ist weniger wahr als das. Jemand, der unter solchen Umständen suggeriert wird, wie wir es hier tun, ist nicht einer, der willensschwach ist« *(Beseitigung von Hemmungen).* »Das Experiment bezweckt gerade zu zeigen, was die Konzentration der Gedanken zu erreichen vermag« *(Förderung des Narzißmus).* »Und darum wiederhole ich für jeden, der die Idee hat ›mit mir wird es nicht gelingen‹: Es sind keine willensschwachen Menschen, die suggeriert werden können, im Gegenteil! Gleich werden wir zu wissen bekommen, wer unter uns hier einen starken Willen und eine gute Konzentration hat« *(Lustprämie in Aussicht gestellt).* »Die zweite Gruppe besteht aus Menschen, die nicht tun werden, um was ich bitte, nämlich die Hände ineinander zu klemmen; so bang sind sie davor, unter Einfluß zu geraten. Die dritte Gruppe wird tatsächlich die Hände ineinander klemmen, aber denken: ›Es geht doch nicht.‹ Die können wir hier auch nicht gebrauchen. Nein, es geht hier um Menschen, die vollkommen ihre Aufmerksamkeit auf bestimmte Tatsachen und Vorstellungen richten können. Man muß nur einmal probieren, z. B. abends wenn es ruhig ist, eine Minute lang nach dem Ticken der Uhr zu lauschen und an nichts anderes zu denken; es wird sich dann zeigen, daß das recht schwierig ist. Dies nun können die Menschen, die zu der vierten Gruppe gehören. Sie vermögen, ruhig ihre Aufmerksamkeit auf etwas zu lenken: Auf sie ist unsere Erwartung gerichtet. Ich bitte Sie also, genau zuzuhören und präzis zu tun, was ich Ihnen sage, und sich präzis an die Vorstellungen zu halten, die bei Ihnen erweckt werden sollen. So, nun aufpassen: Fügen Sie Ihre Hände fest ineinander, die Finger fest ineinander gefaltet, die Hände kräftig gegen die Brust gedrückt. Nun wiederhole ich mit Nachdruck: Es geht in einer großen Gesellschaft meistens so, daß die Menschen sich voreinander genieren, wenn sich zeigen sollte, daß ihre Hände derart miteinander verschmolzen sind, daß sie nicht loskommen können. Sowie man hieran zu denken beginnt, hat man sich nicht hinreichend konzentriert, und darum wiederhole ich nachdrücklich, daß Sie an nichts anderes denken sollen als an das feste Ineinanderdrücken der Hände. Ich ersuche Sie also, ohne Äußerung von Lust- oder Unlustemotionen fest zu drücken und zu pressen, und wenn Sie fortfahren, dies zu tun, werden Sie recht merkwürdige Sensationen in den Händen fühlen: Ein eigenartiges Druckgefühl, ein etwas schmerzhaftes Gefühl, das in den Wurzeln der Finger auftritt. Das beweist, daß Sie so fest drücken, wie nötig ist, und wenn Sie das tatsächlich tun, wird gleich ein eigenartiges Wärmegefühl in Ihren Händen auftreten, vermischt mit Schmerz und Druck, wodurch es nicht möglich ist, die Finger gesondert zu fühlen, so daß Ihre Hände ein unteilbares Ganzes geworden sind« *(Beschreibung der physiologisch auftretenden Sensationen)*. »Dies muß mit felsenfester Sicherheit geschehen. Wenn Sie bedenken, daß es nicht mehr möglich ist, die Hände auseinanderzubekommen, dann müssen die Hände auch vollkommen zusammengeschmiedet und fest miteinander verschmolzen sein. Wenn Sie sich vollkommen auf diesen Umstand konzentriert haben, dann können Sie die Hände auch nicht mehr auseinander bekommen, dann ist es ausgeschlossen, daß Ihre Hände auseinander gehen. Probieren Sie jetzt, Ihre Hände auseinander zu bekommen; nicht lachen, sonst ist das Experiment nicht sauber. Es ist unmöglich, es geht nicht, wenn Sie gut mitgewirkt haben! Diejenigen, die sie nicht auseinander bekommen können, werden gebeten, ihre Hände in die Höhe zu strecken! Fest ziehen! Je mehr Sie sie auseinanderziehen wollen, desto weniger gelingt es« *(Gesetz der das Gegenteil bewirkenden Anstrengung)*.

Dann geht man die Reihe der Zuhörer entlang, berührt die emporgehobenen, ineinander verschränkten Hände und sagt dabei ruhig: »Lassen Sie nun los!«, worauf die Hände auseinander gehen. Bei denen, die noch nicht berührt sind, ist dies nicht möglich. Die suggestive Wirkung wird erhöht, wenn man zwei kräftige Personen zu beiden Seiten an den Händen ziehen läßt. Dann zeigt sich nämlich, daß die Suggerierten unter dem Einfluß des »narzißtischen Vorteils« (704, S. 66) noch stärker zu drücken und zu pressen beginnen.

Das Experiment ist in diesem Fall bei 26 Menschen geglückt, also angesichts von 194 Anwensenden zu ungefähr 15 %. Das ist der übliche Prozentsatz bei Versuchen dieser Art in dem angegebenen Rahmen. Vermutungsweise kann ausgesagt werden, daß in anderen Kulturen und zu anderen Zeiten andere Prozentzahlen zu erzielen sind.

Nur auf eine theoretische Problemstellung, die dieses Experiment in sich birgt, sei näher eingegangen. Wenn Coué diesen Versuch bei seinen Zuhörern ausführte und dieser bei den Teilnehmern mißglückte, pflegte er zu bemerken, daß dies nicht seine Schuld sei, sondern die der Versuchspersonen, die »nicht genügend gedacht« hätten: »Ich kann nicht«. In die psychologische Sprache übersetzt bedeutet dieses »genügende Denken«, daß der Vorstellungsinhalt auf die unbewußten Strebungen der Versuchspersonen einen entscheidenden Einfluß ausübt. Der eventuell anders gerichtete bewußte Wille muß durch sie ausgeschaltet werden. Solange die Versuchsperson noch selbst willentlich agiert, ist die *Faszination* nicht eingetreten. Hierunter verstehen wir jenen Zustand des »Gebanntseins« mit stark erhöhter Aufmerksamkeitskonzentration auf ein Objekt in der Außenwelt, das mit motorischer Hemmung einhergeht (vgl. 875 und Bilz 61). In diesem Zusammenhang hat Herbertz 381 mit Recht bemerkt, daß eine Vorstellung nur dann auf unbewußte Strebungen einen entscheidenden Einfluß ausübt, wenn es dem Menschen gelingt zu verhindern, daß diese Vorstellung allein in der Sphäre bewußter Motivierung bleibt. Die Vorstellung »ich kann die Hände nicht mehr auseinander bekommen« gewinnt erst dann Macht über das Unterbewußte, wenn sie die über den bewußten, eventuell entgegengesetzten Willen verliert. Erst dann würde Coué sagen, daß der Gedanke »genügend gedacht worden ist«.

Derartige kollektiv ausgeführte Experimente haben den Vorteil, daß die Suggestibilität zunimmt. Der eine schämt sich vor dem andern, dem Nachbarn, anders zu reagieren; hat man erst einmal begonnen, so zu handeln wie er, kann man nicht mehr zurück (vgl. 407). Ist in dieser Richtung einerseits die suggestive Atmosphäre des Kollektivs brauchbar, kann sie andererseits durch die Beteiligung unwilliger oder unzufriedener Versuchspersonen stören. Stark disharmonische Persönlichkeiten, Kranke mit Depressionen, die weinen und jammern, oder Patienten, die mit hysterischen Anfällen oder heftigen Affekten reagieren, sind für derartige, zu therapeutischen Zwecken organisierte Zusammenkünfte ungeeignet. Zu Recht hat Jolowicz 434, S. 133, die Forderung gestellt, daß nur solche Patienten, deren Persönlichkeit und Krankheit dem Arzt wohlbekannt sind, zu den Sitzungen zuzulassen sind.

Kehren wir zu Coué und seinen Experimenten zurück. Während er seinem Auditorium mit Hilfe seiner Versuche in erster Linie deutlich machte, daß unter Einfluß der »Vorstellung« (der sogenannten Einbildungskraft) auf autosuggestivem Wege unbemerkt bestimmte Muskelbewegungen ausgeführt werden, konnte er gleichzeitig das »Gesetz der das Gegenteil bewirkenden Anstrengung« näher erläutern. Coué sprach von einer psychischen Gesetzmäßigkeit: »Toute pensée occupant uniquement notre esprit devient vraie pour nous et a tendance à se transformer en acte.« (»Jeder Gedanke, der einzig und allein von unserem Geist Besitz ergriffen hat, wird wahr für uns und hat das Bestreben, zur Tat zu werden« 172, S. 18.) Mit Forel 270 könnten wir sie als »psychisch-plastisches Vermögen« bezeichnen, als eine gewisse Tendenz, die in jeder Bewegung enthalten ist, daß nämlich Vorstellungen in der Form äußerlich wahrnehmbarer Erscheinungen in Erfüllung gehen. »Die Gedanken werden Gestaltung«, schreibt J. H. Schultz (808/9).

Wenn Coué seine kleinen Versuche mit Erfolg hatte ausführen lassen, ging er zu der eigentlichen Séance über. Obwohl er das Wort selbst nicht gebrauchte, gab er zu, daß er sein Auditorium mehr oder weniger in einen hypnotischen Zustand brachte, wenn er schreibt: »ma suggestion générale, dite d'une voix monotone, détermine chez les malades une légère somnolence qui permet à mes paroles de mieux pénétrer dans leur inconscient.« (»Meine allgemein gehaltene Suggestion, eintönig vorgetragen, bewirkt bei den Kranken eine leichte Schläfrigkeit, die es meinen Worten erlaubt, besser in ihr Unterbewußtsein einzudringen« 170, S. 83). In seinen »American impressions« 169, S. 146, stellt er dies, wie gesagt, jedoch in Abrede: »I do not use hypnotism, nothing is more untrue or more absurd.« Natürlich erweckte er bei seinen Zuhörern doch einen *hypnoiden Zustand.* Dies haben auch BRENMAN und GILL 117, S. 39, in ihrem Werk über die Hypnose richtig erkannt. COUÉ veranlaßte die Patienten, sich ruhig hinzusetzen, die Augen zu schließen und mit Nachdruck alles nachzusprechen, was er zu ihnen sagte. Dann gab er allgemeine Suggestionen in bezug auf ein gutes Funktionieren der Verdauung, des Blutes, des Gefäßsystems, des Schlafmechanismus u. dgl. Er schloß mit der Bemerkung: »Qu'il n'est pas nécessaire de savoir quel organe est malade pour le guérir. Sous l'influence de l'autosuggestion ›tous les jours, à tous points de vue, je vais de mieux en mieux‹, l'inconscient exerce son action sur cet organe qui'il sait discerner lui-même.« (»So daß es nicht notwendig ist zu wissen, welches Organ krank ist, um es zu heilen. Unter dem Einfluß der Autosuggestion ›es geht mir jeden Tag, in jeder Hinsicht besser und besser‹, übt das Unterbewußtsein seine Wirkung auf jedes Organ aus, daß es selbst zu unterscheiden vermag« 171, S. 51 f.; 151, S. 21.)

Bei der Formulierung seiner Suggestionen hat COUÉ niemals auf die Art der Leiden seiner Patienten Rücksicht genommen. Das war auch nicht nötig, da sich alle untereinander gleich fühlten und bei dem milden Vater des Wunders teilhaftig wurden. Die Tatsache, daß sich COUÉ imstande zeigte, durch seine Formel Menschen mit so verschiedenen Charakteren und Erscheinungen symptomfrei zu machen, ist nicht verwunderlich. Jeder erfahrene Hypnotisator weiß, wie unnötig es ist, eine Suggestion so auszubauen, daß in ihr alle Klagen enthalten sind. Es ist letzten Endes auch bei der Hypnose weniger der Arzt, sondern der Patient selbst, der sich suggeriert. Es handelt sich nur darum, mit welchen Vorstellungen er die Suggestion empfängt. Schon hier sei darauf hingewiesen, daß die *Neigung* von COUÉ, *sich vom ätiologischen Faktor der Krankheit abzuwenden,* aufs engste mit seiner *Persönlichkeitsstruktur* zusammenhängt. Wir werden darauf zurückkommen.

Dasselbe gilt für die immer gleichbleibende Formel der Autosuggestion, die jetzt erst folgte. Alle Kranken mußten schnell hintereinander wiederholen: »ça passe, ça passe« (zaba, zaba ...) (»Das geht vorüber«) usw. COUÉ betonte mit Nachdruck, die Wiederholung müßte so schnell stattfinden, daß das Geräusch dem Summen einer Biene gleiche, wobei der Wille nicht »angespannt« werden dürfe. Hierauf mußte die schnelle Wiederholung folgen von »tous les jours, à tous points de vue, je vais de mieux en mieux«. (Auf Englisch: »Day by day, in every way, I am getting better and better«.) Ehe er den Patienten nach der Sitzung weggehen ließ, legte COUÉ noch einmal allen Nachdruck darauf, daß dieser in sich selbst das Werkzeug zur Heilung habe, und zwar durch den *Glauben an das eigene Selbst.* Um dieses Werkzeug anzuwenden, müsse er während seines ganzen Lebens, morgens vor dem Aufstehen und abends, wenn er im Bett liege, die Augen schließen und seine Gedanken auf den Helfer richten. Ferner müsse er eine Schnur mit zwanzig Knoten nehmen und beim Aussprechen des Schlagwortes jeweils einen Knoten durch die

Finger gleiten lassen (Monotonie der Bewegung). Es wird deutlich, daß diese Übungen zwangsneurotische Züge desjenigen verraten, der sie aufgestellt hat. Hierauf weist nicht nur der große Wert, den er der Allmacht des Wortes und des Gedankens beimaß, sondern auch die Tatsache, daß er es ängstlich vermied, auf den Ursprung und die Art einer Krankheit tiefer einzugehen. (Man wird mit ABRAHAM an die Abneigung gegen das Ausgefragtwerden erinnert, wie diese bei der Psychoanalyse von Zwangsneurotikern häufig festzustellen ist.) Die Manipulationen mußten, auf dieselbe Weise wie ein *zwangsneurotisches Zeremoniell,* auch dann ausgeführt werden, wenn die Patienten bei Tage oder bei Nacht Schmerzen hatten. Nach Ablauf von 20 bis 25 Sekunden sollten diese verschwunden sein. Dadurch, daß man diese Methode täglich konsequent anwandte, wurde ein künstliches zwangsneurotisches Zeremoniell gezüchtet, das stellvertretend für bestimmte zwangsneurotische Störungen wirkt. So findet diese Methode eine bevorzugte Anwendung bei solchen Menschen, deren zwangsneurotische Persönlichkeitsstruktur sich für sie eignet.

Aus unserer theoretischen Einleitung ergibt sich, daß das geschilderte Vorgehen gute Resultate bei denjenigen Personen zeitigen wird, die genügend Vertrauen in den Wert dieser Maßregeln besitzen. Die Jünger von COUÉ (LAMBERT u. a.) haben denn auch immer wieder darauf hingewiesen, daß es von Wichtigkeit ist, die Formel im Bett oder auf einem bequemen Lehnstuhl auszusprechen, und zwar in demselben Ton, in welchem man eine Litanei hersagt. Als Höhepunkt schloß COUÉ, indem er sich an die Ungläubigen wandte, die nur dann zufrieden vom Arzt zurückkehren, wenn dieser ihnen eine Arznei verschrieben hat, mit dem Ausruf: »venez chez moi, voyez et vous serez convaincus par les faits.« (»Kommen Sie zu mir, sehen Sie, und Sie werden überzeugt sein von den Tatsachen« 172, S. 26.)

Aus den Ausführungen geht hervor, daß die Wirkung der Methode von COUÉ vor allem aus kräftigen Suggestionen besteht, wobei er sein Auditorium auf die Vernünftigkeit, das Pflichtbewußtsein und den nationalen Stolz hinwies, die es dazu bringen müßten, seinen Suggestionen Gehör zu schenken: »Que les mots: difficile, impossible, je ne peux pas, c'es plus fort que moi, je ne peux pas m'empêcher de ... diparaissent de votre vocabulaire: ils ne sont pas français. Ce qui est français, c'est facile et je peux.« (»Die Worte schwierig, unmöglich, ich kann nicht, das überwältigt mich, ich kann nicht anders als ... sollten aus Ihrem Wortschatz verschwinden: sie sind nicht französisch. Was französisch ist, das ist: es ist leicht, und ich kann.« (172, S. 22.) Hier folgen noch einige Beispiele suggestiver Bilder, die er seinem Publikum vorsetzte:

»Nehmen wir an, daß unser Gehirn ein Brett ist, in das Nägel eingeschlagen sind, die unsere Gedanken, unsere Gewohnheiten und dgl. hervorbringen. Anstelle eines falschen Gedankens oder einer falschen Gewohnheit steckt jetzt, mit anderen Worten, ein falscher Nagel in dem Brett. Wir nehmen nun einen richtigen und geben einen Schlag mit dem Hammer darauf, indem wir diesen Nagel oben auf den falschen schlagen. Der Hammerschlag ist die Suggestion. Bei jedem neuen Schlag, also bei jeder neuen Suggestion, dringt der Nagel wiederum einen Millimeter tiefer ein und kommt der alte etwas weiter aus dem Brett heraus, so daß der alte Nagel nach einer Anzahl Schläge völlig draußen sein wird, während der neue darin steckenbleibt.«

Die plastische Form, in die er seine Suggestionen einzukleiden wußte, ist aus dem folgenden Zitat zu ersehen: »Pour vois, monsieur, qui avez des douleurs, je vous dis qu'à partir d'aujourdhui, quelle que soit la cause qui les détermine, qu'on l'appelle arthritisme, ou qu'on lui donne tout autre nom, votre inconscient fait le nécessaire pour qu'elle disparaisse peu à peu et la cause disparaissant les douleurs vont s'atténuer progressivement et dans peu de temps elles n'existeront plus qu'a l'état de souvenir ...« (»Für Sie, mein Herr, der Sie Schmerzen haben, sage ich, daß von heute ab, was immer auch die Ursache sei, ob man es Gelenkschmerzen nennt [Arthritis] oder ob man einen anderen Namen gibt, Ihr Unterbewußtsein das Nötige tut, damit sie nach und nach verschwinden, und indem die Ursache verschwindet, lassen die Schmerzen in fortschreitendem Maße nach, und binnen kurzem bestehen sie nur noch im Erinnerungszustand« 172, S. 94.)

Coué formulierte seine Gedanken in Gestalt von »Gesetzen« vor dem Publikum. Ein weiteres Beispiel von stark suggestiver Kraft ist das folgende: »La loi de la finalité subconciente nous apprend que, dans toute suggestion, la fin étant pensée, le subconscient se charge de trouver les moyens pour la réaliser, et dans ce choix des moyens, il fait preuve d'une grande ingéniosité.« (»Das Gesetz von der Finalität des Unbewußten lehrt uns, daß bei aller Suggestion, in der das Ziel bereits feststeht, das Unterbewußtsein bemüht ist, Mittel zur Verwirklichung zu finden, und in dieser Wahl der Mittel erweist es eine große Geschicklichkeit« 170, S. 22.) Intuitiv begriff er, daß Neurotiker einer Anerkennung ihres Krankseins bedürfen: »Vous êtes neurasthéniques: je sais mieux que vous ce que vous avez, et vous souffrez beaucoup (les neurasthéniques sont contents qu'on leur dise qu'ils souffrent).« (»Sie sind neurasthenisch: ich weiß besser als Sie, was Sie haben, und Sie leiden sehr [die Neurastheniker sind froh, daß man ihnen sagt, daß sie leiden]« 172, S. 85.) In dieser Form ist das Ganze freilich anfechtbar.

Ausgezeichnet verstand Coué die Kunst, auf feine und nicht verletzende Weise das Leiden des Patienten zu ironisieren und so den Kranken dazu zu bringen, nicht länger in dem Interessanten und Besonderen seiner Erscheinungen zu schwelgen, sondern auf die Vorteile seines Krankseins zu verzichten. So versuchte er die »Einbildung« des Besserwerdens im Patienten zu erzielen, was sich wie von selbst aus der Haltung des Helfers ergeben mußte. Dieser an sich richtige psychotherapeutische Standpunkt ist mit einer Gefahr verbunden, die Coué nicht vermieden hat: einer Vernachlässigung des körperlichen Leidens.

Wir lassen noch eine theoretische Betrachtung folgen. Wenn man von den drei Büchlein, die Coué geschrieben hat, Kenntnis nimmt »La Maîtrise de soi-même«, »Ce que je dis« und »Ce que j'ai fait«, muß man die packende Weise bewundern, in der er seine Zuhörer zu faszinieren verstand. Man darf nicht erwarten, in diesen Schriften psychologisch fundierte Lehrsätze oder neue Gedanken anzutreffen; ebensowenig kann man den verschiedenen Lehrsätzen der sogenannten Neuen Nancyer Schule großen wissenschaftlichen Wert beimessen. Die hauptsächlichsten Thesen sind:

1. Jede Suggestion ist in ihrem Wesen stets eine Autosuggestion (Selbstbeeinflussung). Diese richtige These ist schon vorher von Bernheim 53 verkündet worden.

2. Die Suggestion oder Autosuggestion ist eine Vorstellung, die sich unbewußt in eine Tat oder, besser gesagt, in eine Wirklichkeit umsetzt. Diese Definition, teilweise von Bernheim stammend, ist in der gegebenen allgemeinen Form nicht richtig. Wir verweisen auf das vorhergehende Kapitel.

3. Die zwei »Gesetzmäßigkeiten«, die etwas Näheres über die Suggestion andeuten: »La loi de l'effort converti« und »La loi de la finalité subconsciente«. Beide sind ebenfalls im Vorhergehenden erörtert worden. In Übereinstimmung mit der ersten These ließ Coué seine Patienten nicht sagen »je veux guérir« (»ich will gesund werden«), sondern »je guérirai« (»ich werde gesund werden«).

Bei dem Versuch der Erklärung seiner Methode legte Coué entsprechend seinen zwangsneurotischen Charakterzügen einen starken Nachdruck auf die genaue autosuggestive Formulierung. Hierauf kommt es aber in Wirklichkeit nicht an: Es sind nicht die Wortfassungen als solche, welche die Suggestion bestimmen, sondern vielmehr der Gefühlszustand, die Affektivität (die Erwartung, der »Glaube«), der Bewußtseinszustand (Gespannt- oder Entspannt-Sein), von denen es abhängt, ob die gesprochenen oder gedachten Worte zur Realisierung führen. Coué und seine Anhänger haben – und hier stoßen wir wieder auf zwangsneurotische Züge – eine geradezu *magische Kraft dem Worte* beigemessen (875), was sich auch aus ihrer Überzeugung ergibt, daß durch das Aussprechen der Formel das Unbewußte in jedem Fall »das kranke Organ zu finden wisse« und auf dieses einwirke.

Aus der Beschreibung der Technik ersieht man, daß Coué – sei es auch unbewußt – den anderen genannten Faktoren ebenfalls in gewissem Grade Gerechtigkeit widerfahren ließ. Der affektive Zustand und die Gebundenheit seiner Patienten an ihn wurden erörtert: Gab er doch seinen Patienten den Rat, beim Aussprechen der Formel die Augen zu schließen und sich vorzustellen, sich in der unmittelbaren Nähe des Helfers zu befinden. Die Form, in die er seine Suggestionen kleidete, kam der Affektivität seiner Zuhörer entgegen und hielt die *Erwartung* hoch gespannt. Daß auch mit einer Nivellierung des Bewußtseins gerechnet wurde, erkennt man aus seiner Aufforderung: »Je vais vous demander de fermer les yeux, d'écouter ce que je dirai et de les rouvrir seulement quand je vous en prierai: ›Fermez les yeux et dites-vous bien que toutes les paroles que je vais prononcer vont se fixer dans votre esprit, s'y fraver, s'y incruster, qu'elles doivent y rester toujours fixées, gravées, incrustées et que, sans que vous le vouliez, sans que vous le sachiez, d'une façon tout à fait inconsciente de votre part, votre organisme et vous-mêmes y obéirez.« (»Ich werde Sie bitten, die Augen zu schließen, zuzuhören, was ich Ihnen sage, und sie erst wieder zu öffnen, wenn ich Sie darum bitte ... Machen Sie die Augen zu und sagen Sie sich gut, daß alle Worte, die ich ausspreche, in Ihrem Geist haften werden, sich einprägen, sich festsetzen, daß sie immer darin haften, geprägt, festgesetzt bleiben sollen, ohne daß Sie es wollen, ohne daß Sie es wissen, auf eine ganz unbewußte Art Ihrerseits. Ihr Organismus und Sie selbst werden ihnen gehorchen« 171, S. 51, 52; 172, S. 19.) Es ist ein prinzipieller Fehler von Baudouin gewesen, zu meinen, daß Coués Patienten sich während der Behandlung im Wachzustand, also nicht in einem hypnoiden Zustand, befanden (l. c. 336).

Auch bei der Anwendung der Methode Coué als Selbstbehandlung tritt eine Veränderung des Bewußtseins ein. Das monotone, schnelle, gedankenlose Wiederholen der Formel läßt den erforderlichen hypnoiden Zustand entstehen, in dem autosuggestive Vorstellungen verwirklicht werden können. Auf diese Tatsache hat Jolowicz 434, S. 144, in seinem im übrigen lehrreichen Buch über Psychotherapie nicht genügend geachtet. Für ihn kommt nur die »Suggestivatmosphäre« in Betracht, die zu Coués Lebzeiten automatisch bei jedem vorhanden war, der diese Methode als Selbstbehandlung anwandte. »Fehlt diese (kollektive) Grundhaltung, dann wird das mechanische Wiederholen der Formeln zu einer törichten Spielerei, die zur Unwirksamkeit verurteilt ist und nach dem Tode Coués schnell der Lächerlichkeit anheimfallen mußte.« Abgesehen von der Tatsache, daß das »ça passe, ça passe« auch beim einzelnen das Bewußtsein verändert, übersieht Jolowicz, daß es in der Regel von Menschen angewandt wird, die sich eng verbunden wissen mit ihrem »Führer« – meist Nicht-Ärzte –, die für sie die Vater- oder Mutter-Imago darstellen und die nicht müde werden, sie auf die mächtige Wirkung des Wiederholens der simplen Worte stets aufs neue hinzuweisen.

Wenn Coué seinen Patienten erklärte, daß sie die Augen schließen müßten und daß er nicht versuchen würde, sie einzuschläfern, da dies überflüssig sei und er die Hypnose verurteile (s. Walsh 964), so enthalten diese Worte nur eine Suggestion, um den hypnoiden Zustand geschickt zu verschleiern und den Einfluß der »unbewußten« Autosuggestion in den Vordergrund zu rücken. Die Beschreibung der Haltung, in der die Patienten nach ihm lauschten (Baudouin, l. c. S. 244), beweist die Richtigkeit dieser Auffassung. Jede Anstrengung wurde unwirksam gemacht und wich einer vollkommenen Bereitschaft und Hingabe. Der Gedanke, gern gesund werden zu wollen, und die Vorstellung, gesund zu werden, bilden demgegenüber keine Gegensätze. Der zweitgenannte Gedankeninhalt kann nur wirksam sein, wenn die Bereitschaft für ihn vorhanden ist.

Zusätzlich zu der starken Identifikation mit dem freundlichen Vater ist für das Zustandekommen der Genesung ein »narzißtischer« Vorteil bei dem Kranken als Faktor einzusetzen: Wenn der Patient gesundet, strahlt etwas von dem Ruhm, der dem Vater zuteil wird, auf ihn zurück. Dank der unbegrenzten Identifikation mit dem Helfer läßt jeder Patient ihn diesen Platz seines Ich-Ideals einnehmen. So haben sie alle ein gleichförmiges »Über-Ich« (vgl. 285). Durch starke gegenseitige Identifikation fühlen die Patienten sich wechselseitig aneinander gebunden. Die Suggestion, die von dem Helfer gegeben wurde, wird so verstärkt. Zur Erklärung der Wirkung dieser Suggestionen müssen wir auf die Prinzipien der Massen- und Gruppenpsychologie zurückgreifen, nach denen die Suggestibilität als Ausdruck der libidinösen Gebundenheit an eine Person, die für die einzelnen Glieder der Kollektivität die unbewußte Vater- oder Mutter-Imago darstellt, zu betrachten ist (284, 330, 407, 654, 845, 888, 992, 994, 1014).

Es wurde im Vorhergehenden darauf hingewiesen, daß die Anhänger, die COUÉ in seinem Hause versammelte, als Elemente eines sichtbaren Kollektivs betrachtet werden müssen und daß sie den Wirkungen ausgesetzt sind, die in einem solchen aufzutreten pflegen. Während wir von der prinzipiellen Erkenntnis ausgehen, daß die Person als Individuum und als Glied von Kollektivitäten bzw. Gruppen dem Wesen nach nicht verschieden denkt, handelt, fühlt oder will (vgl. STOKVIS 889), sei hier bemerkt, daß der Mensch in der Masse doch einer Reihe sonst nicht vorhandener Einflüsse ausgesetzt ist, und zwar in allen »Facetten der Persönlichkeitsstruktur« (CARP), in Charakter, Intelligenz, Psychomotorik, Triebleben, Temperament. Zu nennen sind vor allem eine erhöhte Ansprechbarkeit der Affektivität, die wechselseitige Suggestion, die erhöhte Neigung zur Identifikation zwischen den Mitgliedern untereinander und mit dem Helfer selbst sowie ein geschwächtes Individualitätsgefühl (mit anderen Worten eine zeitweilige »Persönlichkeitsschwäche«); diese Faktoren lassen die Empfänglichkeit eines jeden der Teilnehmer für suggestive Vorstellungen zunehmen. Wir wollen uns hier mit einer kurzen Besprechung der Veränderung der Intelligenz und des Bewußtseins begnügen.

Was die intellektuelle Veränderung betrifft, so ist es keineswegs wahr, daß der einzelne in der Kollektivität unbedingt sein intellektuelles Vermögen weniger gut gebrauchen könnte (vgl. HOFSTÄTTER 407), sei es auch, daß unter dem Einfluß affektiver Faktoren die Intelligenz zeitweise weniger eingesetzt wird. Zieht man dies in Betracht, wird deutlich, daß die Schlagworte von COUÉ bei dem wohl unterdurchschnittlichen intellektuellen Niveau seines Auditoriums nicht zu hoch gegriffen sein durften. Das »ça passe, ça passe« war hier gut am Platz. Wenn diejenigen, die sich durch ihre ähnliche Charakterstruktur sowie durch ihr gemeinschaftliches Streben nach Erleichterung ihrer Leiden verbunden fühlen, sich im Zusammensein an den Helfer wenden, tritt bei jedem von ihnen außerdem eine Veränderung im Bewußtsein auf. Die Veränderungen betreffen das Niveau und den Inhalt (»Umfang«) des Bewußtseins. Das Niveau des Bewußtseins wird in der Regel eine Senkung aufweisen. Wenn es sich jedoch um eine Zusammenkunft handelt, bei der die Anwesenden unter dem Einfluß affektiver »Strömungen«, unter starker Konzentration der Aufmerksamkeit und in einer weihevollen Stimmung bei höheren Mächten Hilfe suchen, oder bei der sie gar unter Einfluß sehr stark wirkender Affekte in einen Rausch, eine Faszination oder in Begeisterung geraten, kann man eher von einer (partiellen) Erhöhung des Bewußtseinsniveaus sprechen.

Zur Illustration einer solchen Veränderung des Bewußtseinsniveaus, in die der Mensch unter zahlreichen Gleichgestimmten geraten kann, folge eine Beobachtung, die STOKVIS bei etwa 300 Negern einer Sekte in New York-Harlem machen konnte. Als die Verzückung auf den Gipfelpunkt getrieben war, vor allem durch die gellenden Klänge rhythmischer Musik und lauten Gesanges, gerieten die Anwesenden in einen wahren Rauschzustand, in welchem alle von Tanzwut ergriffen laute Rufe ausstießen, während einige Frauen gellend schrien und viele Anfälle bekamen, wie sie schon CHARCOT als hysterische beschrieben hat. Zwei gelähmte Frauen, die in einem Wägelchen hereingefahren wurden und die wie die übrigen Anwesenden in lange weiße Hemden gekleidet waren, wurden von einigen tanzenden Männern ergriffen und mitgeschleppt. Unter laut gellenden Schreien dieser tanzenden Gruppe wurden – unter Einfluß autosuggestiver Vorstellungen, der Erwartungseinstellung und anderer affektiver Strömungen – die Muskeln der unteren Extremitäten dieser Gelähmten wieder funktionstüchtig, und die Frauen tanzten mit. Dieser Zustand allgemeiner Faszination dauerte mindestens drei Stunden. Ab und zu fiel einer der Tänzer erschöpft zu Boden und zeigte Zuckungen.

In solchen Fällen scheint es angebracht, von einer partiellen Erhöhung des Bewußtseinsniveaus zu sprechen, wobei durch das Wort »partiell« gleichzeitig eine Einengung des Bewußtseinsumfanges auf wenige Inhalte zum Ausdruck kommt. Die Schwierigkeit, hier mit dem Bewußtseinsbegriff allein auszukommen, geht aus Studien von BILZ 61 und STÖRRING 860 hervor, auf die verwiesen sei. Es soll uns genügen, eine hypnoide Veränderung des Bewußtseins und des Erlebens zu konstatieren (vgl. Kap. I).

Unter dem Einfluß dieser Veränderung fühlen bei COUÉ alle Mitglieder der »Masse« sich gleichermaßen an den liebevollen Vater gebunden, dem Zauberkraft zugetraut wird und von dem jeder der Heilung teilhaftig zu werden hofft mittels der bekannten Zauberformel. Zwischen ihm und seinen Anhängern steht niemand. Jeder darf sich mit ihm identifizieren; jeder, der sich zu der Zusammenkunft begibt und die Bereitschaft zeigt, dem Helfer den Platz seines Ich-Ideals einzuräumen, kann der Erfüllung seiner Wünsche, auch der unbewußten, teilhaftig werden. In letzter Instanz bedeutet dies, daß seine infantilen Wünsche, die psychoanalytisch bis auf seinen Ödipuskomplex zurückzuführen sind, erfüllt werden. Der einzelne erhält das Recht, sich mit dem Vater gleichzustellen (ABRAHAM 2). Allerdings ist hier eine Einschränkung am Platze. Nach der Auffassung von FREUD bedeutet die Tatsache, daß die Söhne an der Macht und den Rechten des Vaters teilnehmen dürfen, auch, daß die Einschränkungen auf sexuellem Gebiet, die ihnen bisher auferlegt waren – vor allem das Inzestverbot –, aufgehoben werden. Dies trifft für COUÉ und seine Anhänger nicht zu. Der Kontakt zwischen ihnen ist völlig unpersönlich im Gegensatz zu dem zwischen dem Hypnotisator und seinem Patienten (nach FREUD die »Masse zu zweit«). Jedes Mitglied der Kollektivität erhält jedoch seinen Anteil an den Gaben des Führers: Alle Söhne singen das Lob des guten Vaters.

JONES wies darauf hin, daß die Art des autosuggestiven Vorganges dem Patienten diese Verhältnisse viel weniger bewußt werden läßt, als dies bei der Heterosuggestion und bei der Hypnose der Fall ist. Wohl braucht in der Hypnose dem Patienten der erotische Charakter der Übertragung auf den Hypnotisator nicht klarzuwerden; er tut es jedoch häufig in latenter Form, in körperlichen Sensationen oder in nächtlichen Träumen. Wenn dagegen eine sogenannte Selbstbehandlung, z. B. nach einem Buch, angewandt wird, werden derartige psychische Vorgänge nicht erlebt, obwohl mit dem Patienten viele andere dieselben Anweisungen empfangen. Bei der Methode COUÉ erhöht die Allmachtsensation im Helfer stark das Gefühl des Eigenwertes, da er seinen Einfluß bei so vielen wahrnimmt.

Ein wichtiger Punkt, auf den ABRAHAM 2 aufmerksam macht, ist der, daß der Patient den Eindruck bekommt, sein Unglück sei nicht größer als das anderer Menschen, da ja doch mit ein und derselben Formel das Leiden aller zu heilen ist. Diese Tatsache bringt es aber mit sich, daß die Methode COUÉ bei denjenigen, die ihr eigenes Leben für wichtiger halten als das anderer Menschen, keinen Erfolg zeitigt. Sie wünschen die volle Aufmerksamkeit eines Therapeuten für sich allein.

FREUD 284 wies in seiner »Massenpsychologie« darauf hin, daß Wiederholung ein Mittel ist, um den Weg zum Unbewußten zu bahnen. »Das Wiederholen«, sagt ABRAHAM, »ist eine oft vorkommende und wohlbekannte Ausdrucksform von Impulsen, derer wir uns nicht bewußt sind.« Diesen Satz erläutert er an Hand von Beispielen aus der Völkerpsychologie und der Psychiatrie (Verbigeration, Bewegungsstereotypie, Formeln von Patienten mit Zwangsneurose). Mitunter ist an dem Rhythmus dieser Wiederholungen ein Zusammenhang mit der Sexualität zu erkennen.

Ein Beispiel hierfür gibt ABRAHAM, indem er berichtet, wie ein kleines Kind unter dem Einfluß von Schuldgefühlen und Reue wegen heimlicher masturbatorischer Handlungen sich an die Mutter festklammert und unzählige Male hintereinander wiederholt: »Vergib mir, Mutter, vergib mir, Mutter.« Im Rhythmus der Wiederholung dieser Bußformel war der der Onanie nachgeahmt. Kein Wunder, daß dieser Patient, indem er als Erwachsener die COUÉ-Formel anwandte, für seine Symptome Nutzen aus ihr zog.

Für manche Menschen ist die Anwendung der Methode Coué eine bequeme Art von Selbstbestrafung. Anstatt die Fehler, die sie bisher gemacht haben, zu vermeiden, kommt – wie Abraham bemerkt – der Vorgang ihrem Bedürfnis nach Strafe entgegen. Für alle Menschen ist ja der Begriff Strafe in gesellschaftlichem Sinn nahe verbunden mit dem einer Zahl: Die Kinder müssen auf der Schule zehn Reihen Strafarbeit schreiben, die Beichtkinder soundsoviele »Vaterunser« beten, man bekommt soundsoviele Stockschläge, soundsoviele Monate Haft und soundsoviel Mark Geldbuße. Dementsprechend könnte man in der Methode Coué eine Technik erblicken, die das menschliche Schuldgefühl und das Strafbedürfnis ausdrückt. Zwischen den Begriffen Sünde und Krankheit bestehen uralte Vorstellungsverbindungen (vgl. Häfner 347, Siebenthal 841).

Aus dem Vorhergehenden ergibt sich, daß der Patient, der nach der Anweisung von Coué handelt, die Krankheit gegen eine milde Form von Zwangsneurose eintauscht, ohne daß er sich dessen bewußt ist. So betrachtet hat die Formel nach Coué für den Patienten dieselbe Bedeutung wie der Zwangsgedanke für den Zwangsneurotiker. In gewissem Sinne gibt sie ihm Beruhigung durch das fortwährende Wiederholen. Das Nachsprechen gibt dem Patienten aufs neue Gelegenheit, sich mit dem Vater zu identifizieren. Im übrigen dient, wie dargelegt wurde, die Formel als Selbstbestrafung: Wenn der Mensch an einer Krankheit leidet, die für sein (Un-) Bewußtes die Bedeutung einer Strafe hat, wird hier die eine Strafe durch die andere, die indessen für das Ich viel angenehmer ist, ersetzt. Zum Schluß kehrt in der Formel das Verdrängte zurück, das Verbotene, dessen Genuß Anlaß der Strafe ist. Der Rhythmus und das Tempo treten bei dieser unbewußten Darstellung des Verbotenen, die mit Zustimmung des Vaters stattfindet, in den Vordergrund. In seinen Darlegungen geht Abraham so weit, daß er im Gebrauch der Formel einen maskierten Ersatz der Onanie erblickt, die vom Vater gebilligt wird.

Es ist deutlich, daß die *Methode* Coué in psychologischer Hinsicht der *Antipode der Psychoanalyse* ist. Dem Psychoanalytiker ist das Bewußtmachen des Verdrängten unentbehrlich für die Heilung. Coué ist die Ursache aller Übel gleichgültig. Die aufdeckenden Methoden veranlassen den Menschen, das Realitätsprinzip nach seinem Werte zu würdigen und rücken das Bewußtsein in den Vordergrund. Obwohl die Lehre von Coué den Nachdruck auf das Entstehen der Symptome im Unbewußten legt, weist sie jedes Erkennen dieses Entstehens von sich und gibt gleichsam dem Lustprinzip nach. Sie gleicht dem Heilungsprozeß primitiver Völker und ist auf magische Gedankengänge gegründet. Sie erspart dem Menschen die mühsame Auseinandersetzung mit der Realität. »Heilung« wird erreicht, indem ein Zwangszustand gegen einen anderen eingetauscht wird. Geistreich bemerkt Décsi 179, daß – wenn der Patient vor der Behandlung an einer »autosuggestiven Krankheit« gelitten haben sollte – er sich hernach in einem suggerierten Gesundheitszustand befindet. Abraham meint, daß wir es beim »geheilten« Patienten mit einem labilen psychischen Zustand zu tun haben. Der Patient ist nicht ganz und gar der Wirklichkeit entrückt, und die Erfahrungen des Lebens können die Richtigkeit der Formel ins Wanken bringen. Dazu kommt, daß die individuelle Gebundenheit, die der Patient in Hinsicht auf den Hypnotisator entwickelt, fehlt. Die mehr oder weniger flüchtige Fasziniertheit des Individuums, das nun Glied einer engeren Kollektivität geworden ist, muß sich als stark genug erst bewähren.

Es sollen noch einige Bemerkungen über die praktische Bedeutung dieser Methode folgen. Begreiflich ist, daß von befugter Seite (Birnbaum 75/6, Décsi 179, Friedländer 289, Kogerer 481, dem Franzosen [!] Lichtenberger 575, Storch 896) heftig Kritik geübt wurde an dem Auftreten eines Nicht-Arztes, der – ohne von der Art der Leiden seiner Patienten Kenntnis zu nehmen – alle gleichmäßig behandelte, wodurch auch mit den besten Absichten großes Unheil angerichtet werden kann. Man darf ja niemals außer acht lassen, daß auf Grund einer erfolgreichen psychotherapeutischen Behandlung ein organisches Leiden nicht als ausgeschlossen gelten kann. Dies beweist der Fall, den Vincze (Psychiatr.-Neurol. Wschr. 460 [1934]) beschrieb.

Es befremdet den Sachverständigen, wenn man im Verlauf der äußerst oberflächlichen Krankengeschichten in Coués Büchlein die Namen und Adressen der Patienten mit den Diagnosen ihrer Leiden vollständig angegeben findet und wenn der Schöpfer des Couéismus offenbar nicht davor zurückschreckt, einen an Paraphrenie leidenden Patienten ad infinitum wiederholen zu lassen: »Les personnes qui me poursuivent ne peuvent plus me poursuivre; elles ne me poursuivent plus« (172, S. 92), oder wenn er einer Frau mit einem Augenleiden erklärt: »Ah, vous avez un glaucome, Madame, pour cela, je ne puis vous promettre la guérison, car je n'en suis pas sûr. Mais cela ne veut pas dire vous ne guérirez pas, car j'ai vu le cas se guérir chez une dame de Toul ...« (»Die Menschen, die mich verfolgen, können mich nicht mehr verfolgen; sie verfolgen mich nicht mehr« – »Ah, Sie haben ein Glaukom, meine Dame. Dafür kann ich Ihnen keine Heilung versprechen, denn ich bin's nicht sicher. Aber das soll nicht heißen, daß Sie nicht gesund werden, denn ich weiß von einem Fall, der geheilt worden ist bei einer Dame aus Toul ...« 172, S. 91), oder wenn man in einem Brief einer ehemaligen Patientin, die als Beweis für die Zweckdienlichkeit der Methode angeführt wird, nach einigen Liebesäußerungen an die Adresse des Verfassers liest: »Je me crois toujours plongée dans un rêve profond« (»Ich glaube mich ständig in einen tiefen Schlaf versetzt« 171, S. 33). Offenbar war diese Patientin noch nicht von ihrer neurotischen Störung genesen!

Über wie wenig medizinische Kenntnisse Coué verfügte, kann man aus einem Beispiel entnehmen, welches von einem gewissen X handelt. Er verlor ein Kind und bekam infolgedessen eine »commotion cérébrale«, die sich bei ihm in einem unbezwingbaren Zittern äußerte! Wie stark offenbar das Bedürfnis Coués nach Selbstrechtfertigung war, zeigt die Veröffentlichung der großen Zahl an Fragmenten von Briefen, die im Laufe der Jahre an ihn geschrieben worden sind. Aus manchen von ihnen ist zu ersehen, daß die Schreiber COUÉ eine unbegrenzte Autorität beimaßen; sie wiesen nach Empfang eines eigenhändigen Schreibens vom »Meister« schon eine starke Besserung auf. Derartige Briefe sind natürlich eher ein *Beweis für die Suggestivität des Schöpfers der Methode* der bewußten Autosuggestion als ein Beweis für die Tauglichkeit der Methode als solcher. Selbst die blindesten Verehrer von COUÉ, z. B. OTTO SEELIG 833/4, sahen ein, daß bei der Wirkung der Autosuggestion der suggestive Faktor eine erhebliche Rolle spielt.

Den Leser beschleicht ein Gefühl der Ungläubigkeit, wenn er Kenntnis nimmt von einer Gebärmuttersenkung, die autosuggestiv beseitigt wurde, von Lungenleiden, die verschwinden, von schwer erkrankten Nieren, die heilen usw. Die Anhänger von COUÉ sind in ihrer kritiklosen Begeisterung noch weiter gegangen. Ein Beispiel hierfür liefert die für Laien bestimmte Schrift von GULAT-WELLENBURG 340, nach der von Ärzten aufgegebene Phthisici und Frauen mit Myomen durch Autosuggestion prompt gesund wurden ... oder die warme Empfehlung des »COUÉismus« für Kranke mit Schizophrenie, mit puerperalen Psychosen (WATERS 967), mit Furunkeln (ORGEMONT 687) oder Gehirntumoren (BAERWALD 29, S. 223). Was soll man von einem Arzt denken, der dem Laien anrät, sich nicht zu schnell operieren zu lassen und es erst mit COUÉ zu probieren, auch wenn er eine Geschwulst hat (LUCCI 597, S. 101), und der behauptet, ein somatisches Herzleiden, eine Hernie und eine Zyste durch Autosuggestion heilen zu können (op. cit. S. 180, 199, 216)? Wie gefährlich und irreführend dergleichen unkritische Mitteilungen sind, zeigt sich an einer Stelle des lesenswerten Buches von HANS DRIESCH 202 »Grundprobleme der Psychologie«, an der dieser sich die Behauptung von Anhängern der Neuen Nancyer Schule zu eigen macht, indem er schreibt, daß Tuberkulose durch einige autosuggestive Formeln zum Stillstand gebracht werden kann.

Die Tatsache, daß die Indikationen so weitherzig gestellt wurden, findet mit ihre Ursache in einer der Gesetzmäßigkeiten, die die Schule von Nancy aufgestellt hat: »La suggestion agit même dans des cas organiques, et non pas seulement, comme on l'enseigne encore couramment, dans des cas nerveux et fonctionnels« (»Die Suggestion wirkt sogar bei organischen Fällen und nicht nur, wie man es noch häufig lehrt, bei nervösen und funktionellen Störungen« 169, S. 25).

Kein moderner Arzt wird indes leugnen können, daß durch autosuggestive Psychotherapie ein günstiger Einfluß auf die Intensität von Krankheitserscheinungen auszuüben ist, gleichgültig ob diese somatisch oder psychisch bedingt sind. Auf jeden Fall erreicht man – mag auch die supraindividuelle Reaktionsweise des Patienten durch eine derartige Therapieform nicht beeinflußt werden – die individuelle Reaktion: Die Haltung des Patienten gegenüber dem Kranksein wird beeinflußt. So kann ein Circulus vitiosus durchbrochen werden, wodurch sich oft auch Krankheiten nicht weiter verschlimmern, sondern bessern. Der objektive lokale Befund entspricht allerdings nicht immer dem subjektiven Wohlbefinden (siehe

Euphorie vieler Tuberkulöser kurz vor dem Exitus). COUÉ und die Seinen haben ein an und für sich richtiges Prinzip ad absurdum geführt. Zwar hat COUÉ seinen Zuhörern »répéter mille fois qu'il ne faut pas attendre de miracles de l'autosuggestion« (»... wiederholen tausendmal, daß man keine Wunder erwarten soll von Autosuggestion« 169, S. 59) empfohlen, aber in der Praxis lief es doch darauf hinaus. Zudem hat kein Anhänger der Neuen Nancyer Schule sich die richtige Frage gestellt, die BRUCK 129 in etwas anderem Zusammenhang formulierte: »Folge von Autosuggestion oder ... Spontanheilung?«! Ein ernsthafter Mangel liegt auch darin, daß COUÉ und seine Jünger jeden Widerstand des Patienten gegen die Heilung vollkommen negierten und daß sie ohne weiteres annahmen, jeder neurotische Patient wolle gern sein Leiden loswerden.

COUÉ hat seine Methode nicht nur für Erwachsene, sondern auch für Kinder empfohlen. BAUDOUIN wies ebenfalls auf den Wert der Autosuggestion in der Erziehung hin. Er (l. c. S. 279) unterstreicht mit seinem Lehrmeister einen Ausspruch von HERBERT PARKIN 693, daß die Anwendung der Autosuggestion in der Schule unterrichtet werden müßte. COUÉ hat nämlich allen Ernstes vorgeschlagen, Kinder in der Schule täglich die Zauberformel aussprechen zu lassen, wobei die Schnur mit den zwanzig Knoten ersetzt werden sollte durch eine aus roten, weißen und blauen Fäden gedrehte Kordel (die Farben der französischen Flagge). Mit ehrfürchtiger Dankbarkeit gedenkt er in einem seiner Büchlein eines orientalischen Fürsten, der diese Methode in seinem Lande einführte (171, S. 34). Wenn er der Autosuggestion einen Ehrenplatz in der Erziehung und im Unterricht zuerkennt, wie seinerzeit HORN 409 und RAUSCH 729 der Suggestion, kann man nur bemerken, daß kein Erziehungssystem denkbar ist ohne suggestive Einflüsse und demnach auch ohne autosuggestive. Als Übungsmethode gehört die Autosuggestion jedoch zur Psychotherapie und nicht zur Pädagogik. Wenn man den pädagogischen Winken der Nancyer Schule folgen wollte, würde man die Kinder zu Zwangsneurotikern erziehen. »Dès que les enfants peuvent parler, leur faire répéter matin et soir, vingt fois de suite, la phrase: ›Tous les jours, à tous points de vue, je vias de mieux en mieux‹« (»Sobald die Kinder sprechen können, sie morgens und abends wiederholen lassen, zwanzigmal hintereinander, den Satz: ›Es geht mir Tag für Tag, in jeder Hinsicht, besser und besser‹«). COUÉ fügt hinzu: »Qui leur procurera une excellente santé physique et morale« (»Was ihnen eine ausgezeichnete Gesundheit, physisch und moralisch, verschaffen wird« 172, S. 125). In einem Büchlein »COUÉ for children« hat GERTRUDE MAYO die Bedeutung der Autosuggestion für die Erziehung und für die Kinderpsychiatrie dargestellt. Die Lehrsätze von »Le Maître« werden hier mit einer rührend kritiklosen Verehrung übernommen (620).

Obwohl er die Anwendung der Hypnose ablehnte, zögerte COUÉ nicht, bei Kindern eine Behandlung anzuwenden, die nichts anderes ist als eine Benutzung der

Tatsache, daß der natürliche Schlafzustand in Hypnose übergeführt werden kann. Er ließ die Eltern, wenn das Kind schlief, sich dem Bett auf einen Meter nähern, dem Kinde suggestive Worte einflüstern und diese etwa fünfzehnmal wiederholen. Etwas Ähnliches schlug KÜNKEL 530 und zehn Jahre früher CLAPARÈDE 163 vor. 1898 verfaßte ROSE 765 schon eine Schrift über »die hypnotische Erziehung der Kinder«. Später empfahlen BROOKS und ERNEST CHARLES 123, S. 141, ähnliches, sei es auch in religiöser Absicht. Ein dutzendmal ist zu wiederholen: »Gott heilt dich ...«, worauf die Mutter sich zurückziehen soll, ohne das Kind zu wecken ...

COUÉ schreibt, daß Kinder für seine Methode leicht zugänglich seien. Das ist begreiflich. Sein Werk beruht in der Hauptsache auf Suggestion, und Kinder sind – wie Primitive (MOELIA 646) – durch ihre geringe Einsicht, ihr noch weniger entwickeltes Individualitätsgefühl und durch ihre lebendigen Affekte suggestibel. Die Erfahrung lehrt, und Experimente haben dies bestätigt (DUBOVCEVA 209, MOSSE 660/1, NETSCHAJEW 673, PETROV 705), daß Kinder durchschnittlich vom vierten Jahr an mit Sicherheit suggestibel sind, und ferner, daß jüngere Schulkinder mehr für Suggestion zugänglich sind als ältere. Parallel der Suggestibilität geht nach MENG 633 und POTOTZKY 719 die Möglichkeit »psychogenetischer Auslösung somatischer Leiden« bei Kindern. Außer daß der für das Gelingen so notwendige »Glauben« an das eigene Selbst bei Kindern noch nicht genügend diszipliniert ist, ist es ohne weiteres einfühlbar, daß beim jungen Menschen mit seinem immanenten Drang nach Selbstentfaltung, seiner starken Neigung zur Identifikation mit seinen Erziehern und zur Introjektion ihrer Ge- und Verbote sowie seinen starken Gefühlsbindungen die zielbewußte Anwendung solcher Praktiken besser unterbleibt, obwohl in vielen Fällen der Kinderheilkunde (HAMBURGER 351/2, JOPPICH 439, E. KRETSCHMER 512), beim Unterricht (BIRCH 74, PLECHER 713, WELLS 981), bei der Erziehung (KARGER 448, KAUFFMANN 452, SCHINZINGER 787, SEELIG 831) und ferner in der Kinderpsychiatrie (STUTTE und LEUNER 912, SZULCZEWSKI 917, VILLINGER 943) bewußt suggestive Arbeitsmethoden nicht ganz zu entbehren sind. Auf jeden Fall ist demgegenüber die Anwendung von Hypnose in der Erziehung (BÉRILLON 48–50, HÉMENT 379, ORTON 688, WELLS 980–2, WINKLER 1018) abzulehnen.

Nebenbei sei bemerkt, daß COUÉ ein großer Anhänger der »Lehre vom Versehen« und von der Möglichkeit der geistigen pränatalen Beeinflussung der Frucht war, wie sich aus folgenden Worten ergibt: »L'éducation de l'enfant doit commencer avant sa naissance. En effet, si une femme qui a conçu depuis quelques semaines se fait dans l'esprit l'image du sexe du l'enfant qu'elle mettra au monde, des qualités physiques et morales qu'elle désire lui voir posseder, et qu'elle continue, pendant le temps de la gestation, à se faire la même image, l'enfant aura vraisemblement le sexe et les qualités imaginés« (»Die Erziehung des Kindes muß vor seiner Geburt beginnen. In der Tat, wenn eine Frau empfangen hat, sich einige Wochen lang im

Geist das Geschlechtsbild des Kindes vor Augen hält, das sie zur Welt bringen wird, die körperlichen und seelischen Eigenschaften, die es wunschgemäß haben soll, und wenn sie während der ganzen Zeit der Schwangerschaft sich weiterhin dasselbe Bild macht, wird das Kind wahrscheinlich dieses Geschlecht und die vorgestellten Eigenschaften haben« 172, S. 121). Auch BAUDOUIN bekennt sich in seinem Werk »Suggestion und Autosuggestion« als überzeugter Anhänger dieses Glaubens an das Versehen (S. 95 ff. und S. 248). Wie sehr dieser auch jetzt noch bei vielen lebt, erkennt man aus der gut gemeinten, aber Verwirrung stiftenden Laienschrift von PAULA MESSER 639 »Erziehung vor der Geburt«, worin der Schwangeren angeraten wird, jeden Tag zu wiederholen: »Mein Kind wird gut sein, mein Kind ist gut, o welch ein Glück, daß mein Kind so gut ist . . .!«, dies in Übereinstimmung mit den Anweisungen von BROOKS 121, S. 120, und von LUCCI 597, S. 296. STOKVIS hat diese Auffassung auf Grund experimenteller Untersuchungen als unbewiesen abgelehnt (872/3, 875).

An theoretischen Erkenntnissen hat COUÉ nichts Neues gebracht. Das haben selbst seine fanatischen Anhänger zugegeben. So schreibt MÉTADIER 640: »Les idées de COUÉ ne sont pas nouvelles dans leur essence.« Seine Lehrsätze sind früheren Autoren entlehnt (BERNHEIM, BONNET, P. E. LÉVY, LIÉBEAULT); er hat diese jedoch dank seiner Popularisierungsgabe für die große Masse zugänglich gemacht. Was die praktische Anwendung seiner Methode betrifft, so haben zwar DÉJÉRINE und GAUCKLER 181, S. 400 ff., ferner OPPENHEIM und MOHR ähnliche Methoden angewandt, aber zweifellos hat niemand vor ihm die absichtliche Autosuggestion so systematisch und rigoros durchgeführt, und das mit einem ungeheueren Erfolg. Aber ... nihil novum sub sole, und so ist auch seine Methode bereits früher von W. PREYER beschrieben. Wie SCHMIDKUNZ 793, S. 353, zitiert, teilte dieser Physiologe in seinem Werk über den Hypnotismus mit: »Die häufige lautlose Wiederholung der Worte: ›Das Wasser ist nicht kalt, es ist erfrischend, aber nicht kalt, kalt ist das Wasser nicht usw.‹ nimmt dem Bade im kalten Wasser seine den Genuß beeinträchtigende Eigenschaft.« Im Jahre 1907 schrieb A. W. VAN RENTERGHEM 744 – ein Pionier auf dem Gebiete der Hypnose –: »La chose affirmée arrive par la répétition à s'établir dans les esprits, au point, qu'ils finissent par l'accepter comme une vérité démontrée.« (»Die immer wieder bejahte Tatsache setzt sich im Geiste fest, in dem Maße, daß er es schließlich als eine erwiesene Tatsache annimmt.«) Eine ähnliche Bemerkung findet man bereits bei BINET 66, S. 243 (1888). Auch neuere Psychotherapeuten, wie ALLERS 14, haben die Bedeutung des Wiederholungsfaktors erkannt. Man ziehe zum Vergleich den Ausspruch von HERMANN KEYSERLING in seinem »Reisetagebuch eines Philosophen« (1921) heran: »Es hat Sinn, einen geistigen Inhalt, von dem man ergriffen werden will, laut zu wiederholen. Durch Wiederholung kann man zuletzt das Unterbewußtsein beeinflussen.« Tatsächlich: repetitio mater studiorum ... Man denke an die Worte NAPOLEONS:

«La répétition est la seule figure sérieuse de rhétorique.« Etwas Ähnliches schreibt HITLER in »Mein Kampf«. Es muß für die Bewunderer von COUÉ enttäuschend sein zu vernehmen, daß selbst der kernige Spruch »ça passe« nicht ursprünglich sein eigener ist: Im Jahre 1907 machte DUBOIS 208 von »es geht vorbei« schon Gebrauch.

Tatsächlich ist bereits durch SENECA das Prinzip der autosuggestiven Therapie in seinen philosophischen Schriften niedergelegt. Im 78. Brief an LUCILIUS schreibt er: »Schmerz ist leicht zu tragen, sobald er nicht durch den Gedanken daran verschlimmert wird; und wenn man sich selbst Mut zuspricht, indem man sich sagt: ›Es ist nichts, oder nur eine Kleinigkeit, es muß geduldig getragen werden, bald wird es vorbei sein‹, dann erleichtert man sich selbst den Schmerz, insofern man ihn wirklich leicht auffaßt.«

COUÉ ist auch nicht der erste gewesen, der das Prinzip der Massenbehandlung einführte. Über ein Jahrhundert vor ihm behandelte MESMER – sei es auch auf eine andere Weise – Gruppen von Menschen. Er benutzte nicht die Autosuggestion als solche, sondern – ebenfalls ohne sich dessen bewußt zu sein – die Wirkung der Hypnose; er selbst sprach von der Wirkung des »fluidum subtilissimum magnetis fluido pessimile« und entwarf seine verworrene Theorie vom »animalen Magnetismus«, der beinahe immer falsch übersetzt wird als »tierischer Magnetismus« anstatt »Lebensmagnetismus«. Wir wollen uns hier nicht in die Parallelen, die man zwischen dem Gedankengang über den »animalen Magnetismus« und der Vorstellung vom »Kraftstoff« der Primitiven ziehen kann, vertiefen. In dieser Hinsicht sei auf die ethno-psychologische Studie von LEO KAPLAN 447 »Das Problem der Magie« verwiesen.

MESMER rief nicht in der heute üblichen Weise den hypnotischen Zustand hervor. Er gruppierte seine Patienten in einem großen Raum voll geheimer Symbole rund um eine Wanne (die berühmte baquet), die »magnetische Batterie«, in welcher sich fein verteiltes Glas, Eisenfeilspäne und Wasser befanden. Durch den Deckel der Wanne waren zusammengebundene eiserne Stäbe gesteckt. Wie der Priester-Wundertäter LENOBLE (ca. 1770) glaubte MESMER an die Wirkung des Stahlmagneten. Jeder Patient mußte einen dieser Stäbe festhalten und ihn an denjenigen Teil seines Körpers halten, der krank war. Nach einer längeren eindrucksvollen Pause betrat MESMER in ein lila seidenes Gewand gekleidet den Raum, in welchem Dämmerdunkel herrschte, und schritt, begleitet durch sanfte Musik, langsam und feierlich auf die Gruppe zu. Er berührte nun den einen nach dem anderen. Manche von denen, die er berührte, begannen heftig zu schreien und bekamen hysterische Krampfanfälle, andere fielen in eine kataleptische Erstarrung; aber alle erklärten nach Ablauf der Séance, daß sie geheilt waren. MESMER selbst meinte, daß er einen rein physischen Einfluß auf seine Patienten ausübte. Dieser Einfluß sollte mit demjenigen identisch sein, den – wie man seinerzeit glaubte – die Planeten auf die

Erde ausüben und von dem Handlungen und Schicksale des Menschen abhingen (vgl. den Titel seiner Dissertation: »De influxu Planetarum in corpus humanum«). Die 1784 durch die Académie des Sciences eingesetzte Kommission gab mit Recht als ihre Meinung zu erkennen, daß alle Erscheinungen mit der Einbildungskraft des Menschen zu erklären seien. Dieser Ausspruch, leider in affektiver Atmosphäre getan, wurde in dem Sinne interpretiert, daß MESMER, der in gutem Glauben handelte, als Quacksalber und Bauernfänger verschrien wurde. Hinsichtlich der näheren Umstände und Einzelheiten sei auf die Schriften von LÉVY-VALENSI 572, TENHAEFF 921/2, TISCHNER 929/30 und auf das fesselnde Werk von ZWEIG »Die Heilung durch den Geist« verwiesen. Sowohl das letztgenannte Werk als auch das 1941 erschienene Buch von TISCHNER und BITTEL 930 lassen MESMER als den suchenden Naturforscher erscheinen und nicht als Schwindler oder Scharlatan, wie er meist dargestellt wird.

Reichlich ein Jahrhundert später hat der bekannte Arzt WETTERSTRAND in Stockholm (gest. 1907) täglich ungefähr vierzig Patienten zu sich kommen lassen, um sie durch Hypnose von ihren Beschwerden zu befreien. Auch hier war die Atmosphäre von »Glauben« und erwartungsvoller Hoffnung vorhanden, die erst den Menschen für autosuggestive Einflüsse zugänglich macht. Eine lebendige Beschreibung dieser merkwürdigen therapeutischen Atmosphäre findet man in der Schrift des Inaugurators der hypno-suggestiven Heilmethoden in den Niederlanden VAN RENTERGHEM »LIÉBEAULT und seine Schule« 744.

Man könnte COUÉ, der sich als Nicht-Arzt berufen fühlte, Menschen mittels der Autosuggestion zu heilen, mit ASKLEPUS von BITHYNIEN aus dem 2. Jahrhundert vor Christus vergleichen, der durch Handauflegen und das Zustandebringen eines ekstatischen Zustandes die Kranken zur Genesung brachte. Man kann ihn neben GREATRAKES (GREATRIX) stellen, der in der Mitte des 17. Jahrhunderts in Irland lebte und ebenso mit Hilfe kollektiver Methoden (durch Handauflegen und Streichbewegungen) Menschen von Krankheiten heilte. Er ist auf eine Linie mit JOHANN GASSNER zu bringen, dem Tiroler Mönch und Exorzisten, der in der Mitte des 18. Jahrhunderts wiederum durch Handauflegen und Beschwörung Heilung brachte, indem er den Kranken den Glauben an eine Besserung vermittelte. Man könnte ihn einen zweiten Pater HEIL nennen. Wie sehr der Schöpfer der Neuen Schule von Nancy auch verspottet und geschmäht worden sein mag, vor allem durch Karikaturen, auf denen man ihn mit selbstbewußtem Gesichtsausdruck fleißig die Worte wiederholen sah »Jeden Tag werde ich berühmter und immer noch berühmter«; es bleibt doch eine Tatsache, daß – solange es Ärzte gibt, die ihren über die teuren Heilmittel klagenden Patienten erklären, daß tatsächlich doch nichts gegen ihre Beschwerden zu tun und daß es demnach gleichgültig sei, ob sie Medizinen einnehmen oder nicht – noch Männer wie COUÉ da sein müssen, um dem Kranken neue Hoffnung, Glauben und Vertrauen zu geben und seinen Optimismus durch methodisches Üben und Selbsterziehung zu wecken und zu heben. Dem heutigen streng naturwissenschaftlich erzogenen Arzt, der so viele Heilkulte, wie die um Gröning, Osborn, Hermann Zeiss, Harry Edwards, Morris, Cerullo, in der Astrologie, Anthroposophie und Homöopathie miterlebt, muß es ein Anliegen sein nachzuforschen, was die von der Schulmedizin unbefriedigten Patienten dort suchen. Es muß ihm zu denken geben, daß der Apotheker Coué oft imstande war, da zu helfen, wo medizinisches Können versagte. Und dies nimmt uns das Recht, ihn zu beschimpfen und entscheidend wichtige Möglichkeiten, die im Kranken selbst schlummern, zu vernachlässigen oder beiseite zu schieben.

b) Die Methode von Jolowicz

Auch Jolowicz 433 brachte eine kollektive Behandlungsmethode zur Anwendung. Er änderte die Technik von Coué insofern, als er, statt hundert, höchstens dreißig Personen zugleich teilnehmen ließ. Im Gegensatz zu Coué stellte er als Arzt erst die Diagnose und beschränkte sich dann auf das Aufstellen von Indikationen für diese Form von Therapie. Jolowicz lehnte die Teilnahme von mehreren Patienten mit hysterischen Anfällen, mit reaktivem Bewegungsdrang, mit störenden Zuckungen und depressiven Erregungszuständen ab, da sie die Séance störten. Er ließ alle Patienten zugleich Atemübungen machen (tiefes Einatmen, eine halbe Minute [!] den Atem anhalten, explosionsartige Ausatmung). Hierauf folgten suggestive Anweisungen zur Entspannung der Muskulatur, die seine Patienten in einen leicht hypnoiden Zustand sinken ließen. Ferner gab er allgemeine Suggestionen, die für alle Kranken gelten und in denen er sich immer wieder bemühte, Mißverständnisse über seine Methode aus dem Weg zu räumen, um so heilsame Vorstellungen zu wecken. Darum umgab er seine Behandlung nicht mit einem »mystischen« Nebel. Er ging von einem Patienten zum anderen, legte ihnen die Hand auf die Stirn, berührte eventuell mit der anderen Hand den kranken Körperteil und flüsterte jedem eine Suggestion ein. Er verweilte höchstens 2 bis 3 Minuten bei dem einzelnen. Die Séance wurde abgeschlossen mit der Mitteilung, daß alle Teilnehmer ausgeruht sein werden, wenn sie aus dem Schlummerzustand erwachen. Mit Recht vermied er es, im Anschluß an die Séance nach ihrem Befinden zu fragen. Die Zusammenkünfte wurden einmal wöchentlich abgehalten. Oft fühlten die Patienten schon nach drei- oder viermaliger Wiederkehr eine Besserung.

Offensichtlich um eine weitgehende Ausschaltung der ratio zu erzielen, gibt Jolowicz ein im ersten Augenblick fast amüsant erscheinendes Hilfsmittel seiner Methode an (welches wir in ähnlicher Form aber gleich anschließend bei der Besprechung vom religiösen Leben abgeleiteter Verfahren wiederfinden werden). Er riet den Patienten, Formeln zu bilden, die auf ihr Leiden Bezug nehmen, und diese in einer kurzen Schlagzeile zusammenzufassen, so daß nur eine vorwiegend vokalische Klangähnlichkeit mit der ursprünglichen Formel besteht (siehe die vorwiegend die Affektivität ansprechende Modalität der Vokale nach Lersch 554 und Wiesenhütter 989). Diese Kurzformeln sind möglichst schnell und häufig zu wiederholen – nach dem Motto »murúsein ..., murúsein ...«, was bedeutet »ich muß ruhig sein«. Bei leichten Zwangsneurosen können mit diesem Hilfsmittel verblüffende Erleichterungen erzielt werden.

Es ist hinzuzufügen, daß auch J. H. Schultz, Binder 63 und andere das später zu besprechende Autogene Training weitgehend gemeinschaftlich ausführen lassen, wodurch bei vielen Patienten erheblich bessere Resultate gegenüber Einzelübungen zu erzielen sind, ebenso wie durch die »Untermalung« mit leiser Musik. Allein diese Tatsache zeigt die Notwendigkeit der Beachtung und des weiteren Ausbaues autosuggestiver und entspannender Übungen in Gruppen, wie man umgekehrt in der modernen Gruppenpsychotherapie mehr und mehr (auto-)suggestive Vorgänge beachten lernen wird.

c) Aus dem religiösen Leben abgeleitete Verfahren

Zum Gebiet passiver Autosuggestionen, die sich in Kollektiven abspielen, gehören die Heilungen in religiösen Verbänden, wie sie vor allem von Sekten beschrieben und betrieben werden. Es sollen in diesem Buch nun keine konfessionellen Auffassungen analysiert oder kritisiert werden. Es geht auch nicht um die Frage echter Wunderheilungen (vgl. Bitter 79). Bei allem Repsekt vor der Glaubensüberzeugung jedes Mitmenschen müssen wir uns hier mit der Feststellung jener psychologischen Tatsache begnügen, daß bei der Heilung von Kranken, die im Verband mit Gleichgläubigen in einer weihevollen Atmosphäre Hilfe für ihr Leiden suchen, neben der Kraft des Glaubens auch an (auto-)suggestive Faktoren gedacht werden muß. Ja, es fragt sich, inwieweit beides überhaupt zu trennen ist. Vor allem ist auf die unzweifelhafte Analogie mit den Technizismen zur Erreichung der gewünschten hypnoiden Bewußtseinsveränderung in den Ritualien hinzuweisen.

Wir wollen hier auf jenen merkwürdigen Zustand eingehen, den man Kavannah nennt, ein ekstatisches Erleben, welches durch feuriges Beten erreicht wird und in Kreisen, die unter dem Einfluß der kabbalistischen Lehre stehen, anzutreffen ist. Zuvor erscheint es notwendig, näher auf die Bedeutung des Wortes und des Wesens der Kabbalah einzugehen. Das Wort bedeutet ursprünglich Tradition, Überlieferung im allgemeinen. Später wurde es zum Fachausdruck für die Überlieferung der Mystik, für die Geheimlehre. Diese Mystik ist in ihrem Usprung nicht spezifisch jüdisch. Sie geht auf Anschauungen von Pythagoras und seiner Schule zurück. In denselben Jahrhunderten, in denen sich das junge Christentum mit der Gnosis beschäftigte, bestand schon die jüdische Mystik und »Geheimlehre«. In der Kabbalah kamen geistige Strömungen zum Ausdruck, die das Leben des Volkes inniger und intensiver widerspiegeln als das offizielle Judentum. Glaube und Aberglaube, Folklore und Familientradition fanden in der Kabbalah ihren Platz. Bis ins Mittelalter können wir nur von einer theoretischen Kabbalah sprechen. Literarische Dokumente sind z. B. das Buch der Schöpfung (»Sefer Jezirah«), die Abhandlungen über das Wesen der Gestalten, d. h. das Wesen des göttlichen Körpers (»Schi' ur koma«), von denen Fragmente erhalten geblieben sind. Ferner kennen wir das klassische Werk der Kabbalah, den »Sohar«, eine unsystematische Darstellung der ganzen jüdischen Mystik, geschrieben in der Form eines Bibelkommentars.

Die Kabbalah ist im Judentum viele Jahrhunderte lang, bald stärker, bald schwächer, in Erscheinung getreten. Oft lebte sie in kleinen, verborgenen Kreisen. Mitunter jedoch wuchs sie zu einer mächtigen Bewegung an, die das Leben der Anhänger ausschlaggebend beeinflußte. Das war z. B. der Fall, als sich im 16. Jahrhundert in Safed, einer kleinen Stadt im damaligen Palästina, ein Kreis bedeutender Kabbalisten gebildet hatte. Dieser »Kreis von Safed« stand unter Leitung eines der berühmtesten Männer seiner Zeit, JIZCHAK LURIA (1534–1572), auch ARI HAKODAUSCH (der heilige Löwe) genannt. Mit ihm begann ein neuer Zeitabschnitt, die praktische Kabbalah. Wie im offiziellen, so war auch im mystisch orientierten Judentum das Haupt- und Endziel alles Strebens das Kommen des Messias und der Beginn des Reiches Gottes. Unter dem Einfluß LURIAS brach sich die Auffassung Bahn, daß sich durch bestimmte Gebets- und Bußübungen, durch Fasten und Ekstase das Königreich Gottes auf Erden herbeizwingen lasse.

Die geistige Haltung, nach der diese Mystiker strebten und von der sie meinten, daß sie Wunder wirken kann, deuteten sie mit dem Namen Kavannah an. Dies Wort bedeutet eigentlich Intention. Kavannah ist die Konzentration der Vorstellungen und des Willens auf das absolute Endziel, die Erlösung. So ist die Kavannah die seelische Haltung, welche die Erlösung bringen, sie jedenfall beschleunigen soll. Um diese Geisteshaltung der Kavannah zu erreichen, ist eine Technik ausgebildet worden, die für die Gebetsverrichtung der Kabbalisten bestimmt ist. Sie weist eine auffallende Übereinstimmung mit manchen autosuggestiven und entspannenden Methoden auf, die einen ähnlichen Zustand und das »gleiche« Ziel erstreben, nämlich die Erlösung vom Leiden. In erster Linie gehört zu dieser Technik das Beten langer Litaneien, wobei in jedem Satz sich immer nur ein Wort jeweils ändert, so daß das Ganze einen außerordentlich eintönigen Charakter hat (Reste hiervon findet man in dem Gottesdienst, wie er am Vorabend des Versöhnungstages gehalten wird, nämlich in der Litanei »Anenu«). Diese Litaneien werden sehr schnell gebetet. Auf die einzelnen Worte kommt es nicht so sehr an; vielmehr geht es darum, daß ein hypnoider Versenkungszustand eintritt. Die Litaneien, soweit sie heutzutage noch zum Gottesdienst gehören, erstreben die Bewußtseinsveränderung nicht mehr als besonderes Ziel; sie werden jetzt auf dieselbe Weise wie alle anderen Gebete vorgetragen.

Das Herunterbeten der Litaneien ist in der Kavannah mit rhythmischen Körperbewegungen verbunden. In Psalm 35 (34), 10, heißt es: »All mein Gebein wird sagen: Herr, wer ist Dir gleich!« Hieraus hat sich in der Praxis die angegebene Technik des Betens entwickelt, wobei der Körper als Ganzes und die Gliedmaßen im besonderen das Gebet mit verrichten müssen. So wurde – vor allem in Osteuropa – das Gebet von rhythmischen Körperbewegungen begleitet, z. B. von fortwährendem Beugen und Wiederaufrichten, von einem rhythmischen Schaukeln nach vorwärts und rückwärts oder einem Schwingen von links nach rechts. Das eine wie das andere wurde nicht selten in eine Drehbewegung des Körpers übergeführt, wobei die Füße fest auf dem Boden stehen bleiben. Eine Parallele zwischen diesen Übungen und den Exerzitien des IGNATIUS VON LOYOLA ist insofern gegeben, als auch letzterer vom Leiblichen her – schon in Form des Faltens der Hände – geistige Wirkungen beabsichtigte und erzielte (vgl. Die aktive Tonusregulation).

Als dritter Punkt ist das Singen von Melodien ohne Worte zu nennen und zwar so, wie man dies noch heute in ostjüdischen Sekten (Nigunim) antrifft. Die ganze Intensität des Gebetes wird in der Melodie ausgedrückt. Worte sind nicht nötig. Die drei beschriebenen Äußerungsmöglichkeiten sind vielfach in der Praxis der Kabbalah angewandt worden. Die praktische Kabbalah hat nach dem Tode von LURIA, der jung gestorben ist, in seiner Schule ihre wichtigsten Verkünder und Anhänger gefunden. Insbesondere war es die messianische Bewegung unter SABBATAJ ZEWI, die ungefähr hundert Jahre später aufkam und in weitem Ausmaß von solchen Praktiken Gebrauch machte. Die letzte Schule, welche die praktische Kabbalah zur Anwendung bringt, ist der Chassidismus, der im Laufe des 18. Jahrhunderts in der Ukraine und in Südpolen neu erstand und heute besonders durch BUBER 130 und SCHOLEM 798 bekannt ist. Auch hier sehen wir wieder, wie – im Gegensatz zum offiziellen Judentum – das sogenannte unterirdische Judentum in der mystisch-kabbalistischen Bewegung des Chassidismus sich Bahn bricht.

Bei den Anhängern von SABBATAJ ZEWI und bei den Chassidim wird den obengenannten drei Arten der Gebetstechnik noch eine vierte hinzugefügt, nämlich die Intonation von Silben, die aus den Silben des Namens Gottes gebildet sind. Der Name Gottes, bestehend aus den vier Konsonanten J-h-w-h darf als Ganzes vom Juden nicht ausgesprochen werden. Allmählich entstand die Technik, den Namen Gottes in verstümmelter Form in der Art einer Anrufung immer und immer wieder zu wiederholen. So sind Gebete entstanden, die aus der vielfältigen Wiederkehr ungefähr folgender, an sich bedeutungsloser Worte bestehen: Hawah, Jajah, Wahah, Jahah und dgl.

Der Sinn aller dieser technischen Hilfsmittel war – wie erwähnt wurde –, den Zustand der Kavannah entstehen zu lassen. Einzig und allein hierin glaubt der Chassid sein wahres Leben vollbringen und gleichzeitig einen Beitrag zur Erlösung der Welt liefern zu können. Man muß nämlich berücksichtigen, daß die Kavannah nicht Selbstzweck ist, sondern immer nur Mittel zu einem Zweck. So entscheidet nach der Auffassung der Chassidim die Kavannah über den Wert jeder Handlung, die von dem Menschen verrichtet wird. Das Kleinste und Alltäglichste wird mittels der Kavannah durch den, der sie ausführt, zu etwas Heiligem, wodurch Wunder verrichtet werden können. Andererseits kann (oder besser: muß) auch die heiligste Handlung unwirksam bleiben, wenn die Kavannah einer Person, die sie ausführt, fehlt. Die Bedeutung wird von den Anhängern mancher Sekten sehr hoch eingeschätzt. Diese gehen sogar so weit, zu glauben, daß man durch seine Handlungen – natürlich nur im Zustand der Kavannah – das himmlische Geschehen (das will sagen: die göttlichen Entschlüsse und damit auch das Los des einzelnen Menschen) beeinflussen kann.

Die Parallelen zwischen dieser Gebetstechnik und den technischen Hilfsmitteln, die wir bei der autosuggestiven und entspannenden Psychotherapie kennenlernen, sind:

1. Das schnelle Beten von Litaneien. – Die starke Übereinstimmung mit der Technik von Coué und seinen Nachfolgern, die ihre Patienten bestimmte Formeln schnell aufsagen ließen, ist deutlich. In diesem Zusammenhang wird noch eine Reihe ähnlicher Ritualien verschiedener religiöser Sekten und Richtungen zu nennen sein.

2. Rhythmische Körperbewegungen. – Dieses technische Hilfsmittel finden wir ebenfalls bei Coué, z. B. im rhythmischen durch die Finger Gleitenlassen einer Schnur mit zwanzig Knoten. Zu erinnern ist auch an die Derwischtänze, das uns monoton vorkommende Händeklatschen, wie es bei Negerstämmen und in verschiedenen religiösen Sekten der Alten Welt üblich ist.

3. Das Singen von Melodien ohne Worte. – Das eintönige Murmeln einer Formel, wie Coué dies vorschrieb (»Wie das Summen einer Hummel oder einer Biene«), beruht auf demselben Prinzip.

4. Das schnelle Wiederholen sinnloser Worte. – Hierbei denken wir an das schnelle Aneinanderreihen von Worten oder Silben zu einer kurzen Formel, die häufig wiederholt werden muß (vgl. die Methode Jolowicz).

5. Die Verstärkerwirkung des hypnoiden Entspannungs- bzw. Versenkungszustandes, die von der Gemeinschaft auf den einzelnen ausgeübt wird und die uns zu den bisher besprochenen Methoden ebenso zurückleitet wie zu der im zweiten Kapitel vorgenommenen Verankerung der Autosuggestion im mitmenschlichen Sein.

Mit dem letztgenannten Punkt kommen wir zu Überlegungen, die es notwendig erscheinen lassen, den Bereich religiöser Praktiken noch nicht zu verlassen. So geistvolle und weitsichtige Vertreter der modernen Psychotherapie wie Gebsattel 317 und Weizsäcker 973 haben offen ausgesprochen, daß die Seelenheilkunde in ihrer derzeitigen Form weitgehend als »Ersatz-Religion« aufzufassen und daß mit dieser Bedeutung die »Abwanderung des heutigen Menschen vom Seelsorger zum Psychotherapeuten« in Zusammenhang zu bringen sei. Also auch die individuellen Verfahren müßten damit Ausgänge vom religiösen Leben verraten. Wir wollen uns dieser Auffassung anzunähern versuchen.

Was wir soeben durch die eingehendere Besprechung der Kabbalah an Einblicken in bestimmte Formen religiösen Erlebens erhielten, kann in seiner weltumspannenden Bedeutung ermessen, wer sich in das breit angelegte Buch von M. Eliade 230 »Schamanismus und archaische Ekstasetechnik« (vgl. auch 1011) vertieft. Der Schamane – zunächst Priester und Medizinmann in einer Person, was später nicht mehr der Fall zu sein braucht – ist der Spezialist einer Trance, in der seine Seele den Körper zu Himmels- und Unterweltsfahrten verläßt. Das Schamenentum ist jene ursprüngliche Form der Religiosität, die wir allerorten als Mystik bezeichnen. Allerdings ist hier hinzuzufügen, daß die Mystik nach Zaehner 1038 immer wieder Tendenzen gezeigt hat, sich von der Religion im engeren Sinn loszulösen, was ihr jene denkwürdige Mittlerrolle zwischen Religion und Psychotherapie zuzuerteilen geeignet erscheint. Die Ausbildung zum Schamanen geht über eine jahrelange Stufenfolge von Exerzitien. Schon in der Jugend muß er auffällig sein. Er ist »nervös«, hysterischen oder epileptiformen Anfällen und Krisen ausgesetzt, die als Begegnungen mit den Göttern ausgelegt werden. Er muß sich zeitig aus der Gemeinschaft lösen und lange Zeit allein leben. Entweder durch »erbliche« Übernahme oder durch solche Auffälligkeit erfolgt die »Wahl« des Schamanen. Es ist aber eine völlig falsche Auslegung westlicher Denkweise, wenn man in dem »psychopathischen« Verhalten das Wesentliche des Schamanen sieht. Für die Mitmenschen und ihn selbst ist das einzig Wichtige, daß er das Besessensein von »Geistern« zu meistern lernt, daß er dadurch größere Kräfte als andere Menschen erhält. Diesem Ziel dienen alle einzelnen Techniken, gleich, ob sie in Asien, Australien, Afrika, bei den Eskimos, Ozeaniern, Skythen und bei den Griechen und Germanen in erstaunlich ähnlicher Weise auftreten.

Die Zwiesprache mit göttlichen Geistern, ja bis zu einem gewissen Grade ihre Beherrschung, ist der Ursprung mystischer und meditativer Versenkung und Praktiken. Das vergißt der heutige Mitteleuropäer meist, wenn er die formalen Seiten und Vorgänge in den Mittelpunkt zu rücken und ausschnitthaft zu übernehmen sich anschickt. Es ist, als gehe es ihm nur um das Gefäß, nicht um den Inhalt. Erst er kommt auf den Gedanken, zu *entspannen um des Entspanntseins willen*! Daß bei diesem »formalen Ausschneiden« die Psychotherapie ähnlich vorgeht wie der Wissenschaftler, kann einem klarwerden an der Analyse mystischer Praktiken durch C. Albrecht 8, 9. Nach der Beschreibung der einzelnen Stufen mystischer Versenkung, die viele Parallelen zu Eliade aufzeigt, kommt er zu der Betonung des allein Aspekthaften einer solchen psychologischen Sicht, die nicht annähernd mit dem in Verbindung bringt, was der Myste wirklich lebt und erlebt. Die Versunkenheit wird definiert als voll integrierter, einheitlich und einfach gefügter, überklarer und entleerter Bewußtseinszustand, dessen Erlebnisstrom verlangsamt ist, dessen Grundgestimmtheit die Ruhe und dem als einzige Funktion eines nur noch rezeptiv erlebenden Ichs die Innenschau zugeordnet ist. In dieser vollzieht sich das »Ankommen eines Umfassenden«. (Von Gott und Geistern ist hier selbstverständlich keine Rede mehr.) Mit der Innenschau ist jenes Phänomen des »Schauens« getroffen, welches sich auf Fühlen und Intuition gründet, nicht mehr auf die äußere Sinnestätigkeit. Es weist gleichsam zwei Pole auf, ein bildhaftes Vernehmen und ein bildloses reines Präsenzerfassen von Etwas. Das, was hier als »Wandlung in der Einigung« erfahren wird, ist psychologischem Forschen nicht mehr zugänglich. So wird das eigentlich existentielle Problem der Mystik in die Religion bzw. in den konkret religiös Erlebenden zurückverwiesen.

Diese Grundlegung haben wir fest im Auge zu behalten, wenn wir uns östlichen Meditationspraktiken zuwenden, die uns ja heute immer wieder als vorbildlich zur Anwendung empfohlen werden, ohne daß man dabei sieht, wie weit die dahinter stehende Haltung des Menschen nicht die gleiche und damit die Durchführung der Methode eine toto coelo andere ist (vgl. Wiesenhütter 1003, 1007). Aus der zahlreichen Literatur seien zwei instruktive Veröffentlichungen herausgegriffen. In seinem »klassischen Yoga-Lehrbuch Indiens« geht Rieker 754 der vielgepriesenen und später in einigen Techniken zu berührenden Hatha-Yoga-Lehre nach, die der Rettung vor den drei Feuern dient, nämlich vor selbstgeschaffenen Leiden, Leiden durch höhere Gewalt und Leiden, die durch andere Wesen entstehen. Der Inder kennt hierbei keine Teilung in Leib, Seele und Geist, sondern nur eine Durchdringung des Menschen in toto. Was aber klar herausgestellt wird, ist die Tatsache, daß damit auch Gesundheit nicht als Vorgang einzelner Organe und Funktionen aufgefaßt werden kann, sondern als etwas überindividuell Gottgegebenes erscheint. Gesundheit ist nicht ein Ziel an und für sich, welches man durch einzelne Übungen und Maßnahmen zu erreichen versucht (wie bei uns). Gesundheit geht auf in Weisheit und Heiligkeit, die man anstrebt, auch in allen Einzelmaßnahmen, wie der Diätetik, den Körperstellungen, den Versenkungen. Gesundheit und Krankheit werden also unmittelbar religiös erfahren. Wenn in der Versenkung »der Geist mit dem absoluten Bewußtsein eins wird«, ist das nicht ein Versinken in ein leeres Nichts, als welches man das Nirwana oft mißdeutete, sondern jenes von Albrecht als das Umfassende bezeichnete göttlich-mystische Ziel. »Der Zustand der Auflösung des begrifflichen Denkens (laya) ist jenseits aller Formen. Er ist göttlich.«

Die zweite Arbeit stammt von E. Erkes 235 und betrifft »die taoistische Meditation und ihre Bedeutung für das chinesische Geistesleben«. Der Autor hat die entsprechenden Meditationen selbst geübt und weiß sich in weitgehender Übereinstimmung mit E. Rousselle und R. Wilhelm. Auch er weist auf die formale Seite meditativer Versenkung hin, das Verharren auf der Stelle, die Tiefen- und Bilderschau: »Der Geist wird bei der Meditation nicht, wie sonst beim Denken, angespannt, sondern entspannt.« An die Stelle innerer Unruheherde treten Ruhe und Klarheit. Aber er erkennt ebenfalls die ursprüngliche Bedeutung der Meditation in dem In-Verbindung-Treten mit den »Geistern«. Deshalb wird die Meditation in China durch Mönche ausgeübt. Nur ist sie dort ihres erotischen Charakters, den sie noch bei den Schamanen aufweist, entkleidet. Die Unterweisung erfolgt teils in Gruppen, teils individuell. Die einzelnen Anweisungen enthalten, mit Abgeschlossensein, bestimmten Körperhaltungen, Augenstellungen, Erwärmungszuständen, Fixierung des Bewußtseins mit dem Ziel der Entspannung, Farberscheinungen usw., viele Gemeinsamkeiten mit unseren Entspannungsübungen. Ist das Ziel der meisten Mystiker die »innere Vereinigung mit dem Weltgrund« und rekapituliert der Meditierende gewissermaßen die religionspsychologische Entwicklung der gesamten Menschheit vom primitiven Animismus über die theistischen und pantheistischen Stufen hinweg bis zur völligen Auflösung der Gottesvorstellungen, deren Urgrund er in sich selbst findet«, ist für den Taoisten von heute etwas anderes wesentlich. Für ihn sind die »göttlichen Erscheinungen« in der Versenkung keine Realitäten mehr, bei denen man – als Endziel – stehen bleibt, sondern über die man hinwegzukommen sucht. Über das »Eigentliche« darf und kann gar nicht gesprochen werden (pu k'o shuo).

Weitere Veröffentlichungen, die uns über die Praktiken östlicher Meditation informieren, stammen von BOECKEL 90, ERBSLÖH 233, HERRIGEL (»Bogenschießen«), JACOBS 418, LANGEN 542, MELZER 629, REITER 742, RIEKER 754/5. Soweit sie Bezug auf den Westen nehmen, ist eine »Säkularisierung«, also eine »Reinigung« der Technizismen von religiösen Inhalten als Tendenz erkennbar. Nicht nur im Westen, auch in Indien werden z. B. Yoga-Übungen zunehmend in weiten Kreisen – areligiös – als reines Körperfunktionstraining durchgeführt (s. MUKERJI und SPIEGELHOFF 668). Die Morita-Therapie (SUZUKI und TAKEMURA 914) in Japan ist weitgehend von der Verwestlichung bedroht und anscheinend dem Untergang geweiht. Ihre Grundlage und Technik sind absolute Selbsthingabe und Selbstverzicht. Das Selbstvergessen über die Versenkung im anderen wird jahrelang geübt, bis es zur Vervollkommnung herangereift ist. Die Morita-Therapie entspricht einem jahrtausendealten (auch religiösen) Erziehungsideal Japans. Ihr Ziel ist die völlige Einordnung in überindividuelle Gemeinschaften. Deshalb ist das Üben in Gruppen von vornherein eingeplant.

Eine gewisse gegenläufige Tendenz verraten Bemühungen, Meditationspraktiken des Ostens mit Entspannungsübungen und psychotherapeutischen Theorien des Westens, z. B. mit der ebenfalls den Osten berücksichtigenden Lehre C. G. JUNGS, zu verbinden. Typisch hierfür ist das Vorgehen von BOSSARD 99, welcher Yoga-Übungen und das Autogene Training heranzieht, um der (allerdings einengenden) Zielsetzung »geistiger« Selbstverwirklichung zu dienen. Noch typischer erscheint das Bemühen von ZACHARIAS 1037, einem griechisch-orthodoxen Priester und

Psychotherapeuten. Ausgehend von der Umkehrung JUNGscher Lehren über die psychologische Funktion Christi als Archetypus, wird der Archetypus bzw. das »Selbst« des Menschen als Symbol und Gefäß Christi bezeichnet. Die »Gestaltungen aus dem Unbewußten« werden als religiöse angesehen und in gewisser Parallele zur neueren kirchlich-liturgischen Bewegung während des Gottesdienstes in Gemeinschaften durch Schreiten und Aufstellungen dargestellt. Vor allem handelt es sich dabei um die Form des Mandalas. Eine Tiefenbelebung des religiösen Zeremoniells wird von solchen Maßnahmen erwartet. Dem Außenstehenden ist klar, daß dafür nicht nur eine echte Gottgläubigkeit, sondern auch ein »Glaube« an die Lehre JUNGS erforderlich ist. Mit den chinesischen Taoisten muß man vor einem kritiklosen Sichüberlassen an die »Tiefe« und das »Unbewußte« warnen. Außer Gott oder Christus können ja auch der Satan oder andere böse »Geister« von dort aus antworten. HEYER machte außerdem darauf aufmerksam, daß die Gestaltung echter Mandalas außerhalb des JUNGschen Kreises zu den extremen Seltenheiten gehört. Er als langjähriger JUNG-Schüler muß es wissen!

In abgewogener Weise hat von psychiatrischer Seite W. KRETSCHMER 519 religiös fundierte meditative Verfahren auch für die ärztliche Praxis empfohlen. Vor allem handelt es sich dabei um die Methode des Internisten C. HAPPICH 358–60, die dieser aber fast ausschließlich an Theologen weitervermittelt hat. Er nimmt als Ausgangsbasis schöpferischer Gestaltungen und des Heilungsvorganges zwischen Bewußtsein und Unbewußtem ein sogenanntes Bildbewußtsein an, welches zu aktivieren ist. Praktisch geschieht das, indem zunächst eine Ruhehaltung eingenommen wird, die durch direkte Aufforderung oder durch die im folgenden zu besprechenden Entspannungsübungen (Autogenes Training usw.) erzielt wird. Als erste Übung wird dann die sogenannte Wiesen-Meditation durchgeführt. Es kommt darauf an, daß der Patient möglichst plastisch Vorstellungen von einem Gang durch frische saftige und mit Blumen bestandene Wiesen entwickelt, diese genießt und alle Erlebnisse, die mit diesem vorgestellten Gang verbunden sind, abrollen läßt. Ist er bis in das Zimmer des Arztes »zurückgekehrt«, darf er die Augen öffnen und dem Therapeuten seine Erlebnisse erzählen. In der Regel gelingt diese Übung im Verlauf einiger Sitzungen. In ähnlicher Weise schließt sich an die Wiesen-Meditation als zweite Übung die Berg-Meditation an und als dritte die Kapellen-Meditation. Im Verlauf der letzteren kommt es darauf an, daß der Patient nach seinem Gang durch Wiesen und Wälder möglichst lange und »still« in dieser Kapelle verweilt. Die Wiese symbolisiert die jugendlich-mütterliche Natur, den schöpferischen Boden. Das Verweilen auf ihr ist wie ein Kindheitstraum, der zum blühenden Lebensursprung und zur frohen Heiterkeit zurückführt – im gewissen Gegensatz zum düsteren und teils dämonischen Bergwald. Während der gesunde Meditierende kaum Schwierigkeiten hat, sich diesem Symbolgehalt entsprechend auf der Wiese zu

»tummeln« oder sie mit Kindern und Frauengestalten zu bevölkeren, treten beim kranken Menschen Störungen auf. Er kommt entweder überhaupt nicht zu einer plastischen Vorstellung, oder diese verwandelt sich in etwas Dunkles, einen Sumpf mit düsteren Gestalten. Die Übung wird jetzt so lange wiederholt, bis die Fehlgestalten erkannt, durchgesprochen und verarbeitet sind und eine erfrischende Wiese vorgestellt werden kann. Bei der Bergbesteigung wird die Fähigkeit des Menschen zur Höherentwicklung, zur Sublimierung, zur Freiheit und Vergeistigung angesprochen und geprüft. Mit der Kapelle betritt er den innersten Raum seiner Seele, mit welchem die Transzendenz aufbricht, die Stellungnahme zur Religion, welche somit aktiv angegangen wird.

Im Unterschied zur psychoanalytischen Arbeit an Symbolen in Träumen und in Einfällen wird bei der Meditation nach HAPPICH nicht gewartet, bis diese spontan auftreten. Sie werden aktiv erzeugt und bearbeitet, bis der Patient eine Übereinstimmung und Harmonie mit ihnen herstellen kann, also eine Art Gleichtgewicht zwischen rationalen und irrationalen Faktoren seiner Seele. Außerhalb der Therapie und zum Zweck einer Höherentwicklung und Ausweitung der Gesamtpersönlichkeit hat HAPPICH eine Zeichen- und Wort-Meditation ausgearbeitet, bei welcher alle Symbole mit negativen Emotionen – wie Schlange oder Skorpion – ausgeschlossen sind. Diese Art der Meditation dient vor allem der durch intensives Miterleben getragenen religiösen Erziehung. Daß hier formale Parallelen zur Technik des »Bilderns aus dem Unbewußten (JUNG, HEYER, GRAETZ 329 u. a.) zu ziehen sind, liegt auf der Hand. Es kommt ja auch bei dieser darauf an, ganz entspannt und »versunken« das zu gestalten, was ungewollt von unten nach oben »ins Bild« drängt. Nur wird man im allgemeinen dabei weniger lenken. Gegenüber psychoanalytischem Vorgehen sind die stärker suggestiven Akzente dieses Verfahrens offensichtlich.

Eine Methode, die der von HAPPICH in vielem ähnelt, ist die von DESOILLE 185/6. Sie weist jedoch mehr tiefenpsychologische Momente auf und wurde von M. AZEVEDO FERNANDES 24 erweitert. Der Patient wird ebenfalls in einen Versenkungszustand versetzt, in welchem er tagträumt. Diese Tagträume werden nicht wie die freien Einfälle während Psychoanalysen dem ungesteuerten Aufsteigen überlassen und dann durchgesprochen. Die Tagträume werden vom Therapeuten gelenkt, indem er den Patienten hinauf- und hinabsteigen läßt und dieser seine Erlebnisse laufend und unreflektiert erzählt. BRACHFELD 104 läßt bei Anwendung dieser Methode grundsätzlich auf dem Berg oder traumhaft auf schönen Reisen (verbunden mit freien Einfällen) beginnen, um dann sofort »in die Tiefe« vordringen zu können. Das Tiefe symbolisiert das Triebhafte und Dunkle, das Hohe die geistige, ethische und religiöse Welt, die belebt und ebenso wie bei HAPPICH besprochen, bearbeitet wird. Das geschieht aber ausschließlich im meditativen Versenkungszustand. Auf eine bewußte »rationale« Durchdringung wird verzichtet.

Die ethischen und Triebkonflikte soll der Patient allein in sich selbst lösen, nicht durch eine Übertragung bestimmter Reaktionen auf den Arzt und ihre bewußte Erkennung. Die Hauptkraft zur Bearbeitung des Triebhaften wird im Religiösen erblickt.

Als säkularisierte Weiterentwicklung der HAPPICHschen Meditationen kann man das »Katathyme Bilderleben« von LEUNER 557–61 auffassen. Dieser übernahm von HAPPICH die beiden ersten Meditationsstufen, unterteilte die zweite in Berg-, Wald- und Bach-Bildvorstellungen und setzte an die Stelle der dritten, der Kapellen-Meditation, profane Innenräume. Auch ihm geht es wie DESOILLE letztlich nicht mehr um Meditation, sondern um tiefenpsychologische Grundlegung und Deutungen.

Schließlich macht uns W. KRETSCHMER auf eine Verbindung zwischen den hier diskutierten Verfahren und der heute modernen und im Aufbau begriffenen Psychotherapie von Psychotikern aufmerksam, indem er auf eine grundlegende Arbeit von F. Mauz 619 hinweist. In dieser kommt zwar das religiöse Moment nicht mehr im Aufbau der Methodik, sondern an dem Ort, wo es zuvörderst einzuordnen ist, in der Haltung des Arztes, zu seinem Recht; auch dürfen meditative Verfahren in der bisherigen »tiefen« Art nicht bei Psychotikern angewendet werden, sondern nur in abgeschwächter Form. Aber die Verbindung zu unserem Fragenkreis ist deutlich. Die Behandlung wird unter Rücksicht auf die »Bahnung bedingter Reflexe« täglich genau zur gleichen Zeit durchgeführt. Sie entwickelt sich unmittelbar aus dem Gespräch. Dieses führt der Arzt zunächst mit sich selbst, indem er möglichst plastisch Bilder aus der Kindheit ausmalt, so das Singen von Kinderliedern, das Miterleben des Weihnachtsfestes oder einer Prozession. Das Bild muß eingefühlt und für den Psychotiker passend gewählt sein und soll dessen erstarrte Affektivität beleben, bis ein wirklich wechselseitiges Gespräch zustande kommt. Hier wird also nicht wie bei HAPPICH gewartet, bis sich die Kindheitswiese von selbst füllt. Der Arzt muß sie füllen mit Gestalten, die die Kindheitswelt und ihre Geborgenheit ausstrahlen. Der Arzt hat sich selbst dabei zu entspannen und glaubhaft »eigene Freuden« anklingen zu lassen; er muß sich gleichsam vom Patienten ergreifen lassen und diesen meditieren, bis der Patient von seiner gestaltenden Kraft ergriffen und in die mystische Einheit von Arzt und Patient hineingezogen wird. Das Gefühl der Geborgenheit ist dann »vegetativ und geistig zugleich«. Es geht darum, nicht das Krankhafte zu analysieren, sondern das Gesunde und Bergende zu beleben. Das geschieht vor allem durch den Rückgang auf das ganz elementare und einfache Menschliche in Haltung, Gebärde, Begegnung und Umgang. Dieses Verfahren verlangt in außergewöhnlichem Maße die einleitend im Anschluß an BINSWANGER zitierten intuitiven Fähigkeiten und Erfahrungen, die beide in einer (religiös) tief und fest fundierten Persönlichkeit verankert sein müssen.

d) Meditation nach Graf Dürckheim

Das Vorgehen Dürckheims, die Methode der »reinen Gebärde«, gehört streng genommen in das soeben abgeschlossene Kapitel. Der Autor erlernte östliche Praktiken des Meditierens und das japanische Bogenschießen, entwickelte aus diesem Studium jedoch ein eigenes Verfahren für westliche Menschen und Patienten, das keine einfache Übernahme des östlichen Vorgehens bedeutet. In dem Buch »Hara, die Erdmitte des Menschen« 210 wird der Unterschied östlicher und westlicher Haltung zur Grundlage des verschiedenen meditativen und therapeutischen Vorgehens gemacht. Sind leibliche Zentralstellen westlichen Denkens das Gehirn und allenfalls noch das »Herz«, ist der Mittelpunkt des ostasiatischen »Leibes« (im Gegensatz zu »Brust heraus – Bauch rein«) der Bauch (Hara). Aber unsere Trennungen gelten dort überhaupt nicht. Der »Durchbruch zum Wesen« und die Rückstrahlung der Glaubens- und der Seinserfahrung gehen über und durch das unmittelbar Leibliche, über das »ursprüngliche Leben«. Der lebendige Glaube ist damit kein allein geistiger Akt, sondern er beansprucht Erleben, Einsehen und »Übung des ganzen Menschen«. So ist dort auch nicht das (sportliche) Leistungs- und Erfolgsstreben ein Ziel in sich, wie meist bei uns. Erfolg und Leistung sind Ergebnisse, die – vergleichbar reifen Früchten – fast nebenbei abfallen, indem der Mensch nach Selbst- und überindividueller Wesens-Verwirklichung strebt. Lebt und west der östliche Mensch mehr »im Bauch«, ist damit gleichzeitig die größere Verankerung und Verhaftung »in der Tiefe« aufgezeigt. Deshalb kann im Osten die »Tiefenpsychologie« unserer Art gar nicht zum Problem werden, sondern eher das Gegenteil. Das kommt klassisch in den Hatha-Yoga-Übungen zum Ausdruck, die ein »nach oben« Ziehen beinhalten, eine Aktivierung des Brustraumes, und mit ihm eine Aktivierung von Willen und bewußter Haltung (vgl. Würthner 1032, Fink 258)! Der östliche Mensch droht, durch seine Zentrierung »nach unten« eher in der Tiefe zu »versinken«. Würde der westliche Mensch im Sinne des östlichen üben, wäre allein eine Verstärkung seiner Fehlhaltung »nach oben« und der Dichotomie von »Geist und Tiefe« (bzw. Natur) als Ergebnis zu erzielen (vgl. L. Heyer-Grote 394). Nimmt er Atemübungen vor, so müssen diese »nach unten« führen, ebenso wie die gesamte Halt- und Stand-Findung. Dürckheims aus diesen Erkenntnissen entwickelte Behandlungsmethode »der reinen Gebärde« ist somit nicht eine solche allein geistiger Meditation, sondern einer »leiblichen« im umfassenden, Geist und Seele einbeschließenden Sinn (vgl. H. und R. W. Fischer 262). Wieweit sein Vorgehen in einem überzeitlichen, überräumlichen, überindividuellen und überkonfessionellen (»globalen«) Glauben wurzelt und zu einem Leib, Seele und Geist umspannenden religiösen Erfahren hinführt, geht aus seinem Buch »Im Zeichen der großen Erfahrung« 211 (vgl. auch 215–7) hervor.

Einen Augenblick will es so scheinen, als würden wir mit einem Einblick in dieses

Buch alle Ziele und Grenzen der Psychotherapie niederreißen und müßten diese in eine Art globaler Theologie umwandeln. Aber es wäre eine falsche Zurückhaltung, einen totalen Rückzieher in der Weise anzufügen, es gehe hier nur um eine historische Ableitung der Begriffe Meditation und Versenkung vom Religiösen. Eine Methode wie die dies Nicht-Arztes DÜRCKHEIM birgt ganz andere Dimensionen in sich als viele wissenschaftlich genau durchdachte und eingeschränkte Verfahren. Bei Autogenem Training, Atem- oder Tonus-Übungen, Hypnosen und auch bei Psychoanalysen kann man immer wieder feststellen, daß sehr gebildete, feinsinnige, künstlerische, »kontemplative« (DILTHEY) und in verschiedenen Weisen religiös suchende Charaktere – gleich mit welcher Symptomatik sie den Arzt aufsuchen – sich an dem rein Formalen des Entspannens ebenso stoßen wie an einem alleinigen Aufdecken und Durchleuchten ihrer Vergangenheit. Sie drücken ihr Unbefriedigtsein mitunter in Wendungen aus, es gehe bei diesen ärztlichen Maßnahmen nur um die Schale, um das Gefäß oder um etwas Formales; ihnen, den Patienten, fehle aber eigentlich der Inhalt, der ihr Leben füllen müsse. Gelingt es in einem solchen Falle, Hindernisse auf dem Weg in die Tiefe in der Weise wegzuräumen, daß z. B. Atmen als eine Weise der Kommunikation mit dem wunder- und geist-durchwirkten Kosmos erfahren wird oder daß aus bisher unbekannten Regionen Gestalten (»Geister«) zu Kräften und Gestaltungen anregen, die der einzelne nicht mehr allein sich als Individuum, sondern transpersonalen Mächten zuzuschreiben geneigt ist, erwacht erst das »neue Leben«.

Es ist freilich nicht so, daß bei jedem Patienten dieses Ziel direkt und unmittelbar zu erreichen ist. Ein Vorgehen wie das DÜRCKHEIMS ist weitgehend an die Person des führenden »Weisen« (der freilich auch ein Arzt sein kann) gebunden[1]. Umgekehrt erleben wir die gleiche Öffnung und Belebung der »Tiefe« bei vielen Patienten, denen mit den gebräuchlichen ärztlichen Methoden der Weg gewiesen und nur – gleichsam negativ – ein entscheidendes Hindernis auf diesem Weg beseitigt wird. Welcher »Inhalt« dann aus dem bisher verdeckten »Inneren« zum Durchbruch und zur Auswirkung kommt – ob im religiösen oder vielleicht künstlerischen Sinn –, das ist nicht mehr eine Frage, die den Arzt als Arzt unmittelbar angeht – allenfalls den Menschen im Arzt, wie wir das auszudrücken pflegen. Aber damit ist angedeutet, wie auch für diese Möglichkeiten der Arzt geöffnet sein sollte. Jede Überschreitung und Überdehnung oder gar Verabsolutierung seiner angewandten Methodik im weltanschaulichen und »Religions-Ersatz«-Sinn würde ja zur Folge haben, daß nicht das in der Tiefe des Inneren seines Patienten Schlummernde, sondern irgend etwas von außen Einsuggeriertes zur Verwirklichung gelangt. In dieser Sicht ist

[1] Daß das persönliche »Mana« jede Methodik an therapeutischer Bedeutung weit überragt, ist einer der Grundgedanken G. R. HEYERS in Schrift (»Menschen in Not«, »Organismus der Seele«) und Wort (Vorträge im Verlauf der Lindauer Psychotherapie-Wochen).

einer der verhängnisvollsten Irrtümer des modernen Arztes, sein Menschsein auf den »Funktionär« der Medizin oder einer ihrer Sektoren einzuengen und in dieser Reduktion aufzugehen.

Wir stoßen hier auf das gleiche Problem, welches wir bereits im ersten Kapitel vorfanden, nämlich den *Vorgang reduzierender Einengung und ausschneidender Aspekthaftigkeit, der die Wissenschaft notwendigerweise begleitet.* Ihm unterliegt nicht nur die Medizin oder Psychologie, sondern auch jede psychotherapeutische Methodik, die wissenschaftliche (statt religiöse) Fundierung sucht. Sie kann nur ausschnitthaft vorgehen und Ausschnitthaftes am Menschen treffen. Vom religiösen Leben führen über Mystik, Meditation und Versenkung die immer weiter einschränkenden und »ausschneidenden« Übergänge und Fäden zur autosuggestiven und entspannenden Übung (um des Entspannt- oder Gesundseins willen). Ursprünglich gingen auch Kunst, Musik und Tanz im Religiösen auf. Sie (wie auch die Philosophie) emanzipierten sich zunehmend aus ihm heraus. Und nur weitere »ausschneidende« Aspekte verwertet die Psychotherapie, wenn sie von Gestaltungs-, musischer oder gymnastischer Therapie spricht. Es geht hier nicht mehr um Kunst, sondern um »Gestalten aus dem Unbewußten« (C. G. JUNG, HEYER 392, SPEER 847, GRAETZ 329 usw.), nicht mehr um die Eigenwelt und Eigenbedeutung der Musik oder des Tanzes um ihrer selbst willen, sondern um die Mithilfe zur Aktivierung der »irrationalen« Bereiche zwecks Überwindung neurotischer und funktioneller Störungen (PONTVIK 718, TEIRICH 919[1]). Kunst ist damit nicht mehr »Kunst«, Musik nicht mehr »Musik«, Tanz nicht mehr »Tanz« (s. 30, 237). Ja, bedenken wir, daß auch die Sprache diese zunehmende Reduktion, Einengung und Abstrahierung mitgemacht hat! »Für die Griechen waren Sprechen, Musik und Rhythmik untrennbar eins. Die Sprache aber ist ihrem Wesen und Ursprung nach Musik, eine Art Musik, also Melodie und Rhythmus, was um so deutlicher hervortritt, je ursprünglicher sie ist«, schreibt W. F. OTTO 689, S. 22, in »Menschengestalt und Tanz«. In den gottesdienstlichen Rezitationen kommt diese Einheit zum Ausdruck. Wer denkt aber noch an diesen Hintergrund, indem er Alltägliches ausspricht? Wenn nicht nur die Kabbalah, sondern auch COUÉ oder JOLOWICZ Klangfarben von

[1] HEYER 392 erklärt kategorisch alle sogenannten Gestaltungen aus dem Unbewußten als unkünstlerisch. Diese Sicht ist zu relativieren, wenn es sich um die Behandlung von Künstlern (s. 988, 997) handelt. Richtig ist aber auch dann die Einschränkung, daß der Arzt als Psychotherapeut nicht den künstlerischen, sondern den »neurotischen« *Aspekt* der Gestaltungen zu intendieren hat, da es sich sonst nicht mehr um eine »Behandlung« handeln würde. Analog hat der Arzt den religiösen Bereich nicht zum psychotherapeutischen Verfahren zu degradieren, obwohl im »personalen« Hintergrund bei Arzt und Patient Religion und Kunst eine große Rolle spielen und dort nicht negiert werden können.

Sätzen wiederholen und (autosuggestiv) einprägen lassen, ist das nicht »sinnlos«; vielmehr liegt darin eine Anknüpfung an den »irrationalen« Gehalt jeder Sprache. Nur ergänzend sei hinzugefügt, daß ähnliche Reduktionen auf Einzel- oder Nebenaspekte Arbeit, Spiel[1] und Sport erfahren, wenn wir sie als Arbeitstherapie (s. 362, 838, 995/6), Spieltherapie (s. 25, 80, 652, 654, 710) oder »Sport«-Therapie (s. 753) anwenden. Es geht nicht mehr um die sonst üblichen Ziele und Ergebnisse.

Diese Ausführungen können uns verständlich machen, warum es dem Arzt schwer fällt, sich streng an die engen methodischen Grenzen seines Gebietes zu halten und nicht Übergriffe, vor allem in direkter Form auf das Gebiet des Religiösen, zu vermeiden. Wie der Patient nicht nur Herzkranker oder Neurotiker ist auch er nicht nur Arzt als Funktionsträger, sondern Mensch (vgl. einleitend zitierte »Sinnstufen« ärztlichen Handelns bei GEBSATTEL). In dieser »anderen« Sphäre gelten auch andere Bestimmungen und Möglichkeiten. Das erklärt die vielen Begegnungen und gemeinschaftlichen Arbeitskreise von Theologen und Psychotherapeuten, die nicht annähernd aufgezählt werden können. Für die Ableitung unserer Verfahren sei auf das einschlägige Sammelwerk (Meditation in Religion und Psychotherapie), welches BITTER 78 herausgab, hingewiesen.

Kehren wir zu dem Verfahren DÜRCKHEIMS zurück. In »Der Alltag als Übung« schreibt er: »Das Leiden aus der Unerfülltheit des Wesens ist etwas ganz anderes als das Leiden des Ichs unter der Welt. Erst wenn das Leiden im Wesen des Menschen zwingt, endlich nach innen zu schauen und sich seinem Wesen zu stellen, und er die Not, die nicht von der Welt kommt, versteht, begreift er, worum es geht. Weicht er dann nicht wieder in weltliche Sicherung aus und öffnet er sich der inneren Stimme, dann kann es ihm mit einem Male aufgehen, daß er sich im Wesen verfehlt hat. Und dann steht er vor der Entscheidung, wieder auszuweichen und die innere Stimme zu übertönen und weiter der Alte zu bleiben oder von innen her neu zu beginnen. Das aber bedeutet: den Alltag leben als Übung, und zwar nicht als Übung zu weltlicher Leistung, sondern als innere Übung, als Exerzitium zum inneren Weg. Die Zeit ist gekommen, die Vorherrschaft des objektiv Feststehenden, das von außen an uns herangetragen wird, zugunsten dessen aufzugeben, was über allen Zweifel hinaus mit eindeutiger Evidenz beglückend, verpflichtend und verwandelnd in uns selber aufgeht. So wie die Übung der Entspannung, so auch wird

[1] In einer neueren Arbeit »Über die Funktionen des Spiels« 652 hat K. HARTMANN die therapeutische Bedeutung des Spielens unter dem Gesichtspunkt der »Relaxation« herausgestellt. Zu beachten ist auch die Studie von BILZ 62 über die »Langeweile« (vgl. auch REVERS 747), welche die Bedeutung der Relaxation bzw. der SELBACHschen »Kippschwingung« vom »lustvollen Entspannen« der Tiere bis in die moderne Wissenschaftlichkeit und das ihr entsprechende Welterleben verfolgt.

die Übung des Atems in ihrem eigentlich menschlichen Sinne verfehlt, wenn man sie ausschließlich als körperliche Übung betrachtet, die der Gesundheit oder der Steigerung der Leistungskraft dient. Das, was er (der Mensch) im Grunde ersehnt, ist das, was er seinem Wesen nach ist und sein soll, und sein Glück hängt davon ab, daß er seiner Wesens-Bestimmung entspricht. Ob wir gehen, stehen oder sitzen, ob wir schreiben, sprechen oder schweigen, ob wir angreifen, helfen oder dienen, welchem Werk es auch sei, alles und jedes birgt in sich die Chance, es in einer Haltung und Einstellung zu vollziehen, die immer mehr die Fühlung mit dem Sein offenbar macht. Diese Chance aber nehmen wir wahr in der Übung der reinen Gebärde.«

Diese Sätze zeigen, daß nicht die Versenkung im anderen (s. Morita-Therapie) Grundlage der Meditation Dürckheims ist, sondern extreme Introversion aus einer Haltung heraus, die man mit Heyer als die des Gelassenseins, des Sichüberlassens und des Zulassens bezeichnen kann. Der heutige fast durchweg extrem extraversiv eingestellte Mensch des Westens braucht ein solches Korrektiv, auch wenn es dem Grundanliegen unseres Buches entsprechend nicht übertrieben oder einseitig angewendet werden sollte. Das In-der-Welt-Sein erfordert prinzipiell beide Pole: die Innen- und die Außenwelt und somit die Ortung des Menschen in beide Richtungen.

Das Üben im Sinne Dürckheims dient nicht nur mehr oder weniger allgemein der Meditation, es findet als »Initiatische Therapie« auch Anwendung bei Patienten, dies bei einzelnen und in Gruppen. Weniger ins Auge gefaßt sind hierbei einzelne Diagnosen oder Funktionsstörungen, sondern der Mensch als Ganzes: »Initiatische Therapie begleitet den Menschen auf dem Weg, der im eigentlichen Sinn unser Leben und unsere Wahrheit ist ... Die zweifellos oft mangelnde, gewiß notwendige, heute aber allzu groß geschriebene Ein- und Anpassungsfähigkeit des Menschen in die Gesellschaft gehört von der initiatischen Sicht her gesehen zu den möglichen Hauptgefährdungen auf dem inneren Weg.« Die eigentliche Not des kranken Menschen wird in seiner Trennung von der ihm immanenten Transzendenz gesehen. Vor allem junge Menschen kranken daran, daß diese Dimension nie angesprochen wurde und aufbrechen konnte. Sie wird naturwissenschaftlich, psychologisch oder gar theologisch abgewertet. Neigung zum Suizid, völlige Apathie und hoffnungslose Kontaktlosigkeit »können mit der Mauer zusammenhängen, die zwischen dem weltbezogenen Ich und dem eigentlichen Wesen entstanden ist. Das Nicht-zu-Wort-Kommen der metaphysischen Tiefe bedeutet eine Frustration, die unter Umständen sich verhängnisvoller auswirkt als eine Verdrängung der Sexualität.«

Wo Kranksein aus der Verdrängung der transzendenten Dimension herrührt, kann Heilung nur über ihr Zugelassenwerden erfolgen (Dimension der transzendenten Erfahrung): »Wir stehen heute im Zeichen eines weltgeschichtlichen Ereignisses: daß der Westen sich zum ersten Male in der Menschheitsgeschichte auf breiter Front der Transzendenz, nicht als Gegenstand des Glaubens, sondern als einem Raum der Erfahrung öffnet.« Freilich kann nicht bei jedem Patienten eine »Große

Erfahrung« erzielt werden (wie in den Religionen und ihren mystischen Bewegungen), wohl aber »Seinsfühlungen« oder »Seins-Stimmungen«, die den Charakter des Numinosen, ungeahnter Fülle und Tiefe besitzen.

Die drei Grundnöte menschlichen Seins sind die Angst vor der Vernichtung, die Verzweiflung am Absurden und die abgründige Trauer der Verlassenheit: »Der Tod, der Widersinn und die Einsamkeit sind und bleiben die Feinde des natürlichen Ichs.« Gegen sie muß die natürliche Abwehr aufzugeben gelernt werden; im Alles-loslassen hat man sich in das Unausweichliche hineinzubegeben, es in totaler Verlassenheit anzunehmen. Initiatische Erfahrung eröffnet für Augenblicke den Zugang zum tiefsten Geheimnis.

Für die initiatische Therapie sind 3 Aufgaben charakteristisch: 1. die Entwicklung des Organs für das Erleben der Transzendenz und echter Seinsfühlung mit der Fähigkeit, diese von imaginären Zuständen zu unterscheiden. Sie zielt auf »übersinnliche Sinnlichkeit«, öffnet genau für etwas, das die auf das objektiv Seiende zielende Wissenschaft ausschalten will; 2. die tiefenpsychologische Arbeit in Richtung auf die innere Wahrheit mit dem Zerschlagen überlieferter Schablonen und Fassaden. Traumanalysen sind in diese Stufe eingebaut, vor allem wenn Grundmotiven der Mythen und Märchen entsprechend durch dunkle Tore, in Höhlen und Höllen und in die Tiefe geschritten wird, auf welchen Wegen über das ewige »Stirb und Werde« (Goethe, Gebsattel) das alte Ich stirbt und der Durchbruch zum neuen Wesen gelingt; 3. das Exerzitium, die Übung. Es geht dabei nicht um einzelne Entspannungsübungen oder solche, die zu einem erweiterten Können führen, Exerzitien sind vielmehr in steter Wiederholung vollzogene Übungen, die auf das neue Sein hinführen.

»Im Hinblick auf die Übungspraxis halten heute mehr und mehr ›östliche‹ Übungen ihren Einzug. Die bekannteste ist das ›Hatha-Yoga‹. Aber gerade dieses kann als Beispiel dienen für den Unterschied zwischen ›Übung auf dem Weg‹ und Übung im Dienste des Welt-Ichs. Wo Hatha-Yoga als Gymnastik gelehrt und getrieben wird, hat es mit dem ›Weg‹ nichts mehr zu tun. Es kann sehr nützlich sein, der Schönheit und Gesundheit dienen, wie auch das Autogene Training. Mit der initiatischen Therapie hat es aber nur dann etwas zu tun, wenn es bewußt als Übung auf dem Weg wirklich als ›Yoga‹, als ›Anjochen‹ an das Absolute geübt wird, also im Dienste fortschreitender Transparenz für Transzendenz steht. Das gleiche gilt auch für die Meditation im Stile des Za-Zen (die Übung des Sitzens in Stille im Sinne des Zenbuddhismus).«

Jede Übung als Exerzitium vollzieht sich in »ewiger Wiederkehr« desselben Tuns unter Ausschaltung des bewußt kontrollierenden Ichs, der individuellen Spontaneität und des persönlichen Zielwillens. So ist es auch das Ziel des japanischen Bogenschießens (Herrigel München-Planegg 1960), in ständiger Wiederholung eine vom Ich gereinigte Technik einer tieferen Kraft zu erzielen, die gleichsam durch einen hindurch »das ewige Lied des Seins heraussingt«. Hierzu gehört die rechte Einstellung zum eigenen Leib, den man nicht hat, sondern der man ist, d. h. als die Einheit der Gebärden, in denen man sich als Person ausdrückt und verwirklicht. Das echte »Leibgewissen« ist nicht an Gesundheit oder Schönheit orientiert, sondern an der »Transparenz«.

e) Musik und Entspannung

In den vorangegangenen Kapiteln wurde so häufig auf entspannende und therapeutische Aspekte der Musik hingewiesen, daß es berechtigt erscheint, ein eigenes Kapitel unter dem Leitthema dieses Buches anzufügen. »Musiktherapie« wird heute in Kliniken, Heimen und Anstalten vorwiegend in kleinen und größeren Gruppen bzw. Patientengemeinschaften zur Anwendung gebracht, so daß wir auf sie noch unter den »kollektiven« Verfahren eingehen. Nicht unerwähnt bleibe, daß der Begriff der Musiktherapie, z. B. von den dieses Gebiet einst mitbegründenden Salzburger Komponisten und Musikpädagogen C. Bresgen, C. Orff und G. Roethler, nur mit Vorbehalten verwendet wird, ist doch ihrem Wesen nach Musik etwas anderes und weit Umfassenderes als ein Therapeutikum. Sie sprechen lieber – analog Harlfinger 362 im Hinblick auf die Arbeit innerhalb der »Arbeitstherapie« – von einem »Mittel« (oder »Hilfsmittel«), das unter bestimmter Einengung und Zielrichtung bei einzelnen Kranken *auch* therapeutisch unterstützende Wirkungen zeitigen kann. Solche Bedenken haben die Einführung des Begriffes »Musiktherapie« nicht verhindern können. Ja, sie ist im »Vormarsch« begriffen, wie die Gründung einer eigenen Gesellschaft mit einer entsprechenden Zeitschrift und das Erscheinen immer weiterer Lehrbücher, von Pontvik 718 und Teirich 919 bis Geck 316, Harrer 363, Kohler 483, Strobel und Huppmann 907 (um nur einige zu nennen), zeigen.

Die »Musiktherapie« weist allerdings noch keine Einheitlichkeit, sondern zum Teil recht heterogen anmutende Meinungsverschiedenheiten, Auseinandersetzungen und Schwerpunkte auf. Aktive Musiker und Komponisten, wie Hamel 353, Flackus und Fink 265, vermeiden nach wie vor weitgehend den Begriff der Musiktherapie und setzen an seine Stelle den der »meditativen Musik«. Wir erhalten durch sie den Hinweis, daß sich über alle »Therapie« hinaus in der zeitgenössischen Musik ein gewisser Wandel vollzieht. Vor Jahren standen keineswegs Meditation oder Entspannung im Brennpunkt der Kompositionen und Konstruktionen. Sie deuteten sich allenfalls »im Hintergrund« bei Komponisten wie P. M. Hamel, H. Hempel oder G. Ligeti an. Die meisten huldigten demgegenüber bewußt Prinzipien von bis ins Vegetativum hineinwirkenden, Störungen und Krankheiten erzeugenden Erregungen und Provokationen, wie wir zusammen mit Fuhrmeister 308 an aktiven Musikern nachweisen konnten. Mit der Wende zum Meditativen (meist im Anschluß an fernöstliche Meditationen und musikalische Motive) ist die Begegnung zwischen zeitgenössischer Musik und therapeutischen Anliegen ein kaum zu übersehender (Neben-)Effekt.

Mit dieser Feststellung ist nicht gemeint, Musik habe nur meditativen und entspannenden Zielen zu dienen. Bis zurück in graue Vorzeiten waren mit ihr auch bis zu Ekstasen gesteigerte Erregungen verbunden, wie wir im Kapitel Coué zeigten und aus Praktiken der Schamanen und der Naturvölker hervorgeht. In der heutigen Zeit treffen wir viele Kinder an, die meinen, ihre Schularbeiten nicht verrichten zu können, ohne daß der Raum von Jazz-Musik erfüllt ist. Seltener ist mit dieser ein Beruhigungs- als vielmehr ein Anregungsempfinden verbunden. Anregung und Entspannung mischen sich, wenn in Kaufhäusern und in bestimmten Betrieben »Hintergrundmusik« über Lautsprecher zu hören ist, welche die Anwesenden von der Stimmung bis in ihr Vegetativum und ihre Motorik hinein in einen »Eutonus« versetzen soll. Eine »passiv autosuggestive« Note ist hierbei nicht zu übersehen.

Diese Beispiele zeigen, wie weit sich über alle bewußte Therapie hinaus Musik als psychohygienisch-prophylaktisches »Volksmittel« gegenüber Vereinseitigungen unserer Zeit einsetzen läßt und daß sie *auch* ein im weitesten Sinn erzieherisches Mittel darstellt. In vielen Veröffentlichungen, z. B. von Brown 124, Dreikurs 201, Grösch und Hartkopf 335, Kramer 503, Loos 590/1, Nordoff und Robbins 677, Peltz 700, wird deshalb die sogenannte Musiktherapie nicht wie ein isoliertes Behandlungsverfahren dargestellt, sondern überwiegend wie ein »Zusatzinstrument« in Verbindung mit Tanz, Bildnereien und Gestaltungen, Rhythmik, transverbalem Kommunikationstraining in Form von Spielen in Gruppen und freien Bewegungen im Raum. Loos weist in diesem Zusammenhang darauf hin, daß alle vorgeschriebenen Gefüge und Ordnungen als zwingend, einengend, verkrampfend und autoritativ empfunden werden, aber auch darauf, daß die Musiktherapie nicht nur eine Angelegenheit der Kliniken ist, sondern weit über diese hinaus weise und im gesamtpädagogischen Bereich zu verankern sei: vor allem im Erstreben einer Kreativität ohne Leistungsdruck »in Verbindung mit Entspannungs- und autogenen Methoden und als begleitendes Verfahren in der Psychotherapie«. In dem gleichen Ausmaß, in dem in unserer heutigen Gesellschaft »Unsicherheit, Orientierungslosigkeit, Konzentrationsschwäche, Beziehungs- und Verhaltensstörungen zunehmen, wird die Bedeutung der Musiktherapie anwachsen«.

In einem gewissen Gegensatz zu den in diesen Auszügen anklingenden »kollektiven« Ein- und Unterordnungstendenzen stehen einige, meist recht optimistisch eingestellte Musiktherapeuten, die ihre Methodik als selbständiges Verfahren propagieren. Richter 752 zählt die Musiktherapie sogar zu den aufdeckend psychoanalytischen Methoden! Was an den meisten Veröffentlichungen auffällt, ist die oft recht gewissenhafte Sammlung von Material und Anregungen, aber das Fehlen ordnender Systematik, nicht allein zum Zweck genauerer wissenschaftlicher

Untermauerung, sondern vor allem zum Zweck der Erlangung größerer therapeutischer Sicherheit und Effizienz. GELLER 320 versuchte eine Zuordnung musikalischen und bildnerischen Erlebens zu strukturpsychologischen Momenten. Jedoch blieb er bei den Hauptcharakteren SCHULTZ-HENCKES stehen, und eine solche Parallelisierung bleibt – wie auch aus den Zuordnungsversuchen von Methoden, Patienten- und Therapeutencharakteren in diesem Lehrbuch hervorgeht – zu eng und vorläufig. Vergleicht man etwa die Untersuchungen von Herzinfarktpatienten durch HAHN 350, REVERS und WIDAUER 749 mit ihrem Einsatz an testpsychologischem Material, Fragebogen, biographischen Anamnesen, Querschnitts- und Längsschnittsbetrachtungen mit der Unterscheidung von Persönlichkeitsstruktur und Persönlichkeitsgenese, Auswertungen von gruppentherapeutischen Sitzungen mit der Besprechung der Risikoverhaltensweisen in Kombination mit dem Autogenen Training usf., kann man sich ein ähnliches Vorgehen bei der Auswertung musiktherapeutischer Wirkungen für die weitere Zukunft nur erhoffen.

In unserem Lehrbuch geht es nicht um eine Totalsicht der »Musiktherapie«, sondern um jenen Teilaspekt, den WILLMS 1017 mit dem Buchtitel »Musik und Entspannung« umreißt. Er versammelte eine Reihe von Autoren, die einen guten Überblick bieten, zugleich aber die angedeutete Heterogenität im Vorgehen und in den Ansichten dokumentieren. Das betrifft weniger die Überblicke über Geschichte und Praktiken in anderen Völkern – so von T. MALER »Musik und Ekstase in einer ostafrikanischen Medizinmann-Praxis«, J. CANACAKIS-CANÁS »Pyrovasie – Musikalische Ekstase und Feuertanz in Griechenland«, M. RICHTER »Musik und Meditation in Indien« –, die vieles in diesem Buch über Naturvölker und Schamanismus Berichtete weiterführen. Doch stehen andere Artikel im Gegensatz zur abwägenden und zurückhaltenden Betrachtungsweise des Herausgebers. So schreibt R. STERN über »Musiktherapie in der zahnärztlichen Praxis« (ähnlich A. MELLGREN »Therapeutische Anwendung von Musik in Geburtshilfe und Gynäkologie«). WILLMS schreibt dagegen bereits einleitend, daß er bei der Anwendung von Musik gegen Angst und Verkrampfung beim Zahnarzt nicht von »Therapie« sprechen könne.

Überhaupt warnt WILLMS vor der so häufigen unkritischen Überschätzung der Musiktherapie und will diese möglichst im Fall nötiger Entspannung mit anderen Methoden verbunden wissen. Zu diesem Zweck gibt er eine genaue Übersicht über die in unserem Lehrbuch enthaltenen Verfahren, um anschließend das Autogene Training, die Progressive Relaxation und Yoga genauer zu besprechen. In seinem Beitrag »Zum Phänomen Spannung und Entspannung im Rahmen des musikalischen Erlebens« geht WILLMS auf die Unterschiede ein, die Patienten oder Versuchspersonen beim Hören bestimmter Stücke (z. B. Peer-Gynt-Suite, Satz 1 und 2) zeigen: Die einen können entspannen, während andere genau zuhören müssen, um nicht unangenehme Sensationen zu verspüren. Im Hinblick auf regressiv entspannende musikalische Erlebnisse unterscheidet er zwischen den Gesetzen des Lustprinzips und des Nirwanaprinzips. Für das zweite Prinzip könne er noch keine sicheren Angaben machen. Vielleicht handele es sich um eine Reizdämpfung oder Reizabschaltung, die dem Zustand im Mutterleib mit einem wiegenden Rhythmus, dem ruhigen mütterlichen Herzschlag und der Wärme entspricht. In Richtung des Lustprinzips wirke Musik mit viel innerer Bewegung und immer wieder neu eingeführten Reizen. Stark rhythmische Musik führe eher zum Lusterleben der Ekstase im Sinne ungezügelten Lustempfindens, ametrische Musik mit anhaltenden Klängen und Schwingungen zu Entspannungserlebnissen, die denen im Autogenen Training entsprechen.

Dem unterteilenden und individuelle Reaktionsweisen herausstellenden Vorgehen von WILLMS widerspricht weigehend der Beitrag von E. LECOURT »Möglichkeiten der Entspannungsübungen, Tiefenentspannung und Beruhigung mit Musik einschließlich der Audioanalgesie«. Hier wird einfach behauptet, daß die Tonarten C-Dur, D-Dur, B-Dur und F-Dur die wirksamsten seien, und werden für die Tiefenentspannung (bei blauer Beleuchtung) »Schöne Nacht, du Liebesnacht« von Offenbach, das Ballett »Der Schwanensee« und die Ouvertüre von »Tannhäuser« empfohlen.

Solchen Verallgemeinerungen gegenüber kommt der »Praktiker« E. FLACKUS mit seinem Beitrag »Meditation mit Musik« zu kurz. Er gibt zwar viele Hinweise auf die Kombination mit speziellen Entspannungsmethoden, die z. T. auch in der Einführung für seine Meditationsplatte (265) enthalten sind sowie Hinweise auf die vegetativen und psychischen Wirkungen bestimmter Klangkörper, Instrumente und Rhythmen (z. B. gehen von fernöstlichen Urrhythmen und Schlaginstrumenten in der Regel größere »Tiefenwirkungen« aus), man hätte sich jedoch Weiterführungen gewünscht, wie sie FLACKUS an anderer Stelle veröffentlichte (264). Dort geht es um die Wirkung auf Drogensüchtige, unter dem vereinfachten Motto: Über meditative Musik kann man Menschen in einen ähnlichen Trance-Zustand versetzen, wie sie ihn unter Drogen erlebten. Viele Süchtige, die das in Gruppen bei FLACKUS (meist meditiert er selbst während des Spielens der Klarinette) erlebten, tauschten den so eintretenden Meditationszustand gegen den vorher über Drogen erreichten Rauschzustand ein. Zusätzlich sei erwähnt, daß bei Versuchen mit katatonen Schizophrenen FLACKUS (in unserer Klinik) die besten anregenden und motorisch entspannenden Ergebnisse mit Mozartscher Musik erzielte, während Versuche, akustische Halluzinationen über Synthesizer nachzuahmen, um den Patienten von seiner Innen- in die Außenwelt zu lenken, zu Erregungszuständen führten und abgebrochen werden mußten. Bekannt ist ferner (und wir fanden das immer wieder bestätigt), daß auf schwer Depressive gerade melancholische Musik auflockernd wirkt, anregende oder freudige Melodien sie im Gegenteil beunruhigten. Von Betreuern Rauschgiftsüchtiger wurden wir darauf hingewiesen, daß bei ihnen das

Hören frühbarocker Musik (auch wenn sie anfangs abgelehnt wird) die nachhaltigste Wirkung erzielt und meist nach Heilungen lange weitergehört wird.

Willms schließt sein Buch mit einer langen Liste anempfohlener Musikwerke ab, die in dieser allgemeinen Form wenig brauchbar ist. Zuvor gibt er jedoch eine unserem Thema dienende »Übersicht über die Anwendung von Musik im entspannungstherapeutischen Sinne«. Neben dem angstlösenden Entspannungseffekt (z. B. vor Operationen) wird vor allem die kommunikationstherapeutische Seite der Musik hervorgehoben. Mehr als Üben wirkt in diese Richtung die regressive Entspannung. Vor jeder aktiv-produktiven Musiktherapie soll das entspannte Lauschen stehen, das eine angstfreie Atmosphäre herstellt. So schaffe Musiktherapie eine Basis für Interaktionen und Beziehungen; sie löse aber keine Probleme, sei weder problemzentriert, noch ein aufdeckendes Verfahren. Auch wenn man anschließend psychotherapeutische Gespräche durchführt, soll zunächst das Hören der Musik die angstfreie Atmosphäre und das Vertrauen zwischen Arzt und Patient sichern. Willms verweist in diesem Zusammenhang auf die einschlägige Veröffentlichung von Schwabe 828, der den auf der Couch liegenden Patienten zuerst zehn Minuten Musik der Wiener Klassik hören läßt, bevor er mit dem Gespräch beginnt. Eine andere Kombination mit Massage führt Blanke 81 durch.

Großen Wert legt Willms auf die Feststellung, »daß die verspannungslösende Wirkung von Musik nicht mit Konflikt- oder Problemlösung verwechselt werden darf«. Musik mache auch keine Konflikte bewußt, sie habe eher die Aufgabe, den neurotischen Konflikt vom Bewußtsein fernzuhalten und unterstütze dessen Verdrängung. Das stehe nicht im Widerspruch dazu, daß sie Affekte befreit, erlebbar macht oder abführt. Daß unmittelbar nach dem entspannenden Musikhören oder Musizieren häufig ein Aussprachebedürfnis auftritt, komme nicht daher, daß ein Konflikt bewußt wurde, sondern diene der noch ungenügend gebliebenen Affektabfuhr. Die Aussprache unmittelbar nach dem Musikerleben habe in den meisten Fällen die Bedeutung, »wie sie die Gesprächstherapie im Sinne von Rogers hat, das Erleben von Gefühlen, ohne aber die dazugehörenden Konfliktinhalte bewußt werden zu lassen«.

Damit sei der Überblick über vorwiegend »kollektiv« (z. T. auch schon individuell) ausgerichtete Verfahren abgeschlossen. Wenn im folgenden (vorwiegend) individuell angewandte Methoden vorgetragen werden, bleibe nicht allein die Erinnerung daran wach, daß Meditation und Versenkung in der profanierten und säkularisierten (emanzipierten) heutigen ärztlichen Anwendungsweise als autosuggestive Entspannungsübungen gleichsam formale »Abstraktionen« von einer ursprünglich religiösen »Mitte« (meditatio!) darstellen, sondern auch daran, daß das dahinterstehende Menschenbild eine »ausschneidende« Reduktion vom ursprünglichen personalen »Wir« (Nietzsche) zum »Individuum« erfuhr. Ob wir es nun verurteilen oder verzeihen, bringen wir nach dieser Ableitung doch ein Verständnis für jene auch heute immer wiederkehrende Tendenz auf, übende Methoden mit einem mystischen, religiösen oder religionsersatzartigen Inhalt zu versehen. Wie nah führt selbst das wissenschaftlich bestfundierte Verfahren, das Autogene Training, an solches Unterfangen heran!

II. Individuelle Methoden passiv autosuggestiver und entspannender Behandlung

a) Die Methode von Baudouin

Im Gegensatz zu seinem Lehrmeister COUÉ behandelte BAUDOUIN – auch Nicht-Mediziner – in seiner vor-analytischen Zeit die meisten Patienten individuell autosuggestiv. Außerdem ist seine Methode mit psychoanalytisch orientierten Anschauungen kombiniert. Er legte seine Ideen in einem zum Nachdenken anregenden Buch »Suggestion und Autosuggestion« nieder. Seine Schrift verliert an manchen Stellen durch die begeisterte Schreibweise an kritischer Einsicht, und verschiedene schon früher bekannte Prinzipien werden in der Verkleidung von Entdeckungen der Neuen Nancyer Schule besprochen. Seine Schriften über Autosuggestion sind einseitig und – wie SEELIG 832 bemerkt – nicht immer originell; aber sie sind doch ernsthaft abgefaßt und für den engeren Kreis der Fachgenossen bestimmt. Er (40) war für das Primitive in der Betrachtungsweise von COUÉ nicht blind, der über geistige Wirklichkeiten sprach, als wären es materiell greifbare Dinge.

Störend an dem Buch (40) sind die eigenartige Diagnostik und die unvollständigen anamnestischen Daten in den Fällen, die er wiedergibt (vgl. z. B. den Fall auf S. 247). Befremdend wirkt die Bemerkung, daß mittels der Autosuggestion Fibrome völlig resorbiert oder gar eine Frau im letzten Stadium der Lungentuberkulose geheilt werden konnte. Ferner soll die POTTsche Krankheit autosuggestiv mit Erfolg behandelt worden sein. Unkritische Berichte, wie die über Heilungen von Organkrankheiten, brachten manchen Kritiker dazu, über dieses Werk den Stab zu brechen (z. B. KOGERER 481). Es wirkt verwunderlich, daß BAUDOUIN, wie auch COUÉ, manche seiner Patienten mit Namen und Vornamen nennt, unter Angabe des wirklichen Alters, Berufes und Wohnortes. Er meint, daß einige von ihnen durch Suggestion geheilt seien trotz der Tatsache, daß sie überhaupt nicht an ihre Wirkung geglaubt hätten, was allein nach theoretischen Erwägungen unmöglich ist. – Im Jahre 1926 gab er sein Werk aufs neue heraus, nunmehr unter dem Titel »Psychologie de la suggestion et de l'autosuggestion« (39). In diesem distanziert er sich etwas mehr von COUÉ. U. a. ließ er die Widmung an seinen Lehrmeister weg.

Baudouin betont, daß ein Zustand von »Sammlung« – nach ihm eine besondere Art von Aufmerksamkeit – bestehen muß, damit sich die autosuggestiven Vorstellungen verwirklichen können. Der Zustand könne auch direkt vor dem Einschlafen eintreten. Dieser Moment begünstigt nämlich die Entspannung im Bereich der meisten Strebungen, ohne andererseits das »Gespannt-Sein«, welches für autosuggestive Vorstellungen benötigt wird, wegzunehmen. Die meisten Autoren sprechen ausschließlich von Entspannung, indem sie den Aspekt des Gespanntbleibens für die autosuggestiven Vorstellungen nicht beachten. In diesem Zustand der Sammlung kann die »Selbstspannung« (Baudouin) eintreten. Bei dieser Selbstspannung spannt sich, wie der Name sagt, die »Idee in sich selbst«, erhält sich aus sich selbst heraus im Bewußtsein, ohne daß dafür eine merkliche Anstrengung benötigt würde. »Die Selbstspannung (ohne Konzentration) ist ein psychisches Äquivalent der Aufmerksamkeit, nur daß die Anstrengung dabei wegfällt« (39, S. 15). Begriffskritisch sind sowohl der Ausdruck »Selbstspannung« als auch seine übrigen Definitionen nicht glücklich gewählt. Denkt man doch bei »Selbstspannung« an Spannung des Selbst, während Baudouin hier einer Idee die Fähigkeit »sich zu spannen« zuerkennt und somit das sich passiv verhaltende Subjekt zum Schauplatz eines zwar zielgerichteten, aber doch automatischen Ablaufs einer Vorstellung macht. Andererseits ist es bei ihm das Subjekt, das sich selbst während dieses Ablaufs entspannen soll. Nach der obigen Beschreibung des Zustandes der Sammlung, in dem ein Element des Gespannt-Seins bleibt, ist Baudouins Scheidung zwischen Sammlung, Selbstspannung und Autohypnose überflüssig und kann nur verwirren[1]. Ebenso ist es wenig glücklich, wenn Baudouin von »nicht-gewollter Aufmerksamkeit« spricht, wäre es auch nur deshalb, weil in der Aufmerksamkeit kein Willenselement beschlossen liege. Auch aus einem anderen Grunde wäre es besser, hier überhaupt nicht von irgendeiner Form von Aufmerksamkeit zu sprechen. Unsere elektroenzephalographischen Untersuchungen haben gelehrt, daß während des Zustandes der Entspannung ähnliche Veränderungen in den Aktionsströmen der Rinde auftreten wie bei einer Herabsetzung des Bewußtseins: Vergrößerung der Amplitude der α-Wellen. Wird die wache Aufmerksamkeit bzw. Konzentration eingesetzt, dann tritt eine Verkleinerung der Amplitude ein.

Baudouin weist darauf hin, daß es möglich ist, sich tagsüber in einen Zustand von »Sammlung« zu bringen, und zwar durch »Selbsteinkehr«, einen Zustand, der »weniger tief« ist; man hätte seine Gedanken dann weniger in der Gewalt. Der Patient muß sich die Suggestion geben, daß es ihm von nun an leichter möglich sein wird, am Morgen und am Abend sich selbst zu suggerieren, und daß der erwünschte

[1] Es ist also auch unrichtig, wenn Baudouin 37, S. 276, diesen Zustand von Selbstspannung (contention) als Grundeigenschaft der Hypnose ansieht.

Zustand dann ganz von selbst eintritt. Eine komplizierte Auffassung: Der Patient suggeriert sich, daß er sich suggerieren kann.

BAUDOUIN gibt zwei Methoden an, sich in Selbsthypnose zu versetzen, in erster Linie die Fixation, in zweiter Linie die Rhythmik (»Schaukelrhythmus«). Zu den Fixationsmethoden gehört das Betrachten eines glänzenden Punktes (z. B. einer brennenden Kerze). Einen entsprechenden auditiven Reiz, gekennzeichnet durch Monotonie, eine gleichförmige Reizung des Sinnesorgans, findet man im Rauschen eines Wasserfalls.

Als Beispiel für die Erlebnisse in einem solchen autohypnotischen Zustand folge die Beschreibung des Zustandes von Bewußtseinsveränderung, die ein 29jähriger, psychologisch geschulter Kollege beim Anblick und Belauschen der Niagarafälle erlebte (die man bekanntlich von einer künstlichen Grotte aus betrachten kann): »Ich sehe, wie Tröpfchen nach Tröpfchen fällt; Tröpfchen nach Tröpfchen. Die Tröpfchen werden zu Tropfen, die Tropfen reihen sich zu Strählchen aneinander. Die Strählchen werden zu Strahlen, die Strahlen zu Strömen, die Ströme zu Wasserfällen, die sich zu einer dünnen beweglichen Wand von herabstürzendem Wasser bewegen, Wasser, Wasser, überall Wasser. Der Vorhang ist durchsichtig, aber mein Blick kann doch nicht hindurchdringen. Mit unwiderstehlicher Kraft wird mein Auge fasziniert, immer wieder mitgenommen von oben nach unten und von unten nach oben. Rhythmisch werden meine Augäpfel auf und nieder bewegt. Das Rauschen des Wassers höre ich hier und da anschwellen zu einem Orkan; ein Hexenkessel von Geräuschen umgibt mich, Geräusche, die mir in die Ohren schmettern und die mich mitzunehmen drohen in ihre Orgie von angsterregendem, unbarmherzigem Rasen: das gellende Geschrei von tausend Teufeln, die in dem Hexenkessel da unten Feste feiern. Ich fühle mich aufgenommen in den Rhythmus der ständig niederdonnernden Wassermassen. Es ist mir, als ob ich wegsinke, als ob ich mich mit diesem Strom mitgerissen fühle in unendliche Tiefen. Meine Gedanken sind erfüllt von diesem mächtigen, allesbeherrschenden Rhythmus. Ich bin nicht mehr ich selbst, ich kann nicht mehr denken, mein Hirn wird beherrscht von dem einen: Wasser, Masse, Wassermasse, Wasser, Wasser, immer mehr Wasser. Ich fühle mich aufgenommen durch das Wasser. Der Boden sinkt unter mir weg. Ich fühle mich mächtig und zugleich klein, alles ist nun anders als sonst ...«

Taktmäßige oder rhythmische Reizungen gehen auch vom Ticken einer Uhr, vom Rauschen der Meereswellen, von rhythmischem Gesang und synkopischer Jazzmusik aus. Es ist jedoch möglich, den Zustand der Autohypnose ohne äußere Hilfsmittel herbeizuführen. Eine Vorstellung, ein Gedanke, kann schon genügen. (Manche Menschen geraten leicht in Schlaf durch Zählen, durch das Aufsagen des ABC oder dadurch, daß sie sich Landschaften vorstellen.) Ferner rät BAUDOUIN als technisches Hilfsmittel an, das Objekt der Suggestion in eine kurze Formel zusammenzufassen, die leicht einzuprägen ist. Wenn man den entsprechenden Satz laut oder halblaut mehrmals wiederholt oder mit den Lippen entsprechende Bewegungen macht, tritt – ohne daß man es bemerkt – ein hypnoider Zustand ein, in dem die

Vorstellung der Besserung so lebendig und plastisch wie möglich im Mittelpunkt stehen soll. Am wirksamsten ist dieser Zustand am Morgen und am Abend, wenn man schläfrig ist.

Durch ständige Übung kommt der Patient so weit, daß er – wie BONNET 95 beschrieben hat – nur die Augen zu schließen braucht, um in den gewünschten Zustand zu geraten. So gelingt es ihm, ohne schläfrig zu sein, seine Vorstellungen in eine bestimmte Richtung zu lenken, gleichgültig, wo er sich befindet, zu Hause, auf der Straße, in der Straßenbahn usw. Den größten Wert legt BAUDOUIN auf eine regelmäßige, tägliche Übung des Morgens und des Abends, wobei er als Formel die bekannte Schlagzeile von COUÉ empfiehlt: »Tous les jours, à tous points de vue, je vais de mieux en mieux« (»Es geht mir Tag für Tag, in jeder Hinsicht, besser und besser«). Diese Übung, die nur einige Minuten dauert, läßt er zu einer festen Gewohnheit werden. Bei den Worten »in jeder Hinsicht« soll der Patient wie in einem »Gedankenblitz« an alle seine heilsamen autosuggestiven Vorstellungen denken, die ebenso verwirklicht werden können.

Für den modernen Psychotherapeuten sind diese Praktiken wenig anziehend. Man sollte diesem System indessen den Platz einräumen, auf den es Anspruch hat. Bei schweren Zwangsneurosen, die sich als refraktär für jede andere Form von Psychotherapie erwiesen, kann es angebracht sein. Gewarnt sei jedoch vor dem Hervorrufen des beschriebenen Zustandes bei Patienten, die zu einem ständigen phantastischen Ausspinnen von autosuggestiven Vorstellungen neigen. Vor allem Phobien und hypochondrische Ideen können dadurch aktiviert werden.

Als Beispiel beschreibt BAUDOUIN einen Fall von Schlaflosigkeit. Wenn ein Patient nicht in Schlaf kommen kann, soll er sich bequem hinlegen und sich aller Bewegungen enthalten. Es ist falsch, wenn er denkt: »Ich will schlafen.« Gemäß dem »Gesetz der das Gegenteil bewirkenden Anstrengung« erreicht er dann gerade nicht den richtigen Effekt. Man kann auch nicht erwarten, daß so der Zustand des Entspannt-Seins erreicht wird, wie dieser im Schlaf besteht. Es ist besser, den Patienten denken zu lassen: »Ich werde schlafen«, welche Formel er unaufhörlich wiederholen muß, mit oder ohne Lippenbewegung. Zu vermeiden ist, daß der Patient alle paar Minuten kontrolliert, ob er bereits eingeschlafen ist. Hierdurch macht er die Bemühungen erfolglos.

b) Die »Autohypnose« von Bonnet

Der nordafrikanische Arzt BONNET ist wenig bekannt. Er kann als ein Vorläufer von COUÉ betrachtet werden. Ebenso wie BAUDOUIN hat COUÉ manches Detail der vom historischen Gesichtspunkt aus interessanten Schrift BONNETS »Précis d'autosuggestion volontaire« entnommen, ohne dessen Namen zu nennen. Noch stärker als für sein vorangegangenes Werk »Les Merveilles de l'hypnotisme« gilt für dieses Buch, daß die Neigung zur Popularisierung seinem wissenschaftlichen Wert Abbruch getan hat. Es ist durchsetzt mit unklaren Vorstellungen und Begriffen. BONNET (95, S. 11) spricht von »forces inconnues« im Körper, von einer »force nerveuse«, die er als eine »variété de l'électricité universelle« betrachtet. Er arbeitet mit Begriffen wie »la puissance personelle«, »radiations humaines« (S. 27), nimmt »hypnotisation à distance« an (S. 242). Trotz dieser Mängel ist sein lebendig geschriebenes Buch lesenswert. Das Gelingen seiner Methode ist an drei Voraussetzungen gebunden, den Willen zum Gelingen, das Vertrauen in das Ergebnis und die Konzentration der Aufmerksamkeit auf die Vorstellung, die angestrebt wird. BONNET nimmt als selbstverständlich an, daß man diesen Bedingungen ohne weiteres Genüge leisten kann. Hierdurch erinnert seine Arbeitsmethode an das Vorgehen des Barons von Münchhausen, der sich selbst an seinem Schopf aus dem Sumpf zog.

Die Technik, die BONNET anwendet, zeigt weitgehende Übereinstimmung mit der von COUÉ und BAUDOUIN. Er sucht jedoch seine Patienten erst in einen Zustand von hypnoider Bewußtseinssenkung zu versetzen, indem er sie auf einen langsam sinkenden Flüssigkeitsspiegel in einem Trichter starren läßt. BONNET will auf diese Weise die Aufmerksamkeit fixieren. Der hypnoide Zustand, in den der Patient gerät, ist für ihn weniger wichtig. Besondere Aufmerksamkeit schenkt er dem Atem des Patienten während dieser Übung. Er läßt die autosuggestiven Formeln im Rhythmus des Aus- und Einatmens aufsagen. Ähnliche Anweisungen findet man in zahlreichen Laienschriften, die hier nicht alle aufgezählt werden können. Nur das typische Büchlein des Varieté-Artisten SIMON 842 aus dem Jahre 1914 sei genannt.

BONNET läßt z. B. eine Sängerin, die an Lampenfieber leidet, jedesmal mit geschlossenen Augen sich auf einen Diwan legen. Sie muß ihre Gedankentätigkeit hemmen, nicht an andere Dinge denken, sondern sich nur auf die zu bekämpfende Vorstellung richten, die durch die entgegengesetzte Vorstellung »Ich zittere nicht, ich singe gut, ich bin überhaupt nicht aufgeregt« überwunden werden soll. Die Übereinstimmung mit der Methode COUÉ ist deutlich. Auch BONNET verfügte über eine reiche Erfahrung und viel Menschenkenntnis, verstand jedoch offenbar nicht – wie COUÉ – die Kunst, seine Lehren in breite Bevölkerungsschichten zu tragen.

c) Die Methode von Paul-Emile Lévy

Auch diese Methode ist weniger bekannt als die von COUÉ, obwohl P.-E. LÉVY schon lange vor diesem die Anwendung der Autosuggestion in der Psychotherapie, insbesondere bei neurotischen Störungen (567), befürwortete.

Naiv formuliert er 565, S. 37, wie auch FEUCHTERSLEBEN und LIÉBEAULT in seiner »L'éducation rationelle de la volonté«, daß der Patient sich vorhalten muß:

»Ich will über meine Krankheit hinwegkommen.« Das will dieser bewußt schon lange, aber er findet den Weg nicht dazu, und darum kommt er zum Arzt. Dieser kann dessen Streben durch die nötigen Suggestionen unterstützen und den Kranken in dem Glauben lassen, daß er »per Autosuggestion« geheilt wird. Auf jeden Fall läßt man den Patienten in der Meinung des Münchhausen-Verfahrens, daß er sich selbst heilt. Der Vorzug dieser Methode ist, daß der Kranke *aktiv an seiner Heilung mitwirkt* und begreift, daß der Arzt an sein, des Kranken, Vermögen zu aktiver Mitarbeit glaubt und an deren schließlichem Gelingen nicht zweifelt. So wird des Patienten Gefühl von Selbstsicherheit und Selbstbehauptung gestärkt, was der Heilung zugute kommt und ihm hilft, seine Krankheit zu überwinden.

LÉVY maß der Aufmerksamkeit einen wichtigen Anteil bei (565, S. 55). Die Aufmerksamkeit muß nach ihm konstant auf eine Vorstellung gerichtet sein. Deren Verwirklichung soll dadurch leichter erfolgen. In erster Linie ist es nötig, daß der Patient seine Aufmerksamkeit nicht mehr auf seine Umgebung gerichtet hält, auf seinen Körper oder gar auf seine krankhaften Erscheinungen, auf die Gedanken, die durch seinen Kopf jagen, sondern »se replier tout entier sur un coin de lui-même«. (»Sich voll und ganz in einen Winkel von sich selbst zurückziehen.«) Ebenso vereinfachend und verschwommen weiter beschreibend formuliert er, daß in diesem Zustand »dans le calme, sans tension, sans effort, sans fatigue« (»In Ruhe, ohne Spannung, ohne Anstrengung, ohne Ermüdung«) durch die rein »kontemplative Aufmerksamkeit«, die sich auf sie richtet, gewisse voraus gewählte Vorstellungen lebendig und fruchtbar werden. LÉVY ist bemüht, einen »état de l'esprit« entstehen zu lassen, den er »recueillement« nennt (LIÉBEAULT sprach von »charme«, PAYOT von »réflexion méditative«), in welchem der Aufmerksamkeit die Rolle einer selbständig wirkenden Kraft zuerkannt wird. LÉVY zielt also auf eine Bewußtseinsveränderung ab, in der die Autosuggestibilität gegenüber dem gewöhnlichen Zustand gesteigert ist.

Man könnte eine Parallele ziehen zwischen diesem leicht hypnoiden Zustand und dem der hypnotischen »Selbstbesinnung«, den KOHNSTAMM 487 beschrieb und der es möglich macht, den Patienten zur besseren Einsicht zu bringen und bei ihm direkt zu erwirken, daß er leichte und oberflächliche akut aufgetretene neurotische Symptome selbst aus dem Wege räumt.

Es folgen einige Einzelheiten der Technik. Deren Anwendung geht zuweilen über das Gebiet der eigentlichen Psychotherapie hinaus und verliert sich in einer kaum greifbaren »philosophie pratique de la vie« (565, S. 117). LÉVY läßt seine Patienten zweimal täglich üben, einmal beim Aufwachen und einmal abends vor dem Einschlafen. Mitunter läßt er von der Schläfrigkeit, die nach der Mahlzeit eintritt, Gebrauch machen. Er rät dem Patienten, sich in einem ruhigen, nicht allzu hellen Raum niederzulegen, die Augen zu schließen und sich von seiner Umgebung abzusetzen. Vollkommene Ruhe muß erreicht werden, die zu einem hypnoiden Zustand führt. Eine Reihe von Hilfsmitteln kann man anwenden, wie sie auch von Laien gebraucht werden, um in Schlaf zu fallen: Landschaften vorstellen, von eins bis tausend zählen, auf den Atemrhythmus achten, Zeitwörter konjugieren und dgl.... Diese Übungen dürfen unter keinen Umständen versäumt werden. Ist der Zustand von »recueillement« eingetreten, soll der Patient eine Art von »Gewissensforschung« (»examen de conscience« 565, S. 114) vornehmen. Er hat kritisch die Taten des abgelaufenen Tages zu betrachten und den folgenden Tag vorzubereiten. Er muß sich die Veränderungen, die er für sein Verhalten nötig findet, vor Augen halten. Darauf folgt die eigentliche Autosuggestion. Der Patient hat sich sorgfältig von dem, was er sagt, Rechenschaft zu geben und damit so lange fortzufahren, bis die ausgesprochenen Worte wahrhaft und aufrichtig gemeint sind. Es ist gleichgültig, ob er die Worte nur in Gedanken, mit leiser Stimme oder auch laut ausspricht. Suggestiv wirkt Lévys Anmerkung, daß – auch wenn die Gedanken dem Patienten ganz oder beinahe gleichgültig geblieben sind – sie trotzdem einen mehr oder weniger tiefen Einfluß auf den Geist ausüben.

Es folgen introspektive Erlebnisse, die eine der Versuchspersonen Lévys während der »Bespiegelung« hatte (565, S. 177): »... abends trachte ich mit entspannten Gliedmaßen und ebenso entspanntem Geist zu vergessen, daß ich denke. Langsam stirbt aller Lärm in mir ab, undeutlich werde ich mir bewußt, daß mein Denken verschwindet. Dies dauert einige Minuten. Dann fühle ich mich wie in einer Leere. Die Stille geht in ein unbestimmtes Dröhnen über, das mich sozusagen in Schlaf wiegt. Dann gerade greife ich wieder ein, bringe alle meine Gedanken auf die Idee, die ich mir suggerieren will. – Ich erleichtere mir die Konzentration der Gedanken, indem ich meine Hand auf die Stirn und die Augen lege.«

Es ist bedauerlich, daß Lévy seine Methode nicht ausführlicher beschrieb. Aus diesem Grunde fand sie bei Ärzten keinen Eingang. Sie kann jedoch bei gebildeten Menschen, die beschaulich veranlagt sind, die Denkschulungen betreiben und die nach einer Vertiefung ihres Innenlebens streben, Erfolge haben. Ihnen gibt die Anwendung einen gewissen Lebensinhalt, wie aus folgendem Beispiel zu ersehen ist.

Fall A. A.: Es handelt sich um einen schwer depressiven 54jährigen Ministerialbeamten, an dessen Zustand neben reaktiven Zügen konstitutionell-endogene Grundlagen beteiligt waren. Wie seine Ehefrau mitteilte, wurde die Ehe zwischen ihnen ein halbes Jahr vor der Klinikaufnahme geschlossen. Der Patient lernte seine Frau zwei Jahre zuvor kennen. Er war ihr nur wenige Male begegnet und hatte sie recht überstürzt gebeten, seine Frau zu werden. In der Hochzeitsnacht erklärte er seiner Frau, daß er eine Abneigung gegen sie habe. Er fand sie zu groß und zu dick. Der Koitus verlief normal; aber der Patient fühlte sich hernach sehr ermüdet. Noch einige Male hatte er mit ihr sexuell Kontakt, danach nicht mehr. 1½ Monate hat er noch mit seiner Frau zusammen gelebt. Der Patient geriet in einen zunehmend depressiven Zustand. Er wollte seine Frau nicht mehr sehen und konnte ihre

Gegenwart nicht ertragen. Er wohnte von ihr getrennt und unternahm schließlich einen Suizidversuch, indem er sich ins Wasser stürzte. Er reiste, wie vor seiner Heirat, wiederum durch ganz Europa. Auf dem Weg zur Klinik versuchte er im Zug aufs neue, sich das Leben zu nehmen. Die Ehefrau war eine ruhige, stille Frau, die den Zustand gelassen hinnahm.

Aus der Anamnese ging hervor, daß der Patient im Alter von 24 Jahren eine ähnliche, wenn auch leichtere Depression durchgemacht hatte. Mit 48 Jahren beantragte er seine Pensionierung, die ihm auch gewährt wurde. Er fühlte sich in seinem Wohnort sehr einsam, weshalb er große Reisen unternahm. Das Gefühl der Unruhe verließ ihn jedoch nicht, und er fuhr fort umherzuschweifen, bis er – halb gegen seine Absicht – fast Hals über Kopf heiratete. Schon während der Verlobungszeit ging es mit ihm durch »Angst und Zweifel körperlich zurück«. Da er sich allmählich »todkrank« und »völlig kaputt« fühlte und sehr niedergeschlagen war, konsultierte er verschiedene berühmte Spezialisten im Ausland, jedoch erfolglos. Er konnte nicht allein sein; ebensowenig konnte er immer jemanden um sich haben. Er konnte nicht bei seiner Frau und nicht ohne sie sein. Sexuell fühlte er sich insuffizient, und darum suchte er Argumente, um sich selbst seiner Frau gegenüber als abstoßend vorzustellen.

Der Patient war eine sensitive Persönlichkeit, ein »vereinsamter Idealist«. Einerseits hatte er ein starkes Bedürfnis, Kontakt mit anderen zu bekommen, andererseits fühlte er die Gebundenheit als einen zu starken Druck. Bei der körperlichen Untersuchung wurden keine Abweichungen gefunden. Der Patient war auffallend groß und hager. Der Blutdruck betrug 110/65, WaR. im Blut war negativ, die Senkung normal. Neurologisch kein krankhafter Befund. Psychisch war eine Verlangsamung aller Abläufe und eine Konzentrationsschwäche deutlich. Die Intelligenz erwies sich als normal.

Bei diesem Patienten wurde die autosuggestive Therapie von LÉVY angewandt. Täglich mußte er üben. In dem hypnoiden Zustand konnte er seiner Neigung zur »Bespiegelung« frei die Zügel schießen lassen. Zugleich kam man damit seiner Gewohnheit entgegen, die Lebensprobleme stark reflektierend zu betrachten. Eine kräftige Persuasionsbehandlung nach DUBOIS unterstützte die autosuggestive Therapie. Hier und da kam der Patient mit einer kleinen Liste, auf der einige Suggestionen geschrieben standen; er verlangte, daß der Arzt sie ihm buchstäblich einsuggerieren sollte. Er selbst schrieb später hierüber: »Die Suggestionen während der Behandlung wirkten vom Beginn an unbewußt günstig. Nach ein paar Wochen begann schon ein kleiner Hoffnungsstrahl durchzubrechen. Was einen durchaus günstigen Einfluß ausübte, war die wiederholte Versicherung, daß ich weder körperlich noch geistig defekt war und daß ich weder psychische noch physische Anstrengungen zu scheuen brauchte, im Gegenteil, daß mein Nervensystem nur kräftige Übung nötig hätte, um wieder frisch und spannkräftig zu funktionieren. Hierbei wirkte ausgezeichnet ein plastischer Vergleich mit einem gebrochenen Bein, dessen Muskeln durch den langen Nichtgebrauch in einen erschlafften Zustand geraten sind und denen nur planmäßiges Training die alte Spannkraft zurückbringen kann. Eine bloße Versicherung, daß ich wiederhergestellt werden würde, machte keinen Eindruck auf mich, man mußte mich durch eine vernunftgemäße Erklärung von der Möglichkeit einer Heilung und des Weges, der dazu führen konnte, überzeugen. Nach einigen Wochen machte ich bereits keinen Gebrauch mehr von Schlafmitteln. Allmählich lernte ich, ohne Furcht vor Übermüdung tüchtig weite

Spaziergänge zu machen, was die Verdauung und den Schlaf förderte. Daß ich durch die auf logische Argumente begründeten Ermutigungen auch den Mut erhielt, gegen meine Schwächesymptome aktiv zu kämpfen, gab mir mehr Vertrauen.«

Illustrativ ist die Weise, in welcher der Patient die suggestive Wirkung der Schriften von LÉVY spürte: »Die Autosuggestion ist die ›Übung im Manövrieren mit der Aufmerksamkeit‹, schreibt P.-E. LÉVY, und wahrlich es ist, als ob ich den lebenerweckenden Schein der Lampe der Aufmerksamkeit richte auf alle guten, erfrischenden, ermutigenden nützlichen Vorstellungen, Ideen, Begriffe, Gefühle und Willensäußerungen. Diese werden gerade dadurch wie eine Pflanze im Sonnenlicht zur Entwicklung und zum Wachsen gebracht. Umgekehrt verdunkle ich, indem ich ihnen die Aufmerksamkeit entziehe, schädliche Gefühle und Willensäußerungen und nehme ihnen dadurch die Vorbedingung zur Entwicklung. Sie verkümmern und sterben ab im Unterbewußtsein. Bei der Autosuggestion mache ich von Hilfsmitteln Gebrauch. Ich stelle mir z. B. Bekannte mit kräftigem Geistesleben und viel Willenskraft vor. Bei meinen Suggestionen zur Stärkung von Geduld und gleichmäßiger Stimmung halte ich mir phlegmatische, ausgeglichene Bekannte vor den Geist oder mir bekannte Landschaften, in denen die Natur Friede und Ruhe atmet.«

Zum Abschluß des Berichtes sei das Folgende angeführt, weil es einen Eindruck vermittelt, wie er seine Autosuggestion einkleidet: »Mein Gedächtnis wird stark, spannkräftig, parat, wach; mein Vorstellungsvermögen wird hell und scharf und präzis wie das Bild in der Linse eines Photographenapparates. Alle Vorstellungen aus der Vergangenheit sind hell, ganz und vollständig. Ich habe ein starkes Konzentrationsvermögen, ich vertiefe mich vollkommen in meine Arbeit, so daß ich nichts anderes höre und sehe; ich bekomme eine breite, tiefe und klare Einsicht in alles. Ich werde wieder fröhlich, mutig und munter, mit einer innerlichen Lebenslust, die aus einer starken Lebenskraft herstammt, ganz unabhängig von günstigen oder ungünstigen Umständen, die von außen einwirken. Ich bin von einem festen Willen beseelt, fest entschlossen, und vollbringe meine Tagesaufgaben pünktlich. Mein Geist wird kristallhell und kräftig, geradeso wie meine Körperkraft tüchtig zugenommen hat. Ich werde wieder schreiben und nützliche Arbeit tun können. Ich gehe aufs neue kräftig, flott, unbehindert durchs Leben. Die Schwierigkeiten überwinde ich; dadurch gewinne ich stets an Kraft, um kommende Schwierigkeiten aus dem Wege zu räumen. Ich fühle mich ruhig, nach innen und nach außen; meine eigenen Schwächen und Fehler lassen mich Geduld mit den Schwächen und Fehlern von anderen üben. Meine Krankheit geht allmählich aber sicher vollständig vorbei, so wie meine kleinen Unpäßlichkeiten unbemerkt heilen.«

Nach Ablauf von vier Monaten war der Patient so weit wiederhergestellt, daß er – weiter allein übend – die Hilfe des Arztes entbehren konnte. Er studierte regelmäßig im öffentlichen Lesesaal, fühlte sich gesund, verkehrte mehr mit seinen Bekannten und vertrug sich mit seiner Frau. Dieser Zustand blieb drei Jahre unverändert, bis der Patient infolge von Kriegseinwirkungen ums Leben kam.

Wenn man von den Schriften LÉVYS 565/68 Kenntnis nimmt, wird man oft von treffenden Aussprüchen überrascht, die erst später – durch bekannte Psychologen verbreitet – Gemeingut der Ärzte geworden sind. So kann man eine Reihe von

Gedanken, die in den Schriften von Coué – ohne Quellenangabe – anzutreffen sind, bei Lévy finden. Vergebens hat Lévy 571 im Jahre 1925 darauf hingewiesen, daß ihm die Priorität in der autosuggestiven Behandlung zukommt. Auch Baudouin entlehnte von Lévy vieles. Das Grundprinzip der Theorie von James-Lange (vgl. Kap. I), nach dem die psychischen Erscheinungen, welche die physischen begleiten, Folgen der letzteren seien, findet man bei Lévy, wenn er schreibt, daß man beim Lesen des Wortes »Betrübnis« in größerem oder kleinerem Maße das entsprechende Gefühl bekommt. Die Anwendung des Chevreuilschen Pendels wurde schon von ihm empfohlen, ebenso das »Gedankenlesen« als Demonstrationsversuch. Von ihm stammt der Ausspruch, daß jede Vorstellung den Beginn einer Verwirklichung in sich birgt (eines der »Gesetze« von Coué). Das bekannte Beispiel, welches Coué vom Anfänger im Radfahren zu geben pflegte, der unwiderstehlich von dem Stein angezogen wird, während er (krampfhaft) versucht, ihm auszuweichen, stammt von Lévy. Er führt das Beispiel an, daß man ein entfallenes Wort um so schwerer findet, je mehr man bewußt nach ihm sucht. Das »Gesetz der das Gegenteil bewirkenden Anstrengung« (Prinzip der paradoxen Intention nach Frankl) ist also bereits von Lévy aufgestellt worden. Das von der Neuen Nancyer Schule oft zitierte, jedoch hier kaum passende Paulus-Wort (Römerbrief VII, 15) »Video meliora proboque deteriora sequor« führte er als erster Therapeut an.

In seinen Schriften findet man ebenfalls den Rat, der schon bei Pater Eymieu anzutreffen ist, daß man sich so betragen soll, als wäre man derjenige, der man zu sein wünscht (faire comme si). In seiner Technik empfiehl Lévy, die Formeln automatisch und schnell zu wiederholen (vgl. das Summen einer Biene bei Coué). Die Schnur mit Knoten, von Coué empfohlen, ist bereits von ihm beschrieben worden. In seinen späteren Publikationen (568–70) findet man den modernen Gedanken niedergelegt, daß der Mensch als Ganzes behandelt werden muß, sowohl psychisch als physisch, während er zugleich auf eine möglichst kausale und nicht nur symptomatische Behandlung der psychischen Erscheinungen drang.

Es ist schade, daß Lévy seine verschiedenen Sätze auf die introspektive Beobachtung von nur sechs Personen (außer ihm selbst) gründete. Angaben über die Persönlichkeit dieser Menschen machte er nicht. Viele originelle Formulierungen finden sich in seinen Büchern, wie z. B.: »Jede Nervenerscheinung hat die Neigung, die Ursache, die sie hat entstehen lassen, zu überleben«, also was man heute »neurotische Überlagerung« oder »neurotische Fehlverarbeitung« nennt. – Die Gedanken von Lévy sind nur wenig bekannt geworden, was in seinem Bemühen mit begründet sein dürfte, seine Schriften sowohl für den Fachmann als auch für den Laien zu schreiben. Die Gefahr liegt darin, daß der Patient ohne ausreichende Kontrolle durch den Arzt in die Anwendung verkehrter autosuggestiver Vorstellungen verfallen kann. Ihre Beschreibung verlockt den Laien dazu, seine Behandlung allein in die Hand zu nehmen, und so kommen nicht selten Patienten zum Arzt, die – verzweifelt wegen des Fehlschlages – Hilfe suchen. Bei derartigen Patienten wird man nicht dieselbe Methode anwenden, obwohl man bei der Indikationsstellung für bestimmte Verfahren in Rechnung setzen muß, daß der Kranke sich offenbar zu einer Übungstherapie hingezogen fühlt. Lévy glaubte, seinen Patienten eine Konfliktverarbeitung zu ermöglichen, die man später und heute als »psychokathartische« bezeichnet. In Wirklichkeit förderte er umgekehrt Verdrängungstendenzen.

d) Die Methode von Décsi

Décsi 178, S. 35, 179, der die Lehrsätze von Coué einer scharfen Kritik unterzog, entwickelte eine Methode, die sich kaum von der Coués und Baudouins unterscheidet und der von P.-E. Lévy ähnelt. Sie bringt nichts Neues: hypnoide Bewußtseinsveränderung in dunkler Umgebung, Konzentration auf einen indifferenten Text, Betrachtung der Erlebnisse und Vorstellungen des abgelaufenen Tages, bei denen der Kranke die Worte leise ausspricht. Eine solche Übung dauert eine Viertelstunde bis eine Stunde. Man läßt den Patienten ein- bis zweimal täglich üben. Wenn man vier-, fünf- oder sechsmal geübt hat, ist die Methode dem Kranken vertraut geworden. Nun beginnt man, ihm therapeutische Suggestionen zu geben, deren Effektivierung leicht nachzuprüfen ist. Er muß diese mit großer Aufmerksamkeit so schnell wie möglich, aber gut artikuliert, leise hersagen, bis er ermüdet, worauf ein Stadium der Ruhe folgt. Der Zweck ist, daß der Patient lernt, die Aufmerksamkeit willkürlich zu lenken, indem er den Text spricht. Statt der Formeln von Coué stehen die prägnanten heilenden Suggestionen im Vordergrund.

Wenn man auf diese Weise einige Tage geübt hat, wird der Vorgang allmählich weitergeführt und abgekürzt. An die Stelle des Liegens tritt das Sitzen mit Atemübungen. Der Patient muß genau auf das Ein- und Ausströmen der Luft achten, auf die Bewegungen der Schultern, der Brust und des Bauches. Nun gibt er sich die Suggestionen und beendet die Übung mit einigen tiefen Atemzügen. Schließlich ist der Patient soweit, daß er vollkommen unauffällig seine Übungen machen kann, indem er z. B. das Gesicht mit beiden Händen bedeckt, als ob er gähnen müßte, und nun, während er seine Hände langsam von der Stirn zum Kinn bewegt, einmal tief Atem holt und die Suggestion ein- bis zweimal tonlos hersagt. Die ganze Manipulation nimmt einige Sekunden in Anspruch. Das Ausführen solcher Gebärden wirkt allein schon autosuggestiv. Auf die Dauer können sie entbehrt werden. Der Patient gewinnt zunehmend an Selbstbeherrschung.

Lehrreich ist die Einleitung, die Décsi seinen Patienten gibt. Er erläutert dem Kranken, daß dessen Leiden psychogen sei, jedoch weder auf »Einbildung« noch auf »Charakterschwäche« beruhe. Er räumt ein, daß das Leiden wirklich bestehe, daß es quälend und die Schilderung nicht übertrieben sei. So braucht der Patient keine Konzessionen in Hinsicht auf den Ernst seines Leidens zu machen. Décsi erläutert ihm, daß der Mensch, wenn er derartig ernste Beschwerden überwinden will, über ein großes autosuggestives Können verfügen muß, das – ebenso wie jede andere geistige und körperliche Fähigkeit – entwickelt werden kann und ihm nun bei der Heilung zustatten kommen wird. Aus guten Gründen vermeidet DÉCSI, seinen Patienten gegenüber den Namen COUÉ zu erwähnen.

e) Die »Elementare Autoanalyse« von Bezzola

Dieses Verfahren ist als ein Kompromiß zwischen der autosuggestiven und der kathartischen Methode (s. 274, 319) zu betrachten. Bei letzterer wird vom Erlebnis einzelner neurotischer Symptome ausgegangen, und der Arzt trachtet danach, die unbewußten Anteile des auslösenden psychischen Traumas allmählich ins Bewußtsein treten zu lassen, um so die Neurose zur Auflösung zu bringen. Hypnotisierung zur Einleitung und Deuten der Symptome wird überflüssig, wenn man den Patienten sich ruhig mit geschlossenen Augen auf dem Diwan ausstrecken und anstatt freier Einfälle seine direkten Sinneseindrücke unter Ausschaltung der Kritik mitteilen läßt. Durch diese Selbstbeobachtung entsteht ein hypnoider Zustand, und es kann zu einer Rekonstruktion der auslösenden Momente aus den Eindrücken kommen, die während der künstlich herbeigeführten Bewußtseinsveränderung zutage gefördert werden.

BEZZOLA 58 fürchtete, daß das Arzt-Patient-Verhältnis, wie es bei der Katharsis besteht, auf die Dauer zu einer zu starken Abhängigkeit führen könnte. Auch sah er in dem Ausfragen durch den Arzt eine Gefahr. Der Patient gelange dazu, andere Faktoren ins Spiel zu bringen und abzureagieren. So kommen nicht nur zur Sache gehörende Vorfälle zur Sprache. Ferner befürchtete er, daß der Kranke, wenn er zuviel aufs neue affektiv durchlebt, das Ziel, nämlich die Heilung, nicht mehr vor Augen haben würde.

Darum vermied BEZZOLA das Stellen von Fragen. Er legte einen stenographischen Bericht der Äußerungen des Patienten nieder. Der Kranke lernte, alle Empfindungen mitzuteilen in dem Bewußtsein, daß sie sorgfältig gebucht werden (»Selbstpsychogramm«). Das Gefühl, daß er sich zwanglos äußern konnte, hatte eine befreiende Wirkung. Später besprach der Arzt die Notizen mit dem Patienten (»Epikrise«). Nach unserer Erfahrung hat das Protokollieren während einer solchen Katharsis keinen hemmenden Einfluß. Heute wendet man zu diesem Zweck ein Tonbandgerät an.

Nach BEZZOLA läßt man den Patienten täglich Übungen machen. Der Kranke soll sich in einem ruhigen, etwas verdunkelten Raum in Rückenlage auf das Bett legen und seine Muskeln entspannen. Der Arzt setzt sich an das Kopfende. Bald gerät der Kranke in den hypnoiden Zustand. Die Vorstellungen werden unscharf und behalten einen geringen affektiven Gehalt. Lust- und Unlustemotionen verschwinden (vgl. die sogenannte Resonanzdämpfung der Affekte bei J. H. SCHULTZ). Genaue Selbstbeobachtung in diesem Zustand führt zur Wahrnehmung indifferenter Sensationen, Parästhesien, leichtem Brennen, Jucken, Stechen, Wahrnehmungen in der Herzgegend (868). Schließlich kann der Patient sogar in Schlaf fallen. Nach zwanzig Minuten läßt man ihn aufstehen. Nach einigen Sitzungen beim Arzt übt der Patient zu Hause allein weiter. Allmählich ist er imstande, die für ihn mit affektiven Vorstellungen verbundenen Ereignisse auf einem sachlichen, indifferenten Niveau zu betrachten. Er vermag über die Autosuggestion auf seine Handlungen und sein Verhalten Einfluß auszuüben, indem er sich seine Reaktionen einige Male deutlich vor Augen stellt und – während er in diesem Zusammenhang sich die nötigen Suggestionen gibt – einschläft (also auch hier – wie bei LÉVY – »Verdrängung« statt »Katharsis«).

BEZZOLAS Methode stimmt zum Teil überein mit der »Oberstufe« des Autogenen Trainings von J. H. SCHULTZ, in der ebenfalls die Absicht besteht, den Patienten zu seinem eigenen Hypnotisator zu machen. Bei langdauernder Anwendung gelingt es dem Patienten, sein affektives Leben besser zu beherrschen und sich auch im Wachzustand durch Autosuggestion zu beeinflussen. Er lernt, seine Haltung verschiedenen Problemen gegenüber besser zu bestimmen, und kann auf dem Wege der Selbstschau emotionierende Ereignisse sachlicher verarbeiten. Aber die Elementare Autoanalyse ist heute doch überholt. Ihre Anwendung erweckt ähnliche Bedenken wie die Methode von LÉVY. Die Bedeutung des Arztes als Helfer ist stark herabgesetzt. Das kann an sich ein Vorteil sein. Aber der Mangel ist, daß die autosuggestiven Vorstellungen, die der Patient sich selbst gibt, sich mitunter unvorteilhaft jeder Kontrolle entziehen und ins Phantastische ausarten.

f) Die Methode von Baerwald

Nur kurz sei die wenig bedeutungsvolle Technik von BAERWALD 29 gestreift, die er zur eigenen Heilung von »hysteroneurasthenischen« Erscheinungen anwandte. Ausgehend von der Autosuggestion erstrebt er eine »negative Vorstellungsökonomie«, die lästige Gedanken und Gefühle aufhebt, während die »positive Vorstellungsökonomie« darauf gerichtet ist, zu lustbetonten Gedanken und Gefühlen zu führen. Mit Recht betont er, das wichtigste Ziel sei, daß der Mensch zu einer Distanzierung von den lästigen Vorstellungen gelangt.

In seinem Büchlein »Psychologie der Selbstverteidigung« weist er auf die Bedeutung der »Gedankenkraft« und des »dämonischen Unterbewußtseins« hin. Seine Methode beruht darauf, daß der Patient sich im Zustand von Halbschlaf systematisch Suggestionen (gemeint sind: Autosuggestionen) verabreicht. Hierbei wird von »Glaubenssuggestionen« gesprochen (29, S. 182), welche die therapeutischen Suggestionen unterstützen und dem Patienten helfen, schwierige Phasen der Behandlung, Fehlschläge oder einen Stillstand zu überwinden. Zu diesem Zweck soll der Kranke sich suggerieren, daß der Erfolg »todsicher« ist und er »felsenfest« darauf vertraut, daß er Mut und Vertrauen zu der Methode bewahrt usw. BAERWALD spricht auch von »Schutzsuggestionen«, wofür er »exorzisierende Suggestionen« empfiehlt, die auf den kritischen Beurteiler einen primitiven Eindruck machen: Bei Rückfällen während des Heilungsprozesses, wenn der Zweifel am Gelingen die Oberhand gewinnt, soll der Patient – nach dem Muster der mittelalterlichen Exorzisten – sich selbst zurufen: »Ich erkenne dein Werk, du Kobold«; »ich erwürge, ich erdroßle dich«, »du hast mich besessen« und dgl. (S. 192).

Die Autosuggestionen werden mit dem Rat verknüpft, die allgemeine Formel von COUÉ früh am Morgen und abends durch spezielle Wendungen zu ergänzen, die sich nach der Art des Leidens richten. Richtig ist der Hinweis, daß die ergänzenden Suggestionen so anschaulich, konkret und plastisch wie nur möglich formuliert sein müssen und daß Verneinungen oder Worte, die zu Zweifeln führen, fehlen. An anderer Stelle wurde betont, daß der Inhalt der Suggestionen nicht so wichtig ist, wie man allgemein annimmt. BAERWALD treibt die Dinge auf die Spitze, wenn er folgende Formulierung empfiehlt: »Morgen nachmittag um fünf Uhr werde ich keine Schmerzen mehr haben.« Derartige »autosuggestions à échéance« können auf ein Fiasko hinauslaufen und untergraben dann das Vertrauen des Kranken auf seine Heil-Chancen mit autosuggestiven Mitteln.

Dieselbe Methode läßt sich unter Umständen auch tagsüber anwenden, z. B. im Zug oder auf einer einsamen Wanderung. BAERWALD läßt dabei (S. 151) den Patienten bewußt »spielen«, daß er ermüdet sei. Der Kranke soll geradezu zusammensinken; er muß den Kopf auf die Brust hängen lassen, die Hände entspannen. Die Interpretation, die BAERWALD S. 152 seinen Anweisungen gegeben hat, geht wenig tief. Mit Stillschweigen übergeht man am besten einige grobe Fehler in diesem Büchlein, die den Mangel an psychologischer Schulung verraten. Obwohl hier vieles angegeben wird, das den ernsthaften Therapeuten eher zur Abwendung von jeder autosuggestiven Psychotherapie bewegt, bleibt das Buch lesenswert, da es – besser als die Schriften von COUÉ – Einblick in die Auffassungen der Anhänger der Neuen Schule von Nancy gewährt. In seiner Studie über »Gedankenkraft« wählte LINDWORSKY 583 deshalb dieses Büchlein als Ausgang, das man als Musterbeispiel einer ehrlich gemeinten, mit dicker »wissenschaftlicher Sauce« übergossenen Laienpsychologie betrachten darf.

g) Die sogenannten Willensübungen

Am Übergang zu den aktiv autosuggestiven Methoden ist eine Reihe von Übungen zu erwähnen, bei denen ein »Training« des Willens als Ziel dient. Früher sprach man von der »Schulung des Willens«, worunter alle die Maßregeln verstanden wurden, die nicht so sehr die Aktivierung von Denkinhalten oder von Gefühlen bezwecken, sondern bei denen die Leistungen des Patienten nach einem bestimmten Schema trainiert werden. Diese autosuggestiven Übungen enthalten einen wirksamen Faktor, indem das Gefühl des Könnens, das Erlebnis der Willensstärke, vermittelt wird, welches immer auftritt, wenn der Patient verhältnismäßig einfache Aufgaben zu lösen hat. Allmählich können immer schwierigere Anforderungen gestellt und gemeistert werden, denen gegenüber anfangs ein Gefühl völliger Machtlosigkeit bestand (s. Prüfungsangst 995).

Ein suggestives »Willenstraining« kann indiziert sein im Anschluß an ein heftiges Trauma, einen Schrecken oder eine Panik bei Menschen, die zu hysterischen Reaktionen neigen (Konversionshysterie, Angsthysterie). Besonders in dem Stadium, in dem das hysterische Symptom gebildet wird – CARP 149, S. 61, spricht von der Hysterisierungsperiode –, muß man den »hypobulischen Willen«, krank zu bleiben (E. KRETSCHMER), in Rechnung stellen. Ein suggestives Training des Willens kann gerade in diesem Stadium günstig wirken und die Fortbildung des Symptoms mitunter verhindern. Ferner wird man diese Form der Therapie bevorzugt anwenden, wenn psychagogische Behandlung erforderlich ist. Auch bei zwangsneurotischen Patienten und bei solchen, die den Symptomenkomplex aufweisen, den JANET einst als Psychasthenie bezeichnete, sind diese Übungen indiziert.

Es sei auf die technische Ausführung der sogenannten Willenstherapie eingegangen, durch die ein systematisches Üben im Fassen und Durchführen von Beschlüssen zu äußerlichen oder innerlichen Handlungen angestrebt wird, insoweit diese Maßregeln als autosuggestive Therapie zu betrachten sind. In der Regel wird an die ratio des Patienten appelliert (z. B. Persuasion), während außerdem der Bewußtseinszustand durch Konzentrationsübungen (Fixation usw.) eine Veränderung erfährt. Daß hier (Auto-)Suggestion von Bedeutung ist, ergibt sich aus den zu beschreibenden technischen Hilfsmitteln.

Der Arzt muß bestrebt sein, den Patienten davon zu überzeugen, daß er imstande ist, sich über seine Krankheit hinwegzusetzen oder zu gewissen Leistungen zu kommen. (Eine Darstellung der von DUBOIS ausgearbeiteten Persuasionsmethode gab CARP 146.) Für diesen Zweck sind verschiedene Methoden angegeben worden. Zu erinnern ist an den Rat von LÉVY, die Kranken müßten sich autosuggestiv einprägen: »Ich will über meine Krankheit hinwegkommen.« Hierzu bemerkt KRONFELD 523, etwas zu verallgemeinernd, daß es ihm nicht richtig erscheine, den Patienten auf seinen eigenen Willen, dessen Versagen er soeben schmerzlich erlebte, zurückgreifen zu lassen. Diese Bemerkung ist an sich zutreffend. Es lag jedoch in der Absicht von LÉVY, den Willen allmählich zu stärken (Münchhausen-Verfahren). Besser wäre es gewesen, wenn er den Patienten hätte sagen lassen »ich werde ...« (s. o.). Die Methode von LÉVY hat jedoch den Vorzug, daß der Patient glaubt, seine Leistungsfähigkeit *selbst* zu entwickeln. Ferner begreift er, daß der Arzt auf seine aktive Mitwirkung vertraut, ihn zu etwas imstande erachtet und ihn *für seine Heilung verantwortlich* macht, wodurch er sich nicht länger als der Spielball seiner Krankheit und der Therapie fühlt. Wenn das Vertrauen zwischen Arzt und Patient stark genug ist, kann die Haltung des Arztes an sich schon suggestiv wirken. Es ist freilich die Frage, ob in Fällen von Besserung nicht hauptsächlich dieser suggestive Faktor wirksam war. Wenn solche Methoden nicht glücken, wird man seine Zuflucht zu anderen Übungen nehmen müssen, z. B. der sogenannten Willensgymnastik. Bei dieser werden Leistungen, die erst nur schwach und unvollkommen ausgeführt werden, ganz allmählich verbessert. Die meisten dieser Übungen haben den Zweck, die Aufmerksamkeit des Patienten so zu lenken, wie sie für ein erfolgreiches Abschneiden nötig ist. Das Resultat bleibt zweifelhaft. Die Übungen kann man wie folgt systematisieren:

1. Vorstellungs- und Denkübungen zur Konzentration der Aufmerksamkeit
2. Psychomotorische Übungen zur Konzentration der Aufmerksamkeit
3. Übungen zur Ablenkung der Aufmerksamkeit vom Leiden
4. Übungen zur Steigerung des Leistungsvermögens.

Es bleibe unentschieden, wie weit die entsprechenden technischen Handgriffe eher zu den psychagogischen Behandlungsmethoden gehören. In manchen Fällen wird man als Psychotherapie kombinierte Techniken anwenden, mit Vorliebe so, daß die eine Behandlungsmethode die Grundlage bildet, auf der man mit der anderen aufbaut. So ist es möglich, daß die psychagogische an eine (auto-)suggestive Behandlung anschließt. Während die letztere darauf gerichtet ist, die äußeren Symptome zu bekämpfen, strebt die erstere danach, den Patienten in seiner Haltung umzubilden.

1. Vorstellungs- und Denkübungen

a) Verbreitet ist die Methode von Mohr 647, der seine Patienten genau und bis in alle Feinheiten irgendeinen Gegenstand sich vorstellen und beschreiben läßt. Dadurch ist der Patient genötigt, seine Aufmerksamkeit auf ein Objekt gerichtet zu halten und sich hierin weiter zu üben.

b) Schulhof 806 schlug vor, den Patienten ein Bild betrachten zu lassen, von dem er sich so intensiv wie möglich das richtig Dargestellte vorstellen soll. Nach einiger Zeit muß er sich alles Unrichtige des Bildes vor Augen halten, sich also plötzlich ganz anders einstellen, wodurch der Eindruck umgekehrt wird. Das ist keineswegs leicht. Es erinnert an die »Schulung des Willens«, wie sie Oppenheim durchführte.

c) Oppenheim 685/6, S. 1676, schlägt nämlich vor, den Patienten einen Satz oder Spruch sich ausdenken oder bestimmte Reihen (Tage, Monate, Zahlen) in Gedanken aufsagen und ihn plötzlich mitten darin aufhören zu lassen. Die Frage, inwieweit der Zwang, das Glied einer Vorstellungsverbindung zu unterdrücken, unwillkürlich das übrigbleibende Element umbildet, untersuchte PENROSE 701.

d) Etwas Ähnliches wie OPPENHEIM bezweckt VOGT 949, indem er Patienten den Anfang eines bekannten Gedichtes oder Verses aufsagen läßt und ihnen dann verbietet, weiter daran zu denken, welche Aufgabe er dadurch erleichtert, daß er gleichzeitig die Aufmerksamkeit des Patienten ablenkt. Diese Übungen schließen sich an die experimentalpsychologischen Versuche von NARZISS ACH an, der seine Versuchspersonen eine Anzahl Worte ohne Bedeutung, zu Paaren geordnet, sich gut einprägen ließ und der sie dann aufforderte, Reimworte auf das erste der zwei auszudenken. Hierbei muß der Wille recht aktiv werden, um zu verhüten, daß die gelernte Gedankenverbindung auftritt. – Die später zu besprechenden Übungen nach MEIGE und FEINDEL 625/6, die vor dem Spiegel auszuführen sind, bieten ebenfalls Beispiele für »Willensübungen«.

Bei derartigen Methoden spielt aber nicht so sehr die Willensübung eine Rolle im Sinne einer Stärkung der Willenskraft durch das systematische Überwinden beträchtlicher Widerstände, als vielmehr der Versuch, das Gefühl des Könnens, das Bewußtsein der Willenskraft, das sich bei der Lösung relativ leichter Aufgaben einstellt, zu benutzen, um schwierigere Situationen, denen gegenüber ein Gefühl vollkommener Ohnmacht des Willens vorhanden ist, zu überwinden.

e) Auf ähnlichen autosuggestiven Denk- oder Konzentrationsübungen, von denen der Patient Heilung erwartet, beruht zum Teil eine Reihe von Anweisungen, die verschiedene popular-psychologische Institute in ihren schriftlichen Kursen, die manchmal einen nützlichen Effekt haben, geben. Wir denken an die vielen für Laien geschriebenen Büchlein, deren Verfasser hier und da sich nicht scheuen, sie als Allheilmittel für nahezu jedes psychische Leiden hinzustellen. Ein Beispiel hierfür bietet die Schrift von MARTIN KOJC 490, die dem Patienten u. a. empfiehlt, zwei Zeilen aus einem Buch auswendig zu lernen, sich jeden Buchstaben, jedes Wort und jeden Satz genau vorzustellen und sich deren Bedeutung klarzumachen. Erinnert sei auch an die Konzentrationsübungen von Kaplan SCHATTAUER 780. Das aufmerksame Lesen eines Buches, das intensive Betrachten einer schönen Landschaft mit all ihren Einzelheiten, das aufmerksame Ausführen der einfachsten Arbeit, allenfalls das Schachspielen, sollen die Aktivitätshaltung habituell werden lassen.

Nicht selten sind in Laienbüchlein derartige Konzentrationsübungen in ein pseudomystisches und verworrenes Gewand gehüllt. Der Arzt wendet sich selbstverständlich von derartigen Methoden ab; aber es ist nützlich, Kenntnis von ihnen zu nehmen, um ein richtiges Urteil fällen und die eventuellen schädlichen Folgen für den Patienten bekämpfen zu können. Ein Beipsiel für Anweisungen zu Konzentrationsübungen für den Laien bildet das Büchlein von ERNEST WOOD 1028. »Ein praktischer Kursus in Kontemplation«, dem einige gute Übungen zu entnehmen sind: *α*) Konzentration auf einen Gegenstand; Untersuchung seiner Eigenschaften;

Gedanken abschweifen lassen, aber immer, wenn sie zu fern abschweifen wollen, seine Gedanken zurückrufen. *β*) Die Umgebung genau betrachten, die Augen schließen, sich diese so gut wie möglich im Geiste wieder vorstellen. γ) In Gedanken einen bekannten Weg hin und zurück wandern, eventuell irgendwo stillstehen bleiben, sich den betreffenden Punkt in allen Details vorstellen. *δ*) Gegenstand gut einprägen, ihn sich mit geschlossenen Augen vorstellen; wenn das Bild nebelhaft verschwimmt, erst ein kleineres Stück nehmen und trachten, auf die Dauer ein größeres Stück hell und klar zu sehen usw. Es ist auf bestimmte Übungen aus den Exercitia spiritualia militaria von IGNATIUS VON LOYOLA 374 hinzuweisen, z. B. auf die Übung, sich bestimmte Bilder vorzustellen und sie auf Befehl wieder zu verbannen. Dieses Training des visuellen Vorstellungsvermögens kann in therapeutischer Hinsicht von Bedeutung sein. SCHULTZ (s. u.) hat u. a. von diesem Prinzip Gebrauch gemacht.

f) Die Vorschrift, daß der Patient sich eine Tageseinteilung macht, an die er sich genau zu halten hat, kann ebenfalls zu dieser Rubrik gerechnet werden.

2. Psychomotorische Übungen

Der Patient muß bestimmte Vorstellungen beim Ausführen von Bewegungen, die ihm zunächst durch eine emotional oder körperlich bedingte Funktionsstörung nicht ausführbar erscheinen, einschalten. Es handelt sich um optisch-kinästhetische Vorstellungsbilder an Hand des Körperschemas, wie die auszuführende Bewegung aussieht.

In diese Rubrik gehören: a) die kompensatorische Übungstherapie von FRENKEL, Gehübungen, wie sie z. B. bei Patienten mit Tabes dorsalis angewandt werden. Nach FRENKEL soll der Kranke jede Bewegung mit großer Aufmerksamkeit ausführen, sich selbst gut beobachten und auf alle sensiblen Wahrnehmungen achten, über die er noch verfügt. Zweck dieser Maßnahme ist, daß jeder Bewegungsfehler vom Patienten selbst verbessert wird. Hierzu muß er sich genaue Rechenschaft über die Art und Weise geben, in der er die Muskeln innerviert. Die Technik ist in vielen älteren Lehrbüchern der Neurologie enthalten. b) Einfachere Übungen, die auf demselben Prinzip beruhen, kann man Patienten mit Konzentrationsstörungen ausführen lassen, indem man sie einen Gegenstand im Zimmer an eine andere Stelle bringen läßt, möglichst zu derselben Stunde. c) Auch die Übungen von HIRSCHLAFF 399 (Isolierung) und die sogenannte Dunkelkammerbehandlung von DÉJÉRINE 181 (bei Patienten mit Kriegshyperkinesien) gehören hierher. d) Im Zweiten Weltkrieg wurden bei deutschen Soldaten mit neurotischen Störungen vielerorts Schwimmübungen durchgeführt. e) Bei dieser sogenannten Willenstherapie kann auch das Pendel von CHEVREUIL angewandt werden. – Die Methode von MENSENDIECK, die auch zu dieser Rubrik gehört, wird noch besprochen.

3. Übungen zur Ablenkung der Aufmerksamkeit vom Leiden

Diese Form der Behandlung kann bei Patienten mit hypochondrischer Einstellung angewandt werden. Die »Ablenkung« ist vor allem von PUTMAN und seinen Mitarbeitern Taylor und WATERMAN ausgearbeitet worden mit dem Ziel, die Aufmerksamkeit des Patienten soviel wie möglich von seinen Symptomen ab- und in eine andere Richtung zu lenken.

Es folge eine Reihe von Übungen: a) die von OPPENHEIM 683–5 angewandte Methode, nach der Patienten mit psychisch bedingten Schmerzen aufmerksam auf das Ticken einer Taschenuhr lauschen müssen. Dies nimmt die Aufmerksamkeit so sehr in Anspruch, daß das Berühren der schmerzenden Stelle nicht mehr gespürt wird. b) Dasselbe erreichte er, indem er zum Zweck einer Ablenkung die Haut fest kniff, mit Nadeln stach und dgl. c) MOHR empfiehlt, an empfindliche Stellen des Körpers Elektroden anzubringen, dem Patienten den Widerstand des Pantostats in die Hand zu geben und ihn selbst den Strom verstärken zu lassen. Dies »stärkt das Willensvermögen« und lenkt die Aufmerksamkeit von dem kranken Organ ab. Ein ähnliches Mittel machte sich IMMANUEL KANT zunutze, wenn er sich auf das Wort »Cicero« konzentrierte, um so die Aufmerksamkeit von seinen Gichtanfällen abzulenken (446, S. 19, 26, 36). Dieses Prinzip wurde von MIRA 644 ad absurdum angewandt. Dieser spanische Arzt ließ Zwangsneurotiker erst eine Formel zusammenfassen, z. B. nach dem Motto: »Ich bin ein Lump« (!), und gab anschließend den Auftrag, die Worte, Silben und Buchstaben des Sätzchens auszutauschen, neue Silben einzufügen und sich auf all dies gut zu konzentrieren, um die Aufmerksamkeit von den Zwangsvorstellungen abzulenken, die hierauf verschwunden sein sollen! (Abwälzung von Schuldgefühlen?) Ein (auto-)suggestiver Faktor ist nicht zu leugnen. Derartige Hilfsmittel erzielen allerdings in den meisten Fällen nur geringe Effekte, es sei denn, sie dienen als Überzeugungsmittel, daß Ablenkung der Aufmerksamkeit den Schmerz weitgehend vermindert. Man könnte eine Parallele ziehen zwischen den genannten Übungen und denen, die von BRAUCKMANN in Jena zur Ablenkung der zur stark konzentrierten Aufmerksamkeit von Tauben und Taubstummen auf den Mund des Sprechers (115) angewandt wurden. Er ließ dieselben, während sie mit dem Lippenlesen fortfuhren, Ballspiele ausführen.

4. Übungen zur Steigerung des Leistungsvermögens

Auch diese beruhen in der Hauptsache auf der Wirkung (auto-)suggestiver Faktoren. Sie werden unterstützt durch eine Stärkung der Selbstbeherrschung und eine gewisse Einsicht in die eigene Persönlichkeit. Insbesondere ist die suggestive Wirkung des Vorbildes von Bedeutung, das zur Nachahmung nötigt und durch dessen »Introjektion« das »Über-Ich« verstärkt wird. KRONFELD 522 ist hier zu nennen.

Als Beispiel beschreibt er den Fall eines 41jährigen Beamten in hoher Stellung, der fürchtet, einen Mißerfolg zu erleiden, wenn er eine Tischrede zu halten hat. Deutlich ist bei der Behandlung dieses Falles das autosuggestive Moment, wenn ihm erklärt wird: »Sie können sich selbst besser helfen als sonst irgend jemand. Bisher war Ihre Willenskraft krampfhaft auf einen fortwährenden Kampf gerichtet, während Sie sich in ängstlicher Erwartung wegen des Erfolgs befanden. Infolgedessen regen Sie sich immer auf, so daß Sie zu zittern beginnen. Sie müssen nicht Ihren Willen stärker machen, sondern Ihr inneres Erleben der Sicherheit Ihres Erfolges konsolidieren, so daß hiervon eine suggestive Kraft ausgeht, die Sie unwiderstehlich mitreißt. Sie tun wie folgt: dreimal täglich schließen Sie sich für fünf bis zehn Minuten ein, setzen sich in einen bequemen Lehnstuhl, schließen die Augen und entspannen sich ganz und gar. Und nun stellen Sie sich in dieser Situation stets lebhafter vor, wie der Verlauf des Festes und Ihres Toastes sein wird. Sie stellen sich vor, wie erfolgreich Ihr Auftreten sein wird. Ist einmal diese Vorstellung so lebhaft und intensiv wie möglich geworden und sind Sie völlig durchdrungen von dem Erlebnis: es glückt mir, dann springen Sie auf, als ob die ganze Gesellschaft um Sie herum versammelt wäre; Sie sprechen einige Sätze und erheben Ihr Weinglas, das Sie vorher schon auf ein Tischchen gestellt haben. Auf diese Art verwirklichen Sie im Anschluß an Ihre Autosuggestion sofort, was Sie erlebt haben.«

Das Vorgehen von Kronfeld weicht wenig von der Vorschrift der Neuen Nancyer Schule ab: auch hier die vorausgeschickte Erklärung des »Gesetzes das Gegenteil bewirkender Anstrengung«, wenn das auch nicht ausgesprochen wird; auch hier die Isolierung, die Entspannung, die lebhafte Vorstellung, gefolgt von ihrer Verwirklichung.

Abschließend sei ein zweites Beispiel für die Übungsmethode von Kronfeld angeführt, aus dem wiederum unverkennbar das autosuggestive Element zu ersehen ist. Er macht von dem sogenannten Punktversuch (Bourdon, E. D. Wiersma) Gebrauch (vgl. Meili 627). Für diesen benötigt man ein Blatt Papier, auf dem 25 bis 50 Zeilen gedruckt sind, deren jede aus Gruppen von 3, 4 und 5 Punkten in unregelmäßiger Reihenfolge bestehen. Man läßt den Patienten etwa zehn Minuten lang z. B. die Gruppen von drei durchstreichen, nimmt die pro Zeile benötigte Zeit auf, berechnet die mittlere Zeitdauer pro Zeile und die mittlere Abweichung, ausgedrückt in Sekunden sowie in Prozenten des Durchschnitts, und zum Schluß die Anzahl der Fehler. Die Resultate werden mit dem Patienten besprochen. Hierauf erhält der Patient irgendeine Suggestion, durch die seine Arbeitsleistung gesteigert werden soll. Das folgende Mal werden die Leistungen des Patienten zwanzig Minuten lang geprüft und die Resultate aufs neue besprochen. Aus suggestiven Gründen werden die Ergebnisse, wenn sie unbefriedigend sind, so interpretiert, daß der Patient die Überzeugung bekommt, seine Arbeitsleistungen nähmen zu, was ihm Vertrauen in sein Konzentrationsvermögen und seine Arbeitsleistungen einflößt. Für denselben Zweck kann man auch das schon erwähnte siderische Pendel zur Anwendung bringen, um dem Patienten zu zeigen, daß man durch Übung, Konzentration und Willensanspannung stets größere Leistungen erreicht (Vergrößerung der Amplitude). Der Patient, dem so seine zunehmende Leistungsfähigkeit demonstriert worden ist, soll einsehen, daß auch sein Organismus trainiert und vom Geist her beeinflußt werden kann. Er ist nach WEXBERG (986, S. 457) der Möglichkeit, »das neurotische Symptom als Arrangement zu erkennen«, einen Schritt nähergekommen.

B. Aktiv autosuggestive und entspannende Übungen

Die passiven und aktiven Methoden weisen die Gemeinsamkeit auf, daß mit dem Entspannungszustand eine (hypnoide) Bewußtseinsveränderung (»Versenkung«) auftritt und daß in diesem Zustand das »Ich« das »Selbst« beeinflußt, wie das im zweiten Kapitel erläutert wurde. Bei der aktiven Autosuggestion bedient sich die Psychotherapie körperlicher Hilfsmittel und nicht einer Formel wie bei der passiven Autosuggestion. Wir wenden uns den einzelnen Verfahren zu.

a) Das Autogene Training von J. H. Schultz

Die von seinem Autor als »organismisch« bezeichnete Methode ist das unter den deutschsprachigen Ärzten am weitesten verbreitete der in diesem Buch referierten Verfahren und ungewöhnlich exakt aufgebaut. Viele der folgenden Einzeldaten sind nicht nur dem Lehrbuch von SCHULTZ 821 entnommen, sondern stammen aus zahllosen persönlichen Begegnungen mit ihm in Kursen und ausgedehnten Einzelgesprächen. Seine Befürchtung, das Autogene Training könne mit seinem Ableben an Bedeutung verlieren oder gar untergehen, ist längst widerlegt. Es erscheinen immer neue zusammenfassende, weiterführende und Übersichts-Veröffentlichungen. Genannt seien außer einigen zusätzlichen Arbeiten von SCHULTZ (811–14, 819–23) vor allem BINDER 63–5, HERZ 383, HEUN 389, HOFFMANN 404, KRAPF 507/8, LANGEN 543, LUTHE 601/2, ROSA 762/3, WALLNÖFER 959–63 und WIESENHÜTTER 1000, 1009.

Das Autogene Training wurde weitgehend aus den »fraktionierten Hypnosen« O. VOGTS 953 entwickelt. Dieser lehrte, daß man mittels Autohypnose Symptome »unterdrücken« könne. Gleichzeitig sei in den Autohypnosen eine Art Selbstanalyse möglich. Auch lehrte VOGT schon vor-hypnotische autosuggestive Entspannungsübungen (sogenanntes »prophylaktisches Ruhigstellen«), durch welche sich der Patient von Anstrengungen und Überspanntheit erholen sollte. SCHULTZ hält es vor allem für nötig, daß der Kranke selbst jenen Entspannungszustand herstellt, in welchem er für Autosuggestionen zugänglich ist. Sonst automatisch und unbewußt ablaufende Suggestionen erfahren auf diese Weise eine »progressive Psychisierung«.

Diesen Vorgang versuchte er bildlich zu verdeutlichen mit Hilfe der Darstellung konzentrischer Kreise, deren innerster Kern das Ich ist; hierauf folgen die willkürlichen Muskeln, die Vasomotoren des Herzens, die glatte Muskulatur der inneren Organe, die Sekretionen und schließlich die äußerste Peripherie, das Knochensystem und das Bindegewebe.

Das Autogene Training ist wie die Psychoanalyse aus der Hypnose entstanden. SCHULTZ ist wissenschaftlich experimentell der Frage nachgegangen, worin das Essentielle der hypnotischen »Umstellung« zu suchen sei. Er hypnotisierte gesunde, psychologisch geschulte Versuchspersonen und gab ihnen den Auftrag, ohne Ausnahme alle ihre Empfindungen introspektiv mitzuteilen. STOKVIS führte in Zusammenarbeit mit N. SPEYER ähnliche Experimente durch, wobei ein jugendlicher Arzt als Versuchsperson in mehreren Sitzungen erst von einem weiblichen und danach von einem männlichen Kollegen hypnotisiert wurde, um die Gefühlseinstellung des Hypnotisierten näher kennenzulernen (849, 868).

Diese und andere Versuche bestätigten die Richtigkeit der von SCHULTZ berichteten Ergebnisse, daß im Laufe der Hypnotisierung eine Reihe von körperlichen Empfindungen auftritt. Diese bestehen aus dem Erleben von Schwere und Wärme in den Gliedmaßen und im Rumpf als Folge von Entspannung der Gefäßwände. Es sei auch auf die interessanten Beobachtungen von H. BINSWANGER 69 an entspannten und in tiefer Hypnose sich befindenden Versuchspersonen hingewiesen. Kontrollexperimente zeigten, daß eine suggestive Beeinflussung auszuschließen ist. Auf Grund dieser Ergebnisse ist der kennzeichnende Vorgang zu Beginn der Hypnose die Entspannung, wie diese auch beim nächtlichen Schlaf stattfindet. Einerseits ist man also berechtigt, die Entspannung als einen essentiellen Bestandteil des hypnotischen Zustandes aufzufassen, andererseits kann man die Frage stellen, ob der Mensch durch Entspannung leicht in Autohypnose gerät.

Bevor diese Frage beantwortet wird, ist zu prüfen, welche Vorteile die Hypnose hat. Diese bestehen darin, daß sie den Menschen zur Ruhe und ihm Erholung bringt. Sie ermöglicht die Regulierung sonst unwillkürlicher Organfunktionen (Puls, Blutverteilung, Menstruation, trophischer Zustand der Haut usw.). Man kann durch sie die Haltung verändern; die erwünschte Haltung kann fixiert, die unerwünschte aufgehoben werden (Körperhaltung und -funktionen, Gewohnheiten, Stimmungen, Neigungen usw.). Einzelne Leistungen des Menschen können in der Hypnose (innerhalb bestimmter Grenzen) gesteigert (Gedächtnis) oder auch gemindert sein. Schmerz wird durch sie verringert oder ganz zum Verschwinden gebracht, in besonderen Fällen sogar beim Partus oder bei Operationen (496). Es ist möglich, den Menschen mittels Hypnotisierung zu einer gewissen Einsicht in sein eigenes Selbst zu bringen: Introspektion im Sinn des Abreagierens (psychoanalytische Auffassung) oder der Psychokatharsis (vgl. GEBSATTEL 319).

Das Bestreben von SCHULTZ ist, auch ohne Anwendung der Hypnose von all deren Vorteilen Gebrauch zu machen, unabhängig von einem ich-fremden Suggestor. Damit gelangen wir zur Autohypnose. Das Prinzip, daß diese möglich ist, erkannte schon BRAID, der englische Chirurg und Verfasser von »Neurypnology« (1843). Er war es, der den Vorgang der »Umstellung« als hypnotisch bezeichnete; der Terminus »Hypnose« stammt von ihm. Indem er minutenlang auf einen glänzenden Gegenstand starrte, erzeugte er diesen Zustand bei sich selbst. Später stellte OSKAR VOGT (um 1900) fest, daß gesunde kritische Versuchspersonen, die vierzig- bis fünzigmal in Hypnose gebracht worden waren, sich schließlich in den Zustand von (Auto-)Hypnose sinken lassen können, indem sie sich des Zustandes der Heterohypnose erinnern. Sie konnten die Dauer dieses Zustandes vor seinem Eintreten regeln. VOGT wies insbesondere auf den Faktor der Wiederholung hin, der bei solchen autohypnotischen Zuständen eine Rolle spielt, und empfahl deren systematischen Gebrauch als »prophylaktische Ruheperiode« für Menschen, die zu rascher Ermüdung neigen, wie z. B. bei spasmophilen Asthenikern mit einer Prädisposition zu Migräne. Es versteht sich von selbst, daß bei dieser Anwendung ärztliche Kontrollen erforderlich sind.

Auf Grund dieser Ergebnisse suchte SCHULTZ nach einer besseren Möglichkeit, den hypnotischen Zustand ohne Hypnotisator entstehen zu lassen. Er erreichte das, indem er systematisch, Schritt für Schritt, Entspannung übte. Nach vielen vorangegangenen Experimenten kam er zu folgenden prinzipiell wichtigen Beobachtungen:

1. Soll auf dem Weg der Konzentration psychische Entspannung erreicht werden, muß das Gebiet, auf welches der Patient sich konzentriert, sehr begrenzt sein. Konzentriert er sich auf seinen ganzen Organismus, wird gleichsam das bestrichene Feld zu groß und die Wirkung der Konzentration geringer. Man muß sich also nach SCHULTZ auf eine Extremität konzentrieren, am liebsten auf die »vertrauteste«, d. i. bei Rechtshändern der rechte, bei Linkshändern der linke Arm bzw. auf das entsprechende Bein. Nach unseren Erfahrungen bevorzugen prozentual einfach strukturierte Persönlichkeiten etwas häufiger ein Bein gegenüber Gebildeten und Differenzierten, die fast ausschließlich einen Arm »intendieren«.

2. Wird die Aufmerksamkeit auf eine Pendelbewegung gerichtet (Pendel von CHEVREUIL), treten unwillkürliche (unbewußte) Bewegungen auf. Nach diesem Prinzip kann man das »Tischrücken« der Spiritisten, die Bewegungen des spiritistischen Kreuzes und die der Wünschelrute ganz oder teilweise erklären. Da eine Scheidung von Körper, Seele und Geist nicht möglich ist, sondern diese untrennbar die »psychophysische Ganzheit« bilden, führt die »rein psychische« Konzentration zu bestimmten Reaktionen im Organismus. Stellt man sich auf ein Gefühl der Schwere im Arm ein, entspannt man diese Extremität. FOREL bezeichnete diese Erscheinung, die bei jedem gesunden Menschen auftritt, als Äußerung des idealplastischen Vermögens, auf dem der große Wirkungsbereich der Imagination beruht.

Schon im Jahre 1856 wies BEAUNIS 42 darauf hin, daß es genügt, eine bestimmte Körperstelle mit Aufmerksamkeit zu betrachten und die Gedanken längere Zeit hindurch intensiv auf diese zu richten, um bei sich selbst die undefinierbaren Empfindungen zu erfahren, die sich u. a. in Prickeln, Wärmesensationen, Pochen äußern.

3. Wenn eine Versuchsperson zwei- bis dreimal täglich durch sorgfältige Übung eine »konzentrative Selbstentspannung« des Armes vollzieht, gelingt diese bei jeder Übung besser und erstreckt sich über immer weitere Teile des Armes. Der Übende bekommt eine Empfindung von *Schwere*. Diese wird bei fortgesetzter Übung stets deutlicher und tritt immer schneller auf. Nach einigen Tagen bleibt das Schweregefühl nicht mehr auf den Arm beschränkt, sondern breitet sich, ohne daß die Versuchsperson etwas bewußt dazu beiträgt, automatisch auf den anderen Arm und auf das Bein derselben Seite aus. Naturgemäß spielen Konstitution und Disposition der Veruchsperson eine begünstigende oder hindernde Rolle. SCHULTZ nennt diese Ausbreitung »Generalisierungstendenz« und weist darauf hin, daß sie ein physiopsychologisches Phänomen ist, das schon früher bekannt war. Es ist als »Transfert« zuerst von FECHNER, später von BERNHEIM 53, S. 74, beschrieben worden. Normale Versuchspersonen erreichen dieses Stadium nach zwei bis drei Wochen, wenn sie zwei- bis dreimal täglich eine bis fünfzehn Minuten (jeweils zur gleichen Tageszeit) üben.

Ist dieses Stadium erreicht, folgen die Übungen zur »Entspannung der Blutgefäße«. Wie das Gefühl der Schwere mit Muskelentspannung korrespondiert – dies ist durch die Hypotonie nachweisbar –, entspricht die Entspannung der Blutgefäßwände dem Gefühl der *Wärme* (s. u. 6). Es ist also möglich, die Blutgefäße durch die Konzentration der Aufmerksamkeit auf die Vorstellung »der Arm ist warm« in die Entspannung einzubeziehen. Auch hier kann man unter normalen Umständen denselben Verlauf wahrnehmen: Erst wird in dem Arm, mit dem geübt wird, dann durch »Generalisierung« im ganzen Körper mehr und mehr das Gefühl von Wärme bemerkbar, ohne daß der Patient daran willentlich einen aktiven Anteil hat.

So kann durch Übung eine Art automatischer »Umschaltung« auf Gebiete des Organismus stattfinden, die unter gewöhnlichen Umständen nicht willkürlich beeinflußbar sind. Indem man sich Wärme vorstellt, wird die Zirkulation gefördert, durch die Vorstellung von Kälte wird sie gehemmt. SCHULTZ macht darauf aufmerksam, daß derartige Erscheinungen schon lange aus hypnotischen Untersuchungen bekannt und daß sie nicht für das Autogene Training spezifisch sind. Das Kennzeichnende jedoch ist, daß sie der eigenen Konzentration gehorchen und *durch einen selbst bewirkt* werden, so daß man nicht von Heterosuggestionen abhängig ist, was die Selbständigkeit erhöht.

Ebenso kann die Wirksamkeit des *Herzens*, der *Atmung*, der äußeren Organe und des Kopfes in die Selbstentspannung einbezogen werden. Bei jemandem, der gut trainiert ist, sind diese Organe und Organsysteme wirklich koordiniert. Durch

Entspannung im Autogenen Training treten Ruhe und Erholung ein. Das Training der Aufmerksamkeitskonzentration erhöht die Leistungsfähigkeit im praktischen Leben, auf dem Gebiet der Erinnerung, des Wahrnehmens, des bewußten Erlebens von Gefühlsinhalten und sogar des Sportes (817). Auf dem gleichen Wege können Unlust- oder Schmerzerlebnisse beeinflußt oder zum Verschwinden gebracht werden.

5. Das Autogene Training darf nicht der verbalen Autosuggestion gleichgestellt werden, wie sie Coué lehrte, sondern ist nach Schultz eine »konzentrative Selbstumschaltung des beseelten Organismus« in eine Haltung von »Versenkung« mit allen physiopsychologischen Möglichkeiten, die derartige Veränderungen des Bewußtseins und Erlebens in sich tragen.

Schultz wies wiederholt darauf hin, daß diese Technik nur unter Kontrolle des Arztes angewandt werden darf. Es findet ja eine biologische Umschaltung statt in einen Zustand, der dem Schlafe ähnelt. Verschiedene Lebensfunktionen, vor allem die Zirkulation, werden beeinflußt. Hierdurch können sich, wenn eine falsche Technik angewandt oder die individuelle Disposition des Patienten nicht richtig eingeschätzt wird, unerwünschte Reaktionen einstellen, wie synkopale Anfälle, Angina pectoris, Migräne, Vasospasmen, Dämmerzustände. Deshalb müssen vasolabile Patienten mit dieser Methode besonders vorsichtig behandelt werden; die Dauer pro Übung muß verringert und die Dauer der Kur ausgedehnt werden.

Außer den von Schultz genannten ernsthaften Komplikationen haben wir im Verlauf verschiedener Kurse, die mit Ärzten, Psychologen, Studenten, Lehrern, Gymnastiklehrern und Künstlern abgehalten wurden, öfter wahrnehmen können, daß – wenn nicht rechtzeitig eingegriffen wird – Gefahr für das Auftreten neurotischer Erscheinungen am Herzen besteht. Das Experiment der »Entdeckung des Herzens« ist in dieser Hinsicht nicht ungefährlich, und schon darum muß von der Ausübung dieser so wertvollen Methode ohne ärztliche Kontrolle abgeraten werden. (In vielen Fällen muß ärztlicherseits geraten werden, diese Übung ganz wegzulassen oder nur ein Pulsgefühl in den Fingern zuzulassen.) Kein stichhaltiger Einwand gegen diese Mahnung ist die Tatsache, daß solche Zwischenfälle, im ganzen gesehen, selten sind und daß sie durch psychologische Regiefehler bewirkt sein können, denen Ärzte genauso wie Nicht-Ärzte unterliegen. Abgesehen von der hieraus abzuleitenden Notwendigkeit einer stärkeren medizinisch-psychologischen Ausbildung, steht dem Laien, der ohne jede ärztliche Kontrolle diese Übungen ausführt, im entscheidenden Ernstfall kein ausreichendes diagnostisches und therapeutisches Rüstzeug zur Verfügung. Wird das Autogene Training durch Laien ausgeführt, ist also eine – gleich wie geartete – ärztliche Kontrolle erforderlich.

6. Der Vorgang der Umschaltung im Organismus ist experimental-psychologisch registrierbar. Die Entspannung der Muskeln kann den Kniesehnenreflex (bei nicht allzu starken Reizen) ganz zum Verschwinden bringen. Die Entspannung der Gefäße ist mit einer Erhöhung der Wärmestrahlung verbunden. H. Binswanger,

LEHMANN und J. H. SCHULTZ konnten feststellen, daß die Hauttemperatur bis über einen Grad ansteigt, POLZIEN, STOKVIS, LANDMAN und RENES (1961) bis über zwei Grad Celsius! Beiläufig sei an die anekdotische Mitteilung erinnert, die – wie MAX HIRSCH 398, S. 17 ff., berichtet – PREYER in seinen Vorlesungen zu machen pflegte: Er konnte auf (wie er es nannte) autosuggestivem Wege bei sich selbst im Winter in seiner Studierstube das Gefühl der Kälte verjagen und sich das Baden in eiskaltem Seewasser ermöglichen.

Andere Erfahrungen lehrten SCHULTZ, daß die Pulsfrequenz je nach der Einstellung des übenden Patienten ansteigt oder absinkt. So konnte in einem Fall bei unveränderter Atmung der Puls von 76 auf 144 nach oben und auf 44 nach unten verändert werden. Ähnliche Werte wurden auch unter der Wirkung Leidener Tonusübungen bei einem Tachykardiepatienten beobachtet. Veränderungen der Chronaxiezeiten wurden ebenfalls gemessen, und Beobachtungen mit dem Röntgenapparat zeigten eine Entspannung derjenigen Organe, die einen Hohlraum umschließen. Psychologisch ergab sich, daß die mechanische Anwendung der Übungen – wenn man die Zielsetzung der Autohypnose beiseite läßt – fast immer zu einem Zustand von »Versenkung« führt, der das Erleben bereichert und unter Umständen zur Erhöhung praktischer Leistungen beiträgt (s. das Protokoll von DOROTHEA HEUGEL 388).

7. Die unwillkürliche Muskelversteifung, die sogenannte Katalepsie, die aus der Hypnose bekannt ist, kann auch im Autogenen Training hervorgerufen werden und ist dann verbunden mit einem charakteristischen myoelektrischen Bild und mit zu ihm passenden Veränderungen in der Chronaxie. SCHULTZ macht darauf aufmerksam, daß er später, nach der Ausarbeitung der Methode, viele Übereinstimmungen mit der »Autohypnose« der Inder bzw. den YOGA-Übungen entdeckte (s. u.).

8. Die Bedeutung der Körperhaltung bei ähnlichen Übungen ist von den Indern über eine Periode von 4000 Jahren bewahrt worden und hat dort religiöse bzw. mystische Hintergründe. Das Autogene Training lehrt unabhängig von ihnen, daß ein kleiner Fehler in der Körperhaltung, der zu Beginn der Übungen unterlaufen ist, schon verhältnismäßig schwere Störungen mit sich bringen kann. Die »Generalisierungstendenz« der örtlichen Entspannung wird nicht wirksam, wenn es rein mechanische Fehler in der Haltung sind, welche die Muskelspannung verursachen. Ebenso macht jedes Eintreten einer Strebung, die wieder Spannung hervorruft, die Entspannung unmöglich, da die psychische und physische Spannung weitgehend korrelieren. Dieser Punkt ist wichtig, da in den letzten Jahren immer mehr beobachtet wird, daß als angebliches Autogenes Training allerlei Bewegungsübungen ausgeführt werden, die zu Fehlspannungen und nicht zu Entspannungen führen. Auf die Haltung, in der die Patienten die Übungen ausführen, muß vor allem im Anfang sehr geachtet werden. Sind einmal die Resultate der Übungen erreicht, ist diese Kontrolle überflüssig, weil die Fehler eo ipso nicht vorkommen.

Das Autogene Training besitzt ein außerordentlich weites Anwendungsfeld. Es ist indiziert bei allen Verkrampfungen und überspannten Haltungen, die für den Menschen unserer Zeit in Leistungsstreben, Managertum und Dauerstreß typisch sind. Mehr und mehr wird seine volks- und psychohygienische Bedeutung über alle Einzelindikationen hinaus erkannt und damit seine prophylaktische Bedeutung zur Verhinderung spezieller psychosomatischer und neurotischer Erkankungen aus heutigen kollektiven Fehlhaltungen heraus (WALLNÖFER 961). Fast alle Volkshochschulen führen Kurse im Autogenen Training durch (KLUGE 476). Immer größeren Anklang findet das Autogene Training bei Kindertherapeuten, Erziehungs- und Schuljugendberatern sowie Heilpädagogen, so daß in Zusammenarbeit mit Schulen oder direkt von diesen aus die sinnvollste »Prophylaxe« für das Leben durchgeführt werden kann. Erwähnt seien die Arbeiten von ALTMANN 18, BIERMANN 60, DIESING 190/1, KEMMLER 455, KRUSE 524 und KURTH 531. In diesen wird deutlich, daß gegenüber Erwachsenenbehandlungen pädagogische und Führungsmomente stärker mitberücksichtigt werden müssen, die aber mit den strengen Übungsregeln ohnehin dem Autogenen Training innewohnen. H. und S. KRAFT 500 machen auf sie aufmerksam und weisen auf Grundlagen des Autogenen Trainings hin, die in der modernen Lerntheorie zu orten wären und von dieser aus eine wissenschaftliche und praktische Kontrolle der Entspannungsübungen ermöglichen. Die Autoren beobachteten, daß viele Behandlungsabbrüche nicht der Fehleinstellung der Patienten anzulasten waren, sondern der »Fehlhaltung« allzu stark pädagogisch methodenzentriert arbeitender Therapeuten.

Den das Bogenschießen übenden Japanern ist seit Jahrhunderten bekannt, daß extreme Gelassenheit bessere Leistungen ermöglicht als Willensanspannungen. Ähnlich entdecken das Autogene Training Übende, daß sie nicht erschlaffen, sondern eine stetig sich steigernde Leistungsfähigkeit auf weiten Lebensgebieten erlangen. Die tägliche Arbeit wird in einer gleichmäßigen und harmonischen Haltung verrichtet. In dieser breiten »psychohygienischen« Indikationsstellung hat sich die Anwendung in Gruppen bewährt (BINDER 63, WEGSCHEIDER 969 u. v. a.). GROSS 336 stellte fest, daß in seiner Großstadtpraxis während der Übermittlung des Autogenen Trainings in Einzelsitzungen rund die Hälfte der Übenden schon nach den beiden ersten Übungen (Schwere und Wärme) seine Behandlung verließen. Nach der Übernahme in offene Gruppen, in denen das Erscheinen zwanglos vor sich ging und Gruppenkontakte bzw. Gruppenkohärenz (in der aus der Gruppendynamik bekannten Weise) immer stärker wurden, war das nur noch bei 10% der Fall! Im Verlauf der Lindauer Psychotherapiewochen 1960 wurde darauf aufmerksam gemacht, daß sich Gruppenübungen mit dem Autogenen Training zwanglos in anschließende Gruppengespräche weiterführen lassen. Inzwischen wurden weitere Erfahrungen gesammelt (BRAUN 438, STOKVIS und WIESENHÜTTER 893, KRAPF 506 u. a.), und viele praktische Ärzte reservieren sich heute einen oder zwei Abende in der Woche für diese kombinierte Methode. (Wie bei jeder Entspannungsmethode kann auch hierbei leise Hintergrundmusik die Emotionalität ansprechbarer machen und zusätzlich entspannend wirken.)

Das Autogene Training ermöglicht dem Menschen in gewissem Grade, unwillkürliche Vorgänge bewußt zu beeinflussen und zu regulieren. Gemütsbewegungen pflegen mit körperlichen »Spannungen« verbunden zu sein. Durch regelmäßige Anwendung dieses Verfahrens können sie beseitigt werden, so bei Angst oder Ärger, unbewußten Überspannungen des Bewegungsapparates (Beben), des Blutkreislaufs (Herzklopfen und Bleichwerden) und des Darmes (Diarrhöe). Die »Resonanz der Affekte wird gedämpft«. Auch der den Schmerz begleitende Affekt und damit der Schmerz selbst können abgeschwächt werden. In diesem Punkt trifft sich das Autogene Training mit der Methode von P.-E. Lévy. Theoretisch am interessantesten ist die Möglichkeit, daß jeder gesunden Versuchsperson durch ausdauernde Übung die Fähigkeit übermittelt wird, ihre vegetativen, sonst automatisch ablaufenden Prozesse zu beeinflussen, was in der Regel als ein Privileg des hysterisch reagierenden Patienten betrachtet wird. Nach Zeitungsberichten erlernen die russischen Astronauten das Autogene Training im Originalverfahren!

Es folge ein Beispiel, das Schultz in seiner Monographie über das Autogene Training (819) gibt. Es handelt sich um einen 50jährigen Schulinspektor, der ihm folgenden Bericht erstattete: Er habe anfangs unter seiner Leitung das Autogene Training erlernt, um das nervöse Beben seiner Hand, das auf einer Zwangsvorstellung beruhe, zu überwinden. Die »Ruhigstellung« seines Körpers sei mit der Empfindung von Ruhe in seiner rechten Hand verbunden gewesen. Ferner sei es ihm dank der Übungen der konzentrativen Selbstentspannung wieder möglich, sofort einzuschlafen, während er früher, vor allem nach körperlichen Anstrengungen, sein Herz schnell pochen fühlte und dadurch wach blieb. Zudem sei er nicht mehr so reizbar und müde wie früher und errege sich nicht mehr so über seine Schüler.

Weitere Indikationen des Autogenen Trainings sind das Asthma bronchiale (an welchem Schultz bei sich selbst vor allem diese Methode entwickelte!), Angina pectoris (treffende Beispiele in der Monographie des Autors, s. auch Morgenthaler 656), Enuresis, Stottern und zwanghafte Onanie (Bünzli-Zehnder 132, Friedemann 287, Oles 682 u. a.), vor allem aber erhöhte Reizbarkeit (Neurasthenie) und Schlafstörungen (vgl. Finke und Schulte 260, Schade, Hruza, Washburne und Carns 777, Vogtherr 954), Muskelverkrampfungen, wie Schreibkrampf (Ajuriaguerra, Badarocco, Trillat und Soubiran 7, Krapf 504), allgemeine Leistungsschwäche in der Rekonvaleszenz. Auch zu speziellen Leistungssteigerungen wird es angewandt und zur Steigerung der Selbstbeherrschung, die sich unmittelbar unwillkürlicher Körperfunktionen bedient. Alle leichteren (Rand- und Fremd-)Neurosen, Phobien z. B., kommen in Frage, schwere

(Schicht- und Kern-)Neurosen kaum, obwohl auch hier das Autogene Training zur Unterstützung herangezogen wird (s. EHRHARDT 228). Vor allem aber ist es – wie der Ausgang der Indikationsstellung schon anzeigte – das weite Gebiet der psychosomatischen und funktionellen Erkrankungen, Tachykardie, allergische Leiden, Hautaffektionen, Dysmenorrhoe usw., die auf das Autogene Training hervorragend ansprechen. HATTINGBERG 367 behandelt mit ihm extrapyramidale Läsionen, CALLENS 142 Phantomerscheinungen Amputierter, FISCHER-HOPPENWORTH 263 die Lungen-Tbc, STRESEMANN-DENNINGER 906 den Schnupfen, CAUSSE 155 Warzen, SCHULTZ-ZEHDEN 824 Beschwerden der Kontaktlinsenträger, THOMAS 925 setzt es in der Lebensmüdenberatung ein, PRILL 725 und andere Gynäkologen in der Geburtshilfe. ZUMPE 1042 konnte Areflexien, NABER 670 postoperative (nach Hirnoperationen eingetretene) Absencen mit Zwangsonanie beseitigen. – Das sind nur einige Beispiele für die zunehmende Anwendungsbreite.

Ebenso wie bei den anderen autohypnotischen Methoden kann ein Patient sich im Autogenen Training Autosuggestionen geben, die seine Haltung gegenüber bestimmten Problemen beeinflussen. Technisch geschieht das so, daß er, wenn er die verschiedenen noch näher zu beschreibenden Stufen der Entspannung durchlaufen hat, sich – ebenso wie auf »der Arm ist warm« – konzentriert auf die Vorstellung »der Schreibtisch wird aufgeräumt« oder »der Brief wird geschrieben«. Diese (Auto-)Suggestionen wirken sich sozusagen post-(oder besser meta-)hypnotisch aus. Am günstigsten ist es, wenn diese direkt vor dem Einschlafen gegeben werden. Bei starken Rauchern bewährt sich immer wieder die autogene Formel »Zigarette ganz gleichgültig«! Zur tieferen Beeinflussung der Persönlichkeit hat SCHULTZ die »Oberstufe des Autogenen Trainings« entwickelt. Die Ausführung ist aber nur bei den Personen möglich, die über ein gutes introspektives Vermögen verfügen. Später soll die Technik der »Oberstufe« kurz wiedergegeben werden.

Die Technik der Unterstufe (im Anschluß an das Übungsheft zum Autogenen Training 822):

Der Patient sitzt in einem bequemen Lehnstuhl, während Unter- und Oberarm einen Winkel von ungefähr 90 Grad bilden, d. h. sie sollen in eine solche Haltung gebracht werden, daß die Beuger und Strecker gleich entspannt sind. Rücken und Kopf müssen sich bequem anlehnen können. Die Knie fallen etwas nach außen. Die Beine dürfen nicht gekreuzt werden. Ist kein geeigneter Stuhl vorhanden, kann der Patient auch auf dem Rücken liegen, die Arme längs des Körpers, die Handflächen nach unten, die Füße nach außen rotiert. Muskelspannungen sind zu vermeiden, deshalb werden die Arme etwas gebogen. Es gibt noch eine dritte Möglichkeit, nämlich die Haltung, die ein Kutscher einnimmt, wenn er auf dem Bock eingeschlafen ist: Der Patient setzt sich so auf den Stuhl, daß der Rücken ein Stück von der Lehne entfernt ist. Er läßt sich nun entspannt zusammensinken, mit den Unterarmen auf die Oberschenkel gestützt, die nicht aneinander geschlossen sein dürfen, und läßt die Hände schlaff herabhängen. Der Rücken wird gekrümmt, der Kopf hängt herab. SCHULTZ nennt das die »Droschkenkutscherhaltung«.

Der Patient stellt sich nun mit geschlossenen Augen vor: »Ich bin vollkommen ruhig« (1), »der rechte (linke) Arm ist ganz schwer« (2). Wir lassen manche Patienten lieber vorstellen, daß der Arm schwer *wird* (oder wir lassen von vornherein »ist« oder »wird« ganz aus der Formel weg), damit sie bei möglicherweise vorhandener Widerstandsneigung einer Realisierung der autosuggestiven Vorstellung nicht sofort entgegenwirken und somit das Schweregefühl nicht eintreten lassen. Meist entsteht letzteres rasch, vor allem in der Gegend des Ellenbogens und im Unterarm. Nach einer halben oder einer Minute folgt dann das »Zurücknehmen«, das ebenfalls gut eingeübt werden muß: a) der Arm wird einige Male energisch gebeugt und gestreckt, b) es wird tief ein- und ausgeatmet, und c) die Augen werden geöffnet. Als Hilfsmittel gibt SCHULTZ den Rat, die Patienten nacheinander sich vorstellen zu lassen, a) »Arm nun kräftig (fest)«, b) »tief atmen«, c) »Augen auf«.

Während der ersten zehn bis vierzehn Tage soll nur zwei- bis dreimal pro Tag geübt werden, jedesmal eine halbe bis eine Minute lang. Auf die Dauer treten automatisch Empfindungen von Schwere auf, erst im einen, dann im anderen Arm und in den Beinen. Selten geschieht dies schon direkt nach Beginn der Kur. Allmählich werden die Übungen ausgedehnt auf zwei, drei und fünf Minuten.

Die zweite Übung mit derselben Übungsperiode ist das Hervorrufen des Wärmeerlebnisses, das auf Entspannung der Gefäße beruht. Den beiden Formeln »ich werde vollkommen ruhig« (1) und »Arme (Beine) werden ganz schwer« (2) wird nun hinzugefügt: »Der rechte (linke) Arm (ist/wird) ganz warm« (3). Auf die Dauer ergibt sich meistens, daß in der Gegend des Ellenbogens und Unterarms ein Gefühl von strömender Wärme auftritt. Wie die Entspannung elektrisch meßbar und objektivierbar ist, kann man mit Hilfe eines Hautthermometers nachweisen, daß mit zunehmendem Üben eine Temperaturerhöhung eintritt. SCHULTZ erwähnt, wie bereits vermerkt, einen Fall, in dem die Temperatur um ein Grad stieg (cf. Untersuchungen von POLZIEN, LANDMAN, RENES und STOKVIS). Das »Zurücknehmen« des Wärmeerlebnisses ist nicht nötig, weil die elastischen Blutgefäße von selbst in ihre gewohnte Spannung zurückkehren. – Man nimmt eine Zeitdauer von ein bis zwei Wochen an, bis in allen vier Gliedmaßen dieses Erlebnis erfahren wird. Allmählich geht das Gefühl von Schwere und Wärme auf den Rumpf über. Wiederholt machte SCHULTZ darauf aufmerksam, daß diese Übungen zur Entspannung der Blutgefäße nicht ganz ungefährlich sind, da sich mit ihnen eine veränderte Blutverteilung im Organismus verbindet.

In der nächsten Übung findet die Herzregulierung statt. Der Patient muß meistens erst sein Herz »entdecken«. Nicht alle Menschen spüren spontan ihren Puls.

In der Rückenlage wird der rechte Ellenbogen so unterstützt, daß er in Brusthöhe liegt. Die rechte Hand wird auf die Herzgegend gelegt. Der linke Arm liegt wie gewöhnlich. Wieder denkt der Patient an Ruhe, Schwere und Wärme und konzentriert sich auf den Teil der Brust, auf dem die Hand liegt. Nach einigen Übungen werden Empfindungen am Herzen entdeckt und wird unter Wiederholung der Ruhe-Schwere-Wärme-Übung konzentriert bildlich gedacht an: »Das Herz schlägt vollkommen ruhig« (4). Später ist es nicht mehr nötig, die Hand auf die Herzgegend zu legen.

Diese Übung erweckt deshalb gewisse Bedenken, weil sie in krankhafter Weise die Aufmerksamkeit auf die Herzgegend lenken und zu neurotischen, hypochondrischen Klagen Anlaß geben kann. Wir haben das mehr als einmal bei Personen beobachtet, die nur aus Neugierde mit sich selbst experimentieren. Mit Recht weist deshalb Schultz darauf hin, daß man nur unter ärztlicher Aufsicht üben darf. Bei allen »Herzneurosen« braucht ohnehin das Herz nicht erst entdeckt zu werden, und man läßt – wie erwähnt – besser diese Übung ganz aus. In einigen Fällen bewährte sich uns allerdings das alleinige Ruhepulsüben an den Fingerspitzen, das vom Herzen und seinen Sensationen buchstäblich ablenken kann.

Von besonderer Wichtigkeit ist die vierte Übung der Atmung. Im Autogenen Training bedeutet jede absichtliche Veränderung der Atmung eine Störung, da sie auf Spannung und Willkür hindeutet. Das Ziel der Übung ist, daß die Atmung den Patienten sozusagen mitnimmt und daß dieser sich ganz und gar der Atmung hingibt. Um zu verhüten, daß der Kranke die Atmung willkürlich beeinflußt, gibt Schultz zur Ergänzung die Formel: »Atmung vollkommen ruhig« (5): »Es atmet mich« (6).

Hat der Patient auch diese Übung jedesmal im Anschluß an Ruhe-Schwere-Wärme-Herz-Konzentration zehn bis vierzehn Tage durchgeführt, also bisher insgesamt sechs bis zehn Wochen trainiert, folgt die fünfte Übung einer Regulierung der Bauchorgane. Der Patient muß sich auf den Plexus solaris, das Sonnengeflecht, konzentrieren, d. h. seine Aufmerksamkeit auf eine Stelle richten, die sich zwischen dem Nabel und dem Processus xyphoideus befindet, mit der Vorstellung: »Sonnengeflecht strömend warm« (7). Manche Patienten lassen wir besser bildlich vorstellen: »Im Oberbauch wird's warm.«

Bei Menschen mit geringer Intelligenz, bei denen diese Methode mit gutem Erfolg als reines (Auto-)Suggestivum angewandt werden kann, gehen wir nicht weiter als bis zu dieser Übung. Ein 63jähriger dementer Patient mit neurasthenischen Beschwerden kleidete seine Übungen folgendermaßen ein (woraus deutlich seine zwangsneurotischen Charakterzüge zum Vorschein kommen): »Ich hole tief Atem, mein rechter Arm liegt schwer, mein linker« usw.... (Der Patient wiederholte diese Wendungen dreimal, atmete tief und legte seinen Arm hin.) »Mein Herz ruht in meiner rechten Hand, in meinem Bauch wird es ganz warm« (reibt über den Bauch). Wenn er so weit gekommen ist, beginnt er aufs neue. Der

Patient erholt sich hierdurch sofort. Die zwangsneurotischen Züge offenbaren sich auch in seinem Verhalten: Über seinem Bett hängt in goldenen Lettern der Spruch »tous les jours« usw. und »ich fühle mich besser und bleibe so«. Unter seinem Kissen liegt abends (seit er unter Laienleitung die Methode Coué bei sich anwandte) die Schnur mit zwanzig Knoten. Auf die Frage, warum er das tue, antwortet er verlegen lachend: »Das ist mein Aberglaube.«

Bei weiteren meist leicht debilen Patienten bzw. Patientinnen machten wir die Beobachtung, daß sie zwar subjektiv ein starkes Wärme- und Schwereempfinden erlebten, aber beim Liegen auf dem Sofa objektiv (und kompensatorisch?) Arme und Beine von der Unterlage abgehoben immer weiter nach oben wandern ließen, so daß ein merkwürdiges Bild, den Therapeuten eher als Anspannung anmutend, entstand. Wir sprachen dieses Phänomen mit Schultz durch (dem es selbst mehrfach begegnete). Er stand auf dem Standpunkt, daß allein das subjektive Erleben der Ruhe, Entspannung, Schwere und Wärme entscheidend sei, weshalb gegen diese objektive »Abweichung« nichts einzuwenden wäre.

Die letzte Übung der Unterstufe, die ebenfalls acht bis vierzehn Tage durchzuführen ist, beinhaltet die Vorstellung, eine kühlende Kompresse auf die Stirn zu bekommen. Die Blutverteilung im Kopf soll so reguliert werden, und eingedenk der Vorstellung, daß man ein warmes Herz und einen kühlen Kopf haben soll – muß deshalb der Patient sich einige Augenblicke lang vorstellen: »Stirn (ist/wird) angenehm kühl« (8). Unter Einfluß dieser autosuggestiven Vorstellung tritt eine leichte Gefäßverengung ein.

Nach drei bis fünf Monaten ist in der Regel die Unterstufe eingeübt. Sie muß noch vier bis sechs Monate fortgesetzt werden, damit die Intensität des Erlebens steigt. Der Patient lernt allmählich die Entspannung immer weiter zu differenzieren, so daß es ihm schließlich möglich ist, örtliche Spannungs- und Krampfzustände aufzuheben (z. B. im Gebiet von der Schulter zum Nacken). Dieses Üben bringt es mit sich, daß der Zusammenhang zwischen seelischer Entspannung und körperlichem Entspannungsgeschehen immer müheloser erlebt und schließlich gleichsam automatisiert wird. Gleichzeitig wird das *Erlebnis eigener Aktivität* im »Zurücknehmen« immer stärker. Ist die »Automatisierung« nach Monaten gleichsam ins Vegetative eingegraben, genügt meist ein »autogener Anstoß«, um in sehr kurzer Zeit den autogenen Zustand zu erzielen, ohne daß alle angeführten Stufen noch einzeln nacheinander geübt zu werden brauchen. D. h. mit der Ruhestellung und dem Bild »Schwer, Warm ...« tritt bereits die volle Autohypnose als momentane »Umschaltung« ein. Das gleiche gilt mit der Vorstellung »Wach-Frisch ...« für die Zurücknahme.

Es folgen noch einige technische Anweisungen. Der Patient kann je nach seinem Wahrnehmungstypus sich seine Formeln auch in Bildform vorstellen, z. B. als leuchtende Buchstaben, gedruckt oder geschrieben, als Melodie usw. Er soll nicht in abstrakten Begriffen denken. Er darf vor allem nicht krampfhaft zu Werke gehen, soll auch etwa auftretende Vorstellungen nicht unterdrücken, da das der Entspannung entgegenwirkt. Die sechs gesonderten Übungen müssen mehr und mehr zu einem Ganzen verschmelzen. Es schadet nicht, wenn der Patient beim abendlichen Üben im Bett einschläft. Wie sich aus diesen Ausführungen ergibt, übt der Patient zu Hause. Wir lassen ihn selbstverständlich zum Empfang der Instruktionen in die Sprechstunde kommen und danach ein- bis zweimal wöchentlich für jede Übungsperiode, um uns von der richtigen Ausführung zu überzeugen. Es ist einer der Vorzüge dieser Methode, daß der Patient den Arzt nur wenig aufzusuchen braucht. Schultz teilte mit, daß er seine Patienten nach sechs Besuchen in Gruppen von zwanzig bis dreißig Teilnehmern gemeinsam üben läßt.

Krapf 505 macht darauf aufmerksam, daß man beim autogenen Üben direkt vor dem Einschlafen nicht nur das Wecken wegläßt, sondern auch die Stirnkühle. Man will ja in diesem Fall nicht frisch an neue Unternehmungen herangehen »mit kühlem Kopf«, sondern in einen allgemein wohligen Zustand sinken. Von ihm stammt auch die Technik der »Teilzurücknahme«. Sie ist angebracht, wenn Patienten zu rasch und tief in den Versenkungszustand geraten, so daß sie sich ihm völlig ausgeliefert wähnen und durch das Wecken, auch wenn es mehrfach intensiv wiederholt wird, nicht ganz aus der Benommenheit (mit eventuellen Kopfschmerzen) herausgeraten. Technisch vollzieht man Teilzurücknahmen einmal körperlich durch leichtes Beugen und Strecken der Zehen und Finger während der Versenkung, zum anderen psychisch bzw. über bildliche Vorstellungen, man bediene in einem U-Boot sitzend das Höhenruder und tauche höher oder wieder tiefer.

Das Problem der unvollständigen bzw. unter Weglassung einzelner Übungen durchgeführten Unterstufe des Autogenen Trainings wurde vor allem von Klinikern diskutiert. Schultz selbst riet seinerzeit Kretschmer beim Aufbau seiner »Zweigleisigen Standardmethode« (s. u.), nur die beiden ersten Stufen des Autogenen Trainings einüben zu lassen (vor allem aus Zeitersparnisgründen bei den kurzen Klinikaufenthalten) und auf diese ein weiterhin abkürzendes Verfahren aufzubauen. Ebenso riet er bei Herzphobikern und nach Herzinfarkten die Herzübung ganz wegzulassen. Hauptmann 370 macht darauf aufmerksam, daß es auch außerhalb der Kliniken bei bestimmten Patienten die Notwendigkeit zum selektiven Vorgehen und deshalb zu abkürzenden »Teilentspannungen« gibt, die bei umschriebenen Symptomen (z. B. im Schulter-Nacken-Bereich) kaum schlechtere Ergebnisse erzielen als die Gesamtumschaltung. Wie schon Schultz und Stokvis vor ihm weist er bei hartnäckigen oder schnell zu behandelnden Fällen auf die Beginnerleichterung durch Aktivhypnosen hin. Siebenthal 840 gab vereinfachte Schwereübungen an. Bei Hirnversehrten läßt man die Stirnübung am besten ganz weg, wie Reuter 746 hervorhebt. Bei ihnen stellt sich nach Wiesenhütter 1001, 1012 zusätzlich die Frage, wie weit man sie mit der (autogenen) Hinwendung auf den eigenen Leib auch stärker auf ihre Behinderungen und Schmerzen stößt. Das ist bei den leichteren, noch in Arbeit stehenden Patienten (REUTER) kaum der Fall, wohl aber bei den schwereren, die man am besten ganz in Familie und Außenwelt zu verankern trachten sollte. Dazwischen befinden sich jedoch viele Patienten, bei denen gerade Teilentspannungen (Wärme, Schwere, Atmung) gute Erfolge erzielen und die Abstände epileptischer Anfälle mindern bei gleichzeitiger Herabsetzung der (antiepileptischen und Schmerz-)Medikation. Von Fall zu Fall ist hier neu zu entscheiden. Beachtet man solche Teildurchführungen des Autogenen Trainings, sind nach HUPPMANN 413 Kontraindikationen äußerst gering, da durch das Weglassen einzelner Formeln meist leicht überwindbar.

Eine weitere Variation gibt PFEIFFER 707 an. Es gibt Patienten, bei denen der »Einstieg« in das Autogene Training über die Schwere- und Wärme-Übung kaum oder gar nicht glückt. Sie entmutigen meist nach einigen Wochen zäher und schließlich nur noch mit innerem Widerstand vollzogener Versuche. Bei diesen Patienten hat man fast durchweg einen schnellen Erfolg, wenn man mit der Atemübung oder über eine gezielte Hinlenkung auf den Atemvorgang beginnt. Die Haltung im Sitzen ist dann vorteilhafterweise – gemäß anderen, noch zu besprechenden Atemübungen – etwas aufrechter als beim üblichen Autogenen Training. Die 1. Übung besteht im Beobachten und Zählen der Atemzüge, die 2. im Beobachten der Atembewegungen des Bauches, die 3. im Sichkonzentrieren auf die Gesamtatmung, die 4. in der Beruhigungsformel »Der Atem geht langsamer, ruhiger und leichter«. Sitzt diese Übung, gelingen durchweg die Entspannung und der weitere Verlauf über die Schwere- und Wärmeübung. Bei besonders lebhaft »bildernden« Personen werden außerdem meditative Konzentrationen auf die Bewegung, auf einen Punkt des eigenen Körpers, auf ein Objekt der Außenwelt oder auf akustische und optische Vorstellungen empfohlen.

SCHULTZ sprach sich zeitlebens scharf gegen das Erlernen des Autogenen Trainings über Schallplatten und Tonbänder aus. Das verhinderte nicht, daß immer neue in den Handel gebracht werden, denken wir an BINDER 65, EBERLEIN 227, KLEINSORGE 465 oder THOMAS 926. Ein Schaden dürfte allerdings dann kaum auftreten, wenn der die Schallplatte Benützende gleichzeitig in einem Kurs oder in einer Einzelbehandlung steht, dort die Übungen lege artis erlernt und ärztlich überwacht wird. Jedoch sind die Platten nicht so weit geschützt oder gar geheim, daß nicht außerhalb einer solchen Überwachung die eingangs angeführten (funktionellen und psychischen) Störungen eintrainiert werden könnten und dann wie bei Hypnoseschäden nur schwer zu beseitigen sind. Deshalb nimmt nicht wunder, daß gleichsam im Gegenzug eine Tonkassette von SCHAETZING 779 erschien, die keine Anweisungen zum Erlernen des Autogenen Trainings bringt, dafür aber nachdrücklich auf Fehler und Gefahren des Einübens hinweist.

Der Charakter des Autogenen Trainings als »einsichtiges Lernen« im Sinne von

SELZ 839 bringt es mit sich, daß Leistungen, die einmal durch Übungen erworben sind, erhalten bleiben. Zwar kommt auch bei hypnotischer Behandlung dem Üben eine große Bedeutung zu. Das hypnotische Üben ist jedoch nicht einsichtiges Lernen, und bei ihm ist außerdem das (erotische) Übertragungsverhältnis zwischen Arzt und Patient von ausschlaggebender Bedeutung, während beim Autogenen Training der Arzt ausschließlich als der »Führer« erlebt wird, der dem Kranken den Weg zu weiterer Besserung mittels seiner, des Patienten, eigenen Initiative zeigt. Darum spricht SCHULTZ nicht von Suggestion, bei der ja der Beziehung von Mensch zu Mensch die wichtigste Bedeutung beizulegen ist, sondern von Konzentration einer vom Patienten selbst aufgebauten Kraft, die durch *Übung* erreicht wird.

Auch die Oberstufe und ihre Technik seien (kurz) besprochen. Während es das Ziel der Unterstufe ist, mit allgemeiner körperlicher Entspannung eine psychische Entspannung zu erreichen, ist das Ziel der Oberstufe eine viel tiefere geistige, seelische und leibliche (meditative) Wirkung. Sie soll dem Patienten den Weg zur Selbstverwirklichung bereiten und ebnen. Unter Selbstverwirklichung versteht SCHULTZ die »Realisierung der Existentialwerte des Individuums«, ohne daß er allein an ethische Normen denkt. Die Oberstufe stellt viel höhere Anforderungen an die Intelligenz der Versuchsperson als die Unterstufe, und man kann sie daher nur bei Menschen anwenden, von deren hinreichendem Bildungsgrad man sich überzeugt hat.

Wenn der Patient die Unterstufe vollendet und damit gelernt hat, sich in einem Augenblick vollkommen umzuschalten, läßt man ihn täglich die folgenden Übungen machen. Er muß ruhig sitzend nach der »Umschaltung« seine Augäpfel durch willkürliche Innervation nach innen-oben drehen, gleichsam nach der Mitte seiner Stirne blicken. Dies ist die klassische Haltung, von der in allen Techniken der »Versenkung« (in das eigene Selbst) Gebrauch gemacht wird. Nach unserer Erfahrung beklagen sich manche Patienten darüber, daß dieser Augenstand für sie mit schmerzhafter Spannung verbunden ist. Wir lassen dann korrigieren, indem wir den Auftrag entsprechend ändern: »Ohne mich anzustrengen, richte ich die Augen nach innen und nach oben, so daß ich tiefer sinke.« Die erste Aufgabe ist, sich in diesem Zustand eine halbe bis eine Stunde lang irgendeine gleichmäßige Farbe vorzustellen. In der Wahl der Farbe ist der Patient frei, da er seine »eigene« Farbe finden soll. Auf die Interpretation der Farben, wobei an die Experimente von GOLDSTEIN, HEISS, PFISTER, LÜSCHER, RÖMER, SCHACH, RUDOLF STEINER und an die Farbteste zu denken ist, kann hier nicht näher eingegangen werden.

Nach diesen einleitenden Experimenten folgt die Aufgabe, sich bestimmte, vom Versuchsleiter gewählte Farben vorzustellen. Man arbeitet nun systematisch die Farben des Spektrums durch. Der Zweck ist, daß der Patient allmählich lernt, ohne Zögern die freie Verfügung über diese Farberlebnisse zu bekommen, was regelmäßige Übung auch zu Hause erfordert. Der Sinn der Farbvorstellungen liegt nicht in den Farbenerlebnissen als solchen, sondern in den Ausweitungen des Innenlebens, die durch die Farben ausgelöst werden. Man kann durch weiteres Training die Introspektion derart schärfen, daß vom Therapeuten absichtlich gesetzte Störungen in Form optischer und akustischer Reize vom Patienten überhaupt nicht mehr beachtet werden.

Ist dieses Stadium erreicht, ist die nächste Aufgabe das Erscheinenlassen von Gegenständen, wie bei den Farben erst vom Patienten gewählte, dann vom Arzt angegebene. Wenn die Versuchsperson diese Übung beherrscht, läßt man abstrakte Vorstellungsinhalte anschaulich werden, z. B. Begriffe, wie »Gerechtigkeit«, »Glück«. Manche Versuchspersonen sehen dabei Farben, mehr akustisch Eingestellte hören eine Melodie. Leute, die nüchtern-sachlich eingestellt sind, kommen im Training zu ihnen sonst ganz fremden Erlebnissen und gebrauchen – oft zögernd – erhabene Ausdrücke (Sphärenmusik usw.). Manche haben plastische Bilderlebnisse, die zur Entdeckung einer neuen inneren Welt führen. Es folgen die Erlebnisse einiger unserer Patienten.

Ein 37jähriger Jurist: »... Erst die Meditation über die Vaterschaft Gottes. Dann an den Text gedacht: ›Selig sind, die reinen Herzens sind, denn sie werden Gott sehen.‹ Erst an mein Herz gedacht und es klopfen gefühlt. Dann an die Reinheit: Schnee, reines Wasser, Kristall, ein Kopf aus der Sixtinischen Kapelle über dem Propheten Jesaja. Dann ›Seligkeit‹, derselbe Kopf. Danach übergegangen auf: ›Schaffe mir ein reines Herz, o Gott‹ und mir mich selbst vorgestellt als jemand, der schon ein reines Herz hat und seine Gedanken beherrscht.«

Derselbe Patient ein anderes Mal: »... Bei der Vorstellung der Größe Gottes nach oben geblickt nach einem Turm, den ich plötzlich dicht vor mir fühlte; ich sah nicht deutlichere Umrisse als sonst, aber ich fühlte die Anwesenheit. Ein Gefühl von Vertrauen gehabt. Dachte an einen Sternhimmel, nach dem ich aufblickte, an eine Berglandschaft, einen fernen Horizont, das Gewitter, dem Moses entgegenging.« – Wieder ein anderes Mal: »... Gedacht an Sieg, ganz kurz den David von Michelangelo gesehen, dann mir einen prächtigen Vers im Bild vorgestellt, versucht, einige Zeilen zu hören.«

Ein 40jähriger Bankangestellter: »Stelle mir die innerliche Stille vor. Sah eine schöne, stille Schneelandschaft. Sehe plötzlich mich selbst darin gehen oder nein, ich hinke auf Krücken. Ich bin mein Leben lang eine Krücke gewesen, das sehe ich nun vor meinen Augen.«

Ein 54jähriger Geistlicher: »Erst kurzes Gebet, die ersten drei Bitten des Vaterunser, danach getrachtet, andächtig zu sein. Die einleitenden Übungen gleich religiös eingekleidet. Die Aufmerksamkeit auf meine Hände gerichtet mit den Worten: ›Nimm, Herr, meine beiden Hände und leite Dein Kind.‹ Auf die Füße mit den Worten: ›Möge ich wandeln mit Dir und gib mir einen reinen Wandel.‹ Das Herz: ›Durchgründe mich, Gott, und erkenne mein Herz. Mein Herz klopft für Dich, durch Dich und so lange Du es willst.‹ Der Atem: ›Durchwehe mich mit Deinem Atem der Ewigkeit.‹ Das Sonnengeflecht: ›Mein Innerstes ist vor Dir nicht verborgen.‹ Die Stirn: ›Lege Deine Hand auf mich und mache Dich kennbar durch eine sanfte Kühle‹ (an Elia gedacht) . . .«

Ein derartiger Zustand kann psychotherapeutisch von Bedeutung sein; er kann zu einer Art Katharsis führen (s. die elementare Autoanalyse von BEZZOLA und die Methode von P.-E. LÉVY). – Als weitere Stufe im Autogenen Training folgt der Auftrag, irgendein Erlebnis vorzustellen, das für den Patienten Ausdruck oder Sinnbild eines sehr intensiven und ersehnten Wunsches oder Ideals ist. SCHULTZ spricht von »Versuchen des Eigengefühls«. Wenn der Patient hierin Sicherheit gewonnen hat, läßt man ihn das Bild eines anderen Menschen plastisch sich vorstellen und es in ihm sich auswirken. Und schließlich kann man in diesem Zustand tiefer Versenkung dem Patienten existentiell wichtige Fragen stellen oder ihm auftragen, diese sich selbst zu stellen, wobei er beobachten muß, welche Antworten er von innen her als »Antwort aus dem Unbewußten« vernimmt. Interessant ist die Beantwortung von Fragen wie: »Was mache ich falsch?«

Durch diese Aufgaben gelangt man zu einer gewissen Kenntnis der Erlebnisse und der Lebenshaltung, die der betreffenden Person im Innersten eigen sind, vor allem in Fällen von Neurosen. Durch die Technik von »Fragen und Antworten an das Unbewußte« wird das Ziel, die »Selbstverwirklichung funktionaler Totalharmonie«, erreicht. Es ist die Absicht von SCHULTZ, den Patienten durch eine Formel, die vollkommen mit dessen tiefstem Inneren übereinstimmen muß, in einer bestimmten Richtung zu entwickeln und reifen zu lassen. Die sogenannte Persönlichkeitsformel soll gefunden und aufgestellt werden, zu deren Formulierung bisher der Mut fehlte, da durch sie meist empfindliche und »schwache« Stellen bloßgelegt werden. – Diese »Krönung« des Autogenen Trainings darf allerdings nur dann stattfinden, wenn der Arzt die Persönlichkeitsstruktur des Patienten genau ergründet hat.

Es folge das Beispiel eines mit der Oberstufe behandelten Patienten. Fall G. H., neurasthenische Beschwerden eines 42jährigen verheirateten stellvertretenden Direktors. Er verlangte fachkundige Unterrichtung über das Autogene Training, über das er viel gelesen und das er allein, bisher ohne Resultat, ausprobiert hatte. Seit einigen Jahren hat er im Büro Beschwerden: Er fühlt sich oft müde, lustlos und ist reizbar gegenüber seinen Untergebenen. Er wird immer ärger durch Insuffizienz-Gefühle gequält. So kann er es nicht ertragen, wenn ein von ihm verfaßter Brief vom ersten Direktor abgelehnt wird. Er fühlt sich ungerecht behandelt, weil man ihm seinerzeit nicht die leitende Stellung anvertraute. Sein Eheleben ist alles andere als glücklich. Er stammt aus einer einfachen Familie, fühlt sich befangen inmitten der schwiegerelterlichen Familie. Sein Schwiegervater ist Jurist im Ruhestand. Seine Frau und er wohnen bei den Schwiegereltern, was die Situation verschlimmert. Auch seine eigenen Eltern sind noch am Leben. Seine Ehefrau ist ein Jahr älter als er. »Sie behandelt mich als kleinen Jungen.« Fortwährend fühlt er sich bei seinen Schwiegereltern zurückgesetzt. Seine Frau ist kühl und berechnend. Sie versteht ihn nicht und nennt sein Interesse für Psychologie lächerlich. Mitunter fühlt er sich so gespannt, daß er denkt, er müsse bersten. Die Familien-Anamnese und die somatische Untersuchung zeigen sonst keine Besonderheiten.

Bei diesem Patienten wird die Methode des Autogenen Trainings angewandt. Er zeigt sich besonders zugänglich für die von seinen Organen ausgehenden Empfindungen, fertigt getreu Protokolle an, die mit dem Arzt kritisch besprochen und von ihm erläutert werden, und übt dreimal täglich acht bis zehn Minuten. In wenigen Wochen hat er die Unterstufe durchlaufen. Mit Ausnahme einiger Rückfälle werden die Klagen allmählich geringer. Als sein Chef einige Wochen nach dem Beginn der Behandlung in Urlaub geht und der Patient sich vor die Aufgabe gestellt sieht, dessen Arbeiten zu übernehmen, fragt er den Arzt, ob er in seine Übungen eine Formel einfügen dürfe, daß er seine Arbeit gut ausführen kann. Es wird verabredet, nach Ablauf der Übungen eine vom Patienten selbst formulierte Autosuggestion einzuflechten. Der Arzt liest ihm diese Formel suggestiv vor, und zwar bevor das Kommando »zurücknehmen« erfolgt: »Als stellvertretender Chef werde ich die Arbeiten, wie dringlich sie auch sein mögen, ruhig und mit großem Selbstvertrauen erledigen und Entscheidungen treffen. Ich werde mich durch nichts und niemanden einschüchtern lassen. Ich werde mit jedermann, Kunden oder Kollegen, ruhig und mit großem Selbstvertrauen geschäftliche Angelegenheiten behandeln« (Beispiel einer absichtlich vorhergesehenen Suggestion).

Die Besserung hält an, der besorgte Gesichtsausdruck ist verschwunden, die Arbeit geht leichter, er fühlt sich weniger gespannt und ist nicht mehr so reizbar. Er gelangt allmählich zur Aufstellung einer Liste mit Formeln, die er sich während seiner Übungen vorsagt: »Ich werde meine Aufgabe ruhig, gut und schnell und mit großem Selbstvertrauen erfüllen. Ich werde mutig und zuversichtlich sein. Ich werde die mir gestellten Probleme gut und bis zu Ende durchdenken. Mein Auffassungsvermögen wird von Tag zu Tag besser werden. Meine ganze Lebenshaltung wird positiv und mutig sein, verbunden mit großem Selbstvertrauen. Ich werde innerlich und äußerlich gegenüber Vielgeschäftigkeit und gegenüber Problemen stets ruhig bleiben, wie ein Fels in der Brandung. Ich werde im täglichen Leben rasch reagieren. Ich werde flott sein im Umgang mit Menschen. Ich werde mich über nichts ärgern. Ich werde ein munterer, ein sonniger Mensch werden. Ich werde Erfolg im Leben haben. Ich werde schöpferische Gedanken haben.« – Später gelingt es dem Patienten, für sich selbst eine kürzere Formel auszudenken, die das Vorstehende in sich vereinigt, und er ist infolge der Verbesserung seiner Technik schließlich imstande, sich augenblicklich und vollkommen umzuschalten.

Allmählich wird zur »Oberstufe« übergegangen. Er führt sich willkürlich bestimmte Farben vor Augen und manche konkrete Gegenstände (Apfel, Tabakdose, Maus). In einer folgenden Periode beginnt er über abstrakte Vorstellungen zu meditieren: Das innere Licht, Güte, Rechtschaffenheit. Die Einfälle, die er bekommt, werden epikritisch besprochen. Er wählt seine »eigene Farbe« (weiß) und ein »eigenes Bild« (innerliche Stille). Die Einfälle vertiefen den Einblick in seine Persönlichkeit. Zum Schluß stellt er sich (»seinem Unbewußten«) bestimmte Fragen (»Inwiefern habe ich versagt?« – »Was ist mein Lebensziel?« usw.). Die Einfälle werden wieder besprochen. So wandelt sich die Behandlung von einer zudeckenden auf die Dauer zu einer aufdeckenden (entdeckenden) Therapie.

Der Patient ist inzwischen im Berufsleben »ein anderer Mensch« geworden. Während der oft eintönigen Büroarbeit kann er sich auf den Abend freuen, an welchem er sich ruhig seiner Meditation hingibt. »Mein Leben hat seinen Inhalt bekommen. Ich weiß nun, wofür ich lebe.« Den Ansprüchen des Familienlebens entzieht er sich jedoch in dieser Weise. Durch Jahre hält der gebesserte Zustand an, um allerdings später auf Grund widriger äußerer Verhältnisse einen schweren Rückschlag zu erleiden.

Es bedarf kaum einer Andeutung, daß nur ein kleiner Schritt derartige Übungen vom Gebiet nicht ungefährlicher pseudomystischer Laienpsychotherapie trennt (s. z. B. DANE 176), die vom ernsthaften Forscher abgelehnt wird. Der Arzt darf deshalb aber die Methode selbst nicht ungerecht beurteilen. So sei eine Kritik, wie die von WORTMAN 1029, der SCHULTZ vorwirft, er propagiere das Autogene Training als »universelles Mittel« (s. COUÉ), zurückgewiesen. Es kommt alles darauf an, *in wessen Händen sich diese Methode befindet und an wem sie damit zur Anwendung gelangt!* Die Übungen der Oberstufe können bei gebildeten und intelligenten Patienten – vor allem mit neurasthenischen Reaktionen – gute psychotherapeutische Resultate erzielen. Nebenbei sind sie experimentalpsychologisch infolge ihrer erheblichen introspektiven Reichweite von Bedeutung.

Mit dem letzten Beispiel kommen wir zu einem weiteren, das Autogene Training abschließenden Punkt. HENGSTMANN 380 arbeitete zwar wichtige Unterschiede zwischen dem Autogenen Training und der Psychoanalyse im Hinblick auf die Indikationsstellung heraus; ist jedoch der die Oberstufe des Autogenen Trainings durchführende Arzt auch oder sogar in erster Linie Psychoanalytiker, wie das für SCHULTZ selbst und die Autoren dieses Buches zutrifft, ist eine Kombination des methodischen Vorgehens fast unausbleiblich. Schon der Vorläufer des Autogenen Trainings VOGT wies auf die Möglichkeit der Selbstanalyse in Autohypnosen hin. Einen Schritt weiter ging KÜHNEL 528 bei der Behandlung eines Fürsorgezöglings, im Verlauf deren er eine direkte Kombination von Autogenem Training und Psychoanalyse vornahm. Während der Übungen des Autogenen Trainings kam es zum Aufbruch tiefenpsychologischen Materials, das bei allein psychoanalytischem Vorgehen verschüttet blieb und erst durch eine langfristige Widerstandsanalyse hätte aktiviert werden können. Mit dem kathartischen Aufbruch wurde eine teils analytisch, teils erzieherisch fundierte Bearbeitung der Störungen möglich.

Wie in dem letzten Beispiel finden wir auch im Lehrbuch von SCHULTZ und bei ROSA 763 Ansätze, die Bilder und »Einfälle« der Oberstufe des Autogenen Trainings einer »analytischen Technik« zu unterziehen. Nach einer Reihe von Vorarbeiten (959–62) geht in diese Richtung am weitesten WALLNÖFER 963. Er weist darauf hin, daß sowohl Psychoanalyse wie Autogenes Training ihren Ausgang von der Hypnose nahmen und daß so beide Verfahren durchführende Therapeuten Verbindungen sehen und zur Anwendung bringen müßten. Von den klassischen Analytikern habe vor allem FERENCZI zur Überwindung hartnäckiger Widerstände Entspannungsübungen eingesetzt, und es gibt über den entspannten Zustand, die bildhaften Vorstellungen, das freie »Kommen-Lassen«, die freischwebende Aufmerksamkeit und die Aktivierung der Emotionalität grundlegende Gemeinsamkeiten beider Verfahren. Von diesen Gemeinsamkeiten aus baut WALLNÖFER eine analytische Technik zur Bearbeitung des in der Oberstufe des Autogenen Trainings aktivierten »Materials« (über die Stufen: schweigendes Zuhören, neutrale abstinente Fragen, vorsichtige Hinweise, Wiederholen von Sätzen oder Passagen, Deutung, Umgehen mit der Regression, Bearbeiten von Symbolen, Aufdecken negativer Besetzungen, Bearbeiten von »Versprechern« »Carte blanche«-Methode von LUTHE bzw. seine autogene Neutralisation und Gruppengeschehen) auf. Diese weitentwickelte Methodik führt zwar über die speziellen Anliegen unseres Lehrbuches hinaus, ist jedoch nicht allein von theoretischer, sondern von eminent praktischer Bedeutung, betrachtet und betreibt man Entspannungsmethoden nicht isoliert, sondern eingebettet in das Feld ganzheitlicher Patientenbehandlung.

b) Methoden von Frederking, Kretschmer, Stransky

Das Autogene Training ist verschiedentlich mit anderen Verfahren gekoppelt worden und hat dadurch *Modifikationen* erfahren. Seiner Oberstufe außerordentlich ähnlich ist das Vorgehen von FREDERKING 279, welches auch Parallelen zu HAPPICH, C. G. JUNG und LÉVY aufweist. Er läßt seine Patienten, wie im Autogenen Training, verschiedene Körperabschnitte in zunehmender Entspannung beachten und dann das Blickfeld einengen, so daß sich ein hypnoider Zustand einstellt. In der »Versenkung« treten, ähnlich wie bei den »Fragen an das Unbewußte«, Bilder auf, die zu einem unmittelbaren Symbolerleben führen und durch ihre Kraft in das bewußte Wachleben hinüberwirken. Indem sich die Persönlichkeit mit diesen Bildern zunehmend auseinandersetzt, sie auf sich wirken läßt und sich ihnen übergibt, werden auch neurotische Störungen (autosuggestiv) überwunden. Wenn dieser hypnoide Zustand nicht spontan zu erreichen ist, verwendet FREDERKING Meskalin.

Von FREDERKING, aber auch von DÉSOILLE, HAPPICH (s. o.), SCHULTZ u. a. beeinflußt entwickelte LEUNER 557, 559–61 sein »Katathymes Bilderleben«, das er in die »Experimentelle Psychose« (558) weiterführte. Nur verwendet er statt Meskalin LSD. Unter der starken Anlehnung an das »Bildern« und die »Aktive Imagination« C. G. JUNGS und seiner Schule will LEUNER allerdings sein Verfahren nicht als übendes oder autosuggestiv-entspannendes, sondern als analytisches Verfahren geortet wissen (mit gleichzeitig stark kathartischen und suggestiven Elementen!). Seine vielfachen Ausgänge führten GRÜNHOLZ 339 zu einer schwerpunkthaft zu verlagernden »Visualisierungs«-Kombination der Verfahren von

Schultz, Leuner, Frederking, Désoille, Jung, der psychedelischen Erfahrungen unter LSD und der Fremdhypnose. Diese Kombination kommt hauptsächlich bei der Behandlung Rauschgiftmittelgefährdeter zur Anwendung.

Unmittelbar ging das »Katathyme Bilderleben« aus dem »Bildstreifendenken« hervor, das E. Kretschmer 518 und seine Schule (Betz 57, Langen 541, Kluge und Thren 477, Tuczek 936) in die klinische Psychotherapie einführten. Das Bildstreifendenken wird als »Regression in die kindliche Weise des bildhaften, noch affektgeladenen Denkens und Vorstellens« aufgefaßt. Entweder tritt mit dem »Bildern« spontan ein leichter hypnoider Zustand, ähnlich dem Autogenen Training, ein, oder das Autogene Training und ähnliche Entspannungsübungen (gestufte Aktivhypnosen) werden vorausgeschickt. Je nach den mehr symbolisch auftretenden (Farb-)Gehalten oder direkt neurotischen Gestaltungen wird dann psychoanalytisch kathartisch abreagierend oder psychagogisch verarbeitend vorgegangen. Ein direkt gestaltendes Bildern (wie in der Gestaltungstherapie s. o.) wird nicht angestrebt. Die Anwendung erfolgt auch in Gruppen, jedoch ohne Lysergsäuregaben.

E. Kretschmer 518 selbst (vgl. auch Koch 479/80 und Langen 540) hat, indem er auf die Ausgänge von Schultz bei Vogt zurückgriff, die vorerst klinisch wichtigste Kombination des Autogenen Trainings mit der Hypnose vorgenommen. Er nennt das Verfahren *»gestufte Aktivhypnose«*. Er gelangte zu ihm durch das Studium der Tonussteuerung bei Katatonien, Hebephrenien, Depressionen sowie bei den leptosomen, pyknischen und athletischen Konstitutionen. Die bei ihnen feststellbaren Unterschiede in »Gespanntheit« und »Entspannungsfähigkeit« führten ihn unmittelbar zu den Vorstellungen von Schultz, nämlich zu dem therapeutischen Einstieg in die »Tiefenperson« über den mit den Affekten und Gefühlen korrelierenden Muskeltonus bzw. entsprechend regulierende Übungen. Gleichzeitig wurde die über den optischen Bereich verlaufende Beziehung (Oberstufe des Autogenen Trainings, Bildstreifendenken) in ihrer Bedeutung für die Erzielung des erforderlichen hypnoiden Zustandes erkannt und aktiviert. Da in den klinischen Behandlungen meist nur eine kurze Frist von wenigen Wochen gesetzt ist, wurde gerade diese zweite Seite der Übungen von vornherein stärker ausgebaut (nicht erst als Oberstufe angeschlossen), wodurch die Kombination mit der (Auto-)Hypnose das naheliegende Hilfsmittel war. Es wurde aber nicht einerseits Autogenes Training geübt, andererseits hypnotisiert. Vielmehr verzichtete Kretschmer auf suggestive Einkleidungen. Der Patient mußte von Anfang an selbst üben. Der (auto-)hypnotische Vorgang wurde in einzelne (progressive) Stufen aufgeteilt. Zuerst trainiert so bei den »gestuften Aktivhypnosen« der Patient die beiden ersten Übungen des Autogenen Trainings, die Schwere und Wärme; als dritte Stufe wird die der Fixierung des eigenen Fingers (durch den Patienten) angeschlossen. Es kann dafür auch ein anderer heller, vom Patienten selbst gehaltener Gegenstand eingesetzt werden, vor allem die Uhr, damit ein akustisch-rhythmischer Einfluß zum optischen hinzukommt und den Eintritt in den hypnoiden Zustand erleichtert. Wenn beim Übertritt in die dritte Stufe unangenehme Störungen, wie Schwindel und Übelkeit, auftreten, wird in die Wärmeübung zurückgegangen und langsam weitergeübt. Dieser hypnoide Zustand wird dazu benützt, entweder rein erzieherisch und psychagogisch – in der uns schon bekannten Weise – verbale (Auto-) Suggestionen »in die Tiefe« zu schicken, was in Form bildhafter Darstellungen oder schriftlicher Spruchbänder noch wirkungsvoller gestaltet werden kann, oder es werden die somato-funktionellen Sensationen und »Fehlspannungen« angegangen. Als drittes ist es möglich, die gestuften Aktivhypnosen mit psychoanalytischem Vorgehen zu koppeln. KRETSCHMER nennt das die *»zweigleisige Standardmethode«*. Während der Patient die einzelnen Stufen der Aktivhypnose lernt, wird gleichzeitig eine Art Kurzanalyse durchgeführt, welche die wesentlichen abwegigen und traumatisierenden Kindheits- und Entwicklungs-Einflüsse bloßlegt. Die auf diese Weise zunehmende Selbsteinsicht des Kranken wird verstärkt, wenn man die Ergebnisse der Kurzanalyse im hypnoiden Zustand teils appellativ, teils autosuggestiv »einflößt« und direkte Umstimmungen erzielt. Gegenüber den Langstreckenanalysen hat dieses Vorgehen die Vorteile einer Verkürzung und der geringeren »Übertragung« auf den Arzt, die ja beim jähen Abschluß (der Klinikbehandlung) erst gelöst werden müßte. Es ist selbstverständlich, daß tiefsitzende »Charakterneurosen« in so kurzer Zeit nicht zu einer tiefgreifenden und anhaltenden »Wandlung« zu bringen sind und daß wir mit dieser Ausweitung die speziellen Anliegen unseres Lehrbuches wiederum überschreiten.

Abschließend sei die *»Subordinations-Autoritäts-Relations-Therapie«* angeführt, die nach den Aussagen ihres Erfinders, STRANSKY 899–901, nicht nur Parallelen zu den Lehren und Methoden von SCHULTZ und KRETSCHMER aufweist, sondern auch Teile aus ihnen mitverwertet. Diese Methode ist allerdings stärker an die Eigenart des Therapeuten selbst gebunden als die vorher genannten. STRANSKY geht von dem Gedanken aus, daß die Autorität und die Unterordnung Naturgegebenheiten sind, die vor der »Sexualität« (FREUD), dem Machtstreben als Kompensation von Minderwertigkeit (ADLER) und den menschlichen Archetypen (JUNG) als Grundlagen des Daseins angesprochen werden müssen und daher eine bisher zu wenig beachtete Eigenbedeutung zu beanspruchen haben. Das Streben z. B. des Jünglings in der Pubertät nach einem selbstgewählten Vorbild (»ethischer Garant« nach SPRANGER) habe nichts mit einer Regression zum Vater oder mit Minderwertigkeit zu tun. Es ist ein eigenes naturgegeben notwendiges Phänomen. Dasselbe Prinzip von Autorität und Unterordnung wird als grundlegend für das Arzt-Patient-Verhältnis angesehen. Der Arzt ist eine Art »Kapitän in Seenot«. Der

Patient sucht Hilfe und Geborgenheit bei ihm. STRANSKY geht so vor, daß er – auf bewußt suggestivem Wege – diesem Streben des Patienten zunächst nachgibt, ihn aber nicht in dieser Abhängigkeit beläßt, sondern ihm seine »Rekrutenstellung« bewußt macht. Diese soll allmählich in eine »Offiziers-Stellung« umgewandelt werden. Zuerst wird, ähnlich wie bei KRETSCHMER, der Lebensweg analytisch »durchgeackert«. Gleichzeitig übt der Patient leichte hypnoide Zustände (Autogenes Training). Anschließend wird gleichsam zum Gegenschlag angesetzt. Dem Patienten wird klargemacht, daß das alles große Leistungen von und aus ihm selbst sind, die er hervorbringt, und daß er zu noch weit größeren Leistungen befähigt ist. Aus der Subordination wird der Patient so zur Autorität über sich selbst geführt. Aus Suggestionen werden Autosuggestionen, aus Hingabe Selbstbeherrschung. Vor »Strafen« und »Drohungen« schreckt hierbei STRANSKY nicht zurück, z. B. »wenn du schlapp bleibst, kannst du einen anderen Arzt aufsuchen«! Oder er läßt sich die Behandlungsstunde nicht bezahlen. So wird das Gebiet der Affektivität – schon in den gewählten Ausdrücken und Bildern! – sehr massiv aktiviert. STRANSKY sagt z. B. den Patienten, daß Psychiater selbst Neuropathen seien, aber solche, die (vergleichlich den Schamanen) die negativen Störungen zu überwinden lernten; dem gelte es nachzueifern. Auch in Gruppen (unter Ausschluß der »Gegenelemente«) wurde die Methode angewandt, ebenso bei Schizophrenen und Depressiven in Form der »kompensatorischen psychischen Übungstherapie« 898. Sie beinhaltet »Aufklärungen« über die Art des Leidens, die sich an die Auffassung der Psychose als einer Regression in die kindliche Subordinationshaltung anheften und den Patienten in der geschilderten affektiv aufrührenden Weise aktiv umerziehen und umüben sollen.

c) Die Entspannungsmethode von Jacobson

Eine Entspannungstherapie mit dem speziellen Ziel der Ruheförderung und mit einer mehr physiologisch als psychologisch orientierten Auffassung von Wesen und Funktion des Entspannt-Seins ist die Methode von EDMUND JACOBSON, die im deutschsprachigen Raum jahrzehntelang im Schatten des Autogenen Trainings blieb und erst relativ spät durch BERNSTEIN 55 eine ihrer Bedeutung gerecht werdende literarische Würdigung in Buchform erfuhr. Bescheiden nennt JACOBSON das auf Grund einer zwanzigjährigen Erfahrung aufgebaute System der »Progressiven Relaxation« ein Anfangsstadium. Er hat mit ihm keine prinzipiell neuen Gebiete erschlossen, aber mit Hilfe sinnvoller Experimente alte Gesichtspunkte so ausgebaut, daß ein brauchbares System in sechs »Schritten« entstand, durch welches der Patient sich allmählich zu entspannen lernt. Wenn die Entspannungsübungen ausgeführt sind und der Patient in einen hypnoiden Zustand geraten ist, richtet er seine Aufmerksamkeit auf die Vorstellung, »nun werde ich wohl einschlafen«. Auch hier ist der Patient also sein eigener Hypnotisator, wodurch diese Methode zu der zweiten Gruppe, nämlich der der aktiven Autosuggestion, gehört. Dem Patienten ist es erst dann gestattet, von einer Übung zur anderen überzugehen, wenn er die vorhergehende vollkommen beherrscht. Er soll so entspannt wie möglich ruhen. Auch die Gesichtszüge dürfen nicht gespannt sein.

Es gehört zu den Verdiensten von JACOBSON, daß er, unter Beachtung klinischer Kautelen, Untersuchungen über die somatischen Erscheinungen des Entspannt-Seins durchführte, indem er die Reagibilität seiner Patienten in diesem Zustand prüfte und maß. Hierzu benutzte er zwei Vorgänge: die Stärke des Kniesehnenreflexes, wobei er als Reiz einen festen, automatisch beigebrachten Hammerschlag anwandte, und die minimale Stärke des elektrischen Stromes, die dazu führt, daß die Finger aus einem Becken Wasser zurückgezogen werden (Schreckreflex). Außerdem bestimmte JACOBSON das Maß der Spannung des glatten Muskelgewebes durch Blutdruckmessungen während der Entspannung und ferner durch die Prüfung der Spannung der Magenwand, indem er kleine Ballons schlucken ließ. Er ergänzte seine Feststellungen durch Untersuchungen mit dem Saitengalvanometer (Myogramme) und durch Beobachtung der Reaktion bei der Injektion bestimmter Pharmaka, wie Koffein und Adrenalin. Im Leidener Laboratorium wurden diese Untersuchungen fortgesetzt, indem wir feststellten, wie sich die animalen Funktionen (Atmungs-, Puls-, Blutdruckkurve, Elektrokardiogramm, Plethysmogramm, Psychogalvanogramm, Elektroenzephalogramm) im Zustand der Entspannung verändern. Die Ergebnisse sind an anderer Stelle nachzulesen (868).

JACOBSON 419–23 weist darauf hin, daß für die Entspannung der willkürlichen Muskulatur eine lange Übungsdauer nötig ist. Am schwersten sind die Muskeln zur Entspannung zu bringen, die zur Lautbildung beitragen, und die Augenmuskeln. Indem der Patient durch Schärfung seiner kinästhetischen Wahrnehmung lernt, die Verringerung der Muskelspannung selbst zu registrieren, kann er den Eintritt seiner psychischen Entspannung miterleben. Mit den erwähnten Messungen kann also erst nach einer längeren Vorbereitungsperiode begonnen werden.

Introspektive Untersuchungen weisen nach, daß die Patienten in der Schilderung ihrer Erlebnisse während der Entspannungsperiode gut übereinstimmen. Optische Vorstellungen werden von einem Gefühl der Spannung in den Augenmuskeln begleitet und durch vollkommene Entspannung zum Verschwinden gebracht. Manchen besonders gut geübten Patienten gelang dies nicht nur in liegender, sondern auch in sitzender Haltung, jedesmal mit offenen Augen. Zugleich mit der fortschreitenden Entspannung der Muskeln von Zunge, Lippen, Hals und Kehlkopf verschwand auch die Sensation »innerer Geräusche«. Die akustischen Vorstellungsbilder waren offenbar ebenfalls mit einem Spannungsgefühl in der Augenmuskulatur verbunden. Der Patient trachtet stets in die Richtung der vermeintlichen Quelle der Geräusche zu blicken. Mit der Entspannung verschwindet die akustische Vorstellung. Jacobson meint, daß auch die Aufmerksamkeit, die Gedächtnisleistungen, das Denken überhaupt und das Gefühlsleben an Intensität herabgesetzt sind. Ein interessantes Experiment von Jacobson über die Veränderung des Schmerzerlebnisses im Zustand der Entspannung ist das folgende: Eine Anzahl Studenten, in einem ruhigen Raume liegend, erhielt einen schmerzenden elektrischen Schlag. Schnelligkeit und Amplitude der Bewegungen, mit welchen sie reagierten, wurden sorgfältig gemessen. Es war auffällig, daß die Schmerzempfindung bei wirklicher Entspannung stark vermindert war, ja daß sie dann und wann ganz ausblieb. Die Messungen von Schnelligkeit und Amplitude korrelieren mit den subjektiven Erscheinungen.

Aus den introspektiven Mitteilungen, die Jacobson von seinen Patienten erhielt und zusammenfaßte, geht hervor, daß er am Entspannt-Sein etwas anderes als wichtig ansieht als Schultz. Während bei Schultz die Intensivierung der im Entspannt-Sein erlebten Inhalte die bedeutsamste Rolle spielt, sowohl als Phänomen wie auch als psychagogisches Hilfsmittel, legt Jacobson den Nachdruck auf die Inhaltlosigkeit des Bewußtseins, auf die Vorstellungslosigkeit der Versuchsperson im Zustand der Entspannung. Nur scheinbar ist hier ein Widerspruch vorhanden; denn beide Auffassungen lassen sich auf die Definition des Entspannt-Seins zurückführen, die im ersten Kapitel gegeben wurde. Jacobson realisiert das Schwinden jedes von Gefühlen des Individuums begleiteten Strebens, Schultz jedoch das Aufgehen aller Strebungen in eine einzige, nämlich die Verwirklichung jeweiliger Existentialwerte eines Menschen (Oberstufe).

Hier erhebt sich die theoretisch wie praktisch wichtige Frage, ob und wie weit des Patienten Erleben der Entspannung von den leitenden Vorstellungen seines Arztes über das Wesen dieser Phänomene abhängig ist. Es handelt sich ja keinesfalls um absichtliche Suggestion, sondern um unabsichtliche psychische Resonanz, die bei jedem menschlichen Kontakt wirksam ist. Jeder normale Mensch kann sich entspannen. Das Entspannen besonderer Muskelgruppen muß allerdings gelernt werden, und in diesem Lernprozeß äußern sich Unterschiede in der Persönlichkeitsstruktur, der Bereitschaft und der Qualität des Erreichten. Wie Jacobson in seiner psychologisch leider schwach fundierten Studie »Progressive Relaxation« angibt, sollen gerade die Suggestiblen darin nur langsame Fortschritte machen, was wir nicht bestätigen können. Vielleicht wies Jacobson jedoch hierauf hin, um zum Ausdruck zu bringen, daß seine Methode nicht auf Suggestion oder Autosuggestion zurückzuführen sei (419, S. 46, 100 ff.); er (l. c. S. 303) zählte selbst 32 Punkte auf, in denen die Entspannung sich von einem Suggestionsresultat unterscheide. Es sei z. B. keine Rede von »Annehmen auf Treu und Glauben«, schreibt er. Mit diesem apodiktischen Ausspruch können wir nicht übereinstimmen. Bei jeder Therapie, auch bei diesen Entspannungsübungen, muß dem Faktor der (Auto-)Suggestion eine Bedeutung beigemessen werden. Mit Recht spricht Jacob Orlow in dem

DUNBARschen Sammelwerk »Synopsis of psychosomatic diagnosis« 223 über den »powerful suggestive influence«, wodurch »an actual relaxation« erweckt werden kann. In der Tat, niemals kann man die Übertragung von Gefühlsbeziehungen während einer psychotherapeutischen Behandlung ausschalten. Wohl aber sind wir davon überzeugt, daß Entspannung nicht mit dem Schlagwort »Suggestion« zu erklären ist, sondern daß die Ergebnisse, die hier erreicht werden, auf der Wirkung eines physiopsychologischen Übungsprozesses beruhen. In diesem Sinne äußert sich auch J. H. SCHULTZ, der in vielen einleuchtend dokumentierten Studien zum besseren Verständnis des Begriffes Entspannung wichtige Beiträge lieferte (808–13, 821).

Ferner schreibt JACOBSON, daß neurasthenische Menschen zwar gut zur Entspannung gelangen, daß sie aber für Hypnose weniger zugänglich sind, was ebenfalls nicht stimmt. Daß sich sehr suggestible Patienten im hypnotischen Zustand weniger gut entspannen könnten – wie JACOBSON meint –, können wir ebensowenig bestätigen. Auch die Behauptung von WILLIAM BROWN 126, daß die Muskelentspannung einen Patienten nicht leichter hypnotisierbar macht, eher schwerer, ist nicht aufrechtzuerhalten. Und daß Kritik dem Verlauf der Hypnose mehr schade als dem der Selbstentspannung, ist eine weitere unbewiesene Behauptung. Die reichen Erfahrungen von J. H. SCHULTZ 821 und schon von O. VOGT stimmen in diesen Punkten nicht mit denen von JACOBSON überein. Auch müssen wir auf Grund praktischer Erfahrungen und theoretischer Gründe die Behauptung von BROWN 126 – sowie auch die von GIDRO-FRANK und BULL 321, LEUBA 556, WELLS 982 – zurückweisen, daß es zwischen Hypnose und Suggestion einen grundlegenden Unterschied gäbe; beide gründen auf Autosuggestionen! In gleichem Sinne äußerte sich ERICKSON 234. Ebenso ist der Ausspruch von BROWN 127, S. 138: »Autosuggestion is really something more akin to faith than to suggestion« unscharf. Nebenbei sei bemerkt, daß BROWN 125 und »progressive relaxation« nicht die JACOBSONsche Methode, sondern eine im Zustand der »concentration without effort« stattfindende allgemeine Muskelentspannung versteht.

JACOBSON empfiehlt seine »Progressive Relaxation« insbesondere für Patienten, die an Schlafstörungen leiden. In einer populären Darstellung (419) wies er darauf hin, daß der Patient sich nicht so bequem wie möglich hinlegen soll, sondern es komme darauf an, daß seine Muskeln sich entspannen. Normaliter ist das Erlebnis der Bequemlichkeit eine Äußerung der Entspannung, und JACOBSON hat unrecht, wenn er die Muskelentspannung in unbequemer Haltung empfiehlt. Er macht ferner auf die »differentielle Entspannung« aufmerksam, womit er die partielle Entspannung von Muskeln bei denjenigen meint, die z. B. an einem Tisch sitzen und schreiben und dann darauf achten müssen, daß sie ihre Beine nicht steif halten.

JACOBSONs Lehre basiert auf der Annahme, daß Ruhe und Schlaf nur möglich seien, wenn die Muskelspannung auf ein Minimum reduziert ist. Auch Träume sollen auf – durch innere oder äußere Reize verursachte – Muskelspannungen hinweisen, meistens auf Bewegungen der Augäpfel. Er macht ferner darauf aufmerksam, daß es sich nicht nur um optische Bilder handelt, sondern daß auch das Erleben von Geräuschen und von anderen Sinnesreizen im Traum entsprechende Organspannungen hervorruft. Wenn die Entspannung der willkürlichen Muskeln vor dem Einschlafen erlernt ist, entspannen sich allmählich auch die unwillkürlichen. Solange eine Restspannung in den Muskeln herrscht, die durch Messung der Augenmuskelspannung sowie jener der Sprechorgane festgestellt wird, kann man auf das Vorhandensein hindernder und störender Erlebnisse schließen. Diese Restspannung muß also zum Verschwinden gebracht werden. Wenn der Patient dies für kurze Zeit, z. B. dreißig Sekunden, erreicht, sind alle Muskeln der Augen und Sprechorgane entspannt, d. h. er schläft ein.

Die Technik ist folgende: JACOBSON lehrte den Patienten »systematisches« Entspannen. Er läßt eine Reihe von Übungen vorangehen, die dem Patienten beibringen, was mit Muskelspannung gemeint ist: nicht etwa Recken der Gelenkbänder, der Haut oder des Lungengewebes, Druck von Kleidern und dergleichen, sondern das, was man den »gewöhnlichen Zustand« nennen könnte. Hierauf muß der Patient von der Anspannung zur Entspannung gelangen, was auf die Dauer automatisch vor sich geht. Der Patient beginnt mit dem Schluß der Augenlider, teilweise durch das Zusammenziehen des Musculus orbicularis oculi, der hiernach ebenfalls entspannt wird. JACOBSON bezeichnete »entspannen« etwas verschwommen als »nichts tun«, »negativ wollen«, womit er offenbar als psychisches Korrelat die »Erlebnislosigkeit« im Zustand des Entspannt-Seins meint. In dem für Laien geschriebenen Büchlein (419) faßte JACOBSON seine Therapie in einem System von sechs Schritten praktisch-übersichtlich, aber nicht immer begrifflich streng zusammen:

Erster Schritt: Das Entspannen der Arme

Übung 1

Der Patient legt sich auf den Rücken und schließt die Augen, die Beine nicht übereinandergeschlagen. Er muß versuchen, sich nicht zu bewegen, jedenfalls seine Bewegungen zu beschränken. Diese Haltung ist noch nicht entspannt – Entspannung zu lernen ist ja das Ziel der sechs Schritte.

Dauer: Dreißig Minuten, wenn der Patient unruhig wird; fünfzig Minuten, wenn er ruhig und ohne Widerstand liegen bleiben kann.

Übung 2

Haltung: Auf dem Rücken liegend, die Augen geschlossen, die Beine nicht übereinandergeschlagen.

Spannung: Der Patient erhebt den rechten Arm und ballt die Faust. Während er dies tut, muß er auf das Gefühl der Spannung im ganzen Arm achten.

Entspannung: Er läßt den Arm fallen, öffnet die Faust und hält die Finger zwanglos gerade. Nun folgen einige Minuten Ruhe. Die Übung wird noch zweimal wiederholt. Der Rest der Periode (zwanzig bis vierzig Minuten) wird der Ruhe gewidmet.

Übung 3

Die Übung wird mit beiden Armen durchgeführt. Zweck dieses Schrittes: erstes allgemeines autosuggestiv mitbedingtes Erfahren des Vorgangs von Spannung und – durchaus eines noch unvollkommenen – Entspannens.

Zweiter Schritt: Das Entspannen der Beine

Übung 1

Haltung: Der Patient liegt auf dem Rücken, die Augen geschlossen, die Beine nicht gekreuzt.

Dauer: Fünfzig Minuten, wenn er ruhig und ohne Widerstand liegen bleiben kann.

Spannung: Der Patient beugt die beiden Füße nach unten (in den Knöcheln) und zugleich die Zehen ebenfalls nach unten. Er soll die Knie nicht beugen.

Entspannung: Er hebt diese Streckung der Füße und Zehen plötzlich auf und ruht einige Minuten aus.

Die Spannung und die Entspannung werden, wie die darauf folgende Ruhe, zweimal wiederholt.

Übung 2

Füße und Zehen werden nicht plötzlich, sondern allmählich entspannt.

Übung 3

Der Patient soll bewußt erleben, daß die beim Spannen der Füße nicht absichtlich, wohl aber unwillkürlich ebenfalls gespannten Arme beim Entspannen der Füße mit entspannt werden (Generalisierungstendenz nach J. H. SCHULTZ).

Dritter Schritt: Atmung

Haltung: Auf dem Rücken, oder, wenn der Patient dies vorzieht, auf der Seite.

Übung: Die Augenlider sind geschlossen; der Patient bleibt erst zehn Minuten ruhig liegen. Er atmet zwei- oder dreimal ein wenig tiefer als gewöhnlich, jedoch ohne Anstrengung. Er ist darauf aufmerksam zu machen, daß sein Brustkasten beim Einatmen gespannt, beim Ausatmen entspannt wird. Er soll sich nun diesen Wechsel bewußt machen.

Vierter Schritt: Das Entspannen der Stirn

Übung 1

Der Patient stellt sich vor den Spiegel.

1. Er runzelt die Stirn und zieht die Augenbrauen hoch. Er läßt die Muskeln allmählich locker.

2. Nun zieht er allmählich die Augenbrauen, soweit er kann, zusammen und entspannt sie allmählich wieder.

Übung 2

Er legt sich hin und schließt die Augen.

1. Er runzelt die Stirn, läßt die Muskeln allmählich los.

2. Er zieht die Augenbrauen sehr langsam zusammen und entspannt sie auch allmählich.

Übung 3

Der Patient soll bewußt erleben, daß die beim Runzeln der Stirn und beim Zusammenziehen der Augenbrauen nicht absichtlich, wohl aber unwillkürlich, ebenfalls gespannten Arme, Beine, Brustkasten beim Entspannen von Stirn und Augenbrauen mit entspannt werden.

Fünfter Schritt: Das Entspannen der Augen

Übung 1

Rückenlage, die Augen offen. Der Patient sieht nach rechts, hält den Blick eine halbe Minute so gerichtet und soll dabei die Spannung in den Augen erleben. Er läßt die Bulbi zurückgehen, ohne sie auf ein Objekt zu richten, entspannt so die Augenmuskeln und setzt dann die Übung nach links fort. Nun blickt er nach oben und befolgt wieder dieselben Anordnungen, darauf nach unten.

Übung 2

Während des Spannens und Entspannens der Augenmuskeln soll er sich die Wirkung der Generalisierungstendenz bewußt machen.

Sechster Schritt: Entspannung der Muskeln und Sprechorgane

Haltung: Der Patient darf während dieser Übung liegen, wie er will, muß aber die Augen geschlossen halten.

Übung 1

Er zählt laut bis zehn und achtet auf die Tätigkeit der Zunge, der Lippen, der Kiefer, des Halses und des Brustkastens. Die betreffenden Muskelgruppen werden drei oder vier Minuten entspannt. Zu diesem Zweck hört der Patient auf zu sprechen und macht sich die eintretende Entspannung der betreffenden Muskelgruppen bewußt. Die Übung wird noch zweimal wiederholt.

Übung 2

Es wird nicht mehr laut, sondern halblaut und schließlich murmelnd gezählt und dann zwecks völliger Entspannung geschwiegen.

Übung 3

Der Patient zählt lautlos; er stellt sich also das Zählen nur vor. Wenn er mit dem Zählen aufhört, soll er sich bewußt machen, daß, obwohl er gar nicht gesprochen hat, eine Entspannung der Sprechorgane eintritt.

Es ist erwähnenswert, daß JACOBSON, wenn seine Patienten es nach Ablauf einiger Zeit nicht fertig bringen, den Schlaf zu finden, ihnen nicht einfach Mangel an Mitarbeit vorwirft; er weist sie vielmehr darauf hin, daß sie nicht intensiv genug übten. Der Erfolg wird noch eintreten, auch wenn es zunächst nicht so scheint! Mag JACOBSON die Wirkung der (Auto-)Suggestion bei seinen sechs Schritten leugnen, aus dieser Anwendung ergibt sie sich unwiderlegbar.

Ein gewisser Nachteil ist das Zeitraubende dieser Methode. Dem kann man abhelfen, indem man nur einige Muskelgruppen bearbeitet oder sofort bilaterale Übungen durchführen läßt. Nötigenfalls kann der Arzt sich auf die Muskelgruppen beschränken, die sich besonders stark im Krampfzustand befinden. In Fällen hartnäckiger Schlaflosigkeit erzielten wir mit dieser Methode Erfolge. Wir lassen jeden »Schritt« eine Woche lang üben, so daß die ganze Kur sechs Wochen dauert. Ein entsprechender Fall wird noch beschrieben. Allerdings scheuen wir uns nicht vor der Mitwirkung (auto-)suggestiver Mittel. Das gleiche tun andere Autoren, die (wie AJURIAGUERRA und BADAROCCO 6, GARMANY 311, NEUFELD 674, WAAL 958 u. a.) die JACOBSONsche Methode mit dem Autogenen Training kombinieren oder sie in dieser Richtung modifizieren.

Ein zwangsneurotischer Patient sei als Beispiel angeführt. Aus Angst vor einem Erpresser hatte er einen Selbstmordversuch unternommen. Seit fünfzehn Jahren schlief er nie mehr ohne Schlafmittel. Die systematischen Übungen von JACOBSON wurden mit einer allmählichen Entwöhnung von den Schlafmitteln verbunden. Der Patient brauchte im Krankenhaus zunächst pro Nacht 100 mg Luminal, 1 g Adalin, eine Tablette Evipan und zuweilen noch ein bis zwei ccm Somnifen. Nach einem Vierteljahr schlief dieser Mann, der die Übungen mit zwangsneurotischer Genauigkeit ausführte, auf 500 mg Sacch. lactis (!) beinahe sieben Stunden ohne Unterbrechung. Ein weiteres Vierteljahr später schlief er ohne Pulver reichlich sechs Stunden pro Nacht.

4) Aktive Tonusregulation nach Stokvis (Exkurs: Yogatechnik)

Das auch als »Leidener Tonusübungen« und »Aktiv-Relaxations-Methode« bezeichnete Verfahren von STOKVIS beruht auf einer Reihe aus der ärztlichen Erfahrung abgeleiteter Voraussetzungen: Jeder Patient weist bestimmte Abweichungen von anderen Patienten auf; die Persönlichkeitsunterschiede der einzelnen Therapeuten sind in der Regel so groß, daß in ihren Händen äußerlich gleich erscheinende Methoden recht unterschiedliche Wirkungen erzielen können. Allein diese Voraussetzungen bedingen Abweichungen von den bisher auf mehr oder weniger fest vorgezeichneten Schritten beruhenden Methoden. Hinzu kommen weitere: STOKVIS hatte es nicht nur mit ambulanten, sondern überwiegend mit schwer gestörten klinischen Patienten zu tun. Diese hatten meist eine Reihe vergeblicher Behandlungsversuche hinter sich und kamen voll Verbitterung und nur mühselig verdeckten Aggressionen in die Therapie. Der »Mensch in Spannung« wurde so zunächst in der Regel veranlaßt, Aufgestautes herauszulassen, also eine ungezwungene Aussprache von sich aus zu eröffnen oder zu toben und zu brüllen – eine Methode, die den alten Vertretern der kathartischen Methode (allerdings mit weit weniger suggestivem Vorgehen) längst vor der »Primärtherapie« von JANOV bekannt war. Erst nach einer solchen »Öffnung« können bewußt Vertrauen und Übertragung auf den Arzt aufgebaut, Ermutigungen eingesetzt und an die Verantwortung des Kranken bei der Heilung appelliert werden.

Die Muskelentspannung bei der Aktiven Tonusregulation weicht nach STOKVIS von der im Autogenen Training ab. Sie erstrebt eine Konzentration der Aufmerksamkeit auf einen umgrenzten Körperteil oder Funktionskreis, an welchem sie in jeweils wechselndem Ausmaße gleichsam haften bleibt, während im Autogenen Training der einzelne Körperteil immer gleichbleibend nur ein Durchgangsmittel darstellt, mit Hilfe dessen ein über den ganzen Leib generalisiertes »Umschaltungs«-Erlebnis vermittelt wird. Sind Entspannung, Schwere und Wärme einzelner Organe im Autogenen Training »Umwege«, bilden sie in der aktiven Tonusregulation ein Ziel. In den letztgenannten Übungen erfährt der Kranke durch die Konzentration in einzelnen Körperteilen Sensationen, welche es ermöglichen, daß er bestimmte Organe, z. B. das Herz, »entdeckt«. Der Patient gerät gleichzeitig in einen Zustand von »Versenkung«.

Weitere Voraussetzungen ergaben sich für STOKVIS durch den Anschluß an frühere Autoren und alte Lebensweisheiten. In einem alten Volks-»Lehrbuch des persönlichen Magnetismus« (937) wird dem Schüler geraten, sich abzusondern, sich splitternackt zu entkleiden (!), gerade zu stehen, jeden Muskel des Körpers zu spannen und seine Aufmerksamkeit auf die Befriedigung eines Wunsches zu richten: »Das physische Produkt seiner Kraft, die Steifheit seiner Muskeln, wird sich dann in eine geistige Kraft verwandeln.« BAERWALD 29, S. 151, empfahl, wie berichtet, »die Bewegung des Müdewerdens zu schauspielern«, auch wenn er eine richtige Erklärung seiner Maßregel nicht zu geben verstand. Denken wir auch an die psychologische Bedeutung der Gymnastik (s. u.) und an die Psychologie des Parademarsches (DE BOUVÉ 103).

»Die äußerlich erkennbare Haltung beeinflußt die als solche innerlich erlebte Geisteshaltung«, schreibt CARP 150. Dies wird illustriert durch den Widerhall, den Schauspieler während ihres Auftretens in sich selbst fühlen. GAUTIER 315 gibt hierfür markante Beispiele. Ferner sei erinnert an den Rat des IGNATIUS VON LOYOLA, daß »wenn jemandes Religion zu verbleichen beginnt, er doch die religiösen Gebärden machen muß, wodurch die Gefühle oft kommen« (s. JAMES-LANGE!). KONFUZIUS meinte, daß die geziemenden Haltungen und Gebärden, die man zu zeigen gewöhnt ist, notwendigerweise mit geziemenden Gefühlen gekoppelt sein müssen. Darum spielt das Zeremoniell eine so wichtige Rolle im Gottesdienst und in den Sitten der Chinesen. Wenn CAMPANELLA wissen wollte, was in jemandem vorging, versuchte er so gut wie möglich dessen Physiognomie und Haltung nachzuahmen und richtete seine Aufmerksamkeit auf die Affekte, die bei ihm eintraten. Ballt man die Fäuste, dann runzelt man zugleich die Augenbrauen und bekommt ein Gefühl der Wut (BINET und FÉRÉ 68).

Wenn man jemandem, der sich in kataleptisch-hypnotischem Zustand befindet, die Arme in Gebetshaltung bringt, nimmt sein Gesicht den Ausdruck frommer Andacht an (hierauf hat bereits BINET 66, S. 289, hingewiesen). MOLL 648, S. 154, machte die Erfahrung, daß illusionäre Vorstellungen in Hypnose leichter auftreten unter Begleitung motorischer Äußerungen als durch einfache verbale Suggestionen. In verschiedenen Laienbüchern werden dem Leser-Patienten bestimmte Muskelübungen empfohlen, um ihn durch sie in eine andere Stimmung zu versetzen.

Die Erfahrung lehrt, daß das In-Aktion-Treten der Streckmuskeln im allgemeinen mit Lust-Emotionen gepaart ist, während das der Beuger eher von Unlustgefühlen begleitet zu sein pflegt. In froher Stimmung macht man Bewegungen, als ob man die Welt umarmen wollte; in gedrückter Stimmung ist das Haupt auf die Brust geneigt (s. KLAGES' Ausdruckslehre; in diesem Sinne sind auch die »flexor M« und »extensor M«-Antworten nach KLOPFER-KELLEY im Rorschachschen Formdeutversuch aufzufassen [91]). Zu demselben Schluß ist MUENSTERBERG gelangt. Um in eine muntere Stimmung zu geraten, empfiehlt BAERWALD 29, S. 265, die sogenannten Ekstasebewegungen: Die Ellenbogen werden seitwärts in Schulterhöhe gebracht, die Arme sind im Ellenbogen gebeugt, so daß die Fäuste sich neben den Schultern befinden. Nun werden die Unterarme kräftig nach außen und hinten bewegt und zugleich das Haupt rückwärts geworfen, wodurch eine lachende Bewegung der Mundwinkel von selbst entsteht. Trotz der Behauptung BAERWALDS »Es ist schwer, diese Bewegung zwanzigmal zu wiederholen, ohne fröhlich und angeregt zu werden« (op. cit. S. 265), glückt es vielen Menschen weder ein Lachen zustande zu bringen noch eine schlechte Stimmung dadurch zu vertreiben! Auf die Beziehungen zwischen Bewegungsapparat und seelischen Vorgängen haben früher schon DUGALD STEWARD und GRATIOLET hingewiesen. In ähnlichem Sinne hat sich TH. RIBOT 750 geäußert. PITRES und CRUCHET 709 fanden, daß die Kontraktion der Muskeln, die beim Lachen bewegt werden, eine fröhliche Stimmung hervorruft. Einige Ausdrücke in der Umgangssprache weisen ebenfalls darauf hin: Man gerät in einem Gespräch in Feuer durch das Gestikulieren und durch mimische Begleiterscheinungen; man denke an die deutsche Redewendung »sich in Zorn reden«. Dagegen kann man z. B. Lachen mit Gewalt unterdrücken, indem man die Gesichtsmuskeln straff spannt; dabei kann aber auch gerade der gegenteilige Effekt erzielt werden (vgl. das »Gesetz der das Gegenteil bewirkenden Anstrengung«).

Ein Grundgedanke der aktiven Tonusregulation ist der weitestgehender *Individualisierung*. Dieser widerspricht auf den ersten Blick dem Vorgehen von J. H. Schultz und von Jacobson. Beide Autoren halten an dem feststehenden Schema und der Reihenfolge ihrer Übungssysteme fest und lehnen Änderungen ab. Gleich welchen Charakters die Patienten sind, welche Entwicklungsgeschichte sie hinter sich haben oder welche Symptomatik sie aufweisen, alle erlernen einzeln oder in Gruppen die gleichbleibende Methode. Erst danach können Variationen in Form der einzelnen Vorsatzbildungen und im Inhalt der autosuggestiven Formeln vorgenommen werden. In der aktiven Tonusregulation wird hingegen von vornherein eine Individualisierung angestrebt und dabei Raum für die Anwendung aller bekannten Heilgebärden, wie sie die Menschheit von Anbeginn an entwickelte, gelassen. Es sei damit aber nicht eine grundsätzliche Überlegenheit der Tonusregulation gegenüber den Methoden von Schultz und Jacobson postuliert. Beide Prinzipien ergänzen sich im Sinne der überall zu verfolgenden Dialektik psychotherapeutischen Vorgehens. Für viele Patienten ist gerade die unabänderlich feststehende Übung und das allgemeine Umschaltungserleben indiziert, bei anderen weitestgehende Individualisierung. Aber auch im Hinblick auf den jeweiligen Arzt haben beide Arten des Vorgehens ihre Berechtigung. Viele Ärzte – vor allem Allgemeinpraktiker, die nur gelegentlich oder innerhalb von Gruppenbehandlungen autosuggestive Entspannungsübungen anwenden – sind sicherer, erfolgreicher und im Hinblick auf die nötige Breitenwirkung besser mit dem Autogenen Training bestellt, und niemand glaube, von vornherein Meister zu sein und sich großzügig über die systematische Aneignung straffer Methodik und das Sammeln langwieriger Erfahrungen hinwegsetzen zu dürfen! Erst diese beiden Punkte gestatten es dem psychotherapeutisch tätigen Arzt, zu fruchtbringender Individualisierung fortzuschreiten. Bei der Besprechung der Methoden von Schultz und Jacobson wurde eine Reihe bekannter Autoren genannt, welche die ursprünglichen Verfahren weitgehend variieren. Schultz und Jacobson selbst widersprechen ihnen angesichts ihrer großen Erfahrungen nicht mehr. Sie werden aber bei jedem Anfänger mit Recht warnen.

Es folgt die Besprechung technischer Einzelheiten der aktiven Tonusregulation. Nach einer sorgfältig aufgenommenen Anamnese und einer Erfassung wesentlicher Persönlichkeitsmerkmale des Patienten folgt eine Einführung. In erster Linie wird »die mächtige Wirkung des Geistes auf den Körper« an Hand einiger sprechender Beispiele demonstriert. Hierauf wird erläutert, daß dieser Einfluß auch zweckbewußt zustande kommen kann, und das Prinzip der Ideoplastik unterbreitet. Dies alles wird durch einige kleine Versuche verdeutlicht, wie sie bei der Besprechung der Methode Coué beschrieben wurde (Chevreuilsches Pendel, Ring am Faden in einem Glas); man gibt einige Beispiele aus dem Leben, weist z. B. auf die Erklärung des Phänomens hin, daß ein Reitpferd scheinbar von selbst bei einem Kreuzweg die gewünschte Richtung einschlägt (861, hier finden nämlich unwillkürliche Bewegungen des Reiters statt).

Nach dieser Einleitung geht man zu der Methode selbst über; man weist darauf hin, daß das Trainieren nur ein Hilfsmittel ist und daß es sich um eine Methode handelt, bei der es ausschließlich auf des Patienten *Mitarbeit* ankommt. Man erklärt ihm, daß in jedem Menschen eine Fähigkeit zur *Selbstheilung* schlummert und daß wir von diesem Vermögen Gebrauch machen. »Geistige Spannungen pflegen von Spannungen im Körper begleitet zu sein«, fährt man fort mit einem Ausspruch, den Abraham vor Jahrzehnten tat. »Diese Spannungen müssen verschwinden; hierzu ist nötig, daß sich der Mensch in einen Zustand völliger Entspannung von Körper und Geist bringt.« Diesen solle der Patient bei sich selbst herbeiführen; er müsse während der ganzen Behandlung aktiv wirksam sein. Die Rolle des Arztes besteht mehr darin, eine Anleitung zu geben.

Nun teilt man dem Patienten mit, worin seine Mitwirkung besteht. Er muß stets zur gleichen Tageszeit – welche der Patient selbst wählen darf, an die er dann jedoch »unwiderruflich gebunden ist« – die im folgenden beschriebenen Übungen durchführen. Der suggestiven Bedeutung des Auftrages zur Ausführung dieser Übungen an stets demselben Augenblick des Tages ist in manchen Fällen (bei zwangsneurotischen Zügen des Patienten!) ein großer Wert beizumessen. Wenn der Patient sie einmal nicht zu der vorgeschriebenen Zeit machen kann, soll er diesen Tag überschlagen. So kommt das larviert suggestive – in der Terminologie von Lipps »indirekt-suggestive« – Moment zum Vorschein.

Bei wenig Gebildeten kann man von suggestiven Redewendungen Gebrauch machen, z. B.: »Wenn Sie diese Übungen getreulich anwenden, werden Sie mit mathematischer Sicherheit, mit hundertprozentiger Gewißheit besser werden.« Wen dergleichen nach Scharlatanerie klingende Redewendungen abstoßen, kann ihre Anwendung unterlassen. Der Patient muß aber die Überzeugung erhalten, daß der Arzt selbst von der Zweckmäßigkeit und dem Gelingen der Übungen überzeugt ist. Man kann mitunter folgenden Kunstgriff anwenden, um das Vertrauen des Patienten schneller zu gewinnen: Man setzt ihm das soeben Dargelegte auseinander und fügt hinzu, es sei keineswegs erforderlich, daß er die Behandlung gerade bei diesem Arzt durchführt. Wenn die Persönlichkeit des Arztes – den er vor seinem ersten Besuch nicht kannte – ihm nicht passe, sei er völlig frei, einen Kollegen aufzusuchen. Es kommt jedoch nur selten vor, daß ein Kranker im Anschluß an eine solche Aufforderung von der Behandlung absieht.

Beim nächsten Besuch wird der Patient einer sorgfältigen *internistischen und neurologischen Untersuchung* unterzogen. Dieser körperlichen Untersuchung kommt auch eine suggestive und beruhigende Bedeutung zu. Dann legt man dem Patienten dringend ans Herz, daß er mit seiner Umgebung nicht über seine Behandlung und seine Übungen spricht. Die Erfahrung lehrt, daß herabsetzende Bemerkungen von Zweiflern und Spöttern nachteilig wirken. Davon abgesehen stärkt eine solche »geheime Verabredung« die Bindung an den Arzt.

Anschließend geht man zu den eigentlichen Übungen über. Man läßt den Patienten sich in einem ruhigen, nicht zu hell beleuchteten Raum (Sprechzimmer) von normaler Temperatur auf eine Couch bzw. den Untersuchungstisch legen, setzt sich neben ihn und läßt ihn die Augen schließen. Es ist zweckmäßiger, den Patienten liegen anstatt sitzen zu lassen. (Das letztere empfiehlt z. B. Fink 258 in seinem irreführenden, populär geschriebenen Buch »Release from nervous tension«: den Patienten soweit wie möglich nach hinten sitzen zu lassen, in einem geraden, nicht hohen Stuhl.) Störende Reize von außen müssen möglichst vermieden werden, desgleichen von des Patienten Organen ausgehende Reize, die ihn ablenken. Er soll nicht durch Urin- oder Stuhldrang behindert werden. Der Übende soll es sich »möglichst bequem machen«, d. h. die Haltung einnehmen, die keine störenden Organreize verursacht. Einschnürende Kleidungsstücke sind zu lockern, was viele Kranke spontan tun. Wenn er es wünscht, kann man dem Patienten zur Stütze von Hand und Unterarm ein kleines Kissen geben. Ältere Personen, vor allem Herzkranke, kann man besser in einem bequemen Lehnstuhl Platz nehmen lassen.

Noch wichtiger als die Vermeidung körperlicher und äußerlicher ist die emotional bedingter Reize. Oft befindet sich der Patient, während er übt, in der Haltung eines gewissen Abwartens: Er verfolgt z. B. von Neugierde gepackt dauernd den ganzen Vorgang. Andere finden die Situation fremdartig, unheimlich oder lächerlich, mitunter tritt ein unwiderstehliches Lachen ein. In vereinzelten Fällen wird der Patient ängstlich. Oder die Behandlung wird dadurch gestört, daß der Patient in einer Art Oppositionshaltung alles falsch macht oder seine Erlebnisse dissimuliert. Manche Menschen mit stark entwickelten zwangsneurotischen Zügen befolgen alle Vorschriften angestrengt genau und stören so das Eintreten der Entspannung.

Man tut gut daran, den Patienten darauf hinzuweisen, daß es unmöglich ist, sich ausschließlich auf einen bestimmten Vorstellungsinhalt zu beschränken. Stets blitzen neue Vorstellungen auf, und daher ist allzu starres Trachten, sich auf einen einzigen Gedankeninhalt zu konzentrieren, schädlich. Es hindert den Menschen, zur Entspannung zu kommen. Prinzipiell soll man sich der Erteilung von Vorschriften enthalten, wie Grosschopff 337, S. 76, sie angibt, nämlich daß der Patient die vielen Gedanken, die auf ihn einstürmen, unmittelbar von sich abwehren müsse. Derartige unausführbare Aufträge machen den Patienten nur mutlos. Man wird von Fall zu Fall neu entscheiden müssen, wieweit ein festgelegtes Programm und relativ strenge Vorschriften einem Patienten helfen, einem anderen aber schaden.

Mitunter kann man wahrnehmen, daß Menschen Angst vor der Entspannung haben. Sie fürchten, sich zu verlieren oder »abnormal« gefunden zu werden (s. Kapitel Kontraindikationen). Wenn man auf Grund der Kenntnis der Persönlichkeitsstruktur des Patienten erwarten darf, daß suggestive Gebärden die Behandlung fördern, kann man ihm die Hand auf die Stirn legen, es sei denn, daß man es wegen der erotisierenden Wirkung bei bestimmten Patienten lieber unterläßt. Es ist von Bedeutung, daß die Hand des Arztes selbst gut entspannt ist. Der Patient empfindet eine gespannte Hand als störenden Faktor. Man kann als Arzt eine Hand auflegen, ohne dies eigentlich ganz – innerlich wie äußerlich und mit voller Beteiligung – zu tun, wobei nämlich nicht nur der Patient, sondern innerhalb der Gesamtsituation auch der Arzt nicht umhin kann, zu entspannen. Der Therapeut muß selbst so bequem wie möglich sitzen, damit nicht nach kurzer Zeit Fehlspannungen bei ihm auftreten. Bevor er die Hand auf die Stirn legt, entspannt der Arzt seine Hand unbemerkt, indem er sie am Körper schwer herabhängen läßt. Solange er seine Hand auf der Stirn des Kranken ruhen hat, läßt er die andere Hand entspannt hängen. Nun trägt man dem Patienten zum Zweck der Tonusregulierung in topographischer Reihenfolge auf, alle Muskeln des Körpers zu entspannen. Bei diesem Auftrag werden die entsprechenden Suggestionen in langsamem, nachdrücklichem Ton gegeben, Suggestionen, die der Patient zu Hause als Autosuggestionen wiederholen soll und an die er eventuell selbstgewählte, aber vom Arzt kontrollierte Autosuggestionen anknüpfen kann. – Mitunter entsteht eine Störung durch Lachen des Patienten ohne äußeren Anlaß. Durch systematisches Ignorieren verschwindet diese Neigung meistens recht schnell. Zur Illustrierung folge der Bericht eines jungen Mannes, eines 25jährigen Musikers, der anfangs jedesmal lachen mußte.

»Wenn der Doktor die Hand auf meine Stirn legt, habe ich das Gefühl von Kontakt und Ruhe; aber es ruft den Lachreiz hervor und zugleich doch auch wieder nicht, da man an die Hand denken kann als eine Beschwörung des Lachreizes. Je stärker die Hand drückt, desto geringer wird die Lachlust. Wenn die Hand weggenommen wird, verschwindet der Lachreiz und ist doch noch immer vorhanden. Ich rufe das Lachen, obwohl ich es nicht will, selbst hervor. Ich will mich damit selbst ärgern; darin liegt eine gewisse Lust. Ich habe eine komische Vorstellung: Ein Freund, der lächerliche Gesichtszüge hat, mit einem Zylinderhut auf und allerlei seltsame Grimassen machend. Ich habe fast immer die Vorstellung, daß dieser Freund bei der Behandlung anwesend ist, den Doktor auslacht und deutlich merken läßt, daß er die Behandlung als kindisch und erfolglos betrachtet. Ich selbst finde auch den Doktor kindisch und leichtgläubig, da er denkt, daß eine derartige Manier des Behandelns ein Resultat haben soll. Er hat etwas von einem Schlangenbeschwörer oder Zauberer, der die Hexen durch die Luft fliegen läßt und alles durch Formeln beschwört, um Erfolg zu buchen. Wenn die Sitzung zu Ende ist, finde ich es immer ärgerlich, daß ich nicht ernsthaft war« (ambivalente Einstellung der Behandlung und dem Arzt gegenüber).

Oft kann man mit der Hand, die auf der Stirn ruht, an einer gewissen Änderung der Spannung des musculus frontalis fühlen, ob der Patient tatsächlich Versuche anstellt, die Spannung seiner Muskeln zu ändern. Ein deutliches Zeichen dafür ist es, wenn er sich offenbar seine bequemste Lage aussucht, den Kopf etwas verlegt, eine Pro- oder Supinationsbewegung mit der Hand vornimmt, den Arm hebt und senkt, die Beine beugt, die Füße etwas nach außen dreht, tief atmet und dergleichen. Bei sehr (auto-)suggestiblen Patienten kann sich hierin schon das Erlebnis der allgemeinen Entspannung ausdrücken, und man kann dann zur Verabreichung der autosuggestiven Formulierungen schreiten.

Im allgemeinen sind wir nicht darauf aus, objektiv zu kontrollieren, ob die Muskelentspannung tatsächlich eintritt. Wie (z. B. von Schultz) gezeigt wurde, ist das Gefühl des Entspannt-Seins von größerer Wichtigkeit als die tatsächliche Muskelentspannung. Zudem stört man durch Kontrollbelastung das Fortschreiten der Entspannung. Dieser Einwand ist wichtiger als der Vorteil der suggestiven Wirkung, die die Versicherung mit sich bringt, daß nun auch objektiv die Entspannung eingetreten sei. Die ersten Male ist indessen eine gewisse Kontrolle nötig, um zu sehen, ob der Patient begriffen hat, was man mit Entspannung meint. Hierzu soll man, durch die Kleider hindurch, die Muskeln abtasten und nachprüfen, ob sie entspannt sind. Man kann dies tun, indem man vorsichtig mit einer Hand den Unterarm und mit der anderen Hand den Oberarm umfaßt und kleine Exkursionen im Ellenbogengelenk ausführt; die Hand muß dann herunterhängen. Findet man einen Widerstand bei der passiven Bewegung, weist dies auf unerwünschte Spannungen hin. Ähnlich verfährt man mit anderen Gelenken. Manchmal steigt die Spannung vorübergehend dadurch, daß der Patient seine Aufmerksamkeit in unerwünschter Richtung konzentriert.

Zur besseren Entspannung der Bauchmuskeln lasse man den Patienten einfache Atemübungen machen: »einatmen – auch mit dem Bauch –, ausatmen, Ruhe«, und zwar in einem langsamen Tempo, in der Absicht, den Atemtypus des Schlafes nachzuahmen. Hierdurch wird die Bauchmuskulatur entspannt, und die gewünschte innere Haltung tritt leichter ein. Man vermeide, die Hand auf den Bauch zu legen, was – vor allem bei Patientinnen – störend wirkt.

Wohl kann man bei spastischen Zuständen dem Patienten die Hand auf die schmerzhafte Körperstelle legen, d. h. dorthin, wo er den Krampf lokalisiert. Vorher gibt man ihm, wenn nötig, mit Hilfe einiger Zeichnungen ein möglichst plastisches Bild davon, wie die Muskeln sich in einem Krampfzustand befinden und wie der normale Zustand ist. Ist z. B. ein Darmspasmus vorhanden, so erläutert man, wie die Därme »zusammengekniffen« sind, wie sie sich – gleich einer Faust, die geöffnet wird – entspannen und die abnorme Spannung sich in eine normale wandelt. Ob die Vorstellung von dem Vorgang, die der Patient sich bildet, mit den anatomischen oder physiologischen Verhältnissen übereinstimmt, ist irrelevant, geht es doch um die Wiederherstellung der Funktion eines Organs, die aufs engste mit der Vorstellung zusammenhängt, welche der Patient von ihr hat.

Wenn man annehmen darf, daß hinreichende Entspannung der übrigen Muskeln eingetreten ist, achtet man auf den Gesichtsausdruck. Es ist wichtig, daß der Patient auch seine Gesichtsmuskeln entspannt, ohne sich durch die Scheu, daß er etwa weniger intelligent oder weniger energisch aussehen könnte, hemmen zu lassen. Streichbewegungen – von Jolowicz 434, S. 137, empfohlen als »Entwölken der Stirn« bezeichnet – sind besser zu unterlassen. Sie wirken erotisierend, und die ohnehin schon vorhandene Gefahr, daß der Entspannungszustand in eine tiefere Hypnose hinübergleitet, wird vergrößert. Darum lasse man den Patienten gleich zu Beginn die Augen schließen und nicht, wie gelegentlich empfohlen wird, einen Punkt in der Umgebung fixieren. Zu fürchten ist ebenfalls der Zustand tieferer Autohypnose, weil er eintreten könnte, während der Kranke zu Hause übt. Wenn selbst musculus levator palpebrae, musculus temporalis und masseter entspannt sind (die Augenlider senken sich tief; der Unterkiefer sinkt herab, während der Mund geschlossen bleibt), ist die Muskelentspannung voll eingetreten. In der Praxis ist es nicht immer nötig, die Übungen fortzusetzen, bis diese völlige Muskelentspannung erreicht ist, da *des Patienten Erlebnis für den Therapeuten die Hauptsache* ist. Manchmal kombinieren wir diese Entspannungsübungen in größerem Umfang mit den bei ähnlichen Methoden mit Erfolg angewandten Atemübungen; das ruhige und regelmäßige Atmen hat im allgemeinen eine beruhigende, entspannende Wirkung.

Eine Einschränkung ist hier erforderlich. Nur äußerlich erinnern diese Atemübungen an Hatha-Yoga (s. o. oder Theos. Bernard 51, Charles Moore 653, Stokvis 878 und Yogananda 692). Wie Keyserling 460 in seinem »Reisetagebuch eines Philosophen« beschreibt, gilt selbst in Indien Hatha-Yoga als nicht gefahrlos; viele Übungen sind unbedingt schädlich. In der Aktivrelaxationsmethode wird von den Atemübungen nur ein sparsamer Gebrauch gemacht, also nicht in der Yoga-Art.

Anschließend geht man dazu über, dem Patienten in überzeugendem Ton zu erklären, daß mit der Entspannung der Muskeln eine »Entspannung des Geistes« eintritt (s. o.): »Ein Zustand der Ruhe, in dem es möglich ist, erwünschte Vorstellungen und Gedanken leichter anzunehmen.« Dies entspricht der Wirklichkeit. Bei suggestiblen Personen kann man hinzufügen: »In diesem Zustand ist es möglich, bewußte Vorstellungen in das Unbewußte eindringen zu lassen« und so »das Unbewußte zu beeinflussen«. Wem eine solche Hinzufügung nicht paßt, kann sich mit der erstgenannten Erklärung begnügen. Daß zugleich mit der Entspannung der Muskeln psychische Veränderungen stattfinden, wird immer wieder deutlich. Die Reaktion auf affektive Reize ist gleichfalls verändert, und zwar im Sinne einer Verminderung, wie Untersuchungen der Pulsfrequenz und des Blutdrucks mit Hilfe des Tensographen zeigten. Der Patient bekommt als Äußerung der Bewußtseinsveränderung ein Gefühl des Prickelns in den Fingern, Parästhesien, ein »schweres Gefühl« im Kopf, ein Gefühl von Schläfrigkeit. Mitunter ist seine Zeitschätzung gestört, und er meint, daß der Arzt leiser zu sprechen begonnen habe.

Ehe wir mit der Verabreichung von (auto-)suggestiven Formulierungen beginnen, fühlen wir den Puls, den wir später, ebenso wie vor dem Übungsende, aufs neue kontrollieren. Wir teilen dem Patienten suggestiv mit, die Verminderung der Pulsschläge – die in der Tat in den meisten Fällen nachweisbar ist – wiese darauf hin, daß die für die Heilung notwendige Bewußtseinsveränderung eingetreten ist. So wird ein eventueller Zweifel des Patienten beseitigt. – Bevor man ihn »weckt«, trägt man dem Patienten auf, bei seinen Übungen zu Hause Formulierungen im gleichen Wortlaut zu wiederholen, und weist nochmals auf deren große Bedeutung für seinen eigenen Anteil an dem Heilungsprozeß hin. Dann beendet man die Übung in derselben Weise, wie sie bei der Hypnose gebräuchlich ist. Man sagt z. B.: »Wenn ich jetzt sage: ›eins‹, gleitet das Gefühl von Schwere von Ihnen ab, aber die Entspannung dauert an; wenn ich ›zwei‹ sage, machen Sie die Augen wieder auf, und wenn ich ›drei‹ sage, sind Sie wieder völlig frisch.« (Dies alles mit leiser Stimme.) Nun wiederholt man die drei Phasen jeweils mit leiser, etwas lauterer und mit lauter Stimme. Etwas Ähnliches muß der Patient am Ende seiner Übungen bei sich selbst wiederholen.

Illustrativ sind die Erfahrungen an einem 53jährigen Ingenieur. Seit drei Jahren hat er Krämpfe in der Brust nach geschäftlichen Anstrengungen; seit zwei Jahren Verschlimmerung; eine langdauernde Ruhekur wird eingeschaltet, jedoch ohne Erfolg. Der Patient reagiert nicht auf Papaverin. – Vorgeschichte: Glückliche Ehe; drei Kinder; war fünfzehn Jahre in Indonesien tätig, trieb viel Sport. War immer gesund, wenig Alkohol und Nikotin. Nach dem Kriege politische und geschäftliche Schwierigkeiten, der Patient fühlte sich durch eine kurze Haft sehr verletzt. Seither traten die Krämpfe heftiger und öfters auf (bereits in Indonesien klagte er über Krämpfe in den Armen und in der Brust). Somatischer Befund: Röntgenologisch ein liegender, etwas links hypertrophischer Herzschatten mit einer deutlich verlängerten und sich schlingenden Aorta; EKG: etwas lange T-Zacken. Diagnose: Angina pectoris, wahrscheinlich auf dem Boden einer Arteriosklerose mit Gefäßlabilität.

Als Therapie wird eine aktive Tonusregulierung begonnen. Der Patient kommt einmal wöchentlich. Anfänglich spürt er wenig Erfolg. Erst nach dreiviertel Jahren macht sich ein Einfluß der Übungen bemerkbar. Während der Patient vorher impulsiv und explosiv war, fühlte er sich jetzt »ruhiger und beherrschter«. Er spricht selber von »wichtigen Veränderungen im Charakter« (Einfluß der positiven Übertragung, [auto-]suggestive Wirkung). Bloß bei sehr heftigen Aufregungen, auch beim Koitus und bei allerdings gern von ihm besuchten spannenden Sportkämpfen spürt er noch Schmerz. Der Gebrauch von nitroglycerinenthaltenden Präparaten ist fast eingestellt. Der Patient hat seine Arbeit wieder aufgenommen.

Es folgen seine introspektiven Erfahrungen während der Behandlung: »Wechselnde

Sensationen; fast immer Klopfen in der Brust und im Kopf, was jedoch nur selten mit Krampf (Schmerz) einhergeht; ein Gefühl, als ob das ganze Gesicht sich ausdehnt; Wärmegefühl im Kopf binnen ein bis zwei Minuten« (objektiv: Rot- und Gedunsenwerden des Gesichtes!); »so im Hals und im Kehlkopf; beengtes Schlucken, Engwerden des Kragens, ein Gefühl der Wärme im Arm, besonders links, mitunter auch rechts und selten in den Beinen. Dies ist von dem seelischen Zustand abhängig; manchmal gelingt mir die Umschaltung besonders gut.« Während der Selbstbehandlung (mitunter im Auto): »Erfahrung des Warmwerdens, nicht so intensiv wie während der ärztlichen Behandlung, auch hier das Gefühl eines Anschwellens des Halses; Spannungsgefühl; Bedürfnis, den Kragen und den Schlips loszumachen. Warmwerden des Armes, besonders des linken; selten Warmwerden des Kopfes. Das angenehme Gefühl, mich völlig in meiner Gewalt zu haben.«

Bei sehr suggestiblen Personen kann man die autosuggestive Wirkung dadurch verstärken, daß man ihnen die strenge Vorschrift gibt, fünf Minuten vor der Übung aus einem 5-ccm-Fläschchen tinctura asae foetidae oder tinctura valerianae aethereae einen Tropfen auf ein halbes Glas Wasser einzunehmen, um den erwünschten Zustand »leichter eintreten zu lassen«.

Das Beispiel einer merkwürdigen Reaktion auf einige Tropfen tinctura valerianae aethereae lieferte die 27jährige Frau U., die seit Jahren hysterische Erscheinungen zeigte. Sie reagierte auf eine ihr drohende Gefahr mit schweren (hysterischen) Anfällen. Sie hatte einen Psychologie betreibenden Pflegevater, der sie, wie sich ergab, zu hypnotisieren pflegte und dann eine Art kathartische Behandlung bei ihr anwandte. Von einem Arzt erhielt sie tinctura valerianae aethereae. Sie bildete sich offenbar ein, daß dies ein Mittel sei, wodurch die Katharsis spontan hervorgerufen würde. Ein bis zwei Minuten nach dem Einnehmen fühlte sie sich schlaftrunken, fiel auf ein Sofa, schlief tief ein und kam spontan in diesem somnambulen Zustand auf autosuggestivem Weg zu einem affektiven Wiedererleben ihrer traumatischen Erlebnisse der letzten Jahre. Sie sah Polizisten auf sich zukommen und schrie: »Mörder, weg, weg, rührt mich nicht an«, wobei sie Beißbewegungen machte und ihre Kleider in Fetzen riß.

Es hängt von der Persönlichkeitsstruktur und von dem Bildungsgrad des Patienten ab, ob man ihn darauf hinweist, daß bei jeder Übung die beschriebene Bewußtseinsveränderung zustande kommt. In manchen Fällen ist es unrichtig, dem Patienten gegenüber den Terminus »Autohypnose« zu gebrauchen.

Als Beispiel sei ein 19jähriger Psychopath genannt, Reisender von Beruf, der sich »Psychologe« nannte und der mit neurasthenischen Beschwerden in die psychiatrische Poliklinik kam. Er hatte Bücher von Freud, Klages u. a. gelesen, ohne sie zu verstehen, unterwarf Freunde und Bekannte dem Rorschach-Test und verschiedenen veralteten Assoziationsversuchen, notierte Träume, sammelte Handschriften, ohne mit dem Material etwas anfangen zu können. Ein Arzt erläuterte ihm die Aktiv-Relaxationsmethode, die bei ihm angewandt wurde. Hierbei fiel der Begriff »Autohypnose«. Abends suchte er in einem

Konversationslexikon das Wort und begann zu experimentieren. Es folgt eine Beschreibung seiner Erfahrungen:

»... Den folgenden Mittag stellte ich Versuche mit einer elektrischen Heizsonne an, um mir das Zustandekommen der Autohypnose zu erleichtern. Dies gelang mir, indem ich mir sagte, daß es fortwährend wärmer werde, und geriet, stets nach dem Öfchen blickend, in Autohypnose. Ich blieb eine Weile so liegen, während das Öfchen seine Wärme auf mich abstrahlte, und weckte mich nach einiger Zeit. Aber nun die folgende merkwürdige Tatsache: Des Abends um acht Uhr war ich in der Schule, wo dicht neben mir gerade eben solch ein Heizöfchen brannte, wie ich des Mittags eines benutzt hatte. Während ich mit Zeichnen beschäftigt war, blickte ich von Zeit zu Zeit nach diesem Ofen und scheine dann in eine Autohypnose geraten zu sein, in der ich einige Zeit blieb. Ich wußte nicht, wie lange dies ungefähr gedauert hatte, aber es kann eine gehörige Zeit gewesen sein, da ich in diesem Zustand eine Zeichnung vollendete. Mein Nachbar stieß mich an, was mich bestürzt wieder zu mir brachte. Seitdem bin ich bang vor elektrischen Öfen ...«

In der Literatur sind mehrere Fälle von unabsichtlicher Autohypnotisierung bekannt. BRAID 108 macht bereits eine anekdotische Mitteilung darüber. Auch AZAM (Ann. méd. psychol. 2, 14 [1876]), BOUCHUT 100, CULLERRE 174, DUMONTPELLIER 219 und KRAFFT-EBING 501 berichten solche. Der Fall von scheinbar langdauernder Autohypnose, den URECHIA 940 beschrieb, beruht eher auf einer Katatonie als auf Selbsthypnose. MOLL 648, S. 339, betrachtete außer der Hypnosesucht die unabsichtliche Autohypnotisierung als die einzige wirkliche Gefahr der hypnotischen Behandlung.

Nötigenfalls kann man den Patienten diese Übungen, die höchstens zehn Minuten bis eine Viertelstunde dauern dürfen, einige Male am Tag wiederholen lassen, auf jeden Fall vor dem Einschlafen oder sogleich nach dem Erwachen. Mitunter fällt es dem Patienten, der die Augen geschlossen halten soll, schwer, die zehn Minuten richtig zu schätzen. Er lernt dies jedoch schnell, indem er, wenn er denkt, daß die Zeit um ist, einen Blick auf die Uhr wirft. Es ist nützlich, ihn täglich einen kurzen schriftlichen Bericht über seine Erlebnisse anfertigen zu lassen und diesen epikritisch mit ihm zu besprechen. Wir lassen einige solcher Berichte folgen.

27jähriger Varieté-Artist: »Im Bett noch geübt. Während der Übung geschah folgendes (das Eigenartige ist, daß ich nicht weiß, ob es Traum oder Wirklichkeit war): Ich lag auf der Seite, meine beiden Beine gingen in schrägem Stand nach oben und blieben in diesem Stand, wieviel Mühe ich mir auch gab, sie wieder auf das Bett zurückfallen zu lassen. Das Gesetz der Schwerkraft war aufgehoben. Ich dachte noch: Oh, das bedeutet nichts, keinen Zwang anwenden, das wird wohl wieder in Ordnung kommen. Es sah geradeso aus, als ob ich hypnotisiert wäre, und ich schien etwas Derartiges auch zu vermuten« (Autohypnose).

25jähriger Geiger: »Meistens kommt das Schweregefühl in den Augen schnell zustande, aber die Augen haben auch sehr oft die Neigung, weit aufzugehen, vielleicht weil mein Körper sich so weit ausstreckt. Beinahe stets fühle ich meinen linken Daumen sich bewegen.

Ich weiß, daß er entspannt ist und ruhig liegt; doch fühle ich eine Bewegung von rechts nach links. Ich könnte sagen, daß der geistige Daumen sich bewegt, ohne daß ich selbst hieran wirksam Anteil habe. Nach fast jeder Übung habe ich das Gefühl, dem Ziel wieder einen Schritt näher gekommen zu sein, und die Befriedigung, meine Pflicht getan zu haben gegenüber dem Arzt und den Eltern, insbesondere aber mir selbst gegenüber« (Sühnung von Schuld, Verantwortlichkeitsgefühl).

43jähriger Lehrer mit zwangsneurotischen Zügen: »Bei dem leise vor mich hin Murmeln der Entspannungssuggestionen gebrauche ich oft und gern dieselben Ausdrücke (z. B. ich entspanne Stirn, Augen, Nase, Mund, Kinn usw.) wie der Doktor bei der Behandlung. Es ist, wenn ich es gut mache, so, als wenn Sie es machen würden. Ich will mich sozusagen in Sie versetzen« (Identifikation) »und will mich auch an Ihre Reihenfolge halten. Irre ich mich, dann reut es mich bestimmt« (strenges Gewissen). »Wenn ich z. B. sage: ›Nun entspanne ich den rechten Oberarm!‹, dann richte ich meine Aufmerksamkeit bewußt auf diesen Körperteil und fühle mitunter in der Einbildung oder tatsächlich, daß die Muskeln zu ruhen beginnen oder etwas Derartiges. Jedenfalls habe ich meistens nach der Beendigung ein ausgeruhtes Gefühl. Dies entsteht systematisch über den ganzen Körper. Sage ich: ›Die Augen fest schließen‹, dann fühle ich, daß die Augenlider sich fest zudrücken, ohne daß ich selbst hierfür etwas zu tun brauche; das geht ganz automatisch« (ideoplastisch). »Das muß aus meinem Unbewußten kommen; mein Wille ist ausgeschaltet. Nach einiger Zeit der Entspannung (wenigstens wenn diese gut glückt) fühle ich es mitunter in den Fingern prickeln. Es ist, als ob die Arme länger würden, und auf die Dauer fühle ich ihr Vorhandensein nicht mehr« (Veränderung des Leiberlebens bzw. des Körperschemas mit Depersonalisationsgefühlen und leichter Bewußtseinsveränderung).

Man läßt den Patienten jedesmal in der Sprechstunde eine Übung machen. Einige Wochen kommt er zweimal und dann einmal wöchentlich zum Arzt. Es ist nicht möglich, ein allgemein geltendes Schema aufzustellen. Hat der Patient die vergangene Woche nicht genügend geübt, erhält er eine ernsthafte Mahnung in Form eines Appells an sein Verantwortungsgefühl (der Arzt als strenger Vater). Ist der Patient symptomfrei, ist eine allmähliche Entwöhnung von der Behandlung erwünscht. In der Regel hören die Patienten mit ihren Übungen spontan auf, nachdem sie symptomfrei geworden sind.

Natürlich soll man – soviel wie möglich individualisierend – jedem Patienten eine Nachbehandlung geben und die Übertragung, die sich zum Arzt hin gebildet hat, so weit wie möglich befriedigend zu lösen versuchen. Eine vollständige Lösung der Übertragung ist selten möglich. Dies gilt mehr oder weniger für jede Psychotherapie. Es folgt ein lehrreiches Beispiel:

Fall E. F.: Konversionshysterische Erscheinungen bei einem 24jährigen Mädchen. Sie wurde stationär aufgenommen. Seit acht Jahren leidet sie an heftigen Kopfschmerzen, vor allem im Hinterkopf. Ferner klagt sie über dauernden Brechreiz, häufiges Erbrechen, Krampf in den Schläfen, ein elendes Gefühl im Hals, ein »ekliges« Gefühl im ganzen Körper, als ob sie vergiftet sei, mitunter Krampf und Schmerz im Magen. Ferner fühlt sie sich müde, mutlos, lustlos und trübsinnig. Sie möchte oft, daß sie tot wäre. In letzter Zeit hat sie an Gewicht abgenommen. Dabei fühlt sie sich matter als früher. Die Welt rundum dringt nicht mehr richtig zu ihr durch. Zuweilen wird sie hiervon beängstigt, und sie fragt sich: »Existiere ich wohl? Ist dies alles vorhanden?« Die wiederholte internistische Untersuchung hat ein negatives Ergebnis. Auf Grund der psychiatrischen Untersuchung wird die Diagnose Konversionshysterie gestellt. Die geringe Fähigkeit zur Introspektion läßt von einer aufdeckenden Behandlung absehen. Die Anwendung von Hypnotherapie wird beschlossen.

Sogleich ergibt sich eine Schwierigkeit. Man versuchte schon poliklinisch eine hypnotische Behandlung mit der Farbenkontrastmethode. Sie fand dies einen »lächerlichen Firlefanz«. Außerdem empfand sie es als eine moralische Erniedrigung. »Würden Sie es erfreulich finden, auf diese Art besser zu werden?« fragt sie. Deshalb wird die Hypnotherapie als suggestive Therapie mit der Methode der Aktiv-Relaxation kombiniert. Es wird dringend an ihre Mitwirkung appelliert. Hierdurch wird dem »Narzißmus« der Patientin »geschmeichelt«: die Hilfe des Arztes allein sei sicher nicht ausreichend. Die Patientin muß sich – ein paarmal am Tag – auf die Couch legen und fünf bis zehn Minuten lang die Worte wiederholen, die sie vom Hypnotisator hörte. So gerät sie in einen autohypnotischen Zustand, in dem die Autosuggestionen besser einwirken können. Die Patientin soll ruhig einige Tage darüber nachdenken, ob sie sich dieser Behandlung unterziehen will, und wenn sie denkt, für eine Mitwirkung imstande zu sein, zurückkommen. In der Regel hat eine derartige Suggestion einen günstigen Einfluß. Schon am folgenden Tag bittet sie um die Behandlung. Der hypnotische Zustand tritt sehr schnell ein. Sogleich ist die Hypotaxie festzustellen, und schon nach der ersten Sitzung sind die Beschwerden verringert. Nach der dritten Behandlung verspürt sie zum erstenmal seit langer Zeit »Lust«. Eine Woche später bittet sie um Arbeit. Sie übt täglich und bekommt allmählich Vertrauen zu der Behandlung. Wieder eine Woche später sagt sie: »Es geht gut.« Wenn sie jetzt Kopfschmerzen bekommt und übt, ist der Kopfschmerz sofort weg. »Ich bin so froh, daß Sie es mir selbst überlassen, besser zu werden; ich fühle so richtig, daß alles aus mir und durch mich selbst kommen muß! Ich glaube sicher, daß ich es erreiche.« Das Gewicht nimmt zu, die Patientin bekommt mehr Mut, nimmt aktiv an der Arbeitstherapie in der Klinik teil. Sie wagt allmählich, wieder in Gesellschaft zu gehen. Das Erbrechen, das seit sechs Jahren regelmäßig auftrat, ist verschwunden. Sie kann entlassen werden.

Nach ihrer Entlassung übt die Patientin noch einige Monate zu Hause. Sie hat wieder eine Anstellung als Lehrerin an einer Industrieschule. Die Erscheinungen sind, wie sich aus einem Brief ergibt, nicht mehr zurückgekehrt. Bei ihrem letzten Besuch legt die Patientin den Nachdruck auf die Feststellung, daß sie froh sei, »niemandem für meine Besserung dankbar sein zu müssen«. Allein durch die Tatsache, daß sie sich selbst hat »besser machen« können, habe sie mehr Selbstvertrauen bekommen: »Solch ein Krüppel bin ich also offenbar doch nicht.« – Erst zwanzig Jahre später suchte sie denselben Arzt wieder auf. Sie war unverheiratet geblieben und bot den Anblick einer dicken Matrone. Seit kurzer Zeit war sie als Schuldirektorin tätig. Dieser Aufgabe fühlte sie sich nicht gewachsen. Sie klagte über Kopfschmerzen und eine Reihe weiterer vager Beschwerden im Sinne der vegetativen Dystonie. Der internistische (und endokrinologische) Befund zeigte keine Besonderheiten.

Es wurde fast die gleiche Therapie durchgeführt wie zwanzig Jahre zuvor. Die Behandlung dauerte diesmal sieben Monate. Die Patientin konnte stark gebessert entlassen werden.

Durch die hypnoide Bewußtseinsveränderung, die im Aktiv-Relaxationszustand eintritt, können autosuggestive Vorstellungen leichter als im Wachbewußtsein verwirklicht werden. Darum eignet sich dieser Zustand als Hilfsmittel, um schädlich wirkende suggestive Vorstellungen durch andere zu ersetzen. Hierfür geben wir einige technische Anweisungen. Es ist in manchen Fällen zweckmäßig, den Patienten selbst eine Formel aufstellen zu lassen, die man ihm, gut artikuliert, suggestiv vorliest. Er soll sie dann in gleicher Weise wiederholen, was die autosuggestive Bedeutung dieser Formel unterstreicht. Die Wirkung einer solchen Formel ist grundverschieden von der bei den passiv autosuggestiven Methoden.

Jolowicz (l. c.) legt Wert auf die Feststellung, daß es bei einer psychotherapeutischen Suggestion vor allem auf den Inhalt ankomme. Das ist nicht richtig. Experimenti gratia sagten wir einer Reihe suggestibler Patienten im Zustand tiefer Entspannung unzusammenhängende Worte in nachdrücklichem Ton vor, die dieselbe Wirkung hatten wie inhaltlich sinnvolle Suggestionen. Es kommt also nur auf den Einfluß von Entspannung und Autosuggestion selbst an, wobei der Erwartungsfaktor neben der »Übertragung« zum Helfer eine wichtige Rolle spielt.

Wir ziehen es, wie gesagt, vor, dem Patienten nicht eine von uns aufgestellte Formel zum Wiederholen zu geben, sondern ihn selbst eine aufstellen zu lassen, die so gut wie möglich seinem individuellen Bedürfnis entspricht. Die Formel darf nicht lang sein. Am besten wählt man eine kurze Schlagzeile, die sich durch die einander folgenden Laute der Worte zu einer schnellen Wiederholung eignet.

Was die Formulierung betrifft, ist es falsch, diese so zu wählen, daß Selbstbeobachtung als Kontrolle die Richtigkeit der Formel Lügen strafen könnte: Sie muß der momentanen Wirklichkeit entsprechen. Die Anspielung auf einen Zustand, der erst noch eintreten muß (die Heilung), ist zu vermeiden. So ist es falsch, den Patienten sagen zu lassen: »Der Schmerz ist vorbei«, oder »ich habe keine Schmerzen mehr«. Darum hatte Coué recht, indem er seine Formel »ça passe, ça passe« wählte. Ebenso falsch ist es, die autosuggestive Formel negativ einzukleiden, z. B. »dies oder jenes soll nicht mehr stattfinden«, oder »ich werde nicht ...« usw., was die Vorstellung von dem, was man den Patienten vergessen lassen will, aufs neue hervorruft.

Bei der Methode Coué wird die Formel zwecks Erreichung einer hypnoiden Bewußtseinsveränderung angewandt, die infolge der schnellen Wiederholung eintritt. Coué meinte, daß das schnelle Wiederholen nötig sei, damit der Patient sozusagen mitgeschleppt werde und der entgegengesetzte Gedanke – möglicherweise eine (unbewußte) Wunschvorstellung! – sich keine Geltung verschaffen könne. So hoffte Coué diese Vorstellung ins Unbewußte zurückzudrängen. Darum war es ihm gleichgültig, ob der Patient die Formel durch das Weglassen von Silben verstümmelte. – Bei der aktiven Relaxation legen wir Wert darauf, daß der Patient die Formel, die nicht als technisches Hilfsmittel zum Erreichen der Bewußtseinsveränderung angewandt wird, Wort für Wort gut artikuliert, lautlos oder nicht, die Lippen bewegend oder nicht, vor sich hin spricht bzw. sich intensiv vorstellt. So wird der Appell nicht nur an das Emotionale, sondern auch an das Denken gerichtet.

Welche seelischen Vorgänge spielen sich in dem Patienten ab? Neben der allgemeinen Psychologie der (Auto-)Suggestion ist für das Verständnis des Zustandekommens der Heilung von Bedeutung, daß der »Eigenliebe«, dem »Narzißmus geschmeichelt« wird. Bei der Indikationsstellung für diese Methode wird man mit der narzißtischen Gefühlseinstellung in erster Linie rechnen müssen, dem Faktor, der bei jeder anderen Form von Psychotherapie hemmend wirkt. Bei der Anwendung von Tonusübungen trachtet man danach, die Gefühlsbildung, die gleichsam an ein bestimmtes Organ oder einen bestimmten Körperteil »angeheftet« ist, über den ganzen Körper auszubreiten. Dieses Bestreben bildet einen Unterschied zur Methode des Autogenen Trainings, bei welchem – in der Unterstufe – die Aufmerksamkeit und damit die Gefühle auf bestimmte Körperteile oder Organsysteme gerichtet werden. Wir hingegen versuchen, den in der Funktion gestörten Organsystemen die an sie fixierten Gefühle zu entziehen. Ein anderer Unterschied ist der folgende: Bei den hier gemeinten Entspannungsübungen wird die Bewußtseinsveränderung mittels einer systematischen Entspannung der Muskeln bzw. einer Regulierung des Tonus erzielt; beim Autogenen Training soll durch die Konzentration der Aufmerksamkeit auf die verschiedenen Körperteile die »Versenkung« eintreten.

Ist der Zustand der Bewußtseinsveränderung erreicht, ist die (Auto-)Suggestibilität erhöht. Das Gespannt-Sein, in dem sich viele Patienten befinden und dessen Folge die erwähnten spastischen Zustände sind, nimmt ab. Der Circulus vitiosus, in dem diese Patienten leben, ist durchbrochen. Die aktive Entspannung bringt bei genügender Übung nicht nur eine Entspannung der willkürlichen und unwillkürlichen Muskelgruppen zustande, sondern verringert auch das psychische Gespannt-Sein, in dem sich der Patient befindet und durch das die erhöhte Muskelspannung mit unterhalten wird. Die aktive Relaxation bietet weiterhin (wie das Autogene Training) den Vorteil einer »Resonanzdämpfung der Affekte«. Hierunter versteht J. H. Schultz 819, S. 82, die Tatsache, daß durch Ruhe im körperlichen Geschehen das affektive Erleben »gedämpft« wird und somit sich nicht mehr bis in die somatische Sphäre hinein störend auswirkt. Der Affekt wird gleichsam »in sich aufgelöst«. Statt (auch somato-funktionell) krampfhafter Selbstbeherrschung gegenüber dem als drängend erfahrenen Affekt kommt eine Veränderung des emotionalen Erlebens selbst zustande.

Mit der Anwendung der aktiven Relaxation schlagen wir eine Brücke zwischen der suggestiven und der autosuggestiven Behandlung. Wie beschrieben, haben Laien auf psychotherapeutischem Gebiet, welche die Wichtigkeit der Übungstherapie einsahen, das suggestive Element dadurch erhöht, daß sie die Übungen in ein mystisch-religiöses »Gewand« hüllen, welches für viele eine große Anziehungskraft besitzt (vgl. S. H. Mellone 628). Für uns Ärzte muß das autosuggestive Moment im Vordergrund bleiben. Die suggestiven Faktoren wirken latent und dienen nur zur Verstärkung der autosuggestiven Wirkung. Wir meinen, daß es auf diese Weise möglich ist, in kurzer Zeit – d. h. mit einer bestimmten Anzahl von Besuchen, die von kurzer Dauer sein können – den Patienten wenigstens symptomfrei zu machen.

Es folge eine Zusammenfassung für die praktische Durchführung der aktiven Tonusregulation:

Indikationsstellung

1 Der Patient

a) vorzugsweise zwangsneurotische Züge, verkrampfte Haltung, narzißtische Einstellung;

b) psychosomatische (Spannungs-, Krampf-, Schmerz-)Symptome umschriebener und »vordergründiger« Art, im Gegensatz zum »gleichmäßigen« neurotischen Erfaßtsein der Gesamtpersönlichkeit;

c) umgrenzte psychoneurotische (Rand-, Fremd-, Schicht-)Symptome, wenn keine Psychoanalyse indiziert ist;

d) Schlafstörungen.

2 Der Arzt

a) Eigenerfahrungen durch Spannungs-(Krampf-, Schmerz-)Zustände und Entspannungsübungen zu ihrer Beseitigung und Linderung;

b) förderlich eigene »zwangsneurotische« Charaktereigenschaften.

Vorbereitung

1 *Günstige »Atmosphäre«* herstellen im (gemeinsamen) Stillewerden, Pat. Ausreden oder »Toben«-Lassen und suggestive Hinweise auf die mitarbeitenden Selbstheilungsmöglichkeiten.

2 *Internistische und neurologische Untersuchung* mit beruhigender Befundmitteilung.

3 *Demonstration und Selbsterfahrung* psychophysischer Wechselwirkung (Pendel, Fallversuch etc.).

4 *Vertrauens- und »Übertragungs«-Verhältnis* zum Arzt. Stärken durch Sorgen-Äußern-Lassen, Mutmachen, weitgehendes Ausschalten Angehöriger und weiterer Personen aus der Behandlung (Schweigen daheim), Appellation an Verantwortungsgefühl und aktive Mitwirkung.

Spezielle Übungen

Motto:

a) Jeder Mensch ist anders geartet und in differenten Situationen, daher individuelle, topographische und zeitliche Variationen;

b) die Untrennbarkeit von Suggestion und Autosuggestion sowie die anfängliche Hilfsbedürftigkeit und damit Abhängigkeit des Patienten weist den Weg schwerpunkthafter Verlagerung der Behandlung von Suggestionen des Arztes und gemeinsamem Erarbeiten zu Autosuggestionen und selbständigem Üben des Patienten (Unterschied zum Autogenen Training, bei dem von vornherein allein autosuggestives Vorgehen beabsichtigt ist).

1 Festlegung der *Übungsdauer* (1–15 Minuten) zu bestimmter Tageszeit (durchschnittlich 5–10 Minuten).

2 Auf die *Couch* legen, Beseitigung störender innerer und äußerer Reize (Zimmer nicht zu hell).

3 Im Unterschied zum Autogenen Training werden nicht »gleiche« tiefe Autohypnosen und »Versenkungen« als Endziel beabsichtigt, sondern Aufmerksamkeit und Konzentration stärker an umgrenzte Körperteile und Funktionsbereiche »geheftet«. So ist nicht – wie beim AT – die Reihenfolge der zu entspannenden Körperregionen (re. Arm, li. Arm etc.) usw. immer gleich. Vielmehr erfolgen Wahl und »Intendieren« zu entspannender Körperteile je nach Erlebnisnähe bzw. in der Reihenfolge, in welcher »es am besten geht«.
Ebenso im Unterschied zum Autogenen Training: Haften der Aufmerksamkeit an umgrenztem Körperteil oder Funktionsbereich und nicht unbedingt zu erreichende tiefe Autohypnose oder Versenkung. Möglich ist auch zunächst stärkeres Anspannen verkrampfter erlebnisnaher Muskeln und Glieder, sich Erregen-Lassen von aufkommenden Inhalten, Herauslachen- oder Andachts- und Gebetshaltung Einnehmen-Lassen; danach *entspannen.* Anfangs: Mit- oder Vormachen des Übens durch Arzt mit suggestiver Unterstützung in Worten und Gebärden; auch Pulskontrolle mit Bericht über zunehmendes Langsamer- und Ruhiger-Werden.

– Der Patient sagt sich (zunächst mit dem Arzt, allmählich allein, leise):

a) Haltung

»Nun liege ich ganz ruhig.«

b) Entspannung

»Ich entspanne die Muskeln des ganzen Körpers: die Muskeln der Hände, der Unterarme und der Oberarme, die Muskeln der Schultern. Ich entspanne die Muskeln der Füße, der Unterschenkel und der Oberschenkel, die Mukeln des Bauches und der Brust. Ich entspanne die Muskeln des Kopfes, des Mundes, der Nase, der Augen, der Ohren, des Vorderkopfes und des Hinterkopfes, die Muskeln des Nackens und des Beckens.«

c) Umschaltung

»Mit der Entspannung der Muskeln des ganzen Körpers ist auch der Geist entspannt und damit Körper und Seele in ihrer Einheit.«

d) Autosuggestive Formulierung

»Durch die tiefe und vollständige Gesamtentspannung werden die Vorstellungen, die ich jetzt hege, verwirklicht werden. Nun konzentriere ich mich.«

Es folgen Formelbildungen, die Patient selbst erarbeitet, Arzt zunächst vorliest, Patient sich dann im Umschaltungszustand vergegenwärtigt. Diese können sich auf Druck oder Schmerzen an Organen, auf belastende und quälende Vorstellungen beziehen, auf zu steigernde Stimmung oder Leistungsfähigkeit, auf eine Gesamtentspannung usw. (siehe 5).

e) Symptombeeinflussung

»Jetzt komme ich zur völligen inneren Entspannung und Ruhe, zu einem Gefühl der Harmonie, in welches auch das Symptom, das Drückende und Krampfende eingeht, aufgenommen wird, sich auflöst, vergeht. Ich bin nur noch Ruhe, Ruhe ... Ich werde gelöst, freudig und frisch meine Arbeit verrichten, meinem Chef begegnen« usw.

f) Schluß

(Ähnlich »Wecken« bei Hypnose): Leises Vorsprechen (Arzt): »Auf 1 geht Schwere weg, bei 2 Augen auf, bei 3 frisch und spannkräftig.« Dann lautes Vorsprechen (später im Selbstüben leises Vorstellen) und Ausführung.

4 *Atemübungen*

Nur Locker-(»fallen«-)lassen mit spezieller Bauchmuskelentspannung (v. a. bei paradoxem Atmen, Sprachhemmungen, Asthma, Druck auf die Brust lange zu üben vor und im Erreichen der Gesamtentspannung).

5 *Suggestive Unterstützungen* der Entspannung spastischer oder schmerzender Körperteile durch Handauflegen, Zeichnen und bildliches Sichvorstellen zuerst

krampfender, dann sich weitender und lösender Innenräume (Herz, Darm). Anschließende Übernahme dieser Vorstellungen und Empfindungen in die Formelbildungen und Selbstübungen daheim.

6 *Allein- und Zuhause-Übenlassen* in gemeinsam erarbeiteter Reihenfolge und entsprechendem (innerem) »Wortlaut«. Zunächst häufige, dann immer seltenere (bis 2wöchige) Kontrollen durch Arzt (Puls- und Muskelentspannung).

Nachbehandlung

in Form der Lösung vom Arzt und Regelung der sozialen Verhältnisse um den Patienten.

Der Übersicht praktischer Anwendung der aktiven Tonusregulation sei in tabellarischer Form ein Überblick über die wesentlichen Unterschiede der drei »großen« autosuggestiven Verfahren angeschlossen, welcher wir zwei theoretische Bemerkungen hinsichtlich Voraussetzungen und Muskelentspannung in den »Leidener Tonusübungen« (STOKVIS) voranschicken:

Voraussetzungen

A Positive (oder negative) Übertragungssituation
B Appell an das Verantwortungsgefühl (aktive Mitarbeit)

Muskelentspannung

A Zielsetzung

1 Haften der Aufmerksamkeit an umgrenztem Körperteil oder Funktionskreis

2 Nicht unbedingt zu erreichende tiefe Autohypnose oder Versenkung

B Entspannung

Nach wechselnden topographischen Gesichtspunkten

Unterschiede Schultz, Jacobson, Stokvis

A Zielsetzung: fast dieselbe

Ziel	SCHULTZ	JACOBSON	STOKVIS
1 Auto-Hypnose	ja	verneint	leichte autohypnotische Bewußtseinsverringerung
2 Entspannung	ja	ja	ja
3 Erholung	ja	ja	ja
4 Ruhigstellung	ja	ja	ja
5 Psychosomat. Umschaltung	ja	nicht angestrebt	ja
6 Versenkung	ja	nein	»automatisch«

B Technik: verschieden

	SCHULTZ	JACOBSON	STOKVIS
1 Konzentration	Körperteil als Durchgangsmittel	Idem	Haften an umgrenztem Körperteil oder Funktionskreis
2 Richtung der Gefühle	Auf bestimmte Körperteile oder Organsysteme; Generalisierung »automatisch«	Idem	Angeheftete Gefühle über den ganzen Körper ausbreiten
3 Entspannungsphänomene	»Umwege«	Ziel	Ziel
4 Entspannungsart	Systematisch 6 Übungen Unterstufe	Nicht systematisch 6 willkürliche »Schritte«	Topographisch-systematisch (siehe Anleitung)
5 Umschaltungserlebnis	Vorhanden	Nein	Weitestgehende Individualisierung
6 Übungsdauer	2 bis 20 Minuten	Halbe Stunde	1 bis 15 Minuten
7 Behandlungsdauer	Monate	Monate	Wochen

Die Besprechung der Aktiv-Relaxationsmethode sei damit abgeschlossen, daß wir auf einige übereinstimmende Punkte hinweisen, die sie – ebenso wie andere Entspannungstherapien – mit einer Reihe von Übungen des Hatha-Yoga-Systems aufweist. J. PLOKKER, der in Indien Gelegenheit hatte, Yogapraktiken zu beobachten, legte seine Eindrücke hinsichtlich der Analogien beider Methoden nieder (715):

»Für den Durchschnittseuropäer hat das Wort ›Yoga‹ die Bedeutung von Magie. Unglaubliche Erzählungen über Yogapraktiken machen überall die Runde: Telekinese, Levitation, Hellsehen, Prophetie und so viele andere okkulte Fähigkeiten werden denen, die Yoga ausüben, zugeschrieben. Männer, die sich für Tage, ja selbst für Wochen lebend begraben lassen, die sich in exorbitanten Selbstkasteiungen übersteigern oder wunderbare Beweise von Aushaltungsvermögen an den Tag legen, wie z. B. niemals anders als stehend zu schlafen, Jahre hindurch einen Arm hochhalten, so daß dieser völlig steif wird usw., stellen die Helden in unzähligen theosophischen und anderen Erzählungen dar. Viele enthalten einen Wahrheitskern, aber die meisten dieser Geschichten sind stark übertrieben, wenn nicht völlig erfunden oder ein Produkt unrichtiger Beobachtung. Die Mehrzahl der Leute, die behaupten, über diese geheimnisvollen Kräfte zu verfügen, sind geschickte Gaukler oder Betrüger, welche die abergläubischen Neigungen ihrer Landsleute ausbeuten. Neben diesen Menschen trifft man jedoch auch seriöse Yogin an, die auf diese ›übernatürlichen‹ Erscheinungen herabsehen, nichts mit Askese zu tun haben wollen und nur ihr metaphysisches Ideal zu verwirklichen trachten. Es ist jedoch schwierig, mit ihnen in Kontakt zu kommen, da sie sich am liebsten in die Einsamkeit der Berge zurückziehen und alle Publizität scheuen.

›Yoga‹ bedeutet ›Joch‹ oder auch ›unter ein Joch vereinen‹. Der Yogi trachtet nämlich, seine individuelle Seele mit der Brahmin zu vereinigen, der Weltseele, die als allgegenwärtige und alles durchdringende Kraft oder Geist betrachtet wird, von der oder dem der Mensch einen integralen Teil bildet. Das Ziel der Yogaübungen ist, in der Weltseele aufzugehen und zugleich diese realer wahrzunehmen. Demzufolge verschwindet die individuelle Persönlichkeit, die nur Maya, eine Illusion, ist. Das einzig Wirkliche ist die Brahmin, die alles ist, so wie alles – sowohl das Lebende als das Leblose – Brahmin ist. Die Befreiung des individuellen Daseins kann nach den Yogin auf verschiedene Weise erreicht werden. Wir werden hier nur etwas über einige der vielen Übungen sagen, die im Hathayogasystem zur Anwendung kommen, das lehrt, wie es möglich ist, auf dem Weg der physischen Vollendung das genannte Ideal zu erreichen. Außer diesen Übungen sind Atemübungen, Diätvorschriften, hydrotherapeutische Maßregeln und Studien philosophischen Inhalts in Gebrauch.

Es ist natürlich nicht möglich, auch nur in rohen Zügen die philosophische Erklärung dieses Systems zu erläutern, das systematisch zuerst von Bhagavan Patanjali in seinen Yoga-Sutras ausgearbeitet worden ist. Er legt vor allem den Nachdruck auf die geistige Bedeutung von Yoga. Später wurden die beschriebenen Übungen von Menschen angewandt, die nur ihre physischen Vorteile im Auge hatten und der geistigen nicht achteten. Diese eliminieren viele der sogenannten Asanas oder Haltungen, nämlich diejenigen, die nur für die Meditation gebraucht werden. Auch die Pranayamas, die Atemübungen, werden von ihnen anders angewandt als von den Yogin, die ethische Vorschriften, die sogenannten ›Yamas‹ und ›Niyamas‹ befolgen müssen, bevor sie zu den eigentlichen Übungen übergehen dürfen.

Obwohl ein Unterschied gemacht werden muß zwischen den Vorschriften für diejenigen, die nur die physischen Vorteile von Yoga wünschen, und denjenigen, die einen größeren Nachdruck auf ihre geistige Seite legen, gibt es doch verschiedene Regeln, die für alle gelten.

So ist es eine Regel, daß die Übungen früh am Morgen und bei Sonnenuntergang verrichtet werden, und zwar stets mit leerem Magen, d. h. eine halbe Stunde vor der Mahlzeit oder mindestens vier Stunden danach. Selbst wenn man nur ein Glas Milch getrunken hat, darf die Übung nicht eher als zwei Stunden später begonnen werden. Die meisten Yogin nehmen nur eine Mahlzeit am Tag und lassen sechs Stunden zwischen der Mahlzeit und der Übung verstreichen. Die Diät ist einfach. Gewürze sind verboten, ebenso Fleisch und alkoholhaltige Getränke. Der Ort, an dem die Übungen gehalten werden, muß gut ventiliert und frei von Moskitos sein. Am besten ist es, wenn sie in der offenen Luft abgehalten werden können. Notwendig ist jedoch, daß der Yogi ruhig zu Werke gehen kann und nicht gestört und abgelenkt wird. Eine ruhige Umgebung ist eines der ersten Erfordernisse. Ein Teppich von Kusa oder einem anderen Gras wird auf dem Boden ausgebreitet, worauf ein Hirschfell gelegt wird, das seinerseits mit einem dicken Stück handgewebten Leinens, Kdaddar, bedeckt wird. So hat man eine harte und doch federnde Unterlage. Die Technik der Übung, die ich hier beschreiben will, da sie überraschende Übereinstimmungen mit der von Stokvis beschriebenen aktiven Relaxation aufweist, ist folgende:

Der Yogi legt sich der Länge nach auf die beschriebene Unterlage. Er beginnt systematisch die verschiedenen Muskelgruppen des Körpers zu entspannen. Er konzentriert die Aufmerksamkeit auf die verschiedenen Körperteile und stellt sich die Relaxation so plastisch wie möglich vor, als ob die Muskeln einer nach dem andern stürben und tot auf dem Boden lägen. Der Name dieser Übung ist daher: Savasana, von dem Sanskrit-Wort Sava, das Leiche bedeutet. Asana bedeutet Haltung. Der Yogi imitiert also einen Leichnam. Gewöhnlich beginnt man mit den Muskeln des Thorax, dann folgen die des Bauches, die der Beine und Arme, zum Schluß die von Gesicht und Kopf. Diese Reihenfolge unterliegt jedoch häufig Änderungen. Viele beginnen mit den Muskeln der Extremitäten und gehen erst dann zum Rumpf über. Der Kopf kommt jedoch stets zuletzt an die Reihe. Die Augen werden vom Beginn der Übung an geschlossen gehalten. Der Zweck ist, daß durch langdauernde Übung die Relaxation aller Muskeln des Körpers zugleich zustande kommt; die Entspannung des ganzen Körpers muß schließlich sofort vor sich gehen. Nach dieser Entspannung bleibt aber die Konzentration auf verschiedene Teile des Körpers bestehen. In vollkommen relaxiertem Zustand geht der Yogi acht- bis zehnmal mit seiner Aufmerksamkeit über alle Muskeln des Körpers, jedesmal acht bis zehn Sekunden bei jeder Muskelgruppe verweilend.

Eine ganz bestimmte Atmung wird dieser Übung in Relaxation beigefügt. Diese wird in zwei Perioden geteilt:

1. Die von dem Beginn der Übungen an bis zu dem Augenblick, in dem die totale Relaxation erreicht ist. Diese ist normal, ruhig.

2. Vom Augenblick der Relaxation an. Dann wird die Aufmerksamkeit von den Muskeln auf die Atmung gerichtet.

Es bedarf einiger Übung, bis diese Atemtechnik flott angewandt werden kann. Die meisten Yogalehrmeister weisen auch auf drei Grade von Fähigkeiten hin, die nacheinander errungen werden. Der Anfänger hat seine Aufmerksamkeit nur auf die Respiration zu richten, ohne am Volumen und der Frequenz etwas zu verändern. Eine ruhige Atmung ist für ihn genug. Es ist schwieriger, als man denkt, die Aufmerksamkeit auf diese Bewegung gerichtet zu halten. Anfangs schweifen die Gedanken schnell ab, und es ist nicht möglich, länger als zwei bis drei Minuten ausschließlich an die Bewegung der Lungen zu denken. Langwährende Übung in Verbindung mit anderen Übungen zur Konzentration und Meditation macht es jedoch möglich, schließlich während der ganzen Dauer der Savasana, also zehn bis fünfzehn Minuten lang, die Aufmerksamkeit in der vorgeschriebenen Weise gerichtet zu halten, ohne auch nur einen Augenblick abzuschweifen.

Nach ungefähr vierzehn Tagen wird eine andere Technik eingeführt. Inspiration und Exspiration werden nämlich, was ihre Dauer betrifft, einander angeglichen. Hierzu wird die Einatmung etwas verlängert, die Ausatmung verkürzt. Das totale Volumen der sich bewegenden Luft pro Atemzug bleibt aber, was es anfänglich war, wird also nicht vermehrt. Anfangs gibt diese Art von Atmung ein Gefühl des Erstickens, was aber nach einigen Übungen verschwindet.

Im dritten Stadium, mit dem erst nach vollständiger Beherrschung der Technik des zweiten begonnen werden darf – das ist ungefähr nach einem Monat –, wird das Volumen pro Atemzug vergrößert. Inspiration und Exspiration bleiben aber, was die Zeitdauer betrifft, einander gleich. Auch das Tempo bleibt unverändert. Die Aufmerksamkeit bleibt regelmäßig auf die Atmung gerichtet.

Dieser Art von Atmung bei Relaxationsübungen wird von den Yogin großer Wert beigelegt, jedenfalls dann, wenn die Übungen mit einem geistigen Zweck veranstaltet werden. Swani Kuvalayananda, der Gründer und Leiter des großen Yoga-Institutes in Bombay, findet jedoch die Atemübungen nicht unbedingt nötig bei denen, die nur eine physische Besserung bezwecken, wenngleich auch sie ihren Nutzen davon hätten. Er legt der Savasana einen großen therapeutischen Wert bei und empfiehlt sie in Fällen von Hochdruck. Nach ihm soll nämlich vor allem das Zirkulationssystem durch diese Übung gestärkt werden, namentlich die Venen. Auch rät er, sie in Fällen von neurasthenischen Reaktionen anzuwenden, da sie einen sehr beruhigenden Effekt auf das ganze Nervensystem hat. Bemerkenswert ist nämlich das starke Gefühl von Schläfrigkeit, das infolge der Relaxation entsteht. Diejenigen, die diese Übung nur als Vorbereitung für weitere Meditation benutzen, werden nachdrücklich vor dem Gefühl der Trägheit, Schwere und Schläfrigkeit gewarnt. Die konstante Konzentration der Aufmerksamkeit auf den Atmungsprozeß soll jedoch hinreichen, um das Einschlafen zu verhüten. Das Resultat ist ein allgemeines Ruhigwerden des Geistes. Die Savasana wird denn auch von vielen Yogin angewandt, bevor sie mit ihren eigentlichen Meditationen beginnen, und zwar stets zehn Minuten lang.«

Dieser Bericht kann und soll hier nur die Bedeutung haben, auf technische Parallelen in den »Umschaltungen« zwischen der Aktiv-Relaxation und den vorbereitenden Yogaübungen hinzuweisen. Knüpfen wir bei dem im Kapitel über die aus dem religiösen Leben abgeleiteten Verfahren charakterisierten Unterschied menschlicher Grundhaltungen in Ost und West und an die Einbettung der Yoga-Übungen in die religiöse Erlebnissphäre an, bleiben diese Beobachtungen ganz an der formalen Oberfläche. Sie sind allerdings für das Sehen und Denken eines europäischen Arztes charakteristisch. Weitere technische Parallelen wurden in einer älteren, an Hauer 369 anknüpfenden Arbeit (878) aufgeführt. Wer sich in die ganze

Breite und Tiefe der Yoga-Lehren und Praktiken, in dem unsere westlichen und rein technisch orientierten (MUKERJI und SPIEGELHOFF 668) Übungen weit überschreitenden und in zum Teil ihnen entgegengesetztem Sinn, zu versenken beabsichtigt, sei außer auf die Arbeit von HAUER auf das grundlegende Yoga-Buch von ELIADE 231 hingewiesen.

e) Das Readsche und das Lamaze-Training
(Exkurs: Russische Psychotherapie)

In der Geburtshilfe vieler Länder ist das Entspannungsverfahren von GRANTLY DICK READ 730–3 eingeführt, das seit 1933 von seinem Autor propagiert wird. Es steht unter dem Motto, daß die normale unkomplizierte Geburt nicht schmerzhaft zu sein brauche. Dieser Ausgangspunkt wurde vielfach angegriffen, z. B. von CHERTOK 158/9 und PRILL 725, der nach eigenen Erfahrungen das Autogene als dem READschen Training überlegen bezeichnet, aber auch das LAMAZE-Training durchführt. Methodisch stellt READ an den Anfang eine detaillierte Erziehung und Aufklärung der Schwangeren. Jeder werdenden Mutter wird erklärt, wie und warum Schmerzen bei der Geburt entstehen, damit die Furcht vor der Entbindung möglichst vermieden wird. Weiterhin ist eine Atmosphäre von Ruhe und Vertrauen bei der Frau in partu und bei ihrer Umgebung herzustellen. Es wird besonderer Wert gelegt auf das psychische Entspannt-Sein der Gebärenden.

READ schließt sich dem oben besprochenen JACOBSONschen System der »progressive relaxation« weitgehend an. »Relaxation is employed as an antidote to tension«, so schreibt er in »Childbirth without fear« (730, S. 116), der »pain-fear-tension complex« soll dadurch behoben werden. READ meint mit »relaxation« einen Zustand, in dem der Muskeltonus des Körpers bis auf ein Minimum reduziert ist: Wenn der Körper »completedly relaxed« ist, ist es nicht möglich, Angst zu erleben. Das ist nach unserer Grundlegung der »Entspannung« richtig. So kommt READ zu der Lösung: »tense woman, tense cervix« und »relaxed woman, relaxed cervix«. Anfangs machte er allerdings denselben Fehler wie JACOBSON, indem er mit Nachdruck darauf hinwies, daß die »dramatic changes«, die seine Behandlung hervorrufen, nichts mit Suggestion zu tun haben. Er gab jedoch zu, daß er bei »imperfect relaxation« die besten Erfolge sähe. Schon bald berichtete er von tranceähnlichen Zuständen, die nach »complete relaxation« eintraten. So wird inzwischen der hypno- und autosuggestive Faktor der READschen Methode nicht mehr bestritten. Nach CHERTOK 158 ist dieser Faktor sogar der erste und wichtigste dieses Verfahrens, hinter Gymnastik, Atem- und Entspannungsübungen, Aufklärung und spezieller psychotherapeutischer Beeinflussung. Da READ auf dem Standpunkt der pränatalen seelischen Beeinflussungsmöglichkeit (cf. S. 22) steht, läßt er bereits die

Schwangeren üben, sobald sie Leben fühlen; auch während der Geburt – d. h. zwischen den Uteruskontraktionen – sollen sich die Frauen entspannen, damit »a real natural labor« stattfinden kann. Sobald die austreibenden Kontraktionen einsetzen, ist Entspannung nicht mehr möglich. Wenn der Kopf das Perineum vor sich hinwölbt und die Frau in diesem Stadium noch zum Entspannen imstande ist, können Rupturen vermieden werden. Geht das Kind durch eine entspannte Vulva, soll die Mutter keinen Schmerz spüren. Nach der Geburt ist Entspannung unnötig und unerwünscht, muß doch die Plazenta so rasch wie möglich ausgestoßen werden.

Auch in seinen technischen Angaben folgt Read den Jacobsonschen Übungen (störend ist die unsaubere Terminologie; so wird z. B. »loosely« [schlaff] mit »relaxed« verwechselt). Es folgen einige Richtlinien.

Lage: Rückenlage, auf einem breiten Sofa oder einem ziemlich harten Bett mit einem kleinen Polster unter Kopf und Schultern und einem noch kleineren Polster unter den Knien. Arme seitwärts, Ellenbogen halb gebogen, Hände halb geschlossen, Knie ein wenig voneinander, also alle Gelenke soweit wie möglich in Halbbeuge.

Anweisungen für die Patientin.

Entspanne die:

Schultern durch die Vorstellung, sie nach außen zu öffnen, Arme durch die Vorstellung, daß sie aus dem Schultergelenk fallen, »als ob sie nicht zu dir gehörten«, Rücken – »er sinkt durch das Sofa auf den Boden«, Beine, Knie und Füße – sie fallen durch ihr eigenes Gewicht nach außen.

Kopf – »er macht eine Kule im Kissen«.

Augenlider – »halb geschlossen durch ihr eigenes Gewicht«.

Gesicht – »als ob es von den Wangenknochen herabhängt«.

Kiefer – schlaff hängend.

Widme jeder Gruppe ungefähr zwei Minuten und nimm sie jedesmal in derselben Reihenfolge durch.

Atmung (nach Prill der wichtigste Teil der Geburtserleichterung): Lasse den Brustkasten durch sein eigenes Gewicht bei der Ausatmung einsinken, pausiere nach der Ausatmung zwei Sekunden (oder bis neuer Atem nötig ist). Indem alle Gelenke beim Ausatmen ein wenig nachgeben, entsteht ein Gefühl allgemeiner Entspannung. Diese Übung muß sechsmal wiederholt werden.

Beachte den Verlauf der Empfindungen in den Gliedern, gewöhnliche Schwere, dann Leichtigkeit oder Schweben, schwache, feine, durchdringende Nadelstiche in den Händen, Wärme von den Extremitäten aufsteigend. Eine angenehme, träge Art von Tagtraum folgt meist (wie bei Sonnenbädern), und jede Tendenz zu gerichtetem Denken sollte absichtlich in einen Tagtraum gelenkt werden.

Dauer: Eine halbe bis eine ganze Stunde. (Die Zeitschätzung geht oft verloren oder wird ungenau.) Schlaf wird nicht angestrebt. Auf die meisten Patienten wirkt Mukelentspannung erfrischend. Jedoch viele an Schlaflosigkeit Leidende können sich tagsüber durch Entspannung in Schlaf bringen, und die Fähigkeit, dies zu tun, gibt ihnen Vertrauen für den Nachtschlaf. Die Patientin soll am Ende der Entspannung langsam aufstehen und sich recken. Plötzlichem Aufspringen folgt manchmal Ohnmacht.

Read gebührt das Verdienst, daß er die dem Psychiater seit langem bekannte Anwendung der Entspannung systematisch für die Entbindung propagierte und schon regelmäßig während der Gravidität ausführen läßt. Störend in seinen, sei es auch für Ärzte, so doch populär geschriebenen Schriften wirken mitunter apodiktische Aussprüche, z. B. es könne nicht die Absicht der Natur sein, daß die Geburt schmerzhaft verlaufe, oder daß die Uteruskontraktionen an sich nicht schmerzhaft seien, sondern daß durch die Angst der Mutter unter Einfluß des sympathischen Nervensystems der Schmerz auftritt (731). Eine diesbezügliche Untersuchung bei primitiven Völkern wäre erwünscht. Mit Recht stellten Reid und Cohen 740 die Forderung statistischer Belege. Die angegebenen Erfolgsziffern zwischen 60 und 85% werden von Prill 725 und anderen bezweifelt. Bei der dem Readschen Training weitgehend entsprechenden Methode des Russen Velvovski sind sogar Erfolgsmeldungen von 95% erstattet worden. Chertok 158, der diese durch Lamaze in Frankreich eingeführte Methode eingehend beschreibt, sieht Unterschiede zu Read nur im theoretischen Fundament, welches in der UdSSR die Reflexologie ist.

Nach den deutschsprachigen Veröffentlichungen (189, 645) kann man der Meinung von Chertok nur bedingt beipflichten, denn es sind doch einige Unterschiede zwischen beiden Methoden festzustellen. Sie mögen mit der Anlaß dafür sein, daß sich über Frankreich hinaus die Lamaze-Methode auch bei uns mehr und mehr durchsetzt. Neu ist bei ihr nicht, daß die »Psychoprophylaxe« schon während der Schwangerschaft einsetzt und Mitmenschen, vor allem den Ehemann, mit einbezieht in »Aufklärung« und »Erziehung«, vielmehr, daß Wert auf ein ständiges willentlich-bewußtes Mitarbeiten der Kreißenden gelegt wird. Vor der Geburt trainiert sie nicht allein die von Read empfohlene Gesamtentspannung des Körpers, sondern überwiegend Teilentspannungen einzelner Körperpartien und Funktionen. Ebenso wird der Atemrhythmus trainiert, der in Parallele zu den späteren Rhythmen der Wehen gesehen und angegangen wird. Während Read die Entspannung auf die Wehenpausen konzentriert, ist es nach Lamaze wichtig, sich auch während der Wehen auf die Atmung einzustellen und die eintrainierten Rhythmen weiterzuüben. Ebenso wie durch Hinlenkung auf bestimmte Körperpartien wird so über die Atmung vom Geburtsvorgang und von den möglicherweise mit ihm verbundenen Verspannungen und Schmerzen abgelenkt. Das Bewußtsein ist gleichsam von etwas anderem gefüllt als von Schmerzen. Ferner ist methodisch neu, daß sich die Kreißende durch Massagen hilft, die vor der Geburt erlernt werden. Ist z. B.

der Wehenschmerz im Rücken am stärksten, massiert die Gebärende unterhalb davon die Steißbeingegend. Auf diese Weise wird eine zusätzliche Konzentration, die vom Geburtsschmerz ablenkt, erzielt. Stärker als die READ-Anhänger legen die im Sinne LAMAZES arbeitenden Gynäkologen Wert auf die Mitarbeit des Ehemannes bei der Geburt. Ist dieser in den Kursen vor der Geburt auf die gleichen Atemübungen wie seine Frau eingestellt worden, kann er dieser bei der Geburt helfen, sie beizubehalten. Es handelt sich also um eine Verstärkerwirkung, wie wir sie im Verlauf der Beschreibung kollektiv autosuggestiver Übungen kennenlernten. Abgesehen hiervon ist das Gemeinschaftserleben der Schwangeren während der die Geburt vorbereitenden Kurse wichtig. Es werden in diese nämlich einzelne Teilnehmerinnen eingeschleust, die schon eine erfolgreiche Geburt unter Anwendung der LAMAZE-Methode hinter sich haben und darüber berichten. Es handelt sich um die gleiche Methode, die COUÉ u. a. zur Anwendung brachte, wenn er unter die zu Heilenden durch sein Vorgehen bereits Geheilte mengte.

Nach diesen Andeutungen könnte man denken, FERNAND LAMAZE habe seine Methode in Anlehnung an französische Vorgänger entwickelt. Er wurde aber im wesentlichen 1951 bei einem Besuch Rußlands von Nachfolgern PAVLOVS beeinflußt. Diese übetrugen das Modell der bedingten Reflexe, das an den klingelgereizten Hunden entwickelt wurde, auf den Geburtsvorgang: Trainiert die Frau lange genug vor der Geburt Atmen und Entspannen und wird dieses Training prospektiv stets auf die Geburt bezogen, schleifen sich die bedingten Reflexe so »in ihr Hirn« ein, daß sie auch während der Geburt wirksam bleiben. Der alte Reflex im Sinne der Erwartungseinstellung »Wehen bedeuten Schmerz und Angst« wird abgelöst durch den neuen »Sobald die Wehe einsetzt, wirst du willentlichbewußt aktiv«. Daß diese theoretische Erklärung über Willen und Reflex Autosuggestionen – gerade weil sie nicht angesprochen werden! – um so wirkungsvoller in Gang setzen, ist nach den bisherigen Ausführungen dem Leser dieses Lehrbuches klar.

Fügen wir an dieser Stelle einen Exkurs in die russische Psychotherapie ein und folgen z. B. KLEINSORGE 464 und VÖLGYESI 947, werden die Theorien PAVLOVS die Grundlage schlechthin. Für das Anliegen unseres Buches gewinnen wir kaum neue praktische Gesichtspunkte. Theoretische Erklärungen – um nicht zu sagen: weltanschauliche Verankerungen – stehen im Vordergrund und bestimmen das psychotherapeutische Vorgehen. In der Reflexologie wird das Psychische als Widerspiegelung des Physischen angesehen, womit das Spannungs-Entspannungsproblem zu einem solchen kortikaler und subkortikaler Schaltungen und Funktionen wird. In der Behandlung treten in der UdSSR nicht Methoden am einzelnen Menschen in den Vordergrund, sondern Arbeits- und kollektive Milieu-Therapie. Interessant ist die Terminologie, die TUR für die Einteilung der Entstehungsweisen von Neurosen einsetzt und die KLEINSORGE als für das russische Denken typisch ansieht: 1. durch *Überanspannung* des Erregungsprozesses, 2. durch *Überanspannung* des Hemmungsprozesses, 3. durch *Überspannung* der Beweglichkeit des nervalen Prozesses usw.

Hauptmethoden russischer Psychotherapie am einzelnen Patienten sind nach BYKOW 141 Gesprächstherapie einerseits und Hypnotherapie bis zur Schlaftherapie (unter Verwendung von Medikamenten) andererseits. Letztere wurde schon von PAVLOV eingeführt, der mit ihr eine Schutztherapie bzw. Überlastungshemmung der Hirnnervenzellen erzielen wollte. Nach BLÖSCHL 85 wird in der russischen Therapie der Heilschlaf über folgendes Vorgehen erreicht:

1. Dauerheilschlaf (18–22 Stunden pro Tag), für 6–10 Tage, auf dem Niveau eines tiefen natürlichen Schlafes, hauptsächlich bei Schizophrenie, Alkoholpsychosen und Morphinabstinenz;
2. prolongierter Schlaf (10–15 Stunden pro Tag) für 6–15 Tage, bei reaktiver Depression, Neurosen, traumatischen Affektionen des Gehirns, Alkoholdepression und chronischem Alkoholismus;
3. sich periodisch wiederholender Schlaf (2–3 Tage Schlaf mit dreitägiger Unterbrechung, insgesamt 5–6 derartige Zyklen), bei psychischen Störungen im Zusammenhang mit Herz- und Gefäßkrankheiten;
4. hypnotischer Schlaf kombiniert mit der Anwendung von Schlafmitteln, hauptsächlich bei Neurosen.

Vorgesehen ist bei der Schutztherapie über den Heilschlaf die allmähliche Ersetzung der Schlafmittel durch indifferente Stoffe, ähnlich unserer Placebotherapie. Nach Ansicht der Reflexologie werden Schlafmechanismen durch Medikamente gebahnt und »eingeschliffen« und funktionieren allmählich ohne sie. Damit nähern wir uns den in unserem Lehrbuch geschilderten Methoden.

Die Gesprächstherapie nach PLATONOV 711/2 nimmt PAVLOVS »zweites Signalsystem« zur Grundlage. Außer den direkten Umweltreizen werden beim Menschen auch die Begriffe (Worte) für diese Reize zu Signalen, zu »Signalen der Signale«. Nicht nur die Glocke (wie beim Hund), sondern das Aussprechen des Wortes »Glocke« durch einen Versuchsleiter kann zu den gleichen Reaktionen beim Patienten führen. Das ist ein Beweis für die Mächtigkeit des Wortes, wenn sich der Psychotherapeut seiner in adäquater Weise bedient. Nach PLATONOV sind Worte als Signale Grundpfeiler der »Persuasion«, der psychologischen Beratung, Erklärungen, Beruhigungen und Ermutigungen unter aktiver Mitbeteiligung des Patienten. Bei Neurosen tritt zur Persuasion immer die Suggestivbehandlung hinzu und in schweren Fällen verbale Beeinflussung in Hypnosen. Der Situation um den Patienten, dem Kontakt mit dem Therapeuten und sozialpsychologischen Faktoren wird eine zusätzlich wichtige Rolle für das Glücken einer Behandlung zudiktiert. Gesprächs- und Schlaftherapie werden so miteinander gekoppelt. Die Schutzhemmung durch Schlaf und Ruhe soll die Selbstheilungstendenz des Organismus wachhalten bzw. wecken. Erst in einem zweiten Behandlungsabschnitt wird »tonisierend« über die anregende und suggestive Gesprächstherapie vorgegangen. Neurosen, psychosomatische Störungen und sogar Psychosen werden auf diese Weise als beeinflußbar angesehen.

f) Konzentrative Bewegungstherapie nach Stolze

Die konzentrative Bewegungstherapie (K. B. T.) als psychotherapeutische Methode beruht auf der Erkenntnis, daß der Mensch nicht nur einen Leib *hat*, sondern auch sein Leib *ist*. Wer als Therapeut damit Ernst macht, bezieht auch die Fähigkeit des Menschen, sich selbst im Körperlichen wahrzunehmen, in die Behandlung ein. Fragen wie: »Was spüren Sie gerade jetzt? Was nehmen Sie von sich selbst wahr? Was teilt Ihnen Ihr Körper mit?«, öffnen oft das Tor der Einsicht in das Wesen einer Erlebnisstörung und zeigen unmittelbar die Möglichkeiten zu ihrer Überwindung.

Mit jeder Belebung des Wahrnehmens wird aber (im Sinne der Gestaltkreislehre WEIZSÄCKERS 974) zugleich eine innere Bewegung in Gang gebracht. Insofern ist dieses Verfahren eine »Bewegungstherapie«. Sie ist »konzentrativ« durch eine Einengung der Beziehung zur Außenwelt infolge einer besonders intensiven Zuwendung auf einzelne Dinge: »In der konzentrativen Zuwendung zum eigenen Körper erfolgt die Wahrnehmung seiner Gestalt und seiner Funktionen unmittelbarer ... Aus der konzentrativen Haltung gegenüber der Außenwelt, zu der auch der eigene Leib gehört, resultiert die Gelassenheit, die Fähigkeit zum affektiv-neutralen ›Die Welt an sich herankommen lassen‹, ›es darauf ankommen lassen‹. Es ist die Haltung, aus der heraus man Dinge als Realität akzeptieren kann, weil man sich ihnen gewachsen fühlt« (J. E. MEYER 641).

Diese Einengung des Bewußtseinsfeldes ist in der K. B. T. jedoch verbunden mit einer Erweiterung des Bewußtseinszustandes. Dabei handelt es sich nicht um eine Quantität, sondern um eine Bewußtseinsqualität, die man am besten als »Bereitschaft« bezeichnen kann. »Werden Sie erfahrbereit«, sagte ELSA GINDLER, auf deren Arbeiten die K. B. T. zurückgeht, immer wieder zu ihren Schülern. In dieser Haltung kann die distanzierende Reflexion, die für den erlebnisgestörten (= neurotischen) Patienten bezeichnend ist, abgelöst werden durch ein unvoreingenommenes Aufnehmen dessen, was sich seiner Wahrnehmung jetzt und hier anbietet. Dies ist grundsätzlich wichtig; es unterscheidet die K. B. T. von den Methoden, die von Bewegung im Sinne von Lockerung, Rhythmisierung oder Ausdrucksgestaltung psychotherapeutischen Gebrauch machen. Bei diesen handelt es sich stets um vorweg gegebene Vorstellungen, die als Übungen dem Patienten angeboten werden und die er sich zu eigen machen soll. Die K. B. T. dagegen zielt auf etwas anderes ab, nämlich auf die Begegnung des Patienten mit dem Eigenständigen, Besonderen und Einmaligen, das sich seiner unmittelbaren Erfahrung erschließt. Die Entdeckung der Eigengesetzlichkeit des unmittelbar Erlebten wird dem Patienten wichtiger als seine aktuelle, lebensgeschichtliche, von der Neurose geprägte Situation. Im Erfahren neuer, verschiedener Wege, sich mit sich selbst und seiner Umwelt auseinanderzusetzen, wird die Freiheit zum gestalteten Umerleben durch Vergleichen, Wählen und Entscheiden zurückgewonnen. Die Störungen der Erlebnisverarbeitung werden dadurch nicht »zugedeckt«, sondern können in ihrem Grund jetzt und hier erkannt und richtiggestellt werden.

Die K. B. T. ist ein Üben ohne Übungen. Jedes menschliche Tun kann in das Üben aufgenommen werden, das nicht kontrapunktisch dem »normalen Leben« gegenüberstehen soll. Es wird vielmehr angestrebt, die Übungsstunden mehr und mehr dem Alltag anzugleichen oder, zutreffender gesagt, die Patienten durch die Übungsstunden vorzubereiten, den Alltag mit *den* Einstellungen zu leben, wie sie in der Arbeit mit der K. B. T. erfahren worden sind.

Der Therapeut muß also Situationen schaffen, die von den Patienten beispielhaft oder symbolisch erfahren werden können für die Art der Beziehungen zu sich selbst, zu ihrem Lebensraum, zu den Menschen ihrer nächsten Umgebung, zur Gesellschaft und zur Welt ihrer Arbeit. Seine (oft recht schwierige) Aufgabe besteht einerseits darin, die Probleme seiner Patienten in den geschaffenen Situationen zu erkennen; andererseits muß er die Probleme in einfache, jetzt und hier erlebbare Interaktionen der Patienten innerhalb ihrer eigenen Körperlichkeit und zwischen dieser und der Umwelt – gegeben durch Raum, Gegenstände und Mitübende – übersetzen. Dabei zeigt es sich, daß gleiche Situationen für verschiedene Patienten ganz Verschiedenes bedeuten. Damit regt der Therapeut zu Vergleichen an. Dieses Vergleichen kann er weiter dadurch fördern, daß er die Patienten auffordert, über das zu berichten, was sie erleben (erspüren). Bei solchem Beschreiben werden sogleich und immer wieder Meinungen geäußert wie: »Das ist richtig oder falsch«, »Das kann ich nicht«, »Das geht nicht«. Der Therapeut wird daran zeigen können, daß »richtig oder falsch« auf einer fixierten Vorstellung – einem Vorurteil – beruht, daß der Patient nur *so* nicht kann, daß es nur *so* nicht geht, jedoch durchaus anders. Hier öffnet er dem Patienten neue Räume des Erlebens.

Bei der Auswahl der Patienten für die K. B. T. ist auf eine gewisse Aufgeschlossenheit zu achten, besonders in ihrer Wahrnehmungsfähigkeit. Indolente, stumpfe Menschen eignen sich nur bedingt für diese Arbeit. Weniger ausschlaggebend ist die Intelligenz. Intelligente Menschen können zwar im allgemeinen ihre Wahrnehmungen sprachlich besser formulieren und sind dadurch den anderen gegenüber zunächst im Vorteil. Einfachere Menschen gleichen dies aber häufig durch Unmittelbarkeit ihres Erlebens aus.

Die Indikationen für die K. B. T. können weit gefaßt werden. Stichwortartig soll eine Reihe von Krankheitsbildern erwähnt werden, wobei es eine Frage der jeweils verwendeten Neurosenlehre ist, welchen Persönlichkeitstypen, Persönlichkeitsstrukturen oder Fehlhaltungen man diese Störungen zurechnet:

1. Somatische Störungen psychischer Genese, wie Bewegungsstörungen (Tics), Verkrampfungen, Kopfdruck, Schwindel, Eß- und Verdauungsstörungen;
2. Störungen des Lebensrhythmus (hypomotorische, hetzwütige, überlastete, spannungslose oder schlafgestörte Patienten, auch »Unfallpersönlichkeiten«);
3. Leistungsversagen (auch Prüfungsangst);
4. Kontaktstörungen (auch Hingabestörungen);
5. Entwurzelungsreaktionen (z. B. Zweifelsucht oder Selbstunsicherheit);
6. Reifungskrisen (Protestreaktionen in der verlängerten Adoleszenz, Magersucht);
7. Angstneurosen (Phobien, besonders Platzangst);
8. Zwänge (auch Zwangsimpulse);
9. Leichtere Süchte und Verwahrlosungserscheinungen.

Auch bei Psychosekranken kann die K. B. T. mit Erfolg eingesetzt werden, wie die Tätigkeit von Gertrud Heller beweist, die zwölf Jahre lang mit Psychosekranken in der schottischen Klinik Crighton Hall arbeitete.

Bei den Kontraindikationen soll nur eine Gruppe von Patienten hervorgehoben werden, weil hier unter Umständen eine unmittelbare Schädigung eintreten kann. Es sind die Patienten mit ausgeprägter Depersonalisations- und Derealisationssymptomatik. Auf den ersten Blick scheinen sie sich für die K. B. T. besonders gut zu eignen. Tatsächlich aber bildet die Abspaltung von der eigenen Leiblichkeit, unter der diese Patienten leiden, eine kaum überwindbare Grenze. Die Aufforderung, sich selbst zu spüren, ruft eine so starke Angst und Verlorenheit hervor, daß der Patient durch die Anwendung der K. B. T. gefährdet werden kann.

Die Einfügung der K. B. T. in den Therapieplan ermöglicht in vielen Fällen eine bessere psychotherapeutische Behandlung. Der Grund liegt in der Erweiterung des therapeutischen Raums. Diese vollzieht sich auf verschiedenen Ebenen,

über Passivität und Unbewegtheit des Patienten hinaus in Aktivität und Bewegung – die Therapie gewinnt dadurch an Lebendigkeit;

über die Wahrnehmung von Gedanken und Gefühlen hinaus in die von Körperempfindungen – die Patienten werden dadurch in umfassenderer Weise an der Therapie beteiligt;

über die durch die Gesprächsform begrenzte therapeutische Situation hinaus in Situationen, die der Wirklichkeit des gelebten Lebens näher stehen – das gewährt dem Therapeuten vermehrte und vertiefte Einsichten in das Wesen und Verhalten der Patienten;

über die Betrachtung (fixierter) vergangener und (befürchteter) zukünftiger Ereignisse hinaus in das Erleben gegenwärtiger Situationen – das gibt dem therapeutischen Vorgang der Realitätsprüfung eine größere Überzeugungskraft;

über die verbale Kommunikation zwischen Patient und Arzt hinaus in eine therapeutische »Begegnung« – die Interaktionen gewinnen dadurch an Wirksamkeit.

Auch die psychotherapeutischen Möglichkeiten des Deutens und Bedeutens werden um eine Dimension, die nicht-verbale, erweitert: Übungssituationen werden gestaltet, an denen die Patienten das für sie Bedeutende erleben können; das Erfahrene, das allein überzeugt, geht der bloß gedachten Einsicht voraus. Dann aber kann der Therapeut auch in verschiedener Weise mit Hilfe des Wortes (be-)deuten. Das beginnt bei der Vorbereitung der Patienten, setzt sich fort über die Hinweise, die ihnen zum Üben gegeben werden und bezieht sich endlich auf die Aussagen über ihre Erlebnisse.

Die Richtung des Deutens in der K. B. T. ist phänomenologisch und final, d. h. daß eine Besinnung auf das Bedrängende einer Lebenssituation unmittelbar, jetzt und hier, angeregt und daß damit sogleich die Frage nach den ungelebten und damit zukünftigen Möglichkeiten gestellt wird. Das therapeutisch Entscheidende ist aber, daß dem Patienten nicht nur seine Strebungen, seine Einstellungen, sein Tun, sein Verhalten und seine Haltungen deutlich gemacht werden, sondern daß er alles dies so erlebt, daß durch die gewonnenen Erfahrungen sein Leben für ihn eine neue Bedeutung gewinnt.

Diese aus einem Autoreferat und aus einer eigenen Veröffentlichung (894) stammenden Ausführungen STOLZES seien ergänzt durch Arbeiten seiner Schüler und des Arbeitskreises für K. B. T. Seine Mitarbeiterin bei der Durchführung der K. B. T.-Kurse im Verlauf der Lindauer Psychotherapiewochen M. GOLDBERG 323 legt als jeweils »individuelles Gesetz« der Behandlung eine »Therapieformel« unter, die zwei komplementäre Pole zu umfassen trachtet. Den einen Pol bildet das jeweilige Problem des Patienten, ein Unbehagen, ein Unvermögen, eine Klage, ein Schmerz. Der zweite Pol wird durch die Frage getroffen, in welchen Bereichen und Erlebnissphären eines Patienten kein Problem besteht. In der K. B. T. geht es der Autorin darum, in Gedanken, Nachspüren und Handeln eine Verbindung zwischen den beiden Polen herzustellen. Beim Vortasten und Schreiten in die beiden Richtungen kann ein Unbehagen oder ein Schmerz vergehen, oder er wird seelisch oder leiblich in einem Hier und Jetzt geortet, beschrieben und beurteilt. Das kann passiv oder recht aktiv vor sich gehen, in einem Arbeits- oder in einem Ruhesystem, wie sich GOLDBERG ausdrückt. Im Verlauf dieser Differenzierungsarbeit (oder Ruhe) tritt in der Regel einen Augenblick oder »eine Minute« lang das Empfinden der Problemlösung und der Gesundheit ein. Dieser »Einschnitt« kann für die ganze weitere Therapie entscheidend sein, für Hoffnung und Vertrauen, daß das, was einen Augenblick währte, ein Dauerzustand wird. War der Patient vorher ein passives »Opfer« seiner Störung oder rannte er aktiv gegen sie an, wird er jetzt bereiter, Verantwortung für sich und seine Gesundung zu übernehmen. Dem »Das kann ich nicht« folgt zunächst ein »So kann ich es noch nicht«. Besonders bewährt hat sich dieses »polare« Vorgehen bei Behandlungen von Schlaflosigkeit und bei Störungen im Übergang des nächtlichen Ruhesystems in das tägliche Arbeitsverhalten.

Brezowsky 118 hebt die positive Wirkung des möglichst langen nonverbalen Vorgehens in der K. B. T. bei stark angstbesetzten Patienten hervor. Erst wenn durch die zunächst totale Angstbesessenheit hindurch die eigene Leiblichkeit empfunden wird, kann auch das Ich erlebt und angenommen werden. Die angstvoll überwältigenden Bilder werden allmählich kreativ kanalisiert. Im Gegensatz zu dieser Erfahrung findet Dilthey 194, daß Stolze die Bewegungsabläufe zu wenig verbalisiert. Besonders bei stagnierenden Gruppentherapien sei der Einbau der K. B. T. verbunden mit der Analyse der dynamischen Bewegungen und Prozesse von Vorteil. Wie ein solches »Analysieren« sinnvoll aus der K. B. T. selbst heraus vorgenommen werden kann, wird aus einer Arbeit von Peschke 703 deutlich. »Widerstände« werden nicht unmittelbar aus Einfällen, Verhaltenssymptomen oder Träumen erschlossen, sondern im Erspüren und Bearbeiten des Gegenständlichen im Verhältnis zu einem selbst. Abwehren oder Annehmenkönnen des durch den erspürten Fußboden unter einem Getragenwerdens, ebenso des durch die Gruppe um einen Getragenwerdens sind das Entscheidende. Der Gruppenleiter kann das verbal verdeutlichen, aber nicht durch Deutungen, sondern durch »Übersetzungen«, vor allem in Form von Wiederholungen dessen, was sich abspielte und zu beobachten war, und in Form des Herausstellens der so gut wie immer vorhandenen Doppeldeutigkeit von Bewegungen und Aussagen: ein Lernprozeß, der allmählich von dem Teilnehmer allein durchgeführt werden kann. Hierbei stehen nicht individuelle Konflikte und ihre Bearbeitung im Vordergrund. Diese werden vielmehr in »überpersönliche« Vorgänge hinübergeleitet: Geben und Nehmen, Nähe und Distanz, Angriff und Flucht usw. Gruppenleiter bzw. Therapeut zielen nicht auf eine irgendwie geartete Bearbeitung oder Auswertung ab, wenn der Patient oder Teilnehmer sich gegen eine Konfliktbearbeitung entscheidet, wenn er keine Erkenntnis »will«, sondern eine »natürliche Schutzhaltung« wählt. Nicht die Lehren und Vorstellungen des Therapeuten seien in der K. B. T. entscheidend, sondern sein Zutrauen zum Patienten, daß dieser den für ihn richtigen Weg finden und gehen lernt und so das ihm gemäße Selbstvertrauen entwickelt.

Auf Fragen der Ausbildung zum Gruppenleiter in der K. B. T. geht Kost 493 ein. Ein verbindliches Gruppenkonzept besteht bisher nicht. Die genaue psychologische und theoretische Durchleuchtung stört in der Regel die Spontaneität der Gruppenverläufe, die für die K. B. T. im Vordergrund steht. Wichtig sei jedoch

– zunächst gleichsam negativ – die Abgrenzung von anderen Gruppenmethoden, z. B. vom Sensitivity-Training (vgl. Däumling 175), in dem Partnerübungen einem völlig anderen Zweck dienen als in der K. B. T. Von Vorteil erweisen sich Auswertungen von Tonbandaufnahmen und Tonfilmen, die ganze Sitzungsverläufe wiedergeben. Zusätzlich ermöglichen Fragebogenauswertungen die Überprüfung typischer Situationen, z. B. das Erleben des Liegens auf dem Boden, des Gehens mit verbundenen Augen usf. Trotz solcher Erfassungs- und Auswertungsmöglichkeiten (bei diesen ist das »individuelle Gesetz« Goldbergs nicht aus dem Auge zu verlieren!) kann das Ziel eines verbindlichen Konzepts der Gruppenleiterausbildung und -befähigung nur im Rahmen großer Freizügigkeit verwirklicht werden.

g) Eutonie nach G. Alexander

Der von uns in diesem Buch immer wieder verwendete Begriff des Eutonus, der das eigentliche Ziel der Entspannung des überspannten westlichen Menschen unserer Zeit markiert, findet einen sinnfälligen Widerhall in dem Namen, den G. Alexander für ihre Methode wählte. Die folgenden Ausführungen sind einem ihr Buch (13) und ihr Werk zusammenfassenden Autoreferat entnommen.

Eutonie bedeutet eine durch Ausgleich der Körperspannungen erreichbare optimale Spannungsbalance. Die Methode zur Erreichung einer Eutonie wurde ursprünglich als Grundlage für die rhythmisch-musikalische Erziehung nach E. Jacques Dalcroze geschaffen, entwickelte sich aber bald zu einem selbständigen Erziehungsweg, der sowohl in der Schule wie als Vorbereitung für jede praktische und künstlerische Betätigung und in der Therapie benützt werden kann. Die Eutonie-Therapie erweist sich nicht nur bei psychosomatischen und Streß-Erkrankungen wirksam, sondern auch bei neurologischen Leiden, in der Behandlung von Poliomyelitis, spastischen und Querschnittslähmungen, Phantomschmerzen, in Fällen, wo die bisher üblichen Anwendungen erfolglos blieben.

Schon während der Ausbildungszeit als Lehrerin für Rhythmische Erziehung im Jahre 1925 kam G. Alexander beim Studium der Vorlesungen von S. Freud der Gedanke, daß es möglich sein müßte, die in der Hysterie wirksamen Kräfte zu erfassen und sie positiv für eine Heilung auszuwerten. Daß in der Hypnose und Autohypnose durch Vorstellungen Veränderungen im Organismus hervorgerufen werden, ist längst eine anerkannte Tatsache in der Medizin. Hypnose und Autohypnose sind aber durch ihre Einengung und Dämpfung des Bewußtseins im künstlerischen Tun wie im täglichen Leben unbrauchbar. Vom pädagogischen Standpunkt sind sie sogar abzulehnen, da es sich in der Erziehung ja gerade darum handelt, die Bewußtseinskräfte zu vertiefen und zu verstärken. Es müßte aber doch möglich sein, die so oft unkontrollierten und negativ wirkenden starken Einbildungskräfte bewußt zu nutzen, sie zu einer selbstverständlichen Fähigkeit des Menschen zu entwickeln, die künstlerisch und therapeutisch wirksam sein könnte!

In den vergangenen 45 Jahren ist es G. ALEXANDER gelungen, durch Erfahrungen an gesunden und kranken Kindern und Erwachsenen einen Weg zu finden, der in der Eutonie-Pädagogik und in der Eutonie-Therapie für jedermann erlernbar ist. Von der allgemein zugänglichen Erfahrung ausgehend, daß bereits die bloße Hinwendung der Aufmerksamkeit auf einen bestimmten Körperteil, z. B. auf den Fuß, dort die Zirkulation belebt und die Tonuslage ändert, wurde durch differenzierte sachliche Beobachtung eine Gesetzmäßigkeit dieser Wirkung gefunden. Die anfangs durch die individuelle Situation des Übenden bedingten unterschiedlichen Reaktionen werden nach einer Normalisierung und Egalisierung der Grundspannung, des Tonus im ganzen Körper, gleichartig und gesetzmäßig. So ergibt etwa die Konzentration der Aufmerksamkeit auf das Körpervolumen eine grundsätzlich andere Reaktion als die auf den Körperbau, die Hinwendung auf die Haut als äußerste Begrenzung des sichtbaren Körpers eine andere als die auf die Unterhaut.

Bei einer solchen regulierenden Einflußnahme auf Tonus und Zirkulation wird gleichzeitig eine deutliche Reaktion im psychischen Verhalten beobachtet. Das ist besonders eindrucksvoll bei psychisch labilen Schülern. Diese Zusammenhänge von physischen und psychischen Spannungen waren vor 45 Jahren wissenschaftlich unverständlich. Das Gamma-Nervensystem mit seinem Zentrum im Hypothalamus, beeinflußbar durch Vorstellungen und Stimmungen und diese wiederum beeinflussend, war noch nicht entdeckt, Begriffe wie Psychotonus oder Psychomotorik oder die grundlegende Bedeutung des Körperbildes für die Entwicklung der Persönlichkeit unbekannt. Es gehörte Mut dazu, die gemachten Beobachtungen zu vertreten und sich in der Weiterarbeit durch die Verständnislosigkeit vieler Mediziner nicht beeinflussen zu lassen. Wie oft in der Wissenschaft, kam die Einsicht in die Zusammenhänge, lange nachdem die Entdeckungen bereits ihre praktische Bedeutung erwiesen hatten.

In der künstlerischen Tätigkeit arbeitete man von jeher mit der Fähigkeit der willentlichen Tonusumstellung. Wenn ein Schauspieler sich in eine darzustellende Figur einlebt, sie nicht mit nur äußeren Gesten, sondern mit innerem Erfassen in Haltung, Bewegung und Stimme nachschafft, geschieht das vorwiegend über eine Veränderung seiner Tonusverhältnisse. Der Dirigent, der Musiker muß mit seinem ganzen Körper die Grundspannung der zu interpretierenden Musik bis in die feinsten Nuancen der Phrasierung hinein mitvollziehen, wenn er seine Zuhörer mitreißen, d. h. zum Mitschwingen befähigen will. Die befreiende und heilende Wirkung aller großen künstlerischen Erlebnisse, die Katharsis, die durch die griechischen Dramen ausgelöst wurde, die Heilung durch Musik beruhen auf der Durchbrechung einer Isolierung der Persönlichkeit, die sich in einem starren, fixierten Körpertonus manifestiert hat. Aber auch jeder soziale Einfühlungsvorgang, das Bemühen, sich in den einzelnen oder in den Geist, in die Haltung einer Gruppe hineinzuversetzen, das Mitfühlen und Mitleiden ist von Tonusveränderungen abhängig, wenn es echt erlebt wird und sich nicht nur auf ein intellektuelles Verstehen beschränkt.

Den Menschen schwingungsfähig zu machen, ist ein wesentliches Anliegen der musischen Erziehung, auch wenn nicht alle Vertreter dieser Disziplin sich dieser Tatsache bewußt sein mögen. In der Eutonie ergibt sich die Tonusveränderung ohne den Umweg über die Musik, sozusagen »an sich« durch die Beobachtung der Reaktionen, die sich im eigenen Körper abspielen, wenn sich der Schwerpunkt der Aufmerksamkeit verschiebt. Bei dieser Art des Übens entwickelt sich gleichzeitig das zunächst fast immer sehr schwach und lückenhaft vorhandene Körpergefühl, es wird total und verstärkt sich zum »Körperbewußtsein«. Das Körperbewußtsein, anfangs nur in der Übungssituation vorhanden, wird allmählich ein selbstverständlicher Teil des Normalbewußtseins. Es bleibt bei allem Tun gleichsam wie ein Grundakkord unter der Melodie des augenblicklichen Geschehens. Dadurch kommt es zu einer Stärkung des Ichbewußtseins und zu einem besseren psychischen Gleichgewicht. Bei psychisch Labilen und Praepsychotikern kann man damit eine bedeutend größere Belastungsfähigkeit erreichen, ohne daß zusätzlich eine Psychotherapie notwendig wird. Der Schüler erarbeitet sich seine neue Situation selbst ohne Abhängigkeit vom Lehrer oder Therapeuten. Diese Arbeit an sich selber, die Stärkung der Persönlichkeit infolge einer Durchdringung des Körpers mit Bewußtseinskräften, ist das zentrale Anliegen der Eutonie-Pädagogik.

In der Eutonie-Therapie geht es um das gleiche Ziel. Wenn der Zustand eines Schülers die Mitarbeit in einer Gruppe unmöglich macht und Einzelbehandlungen notwendig sind, wird auch dazu die Mitarbeit des Behandelten gefordert. Der Lehrer soll weitgehend zurücktreten und hauptsächlich Anleitungen zur Selbsthilfe geben.

Die Eutonie-Therapie bietet die Möglichkeit, unmittelbar normalisiernd auf eine Hyper- und Hypotonie einzuwirken oder innerhalb einer Behandlung einen vorwiegend sympathikotonen Zustand auf einen vagotonen umzuschalten. Das kann in einem akuten Krankheitsfall erste Hilfe sein. Bei einem chronisch Kranken vermittelt diese Möglichkeit der Umschaltung das Erlebnis, der Krankheit nicht hilflos ausgeliefert zu sein. Besserungen sind aber erst dann von Dauer, wenn der Schüler zur Erkenntnis und Überwindung seiner Fehlhaltung kommt. Die Schulung verhilft ihm dazu, allmählich sein Körpergefühl zu verändern. Eine zu schnelle Veränderung kann zu Angstzuständen und sogar zu Identitätsverlust führen. Es muß immer versucht werden, den Schüler in seinen eigenen Leistungen und Fortschritten zu unterstützen und ihn nicht mit den stärkeren Kräften des Lehrers zu überfordern und zu überfahren. Auch in schweren Fällen wird er als Schüler und nicht als Patient behandelt.

Die Eutonie-Therapie hat sich in 45 Jahren nicht nur bei den verschiedensten psychosomatischen Erkrankungen, bei Schlaflosigkeit, Impotenz und bei Streß-Folgen sowie Neurosen als wirksam erwiesen, sondern auch in der Nachbehandlung von Cerebralparesen, Querschnittslähmungen, Poliomyelitisfolgen, Phantomschmerzen und Arthrosen. Diese Erfahrungen sind ausnahmslos an Kranken gemacht worden, die vorher jahrelang mit traditionellen Methoden erfolglos behandelt wurden.

Aber auch bei sogenannten Gesunden, die aus allgemeinem Interesse an solcher Arbeit kommen, sind die Wirkungen der Eutonie-Pädagogik schon nach kurzer Zeit sichtbar, z. B. an einer veränderten Haltung oder am veränderten Verhalten. Obgleich niemals äußere Haltungskorrekturen versucht werden, verbessert sich die Haltung durch das bewußter gewordene, korrigierte Körperbild. Die Tonusregulierung bewirkt ein besseres körperliches und seelisches Gleichgewicht und größere Aufgeschlossenheit. Die verschiedensten, auch scheinbar geringfügigen Veränderungen sind objektiv am Muskel- und Körperbildtest jederzeit vom Schüler selbständig nachzuprüfen. Das verbesserte vegetative Gleichgewicht läßt allenfalls vorhandene psychosomatische Symptome verschwinden. Bei allen Schülern, auch bei solchen, die anfangs keinerlei künstlerische Interessen zeigten, wächst das Verständnis und die Freude an der Kunst und das Bedürfnis nach eigenem künstlerischem Ausdruck.

Wenn auch der Ausgangspunkt der Schulung für jeden Schüler, seinen individuellen Voraussetzungen entsprechend, ein anderer sein muß, hat sich doch für eine umfassende und berufsmäßige Ausbildung in Eutonie-Pädagogik und -Therapie ein Schulungsweg entwickelt, der im folgenden beschrieben werden soll. Es handelt sich bei diesem Weg nicht um einzelne, voneinander unabhängige Gebiete, die jedes für sich studiert und beherrscht werden sollen, sondern jede neue erarbeitete Bewußtseinsstufe muß in die bisher erreichte Einheit der Persönlichkeit integriert werden. Die Einheit, das Erlebnis der Gesamtheit der im Augenblick gegebenen psychosomatischen Situation ist im ständigen Wandel begriffen. Jede neue Erfahrung führt dazu, daß alles Vorherige in neuer Beziehung zueinander erlebt wird. Das immer wieder neu, immer wieder reicher Werden ist das Beglückende an dieser Arbeit.

Aus solchen Einsichten wird verständlich, daß in der Ausbildung jede einzelne Disziplin stets von neuem realisiert und formuliert werden muß und daß jede Arbeitsgruppe einen einmaligen Weg geht. Das Schwergewicht wird dabei, je nach der Zusammensetzung der Gruppe, einmal mehr im Künstlerisch-Pädagogischen, das andere Mal mehr im Therapeutischen liegen. Das ist der Grund dafür, daß Tonbandaufnahmen von Übungsstunden abgelehnt werden. Eine jede Stunde verläuft anders, da sie sich auf der Besonderheit und der Mitarbeit der Schüler aufbaut, die Folge, Rhythmus und Dauer der Arbeit bestimmen. So ist jede eine einmalige Realität. Durch eine schematische Wiederholung würde sie ihre Spontaneität, d. h. ihre Echtheit verlieren und damit einem wesentlichen Prinzip der Eutonie widersprechen. In der Ausbildung der Eutoniepädagogen wird auf die Fähigkeit, den Unterricht in diesem Sinne schöpferisch zu gestalten, größter Wert gelegt.

Eutonie-Ausbildungsweg:

1. *Objektive Kontrolle der Muskelspannungen*
   a) durch Kontrollstellungen, die Muskelverkürzung und Gelenkbehinderung anzeigen,
   b) durch passive Bewegungen, die zeigen, ob die motorische Innervation und der Reflextonus beherrscht werden.
2. *Körperbildtest*
   Modellieren und Zeichnen eines menschlichen Körpers.
3. *Normalisierung des Körperbildes, Entwicklung des Körpergefühls zum Körper-Raum-Bewußtsein*
4. *Bewußtmachung des Körpertonus (Grundspannung) und Beherrschung des Tonus* in allen Abstufungen, von der Schwere (tiefer Tonus) bis zur Leichtigkeit (hoher Tonus), in Ruhe und Bewegung.
5. *Berührungs-, Kontakt- und Durchströmungstechnik*
   Bewußte Beeinflussung des vegetativen Gleichgewichts, der Vasomotorik (Gefäßregulation und Blutzirkulation) in Ruhe und Arbeit – Regulierung der unbewußten Atmung.
6. *Egalisierung des Muskeltonus und Gleichgewicht der motorischen Spannung in Agonisten und Antagonisten*
7. *Streckungen*
   a) vitale Streckungen
   b) Abstrecken vom Boden oder vom Partner (maximale Kraft ohne Anstrengung)
   c) Abstreckung vom Boden mit verschiedenen Winkelrichtungen (normale Kraftleistung bei minimalem Energieverbrauch) bei gleichzeitiger Anwendung der Regulierungsmöglichkeiten der Kontakttechnik für Zirkulation und unbewußte Atmung.
8. *Kontrolle der Gewichtsverlagerung im Liegen, Sitzen, Stehen, Gehen*
9. *Balance: Gleichgewicht auf beweglichem Untergrund*
10. *Freie eutonische Bewegung – Beziehung des eigenen Körperraums zum Raum um uns*
    a) allein,
    b) mit einem Partner,
    c) in einer Gruppe.

Die wesentlichen Merkmale eutonischer Bewegung sind:

a) gleiche Tonuslage im ganzen Körper,
b) Spannungsgleichgewicht in Agonisten und Antagonisten,
c) ungehinderte Zirkulation und ungehinderte, ohne willkürliches Eingreifen geregelte Atmung.

Eutonische Bewegungen können nicht mechanisch erzeugt werden, sie erfordern immer das erweiterte Bewußtsein, die Präsenz der Gesamtpersönlichkeit.

Sind die Grundlagen für natürliche Haltung und Bewegung, normale Muskellänge und maximale Gelenkbeweglichkeit durch Berührungs-, Kontakt- und Durchströmungstechnik erarbeitet, beginnt der Schüler, die in der Ruhe erlebte Tonusregulierung und das neue Körperbild auch in die Bewegung einzubeziehen. Ausgehend von Drehungen und Streckungen, zu denen man sich nach längerer Ruhelagerung spontan veranlaßt sieht, werden die verschiedenen Formen der eutonischen Bewegung geübt: Das Abstrecken vom Boden mit klar gerichtetem Krafteinsatz, womit durch ein Minimum von Kraft eine maximale Leistung erreicht wird, verbunden mit freier, nicht dirigierter Atmung und durch Kontakttechnik erzielter ungehinderter Zirkulation und Tonusregulierung. Von immer neuen Ansatzpunkten aus und in den verschiedensten Tonuslagen haben die Schüler die Möglichkeit, in Improvisationen wie in festgelegten Formen, allein, mit einem Partner oder im Rahmen einer Gruppe alle Möglichkeiten eutonischer Bewegung, die Beziehung des eigenen Körperraums zum Raum um uns und unter uns zu erproben und zu vertiefen. Dabei werden Tempo, Dynamik, Rhythmus, Phrasierung und Form sowie die Grundlagen der Choreographie erlebt. Ohne Begleitung von außen den eigenen Tonus und Rhythmus dem der Gruppe anzupassen, ohne dabei die eigene Persönlichkeit zu verlieren, ist bei den unterschiedlichen Temperamenten verschiedener Nationen keine leichte Aufgabe, erzieht aber zu echter Gemeinschaft. So ist jedem einzelnen Schüler die Möglichkeit gegeben, je nach seiner Veranlagung seine Ausdrucksmöglichkeiten zu erweitern und zu vertiefen.

Jeder, der Eutoniepädagoge werden und Eutonietherapie anwenden will, muß erst die Eutonie in seinem eigenen Verhalten verwirklichen. Für die vielseitigen Anforderungen, die an die Eutoniepädagogen gestellt werden müssen, Regeln aufzustellen, ist unmöglich. Nur wer seine eigene Eutonie immer wieder neu erwerben kann, hat die Voraussetzung, in jedem einzelnen Fall sinngemäß zu reagieren. Deshalb steht in der Ausbildung die Erarbeitung der eigenen Eutonie im Vordergrund, die trotz störender Einflüsse der Großstadt – nicht in geschützter Isolierung – erreicht werden muß. Im allgemeinen bedarf es dazu einer 3- bis 4jährigen Schulung. Diese Zeit wird in der Regel auch gebraucht, um die verfeinerte Sensibilität zu entwickeln, die für die verschiedenen Behandlungsformen wie für die Beurteilung der Reaktionen der Schüler notwendig ist.

Das Interesse für Eutoniepädagogik und Eutonietherapie nimmt in den verschiedensten Kreisen ständig zu. Musiker, Schauspieler, Tänzer, Leiter von Experimental-Theatergruppen, Atem- und Stimmpädagogen, Heilpädagogen, Ärzte und Psychologen, Krankengymnasten, Physiotherapeuten, Volksschullehrer, Leiter von staatlichen Lehrerseminaren, von staatlichen Sporthochschulen, von Rehabilitationszentren u. ä. melden sich zur Ausbildung. Neben Eutonie und Psychologie werden dabei Anatomie, Physiologie, Pathologie und Neurologie gelehrt, und zwar in dem Ausmaß, wie sie in der staatlichen Ausbildung für Physiotherapie verlangt wird.

Neben der Ausbildung in Kopenhagen veranstaltet die GERDA-ALEXANDER-Schule regelmäßig Informationskurse über die Arbeitsweise in den verschiedensten Ländern.

In Dänemark ist Eutonie seit 1946 im Staatlichen Radiohaus eingeführt. Ausgehend von der Initiative des Orchesters wird allen Orchester-Musikern, den Chormitgliedern, dem gesamten Kontor- und technischen Personal, den Leitern und Direktoren die Möglichkeit geboten, während der Arbeitszeit Eutonieunterricht zu erhalten. Die Kosten dafür werden zu drei Vierteln vom Staat getragen, da sich diese Ausgabe durch bessere Arbeitsleistungen und durch erheblich weniger Krankheitsfälle vielfach bezahlt macht. Die Universität Straßburg hat seit 1967 eine Abteilung für Eutonie an die Psychiatrische Klinik angeschlossen. In den Autofabriken von BERLIET in Lyon unterrichtet die Chef-Betriebsärztin seit 1955 Arbeiter und Angestellte in Eutonie zur Verbesserung der Arbeitsleistungen, zur Abhilfe und Vorbeugung von Metallallergien und als allgemeine Therapie.

Die Tatsache, daß sich in den letzten Jahren auch die Jugend zunehmend für diese Arbeit an sich selbst interessiert und einsetzt, zeigt, daß Eutonie dem Wunsch nach vertiefter Erlebnisfähigkeit und Bewußtseinserweiterung entgegenkommt, und das ohne Hypnose oder Anwendung von Drogen, sondern durch bewußte Schulung bisher ungenützter Möglichkeiten der eigenen Persönlichkeit.

h) Funktionelle Entspannung nach M. Fuchs

M. FUCHS entwickelte ihr Verfahren zunächst unter KRETSCHMER und MAUZ, anschließend unter SIEBECK und WEIZSÄCKER Jahrzehnte hindurch so weitgehend innerhalb von und in Anlehnung an Kliniken, wie das bei den in diesem Lehrbuch besprochenen Methoden nur noch von KRETSCHMER und STOKVIS gesagt werden kann. Hauptsächlich an diesem Ausgang liegt es, daß das Verfahren, wie nach jahrelangen Supervisionen (WIESENHÜTTER) zu berichten ist, gerade bei schweren (klinischen) Fällen die größte »Tiefenwirkung« und die besten Heilungen aller entspannenden Methoden erzielt. Diese Feststellung trifft weniger (in der alten psychiatrischen Nomenklatur) für »Psychoneurotiker« (Depressionen, Phobien, Zwänge usw.) als für »Organneurotiker« zu, also für alle Patienten mit Somatisierungen ihrer Konflikte, von »psychogenen« Frauenleiden über Verdauungs-, Atem-, Herzbeschwerden, chronischen Kopfschmerzen bis zu den speziellen (sogenannten) psychosomatischen Krankheiten (Asthma bronchiale, Hochdruck, Migräne usw.). Auch in der Geburtshilfe steht die Funktionelle Entspannung in keiner Weise dem Autogenen, READschen- und LAMAZE-Training nach. Dieser Schwerpunkt der Funktionellen Entspannung (Kurz: F. E.) schließt nicht aus, daß (begleitende) Depressionen, Ängste und andere psychische Beeinträchtigungen auch behandelt und geheilt werden.

Nach einer Reihe von Vorarbeiten (293–303) und Veröffentlichungen von Schülerinnen, z. B. von CARL 143 und MEDERER 622, erschien 1974 das zusammenfassende Lehrbuch (304) der zunächst »Atemrhythmisierende Entspannungstherapie« genannten Methode. Daß im endgültigen Namen der Begriff Atem gestrichen wurde, hat seinen Grund darin, daß in der F. E. der Atem über Zwerchfellreize zwar indirekt, nie aber wie bei den sonst üblichen Methoden der Atemschulung, Atemgymnastik, Atemtherapie, Stimm- und Sprechtherapie, Hatha-Yoga (51, 245, 256, 262, 395, 416, 707, 734) direkt angegangen wird. Dem Lehrbuch von FUCHS folgten weitere Veröffentlichungen, so von ROSA 764 mit dem Versuch, die Methode (im traditionell medizinischen Sinn) physiologisch zu »begründen«, von BEPPERLING und KLOTZ 46 mit der eindrücklichen Demonstration, bei schweren klinischen Fällen analytisch orientierte Psychotherapie und F. E. kombinieren zu können, und von KLOTZ 474/5 mit der praktischen und theoretischen Verankerung von aus der F. E. gewonnenen Erfahrungen mit Vorgängen und Begriffen, die aus Psychoanalysen hervorgingen und die Bestandteile der Tiefenspychologie wurden. FUCHS betont, daß die F. E. ein tiefenpsychologisch fundiertes Verfahren ist. Seit 1974 sind die F. E. ausführenden Therapeuten und in ihr Auszubildenden in einem eigenen Arbeitskreis (A. F. E.) zusammengeschlossen. Regelmäßige Einführungskurse finden u. a. auf den alljährlichen Tagungen der Lindauer Psychotherapiewochen und der Internationalen Gesellschaft für Tiefenpsychologie statt. In der anschließenden Übersicht folgen wir im wesentlichen dem Lehrbuch von FUCHS und den Zusammenfassungen von KLOTZ.

Die ersten Anstöße erhielt FUCHS (305, S. 27) durch Erfahrungen an ihrem eigenen einjährigen Kind, das an einer therapieresistenten spastischen Bronchitis litt. Sie legte ihre Hand – Körperempfindungen und Atmung mitfühlend – auf die Brust (bzw. den Rücken) des Kindes und unterstützte in zunehmend beruhigender Form vor allem das Ausatmen. Eine Verstärkung dieser Unterstützung wurde erzielt, indem die Mutter jedes Ausatmen mit einem entspannenden »Puh-Sagen« begleitete. Zu Anfang konnte das Kind nur sehr kurz »loslassen«, bekam aber mit ständiger Wiederholung dieses »Spiels« immer mehr Mut, nach der überbetonten Einatmung Luft »herzugeben«. Größer werdend sagte es selbst das »Puh« im Ausatmen, oder es brummte mit. So »erinnerte« es sich buchstäblich des Vorgehens der Mutter, das es mehr und mehr selbständig an sich zu vollziehen lernte, auch wenn die Mutter nicht mehr in der Nähe war und es in Atemnot geriet. Der sichtbarste Erfolg dieser »Behandlung« waren ein freies Abhusten von Sekret, bevor ein Asthmaanfall eintrat, und eine Regulierung des Tag-Nachtrhythmus bzw. der Schlaftiefe und Schlaflänge.

Die wichtigsten Anstöße aus diesem Vorgehen erhielt die Autorin in Richtung auf präverbales »Handeln« (buchstäblich über die Hand), das Begleiten des Atemrhythmus und damit der Rhythmen im Leib des Kindes überhaupt, das angesichts der gestörten Körperfunktionen zu seinem ihm gemäßen »Eigenrhythmus« zurückgeführt werden mußte, und die Tatsache, daß nicht allein die bergende und tragende Nähe und »Atmosphäre« der Mutter für diese Rückführung genügten, sondern das Kind angeleitet werden mußte, über den Mut zum »Hergeben« sich selbst zu entdecken und auch unabhängig von der Mutter seinen Eigenrhythmus zu leben. Es liegt auf der Hand, daß später Fuchs durch die Funktions- und Rhythmusforschungen Weizsäckers (Funktionswandel, Gestaltkreis) angezogen wurde und in diesen Bestätigung und theoretische Grundlagen ihrer Methode fand (s. Klotz 474 und die »Medizinische Einführung« in das Lehrbuch von Fuchs). Das Wesentliche dieser Übereinstimmung liegt in der Weizsäckerschen Erkenntnis der Rhythmusgleichheit (Beginn – Anschwellen – Höhepunkt oder Krise – Abschwellen – Ende, Neubeginn) aller Lebensvorgänge, gleich ob auf körperlichem, seelischem, geistigem oder sozialem Gebiet. Auf Grund der Rhythmusgleichheit können Konflikte gleichsam vom einen (z. B. körperlichen) zum anderen (z. B. geistigen oder seelischen) Bereich überwechseln, können sich diese Bereiche gegenseitig in der Übernahme einer Störung »vertreten«. Nach den Erfahrungen der F. E. bedeutet dieses Sich-Vertreten-Können aber auch, daß mit der Behandlung leiblicher Rhythmusstörungen nicht nur körperliche Funktionen reguliert werden, sondern ebenfalls seelische und geistige, ja, da die leiblichen Rhythmen mit der Periodizität der Um- und Mitwelt korrespondieren, auch diese einbezogen sind.

Zum »Übungsmaterial« der F. E. gehören Körperbereiche, Leibsphären und Funktionen, zunächst das Skelett, das durch kleinste Bewegungen erspürt und bewußt gemacht wird. Alle Bewegungen werden ausschließlich im Aus(atmen) vorgenommen (erste »Spielregel«). Es handelt sich hierbei um eine uralte Erfahrung, die einem auch Bergsteiger beibringen, daß der Mensch nämlich bei Anforderungen dazu neigt, diese mit der Einatmung in Tätigkeiten und Leistungen umzusetzen, und zwar um so mehr, je größer er die Anforderung wähnt. Dadurch wird er jedoch keineswegs leistungsfähiger. Aus der mit dem Ausatmen verbundenen Gelassenheit und Her-(Hin-)Gabe (nach unten und innen) wird er ruhiger, ausdauernder, harmonischer und entspannter. Das so erfahrbare Erspüren der »Leibsprache« führt in der F. E. dazu, daß nicht im medizinisch-anatomischen Sinn vom Skelett (dem Patienten gegenüber) gesprochen wird, sondern vom »inneren Gerüst«

oder »Halt«. Das gilt besonders von der Wirbelsäule, mit der in der Regel beim Erspüren begonnen wird. Sie wird in drei »Kreuze« gegliedert: das »oberste Kreuz« (Querverbindung von Ohr zu Ohr, Längsverbindung vom obersten Halswirbel zur hinteren Schädeldecke), das »obere Kreuz« (Querverbindung von Schultergelenk zu Schultergelenk, Längsverbindung von der oberen Hals- zur Mitte der Brustwirbelsäule) und das »untere Kreuz« (Querverbindung von Hüftgelenk zu Hüftgelenk, Längsverbindung der Lendenwirbelsäule).

Nach den »Spielregeln« der F. E. werden während des Aus(atmens) durch kleinste Bewegungen in den jeweiligen Kreuzbereichen, danach auch (einzeln und behutsam) an den Gelenken der Extremitäten Fehlspannungen entdeckt und aufgelöst. Das geschieht nicht durch ein längeres oder stetiges »Üben«, sondern nach der »zweiten Spielregel«, indem nur zwei- bis dreimal die feinsten Bewegungen durchgeführt werden. Anschließend wird (nach der »dritten Spielregel«) die Bewegung nachgespürt, nacherlebt, was und wie empfunden wurde und was sich veränderte. Vergegenwärtigt man sich die Regeln, empfindet man schon beim Lesen fast automatisch mit, wie sich auf diese Weise im Leib des Patienten mit dem Erlernen des Loslassens (geübt wird zunächst im Liegen) Ruhe und Entspannung im Körper ausbreiten und einzelne zunächst verkrampfte Partien und Funktionen mit erfassen. Vor allem gilt das für das Zwerchfell, das über die an den Wirbeln und Gelenken lokalisierten Mechanorezeptoren einbezogen und schwingungsfähiger wird und so das für den westlichen Menschen weitgehend typische »Brust raus, Bauch rein!« von der mit dem übermäßigen Einatmen verbundenen Brustatmung in die gelassenere Bauchatmung überführt. Das glückt auf dem aufgezeigten »unbewußten« und unwillkürlichen Weg weit besser und tiefgreifender als wenn man die Atmung direkt anspricht und »trainiert«. Mit dem schwingungsfähigen Zwerchfell ist im Grunde die in östlichen Meditationen gemeinte Mitte des Menschen, »Hara«, getroffen, von der aus – ist sie von Fehlfunktionen gereinigt – sich der Eigenrhythmus des Menschen selbsttätig durchsetzt. Ein Zeichen dafür, daß das Zwerchfell in die Entspannung einbezogen wurde, ist, daß der Patient tief aufatmet oder gähnt. Bei vielen, die aus Anspannung und Streß in die Behandlung kommen, macht sich im wiederholten Aufatmen und Gähnen ein starkes Nachatembedürfnis buchstäblich Luft, auch wenn gerade an scheinbar weit entfernten Gegenden des Leibes konkret »gearbeitet« bzw. entspannt wurde, z. B. an den Gelenken der Arme oder Beine. Meist wurde gerade hier in Arbeits- oder Streßsituationen besonders viel investiert, fixiert, überspannt und »aufgestaut«. Bei Neurotikern und psychosomatischen Patienten, die durchweg ein verkrampftes und erstarrtes Zwerchfell mit der Unmöglichkeit, aus ihrer »Mitte« zu leben, aufweisen, dauert es oft mehrere Stunden, bis sie zur Zwerchfellentlastung und damit zum Aufatmen, Gähnen und Loslassen kommen; so stark sind ihre leiblich konkreten Abwehrhaltungen erstarrt und so groß ist ihre Angst, sich, den eigenen Leib mit seinem »Gewicht«, fallen zu lassen.

Außer dem Skelett gehören zum »Übungsmaterial« die »Innenräume« und »Löcher«: äußerlich sichtbare – Mund, Nasenlöcher, Ohren, After, Vagina –, unsichtbare im Innern – Brust- und Bauchraum, Nasennebenhöhlen und Blase. Auch in diese spürt sich der Patient im Aus(atmen) ein und entdeckt Druckempfindungen oder Fehlspannungen. Z. B. stößt er im Mundraum auf wirklich zusammengebissene Zähne und entdeckt meist schnell seine mit ihnen verbundene verkrampfte Lebenshaltung (mitunter nur in bestimmten Situationen). Es gelingt so auch, Schnupfen in der Nase zu lösen und leicht nach hinten »hinwegzurotzeln«. KLOTZ 46 berichtet über die auf ähnliche Weise ermöglichte Heilung einer bereits zur Operation anstehenden Nasennebenhöhlenvereiterung. Legt der Therapeut (analog FUCHS bei ihrem eigenen Kind) sachte die Hand z. B. auf den Bauch eines Patienten, kann dieser leichter als im Alleinerspüren dort oder im Beckenbereich Stauungen (z. B. auf Grund einer Obstipation) oder Fehlspannungen entdecken. In möglichst plastischer und bildhafter Vorstellung von der Ausweitung des verspannten Raumes greift eine zunächst im betroffenen Raum ansetzende Entspannung allmählich auf den ganzen Leib über. Das Auflegen der Hand ist für den Therapeuten ein wichtiges diagnostisches Hilfsmittel, wo sich im Patienten Fehlspannungen gebildet haben oder auflösen. Die diagnostischen Möglichkeiten gehen bei der Zuwendung zu betroffenen Funktionen und Körperbereichen so weit, daß F. E.-Therapeuten im Fall von Verschlechterungen beginnende schwere somatische Erkrankungen (z. B. Carcinome) entdeckten, bevor diese internistisch verifiziert wurden (FUCHS).

Im Unterschied zum Autogenen Training oder zur Progressiven Relaxation JACOBSONS gibt es in der F. E. (analog der Tonusregulation nach STOKVIS) keine feststehenden und chronologisch zu absolvierenden Übungen und auch keine vorgeschriebenen Lagen. In der Regel wird zwar am Skelett begonnen. Aber selbst dabei ist immer wieder neu zu entscheiden, ob oben oder unten. Vor allem bei tief fixierten Beschwerden und Störungen wird nicht am Symptom oder in dessen Nähe (z. B. Frauenleiden am Becken, Kopfschmerzen am Kopf) begonnen, sondern am entgegengesetzten »Pol«. Aber selbst diese Regel kann von Fall zu Fall (z. B. bei im ganzen emotional stabilen oder sthenischen Persönlichkeiten in extremen äußeren Streßsituationen) durchbrochen werden. Die Haupterfahrung, die Patienten immer wieder machen, ist, daß mit dem Erspüren des eigenen Leibes und dem Vergehen der Fehlspannungen und Fehlverhaltensweisen im Wachsen des Eigenrhythmus eine Vitalisierung eintritt, eine Zunahme an Lebensmut und Lebenswillen, Selbstvertrauen und Selbstannahme. Je mehr er sich in seiner Haut wohlfühlt, desto stärker fühlt sich der Patient in seiner Welt wohl. Je mehr er sich selbst annimmt (»liebt«), desto stärker nehmen ihn andere an und er sie (»liebt er sie als sich selbst«).

Die starke Individualisierung im Vorgehen fordert vom F.E.-Therapeuten (im

Gegensatz zu den von Stokvis bei den gleichbleibenden Übungen als nützlich herausgestellten zwanghaften Charakterzügen) viel mehr Einfühlung, Intuition (»Spürsinn«) und mit ihnen verbundene individuelle Erfahrung, die vor Zaghaftigkeit auf der einen, zu viel Tätigkeitsdrang auf der anderen Seite schützt. Noch stärker als beim Autogenen Training muß (etwa nach dem Lesen eines Berichtes wie dem in diesem Lehrbuch) vor Selbstversuchen ohne Kontrolle durch einen F. E.-Therapeuten gewarnt werden. Denn im Fall von Skotomisierungen können buchstäblich so Fehlinnervationen »an Herz und Nieren gehen«. Auch ist das Ziel der F. E. von vornherein die aktive Mitwirkung des Patienten, der nicht in einen Versenkungszustand und damit in ein regressives Verhalten sinken soll. Verhindert wird das vor allem durch die kurzen Bewegungen und die danach erfolgenden Kontrollen und Aussprachen. Es werden also keine Autohypnosen erzielt; Autosuggestionen sind freilich – wie bei jeder entspannenden Therapie – mit im Spiel infolge der die meisten zunächst erstaunenden »unbewußten« Wirkungen, z. B. von kleinsten Gelenkreizen aus auf Kopfschmerzen, Wohlbefinden oder Leistungssteigerung. Das Mitgehen des Therapeuten, z. B. über die Hand, fördert ebenfalls (Stokvis) die Autosuggestionen, muß aber zurückgenommen werden, wenn schädliche Erotisierungen zu erwarten sind. In ihrem Lehrbuch geht Fuchs außerdem auf die trotz aller Individualisierung in der F. E. bleibenden Grundrichtungen im Verstehen (nicht rationalen Deuten), im Lernen (»Lernprozeß« infolge des mit stetem und zunehmend Entspannung fördernden Wiederholen im »Erinnern«), im »Üben ohne Übungen« und im verbalen sich Verständigen ein, das in der F. E. durch die stets hindurchtönende »Leibsprache« eine spezifische Färbung erhält. Wer sich in das Lehrbuch vertieft, wird sich nicht in F. E. ausgebildet empfinden, sondern spüren, daß es dazu eines erfahrenen F. E.-Therapeuten bedarf, für den das Buch ein richtungweisender Leitfaden ist. Es folge ein kurzes, für den F. E.-Therapeuten fast als »alltäglich« zu bezeichnendes Beispiel (Klotz):

Eine 42jährige etwas vorgealterte Patientin, Hausfrau und Mutter von vier Kindern, wurde zur ambulanten Behandlung mit F. E. wegen Obstipation und depressiver Verstimmungszustände überwiesen. Die Patientin berichtete, sie nehme ständig Aristochol ein, und für ihre Verdauung, die schon während der Kindheit schlecht war, Weizenkeime und Leinsamen. Früher habe sie viel Abführmittel gebraucht.

Schon in der ersten Stunde berichtete sie, daß ihr häufig »die Luft wegbleibe«. Bei kleinen Bewegungen im oberen Kreuzbereich hielt sie während der F. E. auffallend häufig die Luft an. Beim nächsten Mal erzählte die Patientin, sie habe sich nach der ersten Stunde sehr wohl und entspannt gefühlt. Wir übten anfangs zweimal wöchentlich. Sie berichtete, daß sie vor einigen Jahren im Starnberger See beinahe ertrunken wäre. Sie hätte damals schreckliches Herzklopfen und einen Schweißausbruch bekommen. Seitdem leide sie immer wieder unter Ängsten (vor allem vor Kreislaufbeschwerden und Schwindel); auch fürchte sie sich sehr vor dem Autofahren. In den folgenden Stunden berichtete sie, sie fühle sich nach den Übungsstunden zunehmend entspannter. Die Autofahrt, vor allem auf dem Heimweg nach der Stunde, bereite ihr viel weniger Mühe (sie hatte immerhin 21 km auf einem Weg zurückzulegen). Wenn sie merke, daß sie beim Fahren angespannt sei, summe sie stets vor sich hin; vor allem tue sie dies vor der »roten Ampel«, da sie während dieser Wartezeit bisher am liebsten immer aus dem Wagen gesprungen wäre! Sonst würde sie nur zu leicht wieder die Luft anhalten und in ihre panikartigen Ängste getrieben (heilsame Wirkung des Ausatmens!).

Beim Entspannen des Brustkorbs, dem Fallenlassen der Rippen, fiel es der Patientin besonders schwer, das »Aus« strömen zu lassen und nicht die Luft anzuhalten. Nach der Ermutigung, »herzugeben« statt »festzuhalten«, platzte sie heraus: »Das hat die Hebamme bei der Geburt meiner Kinder auch immer gesagt: Geben Sie es doch endlich her.« Hauptaufgabe der F. E. war, ihr das körperlich vollzogene Hergeben der Luft und das Fallenlassen des Gewichts auf die tragende Unterlage beizubringen. Die Patientin war höchst beeindruckt, sich dabei einem schon dagewesenen Problem konfrontiert zu finden. Als sie das nächste Mal kam, erzählte sie, ihr sei zu dem Nicht-Hergeben-Können eingefallen, daß sie als Kind an einer Harnverhaltung litt. Als diese behoben war, setzte die Obstipation ein. Es war interessant zu verfolgen, wie sich das Nicht-Hergeben-Können auf immer weitere Bereiche ausdehnte: auf den Urin, den Kot, ihr Kind, die Luft: Symbol für das sich Her- und Hingeben schlechthin.

Nach 17 Stunden war die Angst vor dem Autofahren völlig überwunden. Die Verdauung hatte sich erheblich gebessert, blieb aber noch wechselhaft. Die Patientin nahm im Notfall einen leichten Pflanzentee zu sich. Sie fühlte sich zunehmend wohler und ihren vielen Aufgaben ohne Hetze und Verkrampfung im Haushalt viel besser gewachsen. Die depressiven Verstimmungen traten nur noch prämenstruell in so leichter Form auf, daß sie sich gut durch Entspannung über sie hinweghelfen konnte.

Einen Rückfall gab es, als ihre Mutter einen Schlaganfall erlitt und sie zusätzlich zu ihrem großen Haus und ihrer Familie ihren alten Vater versorgen mußte. Sie wurde äußerst getrieben und geriet in Ängste, ob sie ihre vielen Pflichten erfüllen könne. Als sie in die nächste F.- E.-Sitzung kam, mußte sie buchstäblich eine Stunde lang »aufatmen«; soviel hatte sich in ihr aufgestaut. Sie berichtete anschließend: »Von dieser Stunde an ging es wieder aufwärts mit mir.« Sie meisterte ihre Aufgaben gut und gelassen. Die Verdauung war in Ordnung.

Ihre Ängste, z. B. vor dem Schwimmen (das sie seit dem traumatischen Unfall nie mehr wagte) und vor Bergtouren (weil es ihr »dabei vielleicht wieder schlechter gehen könnte« – siehe: ebenfalls Angst vor dem Absacken bzw. Fallen nach unten) konnten wohl gebessert, aber nicht so vollständig behoben werden wie die Furcht vor dem Autofahren.

Die Patientin kam in der Zeit von 13 Monaten insgesamt 36mal in F. E.-Sitzungen und war schließlich in der Lage, allein zu üben. Sie schrieb regelmäßig in den Zwischenzeiten Briefe und berichtete von Nöten mit ihren Kindern, die sie ohne Rückfall durchstand (eine Tochter bekam ein uneheliches Kind, was die konservativ eingestellte Frau hart traf; bei einem Sohne stellte man eine Sackniere und eine Zyste im Oberschenkelknochen fest, deren Bösartigkeit noch nicht ausgeschlossen war). Die Patientin betonte immer wieder, ohne die durch die F. E. gewonnene Gelassenheit hätte sie diese Belastungen nicht so gut durchstehen können.

Die Studie von BEPPERLING und KLOTZ 46 bringt einen neuen Gesichtspunkt in unser Lehrbuch. Machte schon FERENCZI darauf aufmerksam, daß man Widerstände in Psychoanalysen durch das Zwischenschalten von Entspannungsübungen beseitigen kann (ähnlich wie das andere durch kathartische Hypnosen zustande brachten), erlebten wir ferner psychoanalytische Momente, Grundlagen und Interpretationen z. B. bei das Autogene Training und Aktive Tonusregulationen Durchführenden, handelt es sich hier um das Hand-in-Hand-Arbeiten zweier Therapeuten, die Kombination analytisch orientierter Psychotherapie und der F. E.

Diese Verbindung kann als vorbildlich auch für die Kombination anderer und ähnlicher Verfahren angesehen werden und widerlegt die von manchen Psychoanalytikern gehegte Meinung, das »Gold« ihrer Psychoanalysen könne durch andere Methoden nur »verwässert« werden. Im Gegenteil handelt es sich bei den Fällen von BEPPERLING und KLOTZ um schwere klinische Patienten, die nach jahre- bis jahrzehntelangem Bestehen ihrer Symptome ohne Erfolg lege artis das Autogene Training erlernt, langfristige Psychoanalysen absolviert und interne sowie psychosomatische Klinikaufenthalte hinter sich gebracht hatten. Vor allem an (heute ja immer stärker im Zunehmen begriffenen) chronischen Kopfschmerz-Patienten, Magersüchtigen und Hochdrücklern wird demonstriert, wie sich trotz aller autogenen Entspannungen und aller Deutungen ihrer Konflikte das Symptom in bestimmten Körperbereichen und Funktionen buchstäblich einge»igelt« und eingepanzert hatte, ohne daß es verbal oder über Gesamtentspannungen angreifbar war. Auch von BEPPERLING in einigen Fällen durchgeführte Hypnosen brachten erst im Zusammenwirken mit der F. E.-Arbeit Erfolg. Bei diesen Patienten zeigte sich, was WEIZSÄCKER mit den Worten meinte, daß Körper, Seele, Geist (über ihre Rhythmuskorrespondenz) nicht immer in Harmonie und Eintracht miteinander lebten, sondern sich im Falle von Krankheiten voneinander isolierten und gegeneinander existierten.

Es ist interessant nachzulesen, wie »unter der Hand« der F. E.-Therapeutin (analytisch zwar »eingekreiste«, aber sich nicht lösende) Symptome bearbeitet und geheilt werden konnten. Gleichzeitig kamen stagnierende Analysen wieder in Gang. Bei einigen Patienten war ein zeitweiliges Wechselspiel zu beobachten derart, daß stagnierende F. E.-Behandlungen analytisch erfolgreich weiter therapiert wurden, wie nach einiger Zeit umgekehrt, wenn die Analyse festlief, die F. E.-Erfolge erzielte. Nach der zitierten Ansicht WEIZSÄCKERS vom Wechsel der Konflikte aus einer Sphäre in die andere, ist abzuleiten, daß das gleiche auch für Widerstände gilt, die einmal der verbalen Analyse, das andere Mal der konkreten Körperarbeit in der F. E. entgegengebracht werden. Außerdem ist zu bedenken, daß die Chronifizierung der Symptome Entmutigungen, Verbitterungen und Abwehrhaltungen gegen alle Therapie in den Patienten tief fixiert und »automatisiert« hatten, so daß schnelle Erfolge nicht zu erwarten waren, aber, wie das GOLDBERG für die

Konzentrative Bewegungstherapie aufzeigt, schon kleine Erfolge bei der Symptombeseitigung enorme Ermutigungen (ein Faktor, auf den vor allem HEYER 391 und KÜNKEL 529 hinwiesen) darstellten, die für den weiteren Therapieverlauf entscheidend werden. Das Wechseln der Sphären birgt freilich die Gefahr in sich, daß der Patient (unbewußt) seine Widerstände auf die jeweiligen Therapeuten überträgt und diese gegeneinander »ausspielt«. Aus der Studie von BEPPERLING und KLOTZ geht hervor, wie beide (über ständige Gespräche) eng zusammenarbeiten, sich abstimmen und dem Patienten ihre Gemeinsamkeit und »Einheit« zeigen mußten, so daß dieser die Gewißheit erhielt, es handelte sich nicht um die Kombination zweier Methoden, sondern um eine Methode mit zwei Seiten (und Therapeuten). Das wurde zusätzlich dadurch erreicht, daß der analytisch orientierte Psychotherapeut nicht nur Widerstände und Übertragungen des Patienten auf ihn selbst aufgriff und bearbeitete, sondern auch solche der F. E.-Therapeutin gegenüber, so daß diese ganz in der reinen »Körperarbeit« aufgehen konnte. Wer die Behandlungserfolge dieser Behandlungskombination miterlebte oder nachliest, kann allen psychosomatischen Kliniken nur anraten, mit F. E.-Therapeutinnen zusammenzuarbeiten und sie in den Klinikbetrieb zu integrieren. Das gleiche gilt aber auch für ambulant arbeitende Psychoanalytiker, wenn unter ihrem »eingleisigen« Vorgehen Behandlungen stagnieren. Das Schwergewicht der F. E. liegt ja nicht nur bei den schweren klinischen Patienten. Wie BEPPERLING und KLOTZ ausführen, konnten durch die F. E. viele klinische Behandlungen abgekürzt werden, allerdings unter der Voraussetzung, daß sie nach den deutlichen und ermutigenden Anfangserfolgen in der Klinik anschließend ambulant weiterbehandelt wurden.

In einer weiteren Arbeit geht KLOTZ 475 darauf ein, wie der F. E.-Therapeut ohne die Zusammenarbeit mit einem analytisch orientierten Psychotherapeuten Übertragungen und Widerstände in der F. E. bearbeiten und für den Behandlungsverlauf nützlich auswerten kann. Interessant ist, wenn es sich, wie in der vorliegenden Arbeit ausgeführt, um Patienten handelt, die zuvor andere psychotherapeutische Verfahren kennenlernten und so fast automatisch mit psychoanalytischen Deutungen und Erfahrungen auch in der F. E. umgehen. So wird z. B. entdeckt, daß sich frühkindliche erzieherische und spätere berufliche Zwänge an ganz bestimmte Funktionen und Körperpartien hefteten (was in dieser umschriebenen Form zuvor in der Analyse nicht erlebt worden war). Von seiten der F. E.-Therapeutin war wichtig, daß sie die Erlebnisse und Deutungen der Patienten zuließ, aber nicht psychoanalytisch mit weiteren Interpretationen an sie anknüpfte. Vielmehr wurde immer wieder auf das Leibgeschehen zurückgeführt: »Wo erleben Sie diesen Druck und wie erleben Sie ihn?« Auf diese Weise wurden »libidinöse« Übertragungen nicht auf die F. E.-Therapeutin gelenkt und aktiviert, sondern auf den eigenen Leib als den »Partner«. Wird der Leib in der skizzierten Mitte angesprochen und getroffen, zeigt sich, daß er nicht mit seiner Körperhaut aufhört oder

»narzißtisch« in sich selbst aufgeht, sondern der durchgeistigte und beseelte Körper ist, der durch seine Rhythmen mit der Periodizität der Um- und Mitwelt korrespondiert und in diese Richtung harmonisiert und integriert wird. Ähnlich werden Widerstände nicht verbal in der Beziehung zur Therapeutin, sondern konkret in bezug auf den Leib und seine Bewegungen und Rhythmen angegangen. Hierbei bewährte sich bei KLOTZ das Hinzuziehen der Methode des Zeichnens aus dem Unbewußten nach GRAETZ 329. Die bei diesen Zeichnungen (Reizworte wie Traurigkeit, Aggression, Mutter usw.) spontan ausgeführten Bewegungen waren meist haargenau die gleichen, wie sie sich in den Widerstandshaltungen der Patienten in der F. E. z. B. bei einer Mutter- oder Aggressionsproblematik offenbarten. Die Konfrontation mit der objektiven Zeichnung ließ die Patienten ihre Widerstände schneller erkennen, annehmen und korrigieren. Was das verbal-analytische Vorgehen nicht bewirkte, die Symptombeseitigung, gelang in der F. E. durch die »Übersetzung« in die »Leibsprache«. Charakteristisch war, daß die Patientin in bestimmten Stunden mit »Aha-Erlebnissen« ihre Erkenntnisse begleitete (z. B. welche Druckempfindungen und funktionellen Störungen mit bestimmten erzieherischen Zwängen seitens der Mutter oder beruflichen Überforderungen zusammenhingen), daß sie diese rationalen Einsichten aber schon in der nächsten Behandlungsstunde völlig vergessen hatte. Es handelte sich dabei nicht (wie bisher) um negative, sondern – wie sich KLOTZ ausdrückt – um »positive Verdrängungen«. Denn nichts »vergessen« hatte der Leib. Das zeigte er durch die Beseitigung der Beschwerden und Symptome an! An einer solchen Behandlung offenbart sich die Richtigkeit der WEIZSÄCKERschen Formulierung, daß zum Zweck der Heilung bei vielen Patienten nicht nur aus Es Ich werden müsse (FREUD), sondern auch aus Ich Es, da meist der Leib klüger sei als der Verstand: die Grunderkenntnis und Grundlage der Funktionellen Entspannung schlechthin.

i) Verhaltenstherapie nach Wolpe, Rachman, Schulze

Die Verhaltenstherapie zeigt vielseitige Verknüpfungen mit dem Thema unseres Lehrbuches, vor allem im Hinblick auf die Parallelen zwischen Übungs- und Lerneffekt. Daß auch bei ihr autosuggestive Faktoren eine große Rolle spielen, steht außer Zweifel. Bei den meisten Behavioristen scheint jedoch – jedenfalls an den bisherigen Veröffentlichungen gemessen – das Ringen um theoretische Konzeptionen im Vordergrund zu stehen. Und mit Ausnahme von WOLPE und RACHMAN und einigen Andeutungen im Handbuch von KRAIKER 502 und den Kindertherapien von KUHLEN 527 und SCHRÖDER 801 finden wir kaum Hinweise auf Entspannungsübungen. Allerdings ist der eine Ausgang der Verhaltenstherapie die Lehre PAVLOVS von dem Konflikt zwischen Erregungs- und Hemmungsprozessen, die den Störungen im Lernvorgang zugrundeliegen. Der zweite Ausgang sind die

Forschungen von Watson 968 im Hinblick auf die Beeinflussung menschlicher Angstzustände über »Rekonditionierungsversuche« mittels Strafen, Spott, Ablenkung, Lob, Prämiierungen (im Fall zunehmender Angstabgewöhnung) usw. Wir übergehen die vielseitigen theoretischen Überlegungen von Dunlap 225, Eysenck 240, Salter 775, Skinner 843 u. a., auch die Auseinandersetzungen zwischen Lerntheorie und Tiefenpsychologie von Dollard, Miller 196, Mowrer 663 und Görres 324. Direkt in unseren Fragenkreis gehört jedoch das Vorgehen von Wolpe 1024–7, dessen Grundprinzip eine »Verlerntherapie« unerwünschter Verhaltensweisen ist. Zum Zeitpunkt des Beginns unangemessener Reaktionsweisen geht es darum, andere Verhaltensweisen und Reaktionen an ihre Stelle zu setzen, dies vor allem bei angsterhöhenden und angstreduzierenden Zwängen.

Positive Veränderungen werden nach der Erhebung der üblichen Anamnese meist in 1–12 Sitzungen erzielt. Im Vordergrund steht immer das einzelne pathologische oder störende Symptom, nach dessen Entwicklung und Wandlungen detailliert gefragt und geforscht wird. Wolpe arbeitet hierbei stark mit Ermutigungen, die in der Regel zum Erfolg im Hinblick auf die Aussagefreudigkeit des Patienten führen. Die einzelnen Sitzungen dauern 45 Minuten. Einen Persönlichkeitsfragebogen hat der Patient zu Hause auszufüllen und in die nächste Sitzung mitzubringen. In dieser füllt der Patient einen Fragebogentest aus, der vor allem auf neurotische Angstmechanismen abzielt. Fragen sind eingefügt wie: Sind Sie gern allein? Lassen Sie sich leicht entmutigen? Die Beantwortung dieser Fragen dient der Kontrolle des weiteren Behandlungsverlaufs, in welchem der Angst nicht aus dem Wege gegangen wird. Vielmehr hat der Patient einzusehen, wie sich die Angst von dem ursprünglichen Objekt auf immer weitere Objekte und Situationen ausgebreitet hat. Gleichzeitig mit dem Wecken der Einsicht werden Gegengefühle angeregt. Dies geschieht über die Entwicklung von Durchsetzungsreaktionen. Wie Salter weist Wolpe den Patienten da, wo das wirklich der Fall ist, auf das Unbegründete seiner Ängste und Reaktionen hin und zeigt ihm, wie mit der Verbalisierung der Ängste bei gleichzeitiger Ermutigung zunehmendes Wohlbefinden eintritt. Bevorzugt werden zwischen Arzt und Patient in der Therapiestunde angstbesetzte zwischenmenschliche Beziehungen durchgespielt, wobei der Arzt die Rolle des Vaters, Lehrers usw. übernimmt.

Wolpe hat außerdem eine zweite Behandlungsrichtung entwickelt. Ihm entging nicht, daß angstbesetzte neurotische Symptome mit übermäßigen Muskelspannungen und Verkrampfungen einhergehen. Deshalb geht er diese durch direkte Entspannungsübungen an. Er bedient sich hierbei in modifizierter Form der Methode von Jacobson, die im Wechselspiel von Spannung und Entspannung den lerntheoretischen Konzepten des Behaviorismus entgegenkommt. Auch andere Verhaltenstherapeuten lassen zunächst neurotische Symptome (z. B. Tics und Stottern) nachahmen und verstärken, ehe sie zur Abtrainierung bzw. zum Üben gegenteiligen

Verhaltens übergehen. Nach WOLPE sind die Angstreaktionen – im Sinne PAVLOVS – sympathikoton bedingt. Muskelentspannung wirkt dieser Bedingung durch Provozierung des Parasympathikotonus entgegen. BLÖSCHL 85 schreibt: »So betrachtet, haftet dem generellen Entspannungstraining natürlich eine gewisse Ungezieltheit an: die speziellen angstauslösenden Stimuli treten im allgemeinen nicht so oft zufällig gemeinsam mit Entspannungszuständen auf, wie es für die Entstehung konditionierter Hemmungen wünschenswert wäre. Auf der Modifikation des JACOBSONschen Ansatzes in dieser Richtung beruht jene Technik, die das Kernstück der Neurosentherapie von WOLPE bildet: die systematische Desensitivierung auf Entspannungsbasis.«

Die »systematische Desensitivierung auf Entspannungsbasis« fordert vom Patienten zunächst die Aufstellung einer individuellen »Angsthierarchie«. Er muß zwischen den Sitzungen eine Liste jener Situationen aufstellen, die ihn in Angst und Schrecken versetzen. Vor Beginn der Desensitivierungssitzungen wird das JACOBSONsche Entspannungsverfahren trainiert. Kommt es dann im entspannten Zustand zu Angstreaktionen, muß der Patient seine Aufmerksamkeit von dem Angstanlaß abwenden und sich weiter völlig entspannen. Diese Prozedur wird so oft wiederholt, bis die angstfreie Imagination der Szene möglich ist und zum nächsten Item fortgeschritten werden kann. Bei einzelnen Patienten kann man diese Behandlung auch in Hypnose durchführen. Jedoch wird dem autosuggestiven Entspannungsverfahren der Vorzug gegeben. Beachtet wird außer den Muskelspannungen die Fehlatmung im Verlauf von Angstreaktionen, die ebenfalls im Sinne JACOBSONS angegangen und abtrainiert wird. Außerdem arbeitet WOLPE mit elektrischen Stromstößen, die er zum Zweck der Abgewöhnung mit angstauslösenden Reizen koppelt. Während des elektrischen Schlages muß der Patient laut »ruhig« sagen, wenn die unangenehmen Empfindungen zu stark werden. In einer Sitzung werden 10–20 Stromstöße verabreicht. Allmählich genügt das bloße Aussprechen des Wortes »ruhig« – auch ohne Stromstöße –, um die Angstreaktionen herabzusetzen oder zu beseitigen. Ein ähnliches Vermeidungstraining wird angewendet bei Zwangsreaktionen, Fetischismus und Alkoholismus.

Erwähnt sei ferner die »in vivo«-Desensitivierung, die vor allem bei Kindern und Jugendlichen zur Anwendung gelangt. Handelt es sich um eine Katzenphobie, werden zunächst Bilder von Katzen und Stoffkatzen gezeigt und der Patient an diese »gewöhnt«. Allmählich wird zu jungen lebenden Kätzchen übergegangen, bis schließlich erwachsene Katzen ertragen werden. Man kann diese Maßnahme auch in Gruppen durchführen, wenn es sich um Patienten mit der gleichen Störung handelt. Das gruppensuggestive Moment wird auch im Verlernen (ähnlich wie positiv beim Erlernen des Autogenen Trainings) wirksam. In Gruppen kann zusätzlich das positive Gefühl der Geborgenheit und der Bewährung zum Tragen kommen. Dies ist aber auch in Einzelsitzungen möglich: »Nachdem in der üblichen Weise eine

Angsthierarchie erstellt wurde und der Therapeut im Interview Wunschbilder und ›Traumhelden‹ des Kindes erfragt hat, wird das Kind aufgefordert, mit geschlossenen Augen in der Vorstellung einer vom Therapeuten erzählten Geschichte zu folgen. Dabei wird etwa einem Jungen mit einer Hundephobie, der davon träumt, ein berühmter Rennfahrer zu sein, ausgemalt, wie er mit dem ersehnten Rennwagen, von seinen Freunden bewundert, durch die Straßen fährt. Sind die entsprechenden positiven Emotionen geweckt, so werden vorsichtig in gesteigerter Intensität Begegnungen mit Hunden (etwa zunehmender Größe) in die Geschichte eingeflochten. Da es gelegentlich schwer oder unmöglich ist, Kinder zu entsprechender Entspannung zu bringen, erscheint diese Methode unter Umständen als eine nützliche Ergänzung. Sie kann gelegentlich auch bei Erwachsenen und mit Relaxationsübungen gekoppelt angewendet werden« (Blöschl 85, S. 83).

Ähnlich wie Wolpe läßt Rachman 728 in den ersten Sitzungen seine Patienten eine Rangliste der sie bedrängenden schädlichen Reize und Störfaktoren aufstellen, so bei Phobien, Hysterie, Enuresis, sexuellen Abartigkeiten, Tics und Spannungszuständen. Auch ihm geht es um die Veränderung erlernter psychopathologischer Reaktionsweisen durch Auslöschung, Hemmung und »Verbot«, dies jedoch nicht über Verbalisierungen im Wachzustand, sondern im zuvor eingeübten autohypnotischen Entspannungszustand. Über diesen gelingt es tiefer und bleibend, die Symptome zu entschärfen oder allmählich zu ertragen. Einen eingehenden Bericht über den »Verlernprozeß« von Stottern und Phobie eines Knaben im hypnoiden Zustand (unter Suggestionen seitens des Therapeuten) gibt Schmid 792 in »Wachtraumbildbehandlung«.

Abschließend sei die »Grenzsituationstherapie« Schulzes 825/6 erwähnt, die ebenfalls als Verhaltenstherapie aufzufassen ist. In einer für den Patienten und seine Ängste bzw. Phobien gerade noch tragbaren Form werden (gemeinsam mit dem Arzt) Leistungen gefordert, so im Schwimmen, Radfahren, Bergsteigen, Skifahren und vor allem beim Fliegen, die darauf abzielen, allmählich Angst zu überwinden. Es wird hierbei nicht mit direkten Prämiierungen oder »Strafen« vorgegangen. Im Erreichen der geforderten Leistung selbst liegt die »Lustprämie«, im Fall des Versagens die »Strafe«. Schulze ist sich dabei der Möglichkeit eines Überspannens des Leistungsbogens bewußt, weshalb in bestimmten Fällen der Überspannung mit dem Autogenen Taining eine Entspannung erzielt wird. Ebenso kann mit dem Autogenen Training vor einer geforderten Leistung Frische und Mut erreicht werden. Ähnliches gilt für Yoga-Übungen und Massage. Schulze geht mit seiner Therapie insofern einen entscheidenden Schritt weiter, als er postuliert, daß heute viele Verhaltensstörungen nicht mehr durch die Symptome der Verdrängung des Triebhaften oder der Überanspannung gekennzeichnet sind, sondern durch das Gegenteil, eine zunehmende Erschlaffung und Bequemlichkeitshaltung. Es gilt daher, der psychoanalytischen und der Entspannungstherapie dialektisch und komplementär eine Art »Spannungstherapie« an die Seite und entgegenzusetzen, also die Spannungslosen und »Vergammelnden« zu Leistungen zu trainieren. Unserem Problem des »Eutonus«, also des Gewinnens normaler »Spannkraft« (nach dem »Verlust der Mitte«), wird von SCHULZE insofern Rechnung getragen, als er bestrebt ist, zusätzlich psychoanalytisch vorzugehen und auf diesem Wege einmal die Selbsteinsicht des Patienten zu fördern, zum anderen darüber zu wachen, daß auch in diesen Fällen der Spannungsbogen nicht überspannt wird.

k) Gestalt- und Integrative Bewegungstherapie nach Perls, Petzold

Gehört die Verhaltenstherapie nicht in toto zu den Verfahren unseres Lehrbuches, sondern nur soweit sie Entspannungsübungen berücksichtigt, gilt die gleiche – nur teilweise – Überschneidung und Teilsicht für die folgenden, noch zu besprechenden Methoden.

PERLS 702, der auch als »Vater« der »Themenzentrierten Interaktion« nach R. COHN 166 gilt, war ursprünglich Psychoanalytiker und entwickelte die Gestalt-Therapie überwiegend als Gruppenverfahren. Nicht Körperübungen, Körperempfindungen oder Lustgewinn stehen bei ihr im Vordergrund, sondern Verhalten und Befinden, wie sie der einzelne erlebt und wie sie von den Gruppenmitgliedern empfunden und kontrolliert werden. Im Erarbeiten der Gegenseitigkeiten geht es um die Erkundung der »Ich-Grenzen« über Identifikationen und Entfremdungen, Anklammern und Zurückgestoßenwerden. An die Stelle von Verdrängungen oder übermäßiger Abhängigkeit soll allmählich die Selbständigkeit des einzelnen treten. Dazu dienen unter anderem imaginierte Dialoge und Rollenspiele der inneren Situation unter Einbeziehung von Träumen, Phantasien und »freien Einfällen«. Verhaltensweisen werden so nicht nur verbal, sondern »handgreiflich« agierend bearbeitet. Der Therapeut gibt recht aktiv Anweisungen, die Gruppenmitglieder bilden einen »Resonanzkörper« mit dem Ziel, Realität und Realitätsbezug darzustellen.

Nach FRÜHMANN 292 und WALTER 965 spielt in der Gestalttherapie das Rückgängigmachen innerer Spaltungen die Hauptrolle. Gleich, ob die Gruppenresonanz, Traum- oder Körperarbeit in den Vordergrund treten, geht es um das Verdeutlichen der »Zerstückelung« oder »Fragmentierung« der Persönlichkeit, die zu entsprechenden Spannungen (im Inneren und Äußeren) führt. Die fragmentierten Persönlichkeitsanteile werden miteinander ins Gespräch gebracht, gleich ob sie durch die Gruppe repräsentiert oder von Traumteilen und körperlichen Verspannungen übernommen werden. Wie Märchengestalten führen diese Anteile Dialoge mit- und gegeneinander durch. Verdrängte und unerledigt gebliebene Erinnerungen und Emotionen werden so »gestaltet«. Abwehrhaltungen (nach PERLS »Vermeidungen«) werden nicht wie in Psychoanalysen dosiert angegangen, sondern nach aktiven

Ermutigungen in den Therapiesitzungen möglichst intensiv gefühlsbetont im Hier und Jetzt. Freilich kann immer nur *eine* »Gestalt« als Symbol für ein bestimmtes Gefühl, für Hilflosigkeit, Leere, Verworrenheit oder Verkrampfung im Vordergrund der Bearbeitung stehen, alle anderen bilden eine Art Hintergrund; aber nach PERLS besteht das ganze Leben aus einer unendlichen Zahl von unabgeschlossenen und immer wieder nur teilweise abzuschließenden Situationen (unvollständigen Gestalten), die es gilt, aus übermäßigen Ungleichgewichten in bestmögliche Gleichgewichte zu überführen. Die Herrschaft hat hierbei immer das dringendste Bedürfnis, die dringlichste Situation, zu übernehmen. PERLS überläßt das nicht Trieben oder Emotionen, sondern setzt das »volle Bewußtsein« ein, mit dessen Hilfe man sich seiner »organismischen Selbstregulation« im Falle zunehmender Harmonisierung gewahr wird. Das »Hören auf den Organismus« tritt an die Stelle der Übermacht der sozialen Umwelt, um derentwillen die meisten zuvor nur eine »Selbstmanipulation« zustandebrachten, in der Spannung zwischen sozialer und biologischer Existenz eine »Pseudoexistenz« führten. Mit dem Ziel der Reifung zur Selbständigkeit und dem Verlassen der »Anpassung an eine bestimmte Gesellschaft«, die PERLS den meisten anderen Therapieformen ankreidet, ist der Autor im Laufe seines Lebens immer stärker zur Einzeltherapie übergegangen.

An PERLS' Gestalt-Therapie anschließend entwickelte H. PETZOLD 706 seine »Integrative Bewegungstherapie« und »Integrative Bewegungserziehung«. Diesen liegt ein »Tetradisches System« zu Grunde, indem vier Phasen prozeßhaft unterschieden werden: 1. Die Initialphase mit einer diagnostisch-anamnestischen Zielsetzung und einem konflikt- oder erlebniszentrierten Vorgehen; Erinnern und Stimulieren werden eingesetzt, eine Analyse von Bewegung, Ausdruck, Verhalten und verbalen Äußerungen wird aus psychodynamischer (projektive Auswertung), lerntheoretischer (Verhaltensanalyse) und gestalttheoretischer (Kontext- und Prägnanzanalyse) Sicht vorgenommen. 2. Die Aktionsphase mit einer psychokathartischen Zielsetzung über Wiederholungen, Explorieren und ein Erfahrungslernen über Öffnungs-, Schließungs- und Prägnanzerlebnisse; das geschieht durch konfliktorientierte Arbeit an Atmung, Stimme, Expressivität, Imagination (»ernstes Spiel«) oder erlebnisorientierte Arbeit mit freier Bewegung, Tanz, Phantasie, Sensibilität usw. (»heiteres Spiel«). 3. Die Integrationsphase mit einer analytisch-kommunikativen Zielsetzung über Reflexion und rationale Einsicht; aufgehellt werden psychodynamische Zusammenhänge, Übertragungskonstellationen, Abwehrhaltungen, Verhaltensmuster und Kommunikationsstrukturen. 4. Die Neuorientierung mit der Zielsetzung des Erlernens von Verhaltensänderungen über Erproben, Experimentieren und Neuformierung von Gestalten; das geschieht über ein »Training« der Sensibilität, Expressivität, Flexibilität usw., in welchem bevorzugt Entspannungstechniken zum Einsatz gelangen.

Ziel der Integrativen Bewegungstherapie ist nicht nur die Beseitigung von krankhaften Symptomen, sondern eine neue Lebensgestaltung. Diese soll über drei »Schwerpunkte« erreicht werden: 1. Die »Funktionale Therapie«. Sie geht Atmung, Bewegung und Haltung an, vor allem im Hinblick auf die Regulierung von Spannung und Entspannung, Steigerung der Wahrnehmungsfähigkeit, Erziehung zu flüssigen (gelassenen) Bewegungsabläufen, Gewinn einer optimalen Haltung, Korrektur von Fehlspannungen und Fehlhaltungen, Aufbau körperlicher Leistungsfähigkeit und Körperbeherrschung. 2. Die »konfliktorientierte Therapie«. Sie sieht muskuläre Verspannungen und Verkrampfungen im Sinne REICHS als »Charakterpanzerungen« an, als körperlich manifestierte Folgen und Ausdruck traumatischer Erfahrungen, die es aufzudecken und in eine natürliche Haltung zurückzuführen gilt. 3. Die »Selbstverwirklichung als Gestaltung des Leibes«. In diesem Punkt schließt sich PETZOLD weitgehend an DÜRCKHEIM (s. o.) an. Es geht um die Gewinnung der »guten Gestalt« mit ihrer Strahlkraft, Würde, Anmut, Natürlichkeit und Beherrschung.

Als technisches Rüstzeug zur Erreichung dieser schwerpunkthaften Ziele nennt PETZOLD an erster Stelle das Training von Spannung und Entspannung. Dieses erfolgt nicht wie bei der »Funktionellen Entspannung« indirekt und über kleinste Reize, sondern im direkten »Zugriff«. Seine »relaxative Organgymnastik« setzt PETZOLD aus der »Eutonie« G. ALEXANDERS (s. o.) und der »Progressiven Relaxation« JACOBSONS (s. o.) zusammen, unter Hinzufügung einiger anderer Methoden der Atemschulung. Mit der Spannungs-Entspannungs-Gymnastik wird jedoch immer, wie angedeutet, eine Konfliktbearbeitung (Analyse) verbunden.

PETZOLD unterscheidet die aktive und die passive Entspannung. Bei der *aktiven Entspannung* werden im Sinne JACOBSONS liegend Bewegungen ausgeführt und in der Vorstellung bildhaft mitvollzogen in der Reihenfolge: Wahrnehmen, Anspannen, Loslassen in einem Rhythmus von 3–5 Sekunden. Begonnen wird nacheinander bei den Füßen, und von da aus leibaufwäts Muskelgruppe für Muskelgruppe (Strecken, Beugen, Faustmachen, Entspannen usw.) abgegangen, bis zum Nacken, Gesicht und Kopf (Grimassen-Schneiden und -Lösen). Am Ende wird der ganze Körper angespannt und entspannt. Schon nach 5–10 Sitzungen soll so die Generalisierungstendenz zur Totalentspannung eintreten und kann nun – ganz im Sinne des Autogenen Trainings – mit formelhaften Vorsatzbildungen (gegen Examensängste, zur Raucherentwöhnung etc.) gearbeitet werden.

Die *passive Entspannung* wendet PETZOLD bei sehr verspannten, verkrampften oder schwer gestörten (katatonen, defektiven) Patienten an. Man müsse bei diesen zwar individuelle Abweichungen berücksichtigen. Jedoch kann im allgemeinen folgendermaßen vorgegangen werden: Der ruhig liegende Patient wird aufgefordert, ruhig zu atmen. Der Therapeut kniet seitlich von ihm und spricht beruhigende Suggestionen. Er legt seine Hände auf die Bauchdecke des Patienten und führt durch kräftigen Druck eine vollständige Ausatmung herbei. Die nachfolgende tiefe Einatmung wird ebenfalls mit den Händen begleitet und die Bauchdecke gleichsam »nach oben« gezogen. Dann stellt sich der Therapeut neben den Kopf des Patienten und zieht kräftig dessen Arm nach oben, bis sich die Schulter von der Unterlage löst. Danach wird der Arm fallen gelassen und das gleiche mit dem anderen Arm wiederholt. Sind örtliche Verkrampfungen zu spüren, werden diese durch sanfte Dehnungen und massageartige Lockerungen gelöst. Das Grundprinzip der passiven Entspannung ist also die muskuläre Dehnung, über die auch eine Generalisierungstendenz zu erreichen ist. Ihr Ziel ist jedoch immer, sie möglichst in eine aktive Entspannung überzuführen.

Ähnlich ist das Vorgehen PETZOLDS in der »Integrativen Bewegungserziehung«. Nur treten in dieser die pädagogischen Aspekte der Entspannungsübungen und des »Trainings« stärker in den Vordergrund. Ziel des »relaxativen Organtrainings« ist »psychische und körperliche Tiefenentspannung« bei gleichzeitigem isometrischen und isotonischen auf Kraftzuwachs und Elastizität abzielenden Körpertraining. Einerseits setzt bei diesem PETZOLD über die JACOBSONsche Methode hinaus auch das Autogene Training ein, meint jedoch, daß diese traditionellen Verfahren seinem hohen doppelt ausgerichteten Anspruch nur in begrenztem Ausmaß gerecht werden, weshalb er sie mit direkter Körpergymnastik im Sinne MEDAUS 621 (s. u.) und mit isometrischen Übungen (nach GIERLICH und JUNG) koppelt. So weit es sich um Entspannungseffekte handelt, ist wiederum das Prinzip der Muskeldehnung das wichtigste. Aber, wie abzuleiten ist, gehen die eigentlichen Ziele dieser Erziehungsarbeit über die Entspannung hinaus und umfassen psychohygienische und neurosenprophylaktische Absichten mit, muß doch in vielen Fällen der Mensch unserer Leistungsgesellschaft erst zu einem neuen Leiberleben und zur Leibfreundlichkeit geführt werden.

l) Bioenergetik nach Reich, Lowen

Die in diesem Lehrbuch unterbreiteten bzw. dort entwickelten Parallelverfahren werden in Amerika unter dem Sammelbegriff »Bioenergetik« (im weitesten Sinn) zusammengefaßt. JURJEVICH 443 subsumiert sie der »Direkt Psychotherapy«. Als ihr Ahnherr und Inaugurator wird WILHELM REICH angesehen. Er ist nicht nur der Schöpfer der »Charakteranalyse« (gleichbedeutend mit Ich- und Widerstandsanalyse). Er war auch einer der ersten, der im Verlauf von Analysen Auffälligkeiten und Änderungen von Haltungen, Bewegungen, Mimik und Gestik der Patienten mitanalysierte. Wie FERENCZI verwendet er im Fall starrer Abwehrhaltungen Entspannungsübungen. Von der analytischen zur direkten »Körperarbeit« war es nur ein kleiner Schritt.

REICH faßte den gesamten Organismus als ein energetisches System auf, das von Verkrampfungen infolge Triebunterdrückung, sozialer Repression und blokkierter Bedürfnisbefriedigung befreit und mit neuen Energien geladen, mobilisiert werden müsse. Genußfähigkeit des Menschen war für ihn ein weit stärkeres Therapieziel als etwa für FREUD. Erreicht wurde es durch eine sogenannte »Vegetotherapie«, Kernstück der »Orthodoxen Therapie« nach REICH 738/9. Nach ihm besitzt jeder Charaktertyp eine bestimmte muskuläre Haltung. Geht man diese direkt an, trifft man ohne den Umweg über die Psyche Affekt- und Triebbereich (ähnlich war für GRODDECK das Unbewußte nicht nur nach dem Körper hin »offen«, wie das FREUD formulierte, vielmehr sei das tiefste Unbewußte der Körper selbst mit seinen Funktionen). Affekte sind so vor aller »bewußten« Erinnerung angehbar und wandelbar. Verkrampfungen der Muskulatur sind nach REICH die körperliche Seite (»Ausdruck«) der Verdrängung. Sie wurden von ihm – zusammen mit dem zugehörigen seelischen Ausdrucksgehalt – dem Patienten bewußt gemacht, indem er angeleitet wurde, sich in die unwillkürlichen Bewegungen und Verspannungen einzufühlen. Erst nach dieser direkten Körperarbeit wurde psychoanalytisch weitergearbeitet.

REICH war der Ansicht, daß die (verbale) Psychoanalyse die Bindungen der Libido an das Unbewußte nur auf Umwegen erfasse, während er im direkten Zugriff die »Wirklichkeit« der vegetativen Energie des Unbewußten an-»griff«. An den verschiedensten Körperstellen zeige der Mensch seine Blockierungen in Form »tonischer Verkrampfungen« an. Es gelte nur den freien »Energiefluß« durch sie hindurch und somit im gesamten Organismus wieder in Bewegung zu bringen. Nach FRÜHMANN 292 beginnen die Therapeuten im REICHschen Stil mit Anleitungen zu tiefem Atmen. Danach wird die Aufmerksamkeit des Patienten auf alle subjektiven Körperempfindungen gerichtet: nach dem Grad der Spontaneität und Tiefe des Atemrhythmus vor allem Muskelspannungen und Druckphänomene. Mit dieser Hinwendung wird ein psychosomatischer Prozeß eingeleitet, der die Wiederholung des der Störung zugrundeliegenden emotional-vegetativen (nicht bewußten!) Erlebens anbahnt. Therapeuten im Sinne REICHs setzen dabei ihre Hände mit ein, die sie an den Körper des Patienten legen, einerseits um Spannungen zu erfühlen und zu »manipulieren«, andererseits um die Atmung zu vertiefen und zu entkrampfen. Diese Weise des Zugreifens scheint zunächst Ähnlichkeiten mit der Funktionellen Entspannung nach FUCHS aufzuweisen, ist aber im Unterschied zu dieser weit suggestiver, direkter und weniger behutsam »kommen-lassend«.

Als »Bioenergetik« im engeren Sinn wird die von LOWEN 592–4 entwickelte Methode bezeichnet. Sie knüpft insofern an REICH an, als sie dessen Lehre von der »freien Energie« im Körper, die gefühlt und wahrgenommen wird (auch als Spannung, Erregung oder Angst) und der »gebundenen« oder »statischen Energie«, die im muskulären System als Bewegungspotential fixiert ist und nur als körperliche

Spannung auftritt, übernimmt. Die Bindung der Energie im Muskelsystem nannte Reich den »Charakterpanzer«. Die Befreiung vom Charakterpanzer über zunehmende Reifung (Erreichung der »Genitalität«) nannte Reich den »Orgasmusreflex« (nicht Orgasmus!). Gemeint ist damit, daß Genitalität nicht in einzelnen sexuellen Vorgängen oder Befriedigungen endet, sondern der gesamte Organismus mit allen ihm zur Verfügung stehenden Bewegungen und Funktionen einsetzbar und hingabefähig sein muß bis zum »Verlust der Ich-Grenzen« bzw. zu einem »temporären Ich-Tod«. Lowen geht es darum, ohne Reichs Organtheorien alle zu übernehmen, Menschen und Patienten dazu zu bringen, daß sie sich in der Realität ihres Körpers und dessen Schwerefeld »gründen« lernen und auf diesem Wege auch in der jeweiligen sozialen Realität, in ihrer Zeit, an ihrem geschichtlichen Ort.

Je nachdem, wie ein Mensch den »Energiefluß« in seinem Körper empfindet und kontrolliert, unterscheidet Lowen (schizoide, orale, psychopathische, masochistische, rigide) Charaktertypen. Nach Frühmann 292 sind die Ziele bioenergetischer Heilung folgende: 1. Der Mensch muß über die Art, wie er bisher in seinem Körper lebte, seine Vergangenheit verstehen lernen, 2. er muß hier und jetzt seinen Körper beachten, für ihn und für den Teil der Welt, den er liebt, die Verantwortung übernehmen. 3. er muß das Schicksal, das in seinem Körper vorgezeichnet ist (»Charakterbestimmung«) annehmen und mit diesem der Zukunft ins Angesicht sehen lernen, 4. ist in der Bioenergetik der Therapeut nicht nur ein »Lehrer«, er soll vielmehr mit gutem Beispiel vorangehen und zur Seite stehen.

Die praktische bioenergetische Arbeit geht auf vier Ebenen vor sich: 1. geht es um zunehmenden Kontakt zum eigenen Körper, in dem (Leidens-)Geschichte und Charakterstrukturen eingebrannt sind, 2. geht es nicht nur um die Entdeckung krankhafter, sondern auch lustvoller Anteile des Lebens, die weiterzuentwickeln sind, 3. werden verbesserte Formen des Selbstausdrucks, der Ich-Funktionen und damit des Stehens in der Realität gesucht und aufgebaut, 4. mit der Entwicklung von Freude und Lust geht die Suche nach Würde und Sinn des Lebens Hand in Hand. Werde dieser Schritt unterlassen, nehme die Verletzung des Patienten nur zu.

Wie die Reichsche Therapie beginnt die Bioenergetik mit Atemübungen im Liegen auf der Couch, im Sitzen auf dem »Lowenschen Stuhl«, im Stehen oder in der sogenannten Bogenposition. Bei dieser liegt der Patient auf dem Boden und ist so stark nach rückwärts gebogen, daß er nur mit dem Kopf, den Ellenbogen und den Fußsohlen den Boden berührt. Diese und ähnliche »Streßpositionen« sollen dazu dienen, chronische Muskelverspannungen aufzudecken, da im Fall ihres Vorliegens die vorgeschriebenen Haltungen nur kurze Zeit beibehalten werden können. Gleichzeitig ist über Entdecken und Weiterüben möglich, die Verspannungen aufzulösen und die »pathologische Energieökonomie zum Zerbrechen zu bringen« (der

Charakterpanzer zerbricht). Dieses Zerbrechen entspricht weitgehend den von REICH beschriebenen »Durchbrüchen«, die auch in kathartischen Behandlungen beobachtet werden. Außer den starren Streßpositionen arbeiten Bioenergetiker z. B. mit dem Schlagen von Armen und Beinen auf die Couch, während dazu frei »assoziiert« wird. Die hierbei zu beobachtenden (kathartischen) Durchbrüche kann man anschließend analytisch durcharbeiten. FRÜHMANN legt Wert auf die Feststellung, daß Bioenergetiker nie soweit wie JANOV 425 mit dem »Urschrei« gehen, nämlich den Patienten (suggestiv) zu zwingen, in die frühkindlichen Formen der Bewußtheit zu regredieren.

Diese praktischen Anweisungen seien ergänzt durch Ausführungen, die LOWEN zusammen mit LEWIS 574 vornahm. Das grundlegende Axiom der Bioenergetik sei: »Die Person ist der jeweilige Körper.« Das Verhalten des Körpers drückt gleichzeitig seine Verbindung mit anderen Personen und zu eigenen Ideen und Phantasien aus. Der Atem wird als der Schlüssel zum Energiestoffwechsel des ganzen Körpers angesehen. Energie, Spannung und Charakter bildeten eine Einheit. Die Funktion der oberen Hälfte des Körpers sei im wesentlichen das »In-sich-Aufnehmen«, die Aktivitäten der unteren Körperhälfte beziehen sich auf die »Entladung«. Die Gefühlstiefe eines Menschen sei der »Atmungstiefe ungefähr proportional«. Die Rükkenregion wird als »das Zentrum des Zorns« bezeichnet, das Atmen als eine »aggressive Funktion des Lebens«, ähnlich auch die Stimme als ein »Instrument der Aggression und des Selbst-Ausdrucks«. Aggressive Funktionen werden ferner an den Extremitäten verfolgt: Die Fähigkeit einer Person, mit den Armen auszugreifen, ist »ein Maß für seine Ich-Stärke«. Hoffnungslosigkeit drückt sich aus, wenn Hände und Arme schlaff wie »welke Blumen« herabhängen. Ist die Motilität der Beine herabgesetzt, »ist auch die Aggressivität eingeschränkt«. Man könne nicht aggressiv sein, wenn man keinen festen Grund spürt; so bestehe eine Verbindung zwischen der Aggressivität und dem Gefühl der Bodenverbundenheit durch die Beine. Je mehr ein Mensch auf beiden Beinen steht, desto stärker kann er sich behaupten. Je festeren Grund man unter sich hat, desto besser kommt man im Leben voran. Nicht übersehen wird bei diesen (meist über den Volksmund bekannten Lebensweisheiten) das Gefühl des Getragenseins (und damit des tragenden Grundes), den schon in früher Kindheit die Mutter (mit dem Urvertrauen) übermittelt. Die Autoren legen über dieses Allgemeinwissen hinaus besonderen Wert auf das Gehaltenwerden durch die Mutter und den hierbei unerläßlichen und ausgiebig zu pflegenden Hautkontakt zwischen Mutter und Kind (vgl. auch KLOTZ 474).

Eine ganze Reihe von theoretischen und praktischen Gesichtspunkten, die die Bioenergetik hervorhebt und in die Tat umsetzt, sind für den Leser dieses Lehrbuches nicht neu. Vieles hat z. B. die Konzentrative Bewegungstherapie von sich aus in ähnlicher oder gleicher Form entwickelt. Manche Teile der zugrunde liegenden Organlehre sind zwar von LOWEN zurückhaltender formuliert als von REICH, können jedoch im praktischen Vorgehen Voreingenommenheiten schaffen (z. B. in Form der Assoziation von Atmen und Aggression, Rücken und Zorn), denen mehr zum »Kommen-Lassen« neigende Verfahren nicht unterliegen. Viele Patienten berichteten uns nach bioenergetischen Behandlungen, ohne »blaue Flecken« (s. Streßpositionen) seien sie nie »davongekommen«.

m) Die »mechanisierte« Methode und andere Entspannungsübungen

In den zurückliegenden Kapiteln wurde mehrfach die Verwendung von Schallplatten und Tonbändern als Hilfsmittel für Entspannungen und Autosuggestionen erwähnt. Daß es sich hierbei um ein keineswegs neues Vorgehen handelt, das vielmehr eine lange Vorgeschichte aufweist, ist wenigen bekannt. Deshalb sei die »mechanisierte Methode« gesondert besprochen, auf die schon Baudouin in seinen ersten Veröffentlichungen – allerdings scherzhafterweise! – hinwies und die in einigen populär geschriebenen Büchern empfohlen wird, so von Fauvel 246 und Keller-Hörschelmann 454, der sie wie folgt charakterisiert: »Wenn man diese Platte nun regelmäßig einige Zeit benutzt, so wird das auf unsere Nerven einen ausgezeichneten Eindruck machen. Eine solche Platte klingt nicht seelenlos. Es besteht bestimmt etwas Persönliches dabei, das wieder zu Herzen geht.« Um diese psychotherapeutische Methode näher kennenzulernen, haben wir uns eine derartige »Suggestionsplatte« aus einem ausländischen Sanatorium zusenden lassen. Es folgt der Text dieser Schallplatte.

»Lieber Freund!

Die Suggestion ist die größte Heilkraft der Welt.

Ich habe ungeahnte Kräfte in mir, welche ich durch geeignete Übungen besser zur Entfaltung bringen kann.

Ich erwarte die Besserung, ich fühle und betone sie, ich freue mich über meine täglichen Fortschritte. Ich atme jetzt recht tief. Bei jeder Ausatmung denke ich mir: schlafe, schlaf ..., schlaf ... Ich werde schon ruhiger, ich kann alles ganz gut lockern, ich spüre eine wohltätige Ruhe von den Füßen bis zum Kopf. Eine angenehme Wärme durchströmt meinen Körper. Ich fühle, daß meine Glieder schwer werden, eine wohltätige Ruhe durchzieht meinen ganzen Körper. Ich werde in Zukunft alles freier und leichter nehmen. Meine inneren Organe werden besser und ruhiger arbeiten; fort mit allen Verkrampfungen, alles in mir wird leichter und leichter, besser und besser.

Ich fühle mich gestärkt, ich werde täglich eine ruhige freudige Einstellung zu meinem Milieu pflegen. Es ist ja alles nur so, wie ich's ansehe, wie ich mich einstelle. Ich werde mit Zuversicht, Kraft, Mut, Hoffnung und Selbstvertrauen der Zukunft entgegensehen.«

Die Rückseite der Platte läßt den folgenden Text hören:

»Lieber Freund!

Alle Kraft kommt von der Seele aus. Seelenpflege ist Gesundheitspflege; von innen heraus, von der Seele aus leben, erkranken und gesunden wir. Die seelischen Kräfte richtig zu leiten, ist mein Bestreben. – Ich weiß: Jeder gefühlsbetonte negative oder auch positive Gedanke sucht sich zu verwirklichen. Ich will mich nun sammeln, konzentrieren.

Ich bin vollständig ruhig. Die Ruhe gibt starke Nerven. Heute soll gar nichts meine Nervenruhe stören. Ich fühle, wie ich ruhiger werde. Siehe da, ich bin vollständig ruhig, ich habe keine ›Nerven‹ mehr. Ich bin auf das, was vorliegt, sehr gut eingestellt, ich fühle mich gestärkt ...«

Immerhin wirft auch diese Methode praktisch und theoretisch interessante Fragen auf. Stokvis hat sich (1938) eine Grammophonplatte mit der eigenen Stimme und untenstehendem Text anfertigen lassen, die im Leidener Laboratorium reproduziert wurde. Der in suggestiver Weise gesprochene Text lautet:

»Ich lege mich ruhig nieder, ich schließe meine Augen. So liege ich ruhig mit geschlossenen Augen. Während ich ruhig liege, atme ich regelmäßig. Und während ich ruhig liege und regelmäßig und ruhig atme, entspanne ich die Muskeln meines ganzen Körpers, die Muskeln meines Kopfes, die Muskeln des Mundes, der Nase, der Augen, der Ohren, der Stirn, des Hinterkopfes und des Nackens. Ich entspanne die Muskeln der Arme, der Hände, der Unterarme und der Oberarme. Ich entspanne die Muskeln der Beine, der Füße, der Waden, der Schenkel; ich entspanne die Muskeln des Rumpfes, des Bauches, so daß alle Bauchorgane vollkommen entspannt sind, die Muskeln der Brust, so daß ich nun unbehindert und frei atmen kann: kurzum die Muskeln meines ganzen Körpers. – Nun sind alle meine Muskeln entspannt, vollkommen entspannt. Und da das so ist, lege ich meine Hand auf die Brust, und die feinen Atmungsröhrchen innen in meiner Brust entspannen sich auch. Dadurch wird alles in mir geräumiger und freier. Das beengte Gefühl verschwindet, alle meine Beschwerden verschwinden so, gleichgültig von welcher Art sie auch sein mögen.

So fühle ich mich schon besser, und das kann gar nicht anders sein, denn ich weiß, daß ich durch diese Methode besser werden muß. Ich vertraue vollständig auf diese Übungen, ich weiß, daß so viele andere Menschen in dieser Klinik auch durch diese Methode besser geworden sind. Darum gebe ich mich völlig hin in dem felsenfesten Bewußtsein, daß ich durch das genaue Lauschen auf diese Worte, an jedem Tage aufs neue zu genau derselben Zeit, neue Kräfte in mir erwachen fühle, wodurch ich völlig, aber auch völlig besser werde. Und wenn ich nun gleich meine Augen öffne, fühle ich mich in der Tat schon besser ... Siehe da, nun öffne ich meine Augen.«

Verschiedene Patienten wurden experimenti causa damit behandelt. Die ganze Apparatur war so aufgestellt, daß sie dem Auge des Kranken entzogen war und daß der Apparat aus dem Nebenzimmer bedient werden konnte, in dem sich während des ganzen Verlaufs des Experiments der Versuchsleiter aufhielt. Es seien Erlebnisse der – psychologisch völlig ungeschulten – Patienten angefügt.

25jähriger junger Mann mit dem Symptom eines Violinistentremors teilt mit: »Ich finde es mit solch einer Maschine nicht so überzeugend; die Stimme hat etwas Hartes und Kaltes, etwas Unwesentliches. Es soll nur die Stimme sein, die ich höre, keine menschlichen Dinge dürfen dazu kommen, sonst wird es zu irdisch für mich. Nun hat die Maschine etwas Kristallhaftes, etwas Helles, und doch kann ich mich nicht von der Idee losmachen, daß die Maschine etwas Leeres hat. Es kommt etwas Widerstand in einem, weil man nicht tun will, was die Maschine will. Die Hauptsache ist, daß niemand dabei ist, wenn man die Platte hört. Am liebsten hätte ich sie bei mir zu Hause und ließe sie dann jeden Morgen für mich abdrehen.«

Einen Monat darauf schreibt er: »Die gewöhnliche Methode, wenn Sie es selbst tun, lebt mehr; die mechanisierte Methode ist tot. Es scheint mir zweckmäßiger, wenn die Stimme des Patienten aufgenommen würde; die Suggestion würde dann von größerer Kraft sein. Ich glaube, daß das Gesprochene durch Musik unterstrichen werden könnte, durch ganz bestimmte Harmonien, die jeweils monoton im selben Rhythmus wiederkehren.« – Ein halbes Jahr später: »Ich fühle, daß ein Gefühl von Wagemut in den Arm zu kommen beginnt; ein freches Gefühl; es hat sich viel in dem Arm verändert.«

Ein anderer Patient, ein 45jähriger Seemann mit dem Symptom einer hysterischen Aphonie, schreibt: »Den Ton und die Worte erkannte ich sofort als von dem Doktor selbst herstammend. Er sprach also durch die Maschine zu mir; es war mir aber, als ob der Doktor selbst neben mir saß und zu mir sprach. Es war für mich ein Vorteil, daß ich den Doktor selbst kannte, denn beim Hören der Stimme aus dem Lautsprecher fühlte ich sofort den Kontakt, der indessen lange nicht so stark war wie sonst. Ich hatte mehr Mühe, in einen Zustand allgemeiner Ruhe zu kommen. Diese Behandlung war für mich, als ob ich über das Radio eine Oper hörte, die ich kurz zuvor auf der Bühne habe aufführen sehen; man lebt dann wieder darin mit. Wenn ich den Doktor nicht schon zuvor persönlich erlebt hätte, wäre für mich die ganze Behandlung ein totes Ding geblieben.«

Manche Patienten, die schon von Beginn an mit der mechanisierten Methode behandelt worden waren, bemerkten überhaupt nicht, daß die Stimme mechanisch hervorgebracht wurde. Eine 42jährige unverheiratete Frau vom Lande mit konversionshysterischen Erscheinungen blieb steif und fest dabei, daß der Klang vom Doktor herstammte: »Nein, das war kein Grammophon. Aber ob es nun so oder so geschieht, das ist mir ganz egal; jedenfalls bin ich meine Kopfschmerzen und meine Schwindelanfälle los.«

Ein 14jähriger Junge mit dem Symptom eines Räuspertics erklärte: »Nein, Ihre Stimme war es nicht. Es scheinen Teufelskünste zu sein. Aber die Hauptsache ist, daß ich dadurch weniger Geräusche mache.«

Wie kann erklärt werde, daß das Anhören einer solchen Platte Patienten symptomfrei macht? Deutlich ist zu bemerken, daß die Wirkung der Autosuggestion unentwirrbar mit der der Suggestion verwoben ist. In den angeführten Fällen ist es die Autorität des Arztes bzw. der Klinik, die wirkt. Bei der Platte aus dem Ausland ist es der Nimbus, der den fremden Arzt umgibt. Die Stimme, welche die Worte ausspricht, erweckt bei dem Hörer die Vorstellung der – ihm persönlich zwar unbekannten, aber in seiner Einbildung lebenden – Helferfigur. Die verschiedenen

Faktoren, die bei der Besprechung der (Auto-)Suggestion zur Sprache gebracht wurden, sind hier wirksam: Die Erwartungseinstellung und andere affektive Faktoren, wie die (erotische) »Übertragung«, deren Bedeutung übrigens von Koster 495 verneint wird. Beim Anhören der Platte kann der Patient in die Wiedergabe des Textes einen Teil der eigenen Persönlichkeit projizieren, d. h. also, er kann sich gleichsam von sich selbst angesprochen erleben. »Die Stimme aus dem ›Es‹ spricht im buchstäblichen Sinne, und via ›Es‹ (s. oben ›Selbst‹) gelingt die Realisierung im Ich.« In geschickter Weise erreicht die Platte des ausländischen Autors diese Absicht, indem sie »Lieber Freund« als Anrede wählt, aber dann weiter in der ersten Person spricht.

Aus diesem Gedankengang wird begreiflich, wie diese merkwürdige Methode dazu beiträgt, den Patienten symptomfrei zu machen. Man soll sich allerdings davor hüten, in der Praxis seinen Patienten dergleichen mechanische Hilfsmittel ohne Kontrolle zur eigenen Verfügung zu stellen, da sie zu unerwünschten autohypnotischen Zuständen Anlaß geben können, in denen unrichtige autosuggestive Vorstellungen hervorgerufen werden. Klumbies 386 nennt dieses Verfahren »Ablationshypnose«. Wohl unter dem Eindruck der Kritiken läßt er es nur noch für die Schmerzstillung und Beruhigung unheilbarer und dem Tode entgegensehender Patienten zu. Dagegen ist in vielen Fällen nichts einzuwenden. In gleicher Weise gilt das nach eigenen Erfahrungen bei manchen Fällen, in denen Patienten für die Durchführung des Autogenen Trainings oder der Tonusübungen die Stimme ihres Arztes auf einem Tonband mit nach Hause nehmen, um – vor allem am Beginn solchen Übens – zwischen den anleitenden Sitzungen die Autosuggestionen heterosuggestiv zu verstärken. Das Für und Wider einer solchen Anwendung diskutiert Binder in der »Praxis der Psychotherapie« 63, 1043. Ebenso gingen wir im diesbezüglichen Kapitel kurz auf die Nachteile und Gefahren ein.

Viele Laien haben weitere Formen irgendeiner Übungsbehandlung »als neue Therapie entdeckt« und geben dem Leser-Patienten die schönsten Versprechungen für die Zukunft. Wir denken an das Büchlein von Nicolet 675 »Ich entspanne mich«, aus dem eine völlige Unkenntnis der Literatur spricht. Es sind »kernige« Bemerkungen in ihm zu finden, verborgen hinter einer schlechten Wortwahl, wie »Autosuggestion durch das Muskelgefühl«. Die beschriebene Methode ist ein Gemisch von Ratschlägen, wie sie P.-E. Lévy und Jacobson zusammenstellten.

Andere Laienpsychologen und Naturheiler (Drebber 200) bezeichnen solche Übungen als »magische«. Manche sprechen von »Ruheübungen« oder von »absoluter Nervenruhe« (22). Drebber erklärt den heilsamen Einfluß von Entspannungsübungen durch das »Loslassen von flatus« . . . Er singt das Lob der Atemübungen, indem er das »Einströmen des Lebensäthers das herrlichste Mittel« nennt, »um fast augenblicklich neue Kräfte anzuhäufen und der Fremdkräfte (Gase) Herr zu werden . . .«

Ein anderer (BODE 87) nennt mit einer (in einer wissenschaftlichen Zeitschrift) unstatthaften Sentimentalität die Entspannung »das gewaltigste Mittel, der Körpererziehung diejenigen ethischen Werte zu geben, ohne die sie ihre Mission, Deutschland zu retten, niemals erfüllen kann«. Derartige nach »Psychopolitik« klingenden Artikel seien hier nur übersichtshalber erwähnt. Freilich bedenke man – um auf das Thema der Geburtserleichterung zurückzugreifen – die mögliche kollektive (auto-)suggestive Wirkung einer Geburtserleichterung, die in der Parole lag, »für Volk und Vaterland Helden zur Welt bringen zu dürfen«, statt über den belastenden Familienzuwachs sich Kopfzerbrechen zu machen!

Weitere Entspannungsmethoden stammen von amerikanischen Ärzten, JOHN S. HAY, T. T. WILSON, H. H. BUCHMAN, dessen Vorgehen u. a. von J. H. SCHULTZ und VAN HOEVELL 402 beschrieben wird. Als »Ahnherren« nannten wir im letzten Kapitel W. REICH, dem W. FRANK 275 eine Studie widmete. In England ist BROWN 125–8 zu nennen, in der Schweiz REDALLÉ 735, von deutscher Seite A. LECHLER 549, LEIBIG 551, KLEINSORGE und KLUMBIES 468 sowie SCHAEFFER 778, die weniger Neues entwickelten, aber auf den Einbau der Entspannungsübungen in Gesamttherapiepläne hinweisen. ROSETT 767 konstruierte sogar einen Apparat, der Schläfrigkeit und Entspannung mittels eines Luftstromes erzeugen soll. Er kann in gewisser Weise als Vorläufer der Bio-Feedback-Methode 552 angesehen werden.

Die Entspannungsmethode von JOHN S. HAY ist Bestandteil einer allgemeinen suggestiven Behandlung im Sanatorium, wobei Bestrahlung mit grünem Licht und eine Reihe strenger Vorschriften angewendet werden. Er ließ seine Patienten zwei Stunden lang still auf einem Stuhl sitzen; sie durften nicht lesen, nicht rechnen, sich keine Personen vorstellen, in Gedanken kein Gespräch führen, sondern sie mußten sich auf die Gegenstände im Raum konzentrieren. Die meisten Nervenkranken sollen auf diese Weise in drei Tagen geheilt (oder . . . verschlimmert?) sein. Etwas ähnliches taten T. T. WILSON und der Kurpfuscher HARRY W. BONDEGGER, wie in seinem suggestiv geschriebenen Büchlein (92, S. 26, 45) festgelegt ist. Die Entspannungsübungen von BUCHANAN 92, S. 38, 45, können als Vorläufer des Autogenen Trainings aufgefaßt werden: auch hier Konzentration auf die Muskeln, Vorstellungs- und Denkübungen. Die Übungen von BRISSAUD 119 und OPPENHEIM 683, 686 bezwecken in Wirklichkeit keine Entspannung, sondern Muskelbeherrschung: Unterdrückung bestimmter Bewegungen und Reflexe, »Immobilisation des mouvements«. Es wird weder körperliche noch geistige Entspannung erreicht, und lange kann der Patient nach unseren Erfahrungen diese Übungen nicht aushalten. Nach etwa fünf Minuten wird er müde.

In den Ruheübungen nach HIRSCHLAFF 399 bleibt der Patient »in einer bequemen Haltung entspannt« liegen; die Dauer dieser Ruhehaltung wird regelmäßig gesteigert. Sinnesreize werden ferngehalten. Der Patient soll die Aufmerksamkeit auf den eigenen Körper richten, auf die Atmung achten, den Lidschlagreflex unterdrücken, die Sprachmuskeln entspannen, die Augenmuskeln entspannen. Die Anweisungen werden dem Patienten in Form von zehn »Lektionen« (op. cit. S. 5–32, vgl. die sechs »Schritte« von JACOBSON) gegeben. Im Interesse der systematischen Übung wird jede neue Vorschrift erst drei bis fünf Wochen nach der vorangegangenen mitgeteilt. HIRSCHLAFF ließ derartige Übungen im Rahmen einer »Erziehung zur Selbstdisziplin« in der Sprechstunde oder auch zu Hause ausführen. Um zu kontrollieren, ob der Patient wirklich ruhig ist, konstruierte HIRSCHLAFF Apparate mit Glockensignalen, die die geringste Bewegung unmittelbar verraten, so das »Hesychoskop« für den Kopf und die Extremitäten. Ferner machte HIRSCHLAFF von einem »Respirationsmetronom« Gebrauch, mit Hilfe dessen die Atemfrequenz festgestellt und die Länge der Ein- und Ausatmung reguliert werden kann. Zum Schluß bedeckte er die Augen des Patienten mit einem »Augenkissen«, welches mit Daunen gefüllt war, wodurch jeder Lichtreiz vermieden und der Lidschlag vermindert wird. – Insbesondere empfahl HIRSCHLAFF (op. cit. S. 13) seine Übungen für Patienten mit Tics, motorischer Unruhe und Krampfzuständen der Muskeln (Schreibkrampf und dgl.). Soweit können wir ihm in seinen Indikationen folgen. HIRSCHLAFF geht jedoch weiter und nennt fast alle neurotischen Störungen, Hysterie, Zwangskrankheit usw.

Die meisten Entspannungsübungen sind mit Atemübungen kombiniert. Ihre Bedeutung sah schon KANT, als er »Von der Hebung und Verhütung krankhafter Zufälle durch den Vorsatz im Atemziehen« schrieb (446, S. 612 ff.). Über die heilsame Wirkung des methodisch richtigen Atmens gibt es eine dicke Literatur von Laienschriften, die eine noch absonderlicher als die andere. Sie haben die Meinung des Publikums über diese Frage weitgehend verwirrt. Man denke an Titel wie »Kraft durch Atmen«, »Neudurchkraftung und Wiedergeburt durch den spirituellen Heilatem« (795).

TIRALA 928 maß den Atemübungen bei der Behandlung von Patienten mit essentiellem Hochdruck eine übertriebene Bedeutung zu. Er vergißt, ROEMHELD 757/8 zu nennen, der lange vor ihm systematisch Atemübungen bei Kreislaufkranken anwandte. Auch KOFLER wird von TIRALA nicht genannt. Ebenso berichten SCHÜTZ 805 und TRUMPF 935 günstige Resultate durch Anwendung derartiger Übungen bei Hochdruckkranken. FAUST 245 entwarf ein für viele Fälle brauchbares Entspannungssystem, in welchem er nicht periodisch Übungen ausführen, sondern antagonistische und in Hinsicht auf das Bewegungsziel übermäßige Muskelspannungen (»Überspannen«, »Unnützspannen« l. c. S. 42), ohne bewußte Suggestion seitens des Therapeuten und ohne auf einen Versenkungszustand abzuzielen, vermeiden läßt: »Der Patient selbst soll sich das Überspannungswesen aberziehen.« Hierbei hebt FAUST überwiegend auf die Bauchatmung ab (l. c. S. 38, 64). Er läßt seine Patienten eine Reihe korrigierender Atemübungen machen. Von dem Resultat der Bauchatmung und der Eliminierung von Fehlspannungen (sogenannter Zwischenspannungen) bei Haltung, Gebärden, Mimik, Sprech- und Augenbewegungen wird viel erwartet.

Die von KANKELEIT 445 beschriebene Methode ist eine nur wenig modifizierte Form des Autogenen Trainings nach J. H. SCHULTZ. Während wir andere Formen der Entspannungstherapie, z. B. die von GROSSCHOPFF 337, unbesprochen lassen, schließen wir die Erwähnung einer Methodik an, die von AUBEL 23 und von SEELIGMÜLLER 836/7 beschrieben wurde. Bei ihr stehen ebenfalls Atemübungen (Gähnen, Bauchatmen, verlängerte Exspiration) im Vordergrund. Auf ähnliche autohypnotischen Übungen von SALTER 773/4 ist zu verweisen.

Die Kombination von Atem- und Entspannungsübungen als Hilfsmittel in der Psychotherapie ist indessen nicht neu (s. zusammenfassend L. HEYER-GROTE 394). Vor ungefähr einem halben Jahrhundert stellte eine Reihe französischer Forscher Ruheübungen auf, mit denen Atemübungen und (auto-)suggestive Maßnahmen verbunden waren (TISSIÉ 931, MEIGE und FEINDEL 625/6, PITRES 709, CRUCHET 173). Diese Übungen waren vor allem für die Behandlung von Tic-Erscheinungen gedacht, für welche auch LEWANDOWSKY 573 Ruheübungen (vor dem Spiegel) empfahl.

Eine Beschreibung der konzentrativen Entspannungsübungen nach ELSA GINDLER stammt von MEYER 641. Bei diesem Verfahren wird die Aufmerksamkeit an ein Gegenüber geheftet. Dieses Gegenüber kann der eigene Körper oder ein Teil von ihm sein. Die Konzentration wird mit einem Verschmelzungserlebnis verbunden, welches (autosuggestiv) den Entspannungsübungen zugrunde liegt. Im Gehen, Stehen, Sitzen oder Liegen richtet sich die Konzentration entspannt auf den eigenen Leib. Dieser wird »angespürt«. Es erscheint ein entsprechendes Körperraumbild. Dieses wird in gewisser Gegensätzlichkeit zur Welt erarbeitet, vor allem dann, wenn die Umwelt bisher als eine feindliche erlebt wurde. Das Körperraumbild überwindet allmählich die feindliche Umwelt. Am Beginn der Übungen steht in der Regel ein Sichüberlassen an den Boden entgegen aller abstrahierenden, rationalisierenden und willensbetonten Einstellung. Im Fortgang des Übens werden Gegenstände in die Hand gelegt oder auf andere Stellen des Körpers und ebenfalls »erspürt«. Am Ende steht ein freies Sichgebenkönnen zum Mitmenschen hin und in Gemeinschaften hinein. Dies wird vor allem erzielt über Ball- und Bewegungsübungen in Gruppen. Die GINDLERschen Entspannungsübungen können auch vom praktischen Arzt in Kursen erlernt und durchgeführt werden. Sie wurden von STOLZE weiterentwickelt und werden, vor allem während der Lindauer Psychotherapiewochen, an Therapeuten weitervermittelt.

Dieses Kapitel abschließend sei darauf hingewiesen, daß das von PETZOLD 706 herausgegebene Sammelbuch einige weitere Methoden enthält, die unsere Aufzählung ergänzen. In dem Beitrag »Sensory Awareness« geht C. SELVER auch auf E. GINDLER (und H. JACOBY) zurück und stellt als Grundlage ihres Vorgehens das Umschalten vom Sich-Anstrengen und Sich-Mühegeben auf das Leicht-Nehmen, Los-Lassen und Entspannen heraus. In »Psychotanz als Übungsverfahren und Methode der Psychotherapie« bringen R. FINE, D. DALY und L. FINE viele Gesichtspunkte, die wir in der Verbindung von Musik und Rhythmus besprachen. Sie knüpfen auch bei Urrhythmen und Tänzen der Urvölker an. Neu ist, daß nicht nur Kommunikationsformen »geübt«, sondern Tanzfiguren auch als »Symbole für Personen« eingesetzt werden. Viele weitere Vorgehensweisen und Auswertungen erinnern an die Konzentrative Bewegungstherapie, die in dem zitierten Buch von MEYER beschrieben wird. Ähnliches trifft (auch in Verbindung mit der Integrativen Bewegungstherapie) zu für die weiteren Beiträge von M. FELDENKRAIS »Bewegungserziehung zur Verbindung von Körper und Geist«, D. AKSTEIN »Bewegungstrance, Terpsychoretrance Therapie, eine neue Dimension der non-verbalen Psychotherapie«, sowie F. und J. KNOBLOCH »Psychogymnastik«. Eine Übersicht über die auf RUDOLF STEINER zurückgeführte »Heileurhythmie« gibt F. WILMAR.

n) Psychogymnastik

Es ist erstaunlich, daß die soeben angeführten F. und J. KNOBLOCH schreiben, sie hätten die »Psychogymnastik« (in Prag) erfunden, ohne darauf einzugehen, daß dieser Begriff viel älter ist, wenn auch auf eine engere Methodik angewandt. Er taucht 1926 bei LAUDENHEIMER 546 auf, der »geistige Übungen« in den Vordergrund seines Vorgehens rückt und es von der »psychischen Gymnastik«, wie sie in Laienschriften, z. B. von ROTHE 768 (vgl. auch BROCKHAUS 120), propagiert werden, trennt. Bei den letzteren soll sich der Patient so benehmen, wie er zu sein wünscht. Die autosuggestive Vorstellung führt zur Effektivierung in Form der gewünschten Handlung. Deren Zustandekommen wiederum ist eine starke Stütze für die Vorstellung der vom Patienten gewünschten Lebenshaltung. Wenn der Patient nicht zur Effektivierung der angestrebten Handlung imstande ist, muß er wenigstens die Körperbewegungen ausführen bzw. die Haltungen annehmen, die der autosuggestiven Vorstellung entsprechen. Diese wird dadurch so wirksam wie möglich gestaltet, und wenn dann der Patient die Handlung ausführt, verschmilzt das Erlebnis der Vorstellung mit dem der Verwirklichung.

Das Prinzip stimmt überein mit dem Rat, den einst der Geistliche ANTONIN EYMIEU, Jesuitenpater in Marseille, seinen Zeitgenossen gab: »faire comme si«, mit dem psychologischen Hintergrund, den das bekannte Schlagwort der Amerikaner »keep smiling« hat. Man wird unwillkürlich an das »Gesetz« von JAMES-LANGE erinnert. Psychologisch gesehen, hat man mit Unrecht EYMIEU eine heuchlerische Haltung vorgeworfen. »Ich sage euch«, so schreibt er in seinem dreibändigen

Werk »Le gouvernement de soimême« (238) und in seinem Buch »Les grandes lois« (239), »handelt, als ob ihr das Gefühl hättet, das ihr zu besitzen wünscht; handelt aber nicht, als ob die Dinge so wären, wie ihr wünscht, daß sie sein möchten.« »C'est en forgeant qu'on devient forgeron« war sein Leibspruch.

Von dem großen Feldherrn TURENNE wird berichtet, daß er eine ängstliche Natur war. Vor der Feldschlacht wurde es ihm bang, er sprach sich selbst Mut zu, gab dem Pferd die Sporen und ritt unerschrocken ins Feuer. Dieses Verhalten – das »Tun als ob« – verjagte seine Angst. Die äußere Haltung beeinflußt so die innere, ein Prinzip, über das ZUTT 1044 eine interessante Abhandlung schrieb, die für die Kenntnis des Wesens der Autosuggestion von Wichtigkeit ist. Nach unseren Erfahrungen sollten solche Methoden nicht angewendet und besser durch die aktiven Tonusübungen ersetzt werden, die eine stärkere (auto-)suggestive und entspannende Wirkung besitzen.

Einige der hervorgehobenen Prinzipien der »älteren« Psychogymnastik sind auch in der »neueren« von KNOBLOCH wiederzufinden. Freilich geht es inzwischen um mehr: um den Einbau der »Psychogymnastik« in eine »Integrierte Psychotherapie«. Methodisch werden über Entspannungsübungen hinaus einfache Körpergymnastik und »Psychopantomime« eingesetzt, die an das Psychodrama ebenso erinnert wie an die Vorstellungen der älteren Psychogymnastik. Das Gesamtverhalten wird hierbei beobachtet und »geübt«, verbales neben non-verbales Verhalten gesetzt, auf die Wechsel zwischen Realität und Phantasie in Ernst, Scherz und Spiel eingegangen, Übertragungen werden »verlagert«, gehemmte Verhaltensmuster, Verkrampfungen und Aufstauungen in ein harmonisches Gesamtverhalten zu integrieren versucht.

o) Okulopsychologie nach Bates

Nur kurz sei eine Methode erwähnt, die beim Laienpublikum recht bekannt geworden ist und vor deren unsachverständiger Anwendung gewarnt werden muß (s. 1040), nämlich die in manchen Fällen erfolgreiche Methode von WILLIAM BATES, durch welche Menschen mit Augenabweichungen mittels bestimmter autosuggestiver Übungen Besserung bzw. Heilung erreichen (34, 198, 853).

BATES vertrat den Grundsatz, daß jede Störung des Sehvermögens auf Spannung (»strain«) im Gesichtsorgan beruht und daß der Patient diese Spannung nur mit besonderer Anstrengung korrigieren kann, während scharfes Sehen bei normalem Funktionieren des Sehens keine Anstrengung kostet. Es soll gleichsam ein Teufelskreis von Organspannung und -anstrengung bestehen. Die Ursache von Refraktions-Anomalien sei in psychischen Abweichungen zu suchen, wofür eine »Relaxation« empfohlen wird. BATES generalisierte diesen für bestimmte Fälle nicht unrichtigen Gedanken, der jedoch von den »Psycholog-Okulisten« (»Okulo-Psychologen«) bei allen möglichen somatogenen Augenleiden zur Anwendung gelangt unter dem Motto: »Weg mit der Brille.«

Bei der technischen Anwendung wird der Patient auf die Notwendigkeit hingewiesen, seine »Imagination«, sein Vorstellungsvermögen, zu entwickeln: Je deutlicher und lebendiger man sich die Objekte vorstellt, desto besser sieht man; nicht das Sehen der Dinge als solches, sondern ihre Vorstellung sei von Bedeutung. BATES gebraucht als Übungsobjekt die bekannte Karte von SNELLEN, welche nicht allein zur Heilung, sondern auch zur Verhütung von Abweichungen am Auge gebraucht wird. Als Hilfsmittel empfiehlt er ferner das »palming«. Die Patienten müssen einige Minuten lang die Augen mit den Handflächen lose bedecken und sich intensiv eine tief schwarze Farbe vorstellen, was »dem ermüdeten Auge« eine völlige Ruhe geben soll. Tatsächlich kann das in bestimmten Fällen von psychogener Visusverringerung zweckmäßig sein. Wir erzielten bei einigen Patienten, die wir täglich Übungen mit der Karte von SNELLEN ausführen ließen, günstige Resultate. Im allgemeinen soll man jedoch mit der Anwendung sehr sparsam sein. Wir ziehen es vor, bei Fällen von konversionshysterischer Amblyopie eine »aufdeckende« Behandlung anzuwenden bzw. – wenn hiervon abgesehen werden muß – eine hypnotische. Selbstverständlich muß zuvor eine Spezialuntersuchung des Auges stattgefunden haben.

Es ist zu bedauern, daß selbst von ärztlicher Seite eine Reihe populärer Schriften erschienen ist, welche die »Kontroverse zwischen der offiziellen Augenheilkunde und dem Augenarzt BATES« als einen Gegensatz zwischen zwei wissenschaftlich gleichwertigen Richtungen darstellt (365/6, 852). Derartige Schriften können das Publikum nur verwirren und verdienen Ablehnung.

p) Entspannung in der Gymnastik

Die verschiedenen gymnastischen Systeme, hinsichtlich deren ausführlicher Darstellung auf die diesbezüglichen Lehrbücher verwiesen sei, haben alle dasselbe Ziel: die harmonische Koordination und Tonus-Regulierung des Muskelsystems. Darin liegt eine Parallele zur Entspannungstherapie, zugleich auch eine Berührung mit der Hypnose, bei der ebenfalls ein Eutonus erzielt werden kann; bei Hypertonikern sinkt der Blutdruck im hypnotischen Zustand, bei Hypotonikern steigt er. In verschiedenen gymnastischen Lehrsystemen wird die Erkenntnis ausgesprochen und angewandt, daß es sich beim Erreichen einer harmonischen Koordination und einer Tonusregulierung des Muskelsystems nicht um die mechanische Ausführung von Bewegungen handelt, sondern um »kinästhetische Bewußtmachung« sowohl der zu ändernden (gewohnten) als auch der zu erreichenden besseren Haltung und Bewegung. Der Eintritt der angestrebten Veränderung des eigenen Körpergefühls äußert sich in einem Empfinden von Entspannt-Sein, das als eine Annäherung an den psychischen »Eutonus« aufzufassen ist. Der psychische Zustand (die innere Haltung nach ZUTT 1044) ändert sich in günstigem Sinne. Auch die Gymnastik ist also ein Mittel, um das seelische Erleben und Verhalten durch somatische Beeinflussung zu verbessern. Einige Therapeuten (HADDENBROCK und MEDERER 346, HATTINGBERG, HEYER, JOLOWICZ, SCHLEGEL 788/9, SCHROETTER und SCHIGUTT 804, J. H. SCHULTZ 819, S. 288) hoben diese Funktion der Gymnastik hervor. HEUN 389 wies auf Analogien zwischen dem Autogenen Training und der Gymnastik hin. Im Verlaufe der Beschreibung von autosuggestiven und entspannenden Übungen in diesem Lehrbuch stießen wir wiederholt auf Autoren, die gymnastische und Massage-Übungen ein- oder zwischenschalten. Von den älteren Analytikern tat das (nach einer mündlichen Mitteilung) vor allem HEYER auch im Fall starker Verspannungen und Verkrampfungen oder rigider Abwehrhaltungen im Verlauf analytisch orientierter Psychotherapie. Die folgende Übersicht über die vielfältigen und wissenschaftlich keineswegs gleichwertigen Gymnastiksysteme kann nur eine ausschnitthafte sein. Einen weiteren Überblick über die Krankengymnastik in der Psychosomatik bietet das Buch von MÜHLEN 665.

1. Individuelle Methoden

Die MENSENDIECK-Methode. – Ihr Ziel ist die möglichst weitgehende Annäherung an den »Eutonus«, »die edle Mitte zwischen Schlaffheit und Überspannung« (BUYTENDIJK 137), auf dem Gebiet der Muskelspannung und parallel hierzu im Psychischen, welches Verhältnis MENSENDIECK nicht nur erkannt, sondern geradezu in den Mittelpunkt ihres Systems gerückt hat. Sie sucht diese Annäherung je nach der Verfassung des Übenden von zwei Seiten her, der Erhöhung des Tonus bei schlaffem und Entspannung bei zu sehr gespanntem Muskelsystem. Die Erhöhung der Spannung bleibt im Rahmen dieses Buches außer Betracht. Es handelt sich also um ein System körperlicher Erziehung, das den Übenden lehrt, Haltung und Bewegung absichtlich und bewußt zu beeinflussen und den Muskeltonus zu beherrschen.

MENSENDIECKS Lehrbücher sind im populären Stil und unter Verwendung einer unscharfen Terminologie geschrieben. Die Ausdrücke »entspannen, ausspannen, erschlaffen, schlapp sein, relaxieren, gewolltes Freilassen, gewolltes Loslassen der Körperspannung, entenergisieren« werden gleichsinnig gebraucht (638). Unter Relaxation wird an einer Stelle (637) das Gegenteil von Kontraktion gemeint, oder von »Schlappheit« gesprochen. Ohne nähere Erklärung ist die Rede von »geistiger Spannung« und »Spannung des Gedankens«. Unscharfe Ausdrücke wie »Kraftersparnis«, »genau dosiertes Laden von psychischer Energie« wirken störend. Die MENSENDIECK-Gymnastik besteht aus Spannungs- und Entspannungsübungen. Den Übungen geht eine kurze anatomische Erläuterung der übungsbedürftigen Teile des Muskelsystems voraus. »Wir müssen unseren Körper besser kennenlernen«, sagt

Mensendieck 637. Wesentlich ist, daß die richtige Ausführung der Übungen bewußt erlebt wird (203). Die Lehrerin muß durch bestimmte Handgriffe kontrollieren, ob bei den Entspannungsübungen wirklich Entspannung eintritt. Die routinierte Lehrerin kann bereits durch Kontrolle einer Entspannung der dorsalen Muskeln über die Spannungsverhältnisse der ventralen Muskeln Aufschlüsse erhalten.

Für unsere Beschreibung sind die folgenden Übungen von Bedeutung (637, S. 133 f.). Der Übende soll nackt sein (638, S. 34). Er muß sich auf den Boden legen und sich »ganz und gar« entspannen. Er hat sich vorzustellen, daß er schwer wird, so schwer, daß er das Gefühl hat, durch den Boden hinzusinken. (In Wirklichkeit ändert sich das Gewicht natürlich nicht.) Diese Ausnützung des Erlebens von »Schwere« im eigenen Körper, um in einen günstigeren Gesamtzustand zu kommen, wird besonders durch die Elsa-Gindler-Schule empfohlen (s. u.). »Um auch den Geist von jeder Spannung zu befreien«, schreibt Mensendieck in der ihr eigenen begriffskritischen Unklarheit, »beschäftige man sich nur mit dem Rhythmus der Atmung« (638, s. S. 172). Auch zu Hause muß der Patient, bevor er sich zur Ruhe begibt, die Muskeln entspannen und sich davor hüten, in einer falschen Haltung, aus der sich unerwünschte Muskelspannungen ergeben können, einzuschlafen.

Im Mensendieck-System wird für die Entspannung mancher Muskeln von Übungen Gebrauch gemacht, wie sie Jacobson in seinen sechs Schritten ausgearbeitet hat. Psychologisch interessant ist, daß Mensendieck – wie Brissaud im Jahre 1893 – ihre Schüler dazu anregt, die Patienten vor dem Spiegel üben zu lassen (638, S. 50). Das soll ein Hilfsmittel für die Selbstkontrolle sein, vor allem im Hinblick auf die Spannungsverhältnisse. Die Patienten sollen das Muskelrelief im Spiegelbild studieren; sie sind also aktiv beschäftigt. In Wirklichkeit dürften diese Spiegelübungen eher dazu führen, die Entspannung zu beeinträchtigen. Durch die Konzentration der Aufmerksamkeit auf die Muskeln im Spiegelbild werden diese von selbst wieder gespannt, wenn sie überhaupt entspannt gewesen sein sollten. Die Selbstkontrolle der Entspannung ist eine contradictio in adjecto. Die wirkliche Bedeutung dieser Spiegelübungen ist jedoch eine andere, die Mensendieck entgangen ist. Das Spiegelbild wird nämlich als ich-fremd erfahren. Beobachtet der Patient sich im Spiegel, dann wird gleichsam die »Libido« dem eigenen Körper entzogen und auf das ich-fremde Spiegelbild gerichtet, was von besonderer – auch therapeutischer – Bedeutung sein kann. Bei stark narzißtisch eingestellten Patienten findet eine Identifikation mit dem Spiegelbild statt, und die genaue Beobachtung im Spiegel kommt der narzißtischen Einstellung in möglicherweise therapeutisch unerwünschter Weise entgegen. Manche Mensendieck-Lehrerinnen empfinden deshalb die Selbstbeobachtung im Spiegel als einen technischen Nachteil. Durch die Konzentration der Aufmerksamkeit auf das Spiegelbild werden die introspektiven Erlebnisse (Bewußtwerden von Muskelempfindungen) mit geringerer Evidenz erfahren. Diese Übungen hemmen also die Entwicklung des Muskelgefühls. Bevor der Übende eine bestimmte Bewegung ausführt, soll er sich genau vorstellen, wie, d. h. mit welchen Muskeln, er sie ausführen wird. Er macht die Bewegung also schon im voraus in der bewußten Vorstellung, die in der darauffolgenden Bewegung realisiert wird. Angeregt wird hiermit nicht eine autistische Phantasie, die außerhalb der Wirklichkeit stünde, sondern es handelt sich um eine kinästhetische Antizipation unter Einfluß der zu lösenden Bewegungsaufgabe. Der Begriff der Antizipation stammt von SELZ. Dieser Vertreter der »Denkpsychologie« betont, daß schon das Erwachen von Gedankenkomplexen durch eine gewisse Zielgerichtetheit geleitet wird. Stets hat zuvor eine Antizipation stattgefunden. Diese kann eine Zeitlang unbewußt sein. Wird eine bestimmte Aufgabe gestellt, dann besteht die Antizipation in der Erwartung, daß die Lösung in einer bestimmten Richtung stattfinden wird. Die Lösung bzw. die Ausführung ist also zuvor schon skizziert.

Jede Bewegung, die der Patient macht, wird ebenso zuvor in der Vorstellung seines »Körperschemas« ausgeführt. Dieser Begriff SCHILDERS stammt von dem Engländer HEAD, dem Vater der Aphasie-Lehre (bodily scheme). Wenn sich der Patient vor den Spiegel stellt, demonstriert er sich gleichsam ein Körperschema ad oculos.

Das MENSENDIECK-System kann mit Nutzen bei Verspannungen des willkürlichen oder unwillkürlichen Muskelsystems angewandt werden. Verschiedene MENSENDIECK-Lehrerinnen teilten mit, daß auch Patienten mit psychischen Störungen in ihre Behandlung kamen. In Wirklichkeit dürfte es so sein: Die Verspannungen beruhen auf psychischen Störungen; die von der Lehrerin erkannten psychischen Störungen beeinflußten das Persönlichkeitsbild des Patienten so, daß die Störungen selbst dem psychiatrisch nicht geschulten Auge der MENSENDIECK-Lehrerin auffielen. Ein intensiveres Zusammenwirken zwischen Psychiater und Heilgymnastik-Lehrerin wäre – wie zu schließen ist – wünschenswert.

So berichtete eine MENSENDIECK-Lehrerin, daß sie einen 19jährigen Jüngling mit einem Krampfzustand des musculus trapezius sinister behandelte. Als der Patient in der Art eines »Aha-Erlebnisses« plötzlich das Gefühl der Entspannung bei sich empfand, brach er in Tränen aus. Eine Gymnastik-Lehrerin an einer Mittelschule berichtete, daß sie selbst in ihrer Lehrzeit inmitten von rund vierzig Mitschülerinnen in Schluchzen ausbrach, als sie sich entspannt fühlte, als Folge von neurotischen Störungen, die das Gespannt-Sein verursacht hatten. Diese Affektausbrüche sind Folge eines Durchbrechens des »Muskelpanzers«.

Hin und wieder kann es von Nutzen sein, daß der Psychiater die Rolle des Gymnastik-Lehrers übernimmt oder seine Behandlung durch eine ausgebildete Lehrkraft ergänzen läßt. Mag auch die MENSENDIECK-Methode oft nützlich sein, muß doch die Auswahl der auf diese Weise zu behandelnden Patienten so vorgenommen werden, daß nicht Personen zugeteilt werden, bei denen die Kenntnis des Muskelsystems und das Anerziehen des Analysierens und Isolierens von Bewegungen entscheidende Audrucksmöglichkeiten hemmen, wie es vergleichsweise dem Tausendfuß in der Fabel nicht mehr möglich war, einen Schritt zu machen, als er darüber nachzudenken begonnen hatte, welche Funktionen sein 820. Fuß beim Kriechen erfüllte. Bei Zwangsneurotikern wird die MENSENDIECK-Methode in der Regel nicht günstig wirken.

Interessant ist die Idee von SCHROETER 803, der meint, daß örtliche Fehler (Krampf) einem »Mangel an ›zentraler Spannung‹ und Entspannung« entspringen. In Übereinstimmung mit dieser Idee behandelt er unmittelbar »die totale Funktion der Haltung«, was die detaillierten Fehler von selbst zum Verschwinden bringt. Die Aufmerksamkeit des Patienten wird somit abgelenkt von isolierten Details, auf die genau zu achten für ihn mitunter gefährlich wäre. Ziel dieser Behandlung ist die »Enthemmung des persönlichen Ausdrucksvermögens in der Leistung«.

2. Gruppenübungen

Methode von GAULHOFER. – Für die Behandlung von Kindern empfiehlt GAULHOFER ein in Spielform eingekleidetes Turnen. »Jede menschliche Tätigkeit kann zum Spiel werden«, schreibt er (313); »wir haben es dann mit einer eigenartigen seelisch-geistigen Grundhaltung zu tun, in der eine Tätigkeit vollbracht wird.« Er suggeriert den Kindern eine Situation, z. B. daß sie im Meer baden, und läßt sie die betreffenden Bewegungen machen; er läßt sie in die Straßenbahn steigen usw. Der Zweck ist, daß die Bewegungen ungekünstelt sind und als Spiel ausgeführt werden. In dieser Hinsicht führte GAULHOFER an den Kindern dasselbe Prinzip durch, welches LABAN bei Erwachsenen anwandte. Auch letzterer suggerierte seine Bewegungsvisionen und die Empfindungen, aus welchen die Tanzgedichte hervorgingen (s. WINTHER 1019). GAULHOFERS lebhaft geschriebenem Büchlein »Grundzüge des Schulturnens« sei das folgende Beispiel entnommen (314):

»Schrittlänge. – Der Kinderschritt ist in der Regel kurz, trippelnd, aus den Knien heraus. Er wird sogleich auffallend besser, wenn man die Kinder an weites Ausschreiten unter Beibehaltung eines schnellen Zeitmaßes gewöhnt. Man sagt zum Beispiel: Wir machen eine Wanderung und stehen frühmorgens auf; leise gehen, damit niemand aufwacht. Rasch zum Bahnhof gehen, sonst fährt der Zug ab, da müssen wir auch große Schritte machen; wir fahren, steigen aus und beginnen die Wanderung. Es sind Pfützen im Weg; wir müssen sehr lange Schritte machen und fest mit den Armen schwingen; durch die Wiese mit hohem, nassem Gras gehen usw«.

GAULHOFER sagt also den Kindern nicht, wie die Bewegungen zu machen sind, sondern was die Kinder tun sollen, und appelliert dabei an ihr Vorstellungsvermögen. (Der Inhalt der Aufgabe und somit der Antizipation der Bewegung ist ein ganz anderer, natürlicherer als bei MENSENDIECK.) Ähnliche Übungen beschreibt

Trude Heymann 396 in ihrem Werk über Entspannungsübungen bei Kindern. Auch Elfriede Feudel 257 appelliert bei ihren in einer gewichtig klingenden Schrift erwähnten Übungen an das Vorstellungsvermögen besonders des Kleinkindes.

Verschiedene Begründer von Gymnastiksystemen steckten sich viel weitere Ziele, indem sie ihre Übungen als Grundlage einer allgemeinen Erziehung betrachteten und darstellten. Sie gründeten Schulen und Gemeinschaften, in deren Rahmen sie die Verwirklichung besonderer Erziehungsideale anstrebten. (Duncan-Schule in Potsdam, Schlaffhorst-Andersen-Schule in Rotenburg, »Neue Schule« in Hellerau, Loheland-Seminar bei Dirlos. Die Eurhythmie nach Steiner sei hier ebenfalls erwähnt, ohne näher auf dieses System einzugehen, da es nur von dem sehr ausführlichen anthroposophischen Schrifttum aus zu betrachten wäre, was das Ziel unserer Ausführungen überschritte. Es sei aber hier an jene Gesichtspunkte erinnert, die bei der Besprechung aus dem religiösen Leben abgeleiteter Verfahren erarbeitet wurden.)

Im Rahmen dieses Buches sollen nur jene Methoden eingehender besprochen werden, die mit Entspannungsübungen zusammenhängen oder solche darstellen, zumal der wissenschaftliche Wert anderer, oft ähnlicher Bestrebungen selten faßbar und in vielen Fällen überhaupt fragwürdig ist. Alfred Müller 666 beschreibt das Prinzip der Entspannung in diesen Systemen »als die Möglichkeit, eine Willensbewegung in die Ruhe zurückzuführen, wobei sich allerdings ein rhythmischer Ruhezustand einstellt, der gestattet, daß die nächstfolgende Bewegung eine rhythmische, d. h. eine physiologisch oder seelisch erzeugte werden kann«. Eine solche Definition zeigt, wie nötig die Säuberung der Begriffe ist.

In seiner wissenschaftlich noch annehmbaren Studie »Rhythmus und Körpererziehung« (1925) – also bevor politische Ideologie sein Werk entstellte – führt Rudolf Bode 86 aus, daß »alle natürlichen Bewegungen mit langsamem Anstieg der Spannung hervorgehen aus einem entspannten Muskelzustand und wieder in diesen münden, während alle natürlichen Bewegungen mit schnellem Anstieg der Spannung hervorgehen aus einem Gleichgewichtsverhältnis antagonistischer Muskelspannungen«. In der Gymnastik handelt es sich nach ihm um »Wiederherstellung des natürlichen Wechsels von Spannung und Entspannung« (89). Das hat eine Disharmonie der Spannungsverhältnisse zur Voraussetzung. Angriffspunkt der Entspannungsübungen in der Gymnastik ist also nicht Spannung und Gespannt-Sein überhaupt, sondern in diesem Bereich herrschende Disharmonie. Die Ursache dieser Disharmonien sieht Bode 86 in allerdings sehr vage beschriebenen anatomisch-funktionellen Muskelverhältnissen, bei denen die Lagerung und Verlagerung des Körperschwerpunktes eine wesentliche Rolle spielen. Es entsteht auf diese Weise eine Überanstrengung der Muskeln, welche an den Gelenkbewegungen der Gliedmaßen unmittelbar beteiligt sind. Dieses Prinzip bildet einen der Ausgangspunkte für die sogenannte Instrumentalgymnastik, die nach manchen Musikpädagogen dem eigentlichen

Musikunterricht voranzugehen oder in der ersten Zeit neben ihm einherzugehen hat. Bei genauem Hinsehen handelt es sich jedoch nicht um Entspannungs-, sondern um Behendigkeitsübungen.

Mit dem Vorhergehenden stimmen in gewissem Sinn die Lehrsätze von LABAN überein. Sein Verdienst ist nicht nur, daß er eine Bewegungsschrift aufgestellt hat, mit der man an Hand weniger Symbole auf einem Notenbalken die Art und Reihenfolge der Bewegungen festlegen kann, sondern er hat sich auch intensiv mit der Raumlehre und dem Raumgefühl beschäftigt. Eine gründliche Kenntnis des Körperschemas ist dafür nötig. Bevor die Bewegung ausgeführt wird, muß sie – wie bei der MENSENDIECK-Methode in der bewußten Vorstellung schon stattgefunden haben. LABAN wies besonders auf den Ausdruckscharakter der Bewegungen hin. Er erblickt darin, daß man einen Drang, Tanzbewegungen zu machen, erlebt und ihm nachgibt, »eine gewisse Befreiung von bekannten oder unbekannten Banden«.

LABAN 534, S. 8, unterscheidet in jedem willkürlichen Bewegungsakt »a combination of effort elements«. Unter »effort« versteht er (534, S. 10) die elementaren Strebungen, die sich am reinsten beim Kind äußern, und läßt ihnen die Bezeichnungen der Umgangssprache. LABAN (ibid. S. 52) beschäftigt sich auch mit den Beziehungen zwischen »effort« und »relaxation«. Er bemüht sich um die Klärung dieser Begriffe und des Begriffs »Ruhe«. Der äußere Aspekt der Ruhe liegt im Aufhören von Bewegungen, z. B. durch Erschöpfung. Als inneren Aspekt des Ruhezustandes bezeichnet er eine gewisse »effort«-losigkeit. In diesem Sinn berührt sich LABANS Ruhebegriff mit dem des psychischen »Eutonus«. Auf dem Gebiet der Bewegungskultur, besonders beim Tanz, sehen wir in Wechselfolge erst »a more strenuous phase« und »a relaxation phase of movement«. Auch die Entspannung ist ein Bewegungsakt und ein »effort«, eine Strebung kommt in ihr zum Ausdruck. LABAN sieht also keine Antithese zwischen Strebung und Entspannung. Im Sinne der Begriffsklärung ergeben sich Berührungspunkte, aber nicht ohne weiteres Übereinstimmungen, da wir Spannung und Gespannt-Sein immer als Resultat mehrerer »efforts« sehen.

Während LABAN sich in seinen wenigen Veröffentlichungen so gut wie ausschließlich an Ausübende auf den Gebieten von Tanz und Gymnastik wendet, gehen seine Ideen doch einen viel größeren Kreis, vor allem den der schaffenden Menschen schlechthin, an. LABAN und vielleicht noch systematischer seine Schülerin MARY WIGMAN lassen an die Stelle melodischer Begleitmusik rhythmische Laute treten, Metra im Sinne von LIEVEGOED 580, d. h. das regelmäßig wiederkehrende »Vers«-Maß, z. B. lang-kurz. Der Wegfall des melodischen Elements und die Hervorkehrung des Rhythmus – dies mehr im Sinne von KLAGES – verursachen aus Gründen, die zu untersuchen hier zu weit führen würde, einen spezifischen Bewußtseinszustand, der nicht nur als Anregung für den motorischen Apparat erlebt wird, sondern der auch das Erleben der Gemeinsamkeit und Gemeinschaft intensiviert. Selbst der das Instrument (Gong, Trommel, Becken) Anschlagende fühlt sich nicht als Befehlender, sondern als mitbewegtes Glied der Gruppe. Die *Verminderung des Individualitätserlebnisses* bringt an sich schon eine *Entspannung* zuwege.

In der Regel wird dem Schüler (nicht selten einer neurotischen oder psychopathischen Persönlichkeit) gestattet, diejenigen Bewegungen auszuführen, die ihm am besten »liegen«. Der eine liebt schwebende, der andere schwingende, wieder ein anderer stoßende Bewegungen. Später kann man ihn durch Zusammenwirken im Gruppenverband zu einer Bereicherung desselben unter Aufrechterhaltung seiner individuellen Freiheit bringen. Wie die Anhänger erklären, gibt dies auch psychisch größere Entfaltungsmöglichkeiten. Ist der Mensch in seinen Ausdrucksmöglichkeiten gehemmt, dann muß man ihn durch das Ausführenlassen bestimmter Bewegungen vorsichtig von seinen Hemmungen zu befreien suchen, wobei der Lehrer sich von dem individuellen Äußerungsdrang des Schülers leiten läßt. Immer wieder ist es die Absicht, die Schüler zu einem möglichst ungehemmten Gebrauch ihrer psychomotorischen Äußerungsmöglichkeiten zu erziehen, sowohl in der Haltung als in der Ausdrucks- und Fertigkeitsmotorik.

Mitunter zeigt sich, wie eine LABAN-Lehrerin mitteilte, bei Schülern das Bedürfnis, ihre Träume durch einen Tanz darzustellen. Der Lehrer kann aus solchem Tanz viel über die Persönlichkeit erfahren, während der Arzt mit vielleicht umständlicheren Methoden nur mühsam zu derselben Erkenntnis kommt. – Über die philosophisch-psychologischen Probleme, die mit dem Tanz verknüpft sind, schrieb Frau LABAN (R. A. JODJANA 431) einen Artikel in »Synthese«, in dem sie die Tanzkunst »die Kunst der Raum- und Zeitverhältnisse« nennt. Ähnlich äußerten sich MARY WIGMAN und KURT JOOSS. Für Menschen, die eine disharmonische Persönlichkeitsstruktur aufweisen, kann die Anwendung einer derartigen Methode mit der harmonischen Entfaltung der Bewegungen die Harmonie des allgemeinen Verhaltens erhöhen.

An dieser Stelle soll noch einmal die Arbeitsweise von ELSA GINDLER und GINDLER-HOLLANDER genannt werden, die durch verschiedene Übungen bei ihren Schülern das Gefühl der Entspannung zu »erziehen« streben. Autosuggestive Einflüsse haben bei dieser Methode ebenfalls einen gewissen Anteil. Sie wenden sich nicht an den Menschen als Individuum, sondern an den einzelnen in der Gemeinschaft. Die LOHELAND-Gymnastik sei gestreift, bei der ebenfalls Entspannung angestrebt wird. Diese Schule, die im Jahre 1912 gegründet wurde, hat die äußere Form einer landwirtschaftlichen Siedlung. Alle Mitarbeiter in der Landwirtschaft, im Garten, im Handwerk und im Haus haben täglich eine Gymnastikstunde. Sie bildet einen geistigen Mittelpunkt, der die Gemeinschaft vertiefen soll. Die LOHELAND-Gymnastik erstrebt ein erlebnismäßiges Kennenlernen des eigenen Körpers, so daß der Mensch sich in seinem Körperschema zu orientieren lernt. Diese körperliche Schulung wird durch allmähliches Bewußtmachen der Bewegungsabläufe erzielt. Auch hier spielt ein (auto-)suggestives Moment eine Rolle, indem der Lehrer in bildhafter Ausdrucksweise Bewegungen auslöst oder korrigiert. So sollen durch geistige Arbeit und nicht durch grob mechanische Übungen in der Ausführung die nicht dem Bewußtsein unterworfenen Bewegungen in »gesetzmäßige« verwandelt werden. Die Lehren LOHELANDS beruhen »auf der Erkenntnis, daß im menschlichen Körper nicht nur Stoffgesetze, sondern auch Formgesetze wirksam sind«. Es sollen Bewegungen »den körpergemäßen Bewegungen der freien Tiere gleich« entstehen. Die »mystische« Untermalung der theoretischen Begründung ist unverkennbar (s. o.). Gerade dieses mystische Element ist es oft, welches Anhänger der Systeme wirbt und zu begeisterten Beschreibungen und Empfehlungen führt (s. z. B. STREICHER 905, dem auch die vorstehenden Beschreibungen entnommen sind). Bei dem wissenschaftlich faßbaren Gehalt dieses Systems handelt es sich um das Bestreben, den Schüler die afferenten propriozeptiven Reize, die aus den Muskeln stammen, bewußt wahrnehmen, ein harmonisches Verhältnis seines Körpers zum Raum und den Einfluß der Schwerkraft kennenlernen zu lassen. Diese harmonische Bewegungsart wird durch Übung zur Gewohnheit (cf. HEINRICH VON KLEIST: »Über das Marionettentheater«).

Der Schüler soll sich auch die in Affektzuständen auftretenden Bewegungsimpulse nicht nur bewußt machen, sondern sie wirklich ausführen, um auf diese Weise den Affekt »abzureagieren« und somit ein unharmonisches Gespannt-Sein zur Entspannung zu bringen.

Die wissenschaftlich kaum ernst zu nehmende MAZDAZNAN-Methode – aufgestellt 1844 in Chikago von OTOMAN ZAR-ADUSHT HA'NISH und gegründet, wie wir lesen, auf die Lehre von ZARATHUSTRA – beruht darauf, daß außer einer Reihe diätetischer und allgemein hygienischer, c. q. psychohygienischer, Maßregeln (mitunter Fasten) Entspannung in einer metaphysischen Sphäre angestrebt wird. Manche Teilnehmer behaupten sogar, daß durch eine zu intensive Ausübung auf die Dauer ein zu geringer Tonus entstehe. Durch das Verzehren bestimmter Stoffe sollen die Gelenke »loser« werden. In einem von HA'NISH (in englischer Sprache) geschriebenen eigenartigen Büchlein »Die Macht des Atmens«[1] werden genau bestimmte Körperhaltungen angegeben, die täglich während drei Minuten einzunehmen sind. Dabei soll »der Körper vollkommen entspannt sein«; der Übende hat sich indessen auf Lieder und Sprüche zu konzentrieren, z. B.: »Atem ist Leben.« Es folgt dann: »Reinigung der Nerven und dabei Macht des Geistes über die Materie.« Obwohl bei all diesen genau beschriebenen Übungen (355), z. B. den

[1] In der 1935 hinzugefügten Einleitung der niederländischen Ausgabe wird versucht, den Leser von der Bedeutung der MAZDAZNAN-Methode für die »Rassenveredelung« und von der »Supremation der arischen Rasse« zu überzeugen. »MAZDAZNAN wendet sich an die arische, nicht an die niedrigeren Rassen«, schrieb bereits der Gründer O. Z. HA'NISH 354.

»Liebesbrunnenübungen«, der »Tra-la-la-Übung« oder der »Lasse-es-da-Übung« größter Wert auf das Entspannt-Sein gelegt wird, werden kaum Anweisungen gegeben, wie das Entspannen stattfinden soll. Man begnügt sich mit Losungen, wie »Entspannung, Losmachung, Freimachung« (356). Auch für die Erziehung der Kinder werden die Entspannungsübungen empfohlen (916). Diese Maßnahmen sind kombiniert mit besonderen Atemübungen und sonstiger physischer Therapie; »es werden dadurch die Nerven und das Selbstvertrauen gestärkt« (86).

In einer Arbeit »Die Psychologie von Entspannung, Haltung, Atmung und Bewegung« weist L. SCHLEGEL 789 auf die psychotherapeutischen Aspekte der Gymnastik schon bei ihrer modernen Begründerin STEBBINS hin. Er ruft außerdem die »Haltungsschulung« von F. M. ALEXANDER (The Universal Constant of Living. III, Berkeley 1947) in Erinnerung. Die Grundsätze dieser Methode sind: 1. Jede Fehlhaltung ist eine solche des ganzen Körpers; 2. durch die Richtigstellung der Kopf-Nackenhaltung kann jede andere gleichzeitige Fehlhaltung im Körper berichtigt werden; 3. falsche Gewohnheiten spielen bei den Fehlhaltungen eine außerordentlich wichtige Rolle; 4. »richtig« ist diejenige Haltung, welche physiologisch am ökonomischsten ist; 5. die seelische Haltung entspricht durchgehend der körperlichen. Aus diesen »Kernsätzen« ergibt sich automatisch die aktive Methodik, welche nach diesem Autor nicht nur zu körperlichen und seelischen Haltungsänderungen führt, sondern auch zur allgemeinen Beruhigung, Lösung von Verkrampfung, größerem Wohlbefinden und erhöhter Widerstandskraft gegen Infektionen und Ermüdung. Ja, sogar unangenehme Charaktereigenschaften seien abzuschwächen und zu beseitigen.

3. Massage

Der Einfluß der Massage auf die Muskelspannung, die bei manchen Patienten den Tonus zum Steigen, bei andern zum Absinken bringt, wird ebenfalls durch autosuggestive Wirkungen modifiziert. Die Entspannung der Muskeln tritt durch Massage schneller ein als durch die mehr Zeit erfordernde MENSENDIECK-Methode. Bei den MENSENDIECK-Übungen – mit welchen meistens eine gewisse Erhöhung der Spannung eintritt – wird dem Patienten das Gefühl der Entspannung bewußt gemacht (wohl teilweise sugggestiv); bei der Massage ist das nicht der Fall.

In einer Reihe von Artikeln legt J. A. DE HAAS 343 die Bedeutung der Massage als Therapie für psychisch bedingtes erhöhtes Gespannt-Sein von Muskelgruppen dar. Unter den verschiedenen Mitteln, die Entspannung bewerkstelligen können, erachtet die Verfasserin die Massage, mit oder ohne vorangehendes Warmwasserbad, als eines der wichtigsten. Unter Einfluß des warmen Wassers tritt die Entspannung leichter ein.

Zweifellos muß bei der Massage dem psychischen Faktor ein bedeutender Einfluß beigemessen werden. In dem Ausspruch, daß man als Masseur besser ein guter Menschenkenner und ein schlechter Masseur sein darf, als ein guter Masseur und ein schlechter Menschenkenner, steckt ein Stück Wahrheit. Über die Bedeutung der Suggestion bei der Massage machte GAGZOW 309 beachtenswerte Bemerkungen. Der bekannte »Physiotherapeut« TOBY COHN 167 schätzt den Einfluß der Suggestion bei der Massage allerdings nicht hoch ein. Auch muß auf die Bedeutung des in der Massage gegebenen erotischen Beziehungsfaktors hingewiesen werden. Eigens hingewiesen sei auf das gymnastische und »physiotherapeutische« Maßnahmen mit der Massage koppelnde Vorgehen von HELMRICH 378, das (zumal die Frau des Autors Psychoanalytikerin ist) die psychischen Begleiterscheinungen des »passiven« körperlichen Entspannens nicht leugnet.

In diesem Zusammenhang bleibe die »Bindegewebsmassage« von LEUBE 920, DICKE 187 und KOHLRAUSCH 485 nicht unerwähnt, die sich immer weiter durchsetzt und segmental angreifend innere wie äußere Fehlspannungen löst. Die Erfolge z. B. bei den rheumatischen Erkrankungen oder beim Asthma bronchiale, aber auch hinsichtlich einer allgemeinen Entspannung und Leistungssteigerung sind so groß, daß dem Arzt nur empfohlen werden kann, sie weitestmöglich in seine Heilpläne einzuberechnen. Aus diesen Ausführungen ergibt sich, daß die Anwendung gymnastischer Verfahren von Einfluß auf den Gesamtzustand des Menschen ist. Wenn man die Erfahrung beherzigt, daß nahezu alle Methoden einen »Eutonus« des Muskelsystems erzielen, der auf Seele und Geist entspannend und die Spannkraft steigernd wirkt, bedarf es kaum einer weiteren Aufforderung an den Psychotherapeuten, diese Verfahren zu studieren und sie mit den Patienten zu üben.

III. Anwendung

A. Indikationen

Was für die Anwendung jeder Behandlungsmethode zutrifft, gilt auch für die autosuggestive und entspannende Psychotherapie, Indikationen und Kontraindikationen möglichst genau zu umreißen. Dieser Forderung, die schon 1925 von KARL BIRNBAUM 76, STORCH 896 u. a. erhoben wurde, soll in diesem Kapitel zu genügen versucht werden. Wir beschränken uns nicht auf die bei anderen Therapiearten gebräuchliche Aufzählung von Krankheiten, sondern wir gehen vom heutigen psychologischen Standpunkt aus auf die *jeweiligen Persönlichkeiten* zurück, um so zu einer psychologisch fundierten Indikationsstellung zu gelangen. Wir fragen uns:

1. Welche Persönlichkeitsstruktur macht den Patienten für bestimmte Methoden geeignet? Gibt es bestimmte Typen für Indikationen und Kontraindikationen?

2. Welche Persönlichkeitsstruktur ist für den Therapeuten förderlich, der diese Form von Therapie mit Erfolg anwenden will?

Beim Versuch einer Aufstellung von Typen, die sich für die Handhabung (der Therapeut) und das an sich Durchführen einer autosuggestiven und entspannenden Behandlungsmethode (der Patient) eignen, sei zunächst auf die alte Typologie von DILTHEY zurückgegriffen, die u. a. SPRANGER beeinflußte.

In seinen »Beiträgen zur Charakterologie« gibt DILTHEY 195 eine Einteilung in drei Typen: den *sinnlichen*, den *heroischen* und den *kontemplativen* Menschen. Er zeigte auf, daß die Weltanschauung des Menschen weitgehend von seinem Typus bestimmt wird. Für unsere Ziele wichtig ist die Bemerkung, daß der »sinnliche Mensch« zu materialistischem und mechanistischem Denken neigt. Diese Denkweise bildet auch die Basis für das ärztlich-naturwissenschaftliche Denken, den Positivismus. Der »heroische« Mensch ist Anhänger des Indeterminismus. Für ihn liegt Befriedigung nicht in der sinnlichen Sphäre, sondern im Erlebnis der Willensfreiheit. Auch seine Bindungen werden als freiwillige Akte erlebt. Für den »kontemplativen« Menschen stellt das gefühlsbetonte ästhetische Erlebnis den höchsten Wert dar. Durch Einfühlung sucht er Harmonie, auch in der Natur.

Therapeuten und Patienten, die zum »sinnlichen Typ« im Sinne von DILTHEY gehören, neigen zur Handhabung und zur Durchführung rationalistisch naturwissenschaftlich fundierter Verfahren, wie die Psychoanalyse im älteren und engeren

Sinn. Diejenigen, die zum kontemplativen Typ gehören, wenden sich eher jenen Methoden zu, bei denen die Herstellung eines hypnoiden Zustandes und die Anwendung von mehr oder weniger mystisch anmutenden Methoden – sei es auch in nüchterner Form – eine Rolle spielen. Der »heroische Mensch« mit seiner Betonung der Willensfreiheit ist für die Verfahren besonders ansprechbar, bei denen – wie herausgearbeitet – der Hauptakzent auf dem Selbstüben und der Selbstgestaltung aus der Tiefe heraus liegt. Sicher können wir nicht immer klare Abtrennungen durchführen, welche Patienten und welche Ärzte ganz oder vorwiegend dem einen oder anderen »Typ« angehören, aber wir erhalten Hinweise auf Schwerpunkte.

Das gleiche ist bei dem Versuch von Riemann 756 festzusstellen, welcher der jeweiligen Charakterstruktur des Therapeuten und ihrer Auswirkung auf Patient und gewählte Methode nachging. 1. Therapeuten mit vorwiegend *hysterischen* Strukturanteilen bringen sehr rasch beim Patienten etwas in Gang, wodurch er regelmäßig zu guten Anfangserfolgen kommt. Schwierigkeiten treten bei diesem Therapeutentyp jedoch auf, wenn er schizoide, zwanghafte und depressive Patienten zu behandeln hat. Der Therapeut nimmt sie aus seiner natürlichen Projektion heraus zu leicht als Hysteriker. Die Patienten reagieren dann meist aus dem Empfinden, versagt zu haben, mit übermäßigen Schuldgefühlen. 2. Therapeuten mit vorwiegend *zwanghaften* Strukturanteilen neigen dazu, sich hinter starren Prinzipien, Regeln und entsprechenden Methoden zu verschanzen. Hierher gehören die Dogmatiker aller Schulen, die es dem Patienten (unbewußt) übelnehmen, wenn er ihren theoretischen Erwartungseinstellungen nicht entspricht. Der Patient erlebt lange diesen Therapeuten als überlegen und vollkommen, sich selbst als niedrig und als »Fall«. 3. Therapeuten mit vorwiegend *depressiven* Strukturanteilen haben die Hauptschwierigkeit, daß sie sich von hysterischen und depressiven Patienten zu sehr hinreißen und überfordern lassen. Selbst die Hysterie nehmen sie oft als Depression. Ihre überdurchschnittliche Einfühlung und Hingabe führen dazu, daß sie sich zu sehr mit dem Patienten und seinem Leid identifizieren. Vermeintliche oder wirkliche Fehler nehmen sie überaus tragisch und resignieren deshalb vorzeitig. Schizoide und hysterische Patienten können diese Therapeuten bis zu masochistischen Haltungen treiben und quälen. 4. Therapeuten mit vorwiegend *schizoiden* Strukturanteilen bleiben meist dem Patienten gegenüber zu distanziert, kühl und in abstrakten Sphären. Sie bevorzugen Analysen, die ganz im Intellektuellen bleiben. Es geht ums Deuten, welches vielfach falsch angesetzt und dosiert wird. Schärfe und Präzision der Erkenntnisse werden nicht genügend von miterlebenden Gefühlen getragen. Bei einer guten Arbeitsweise muß der Therapeut imstande sein, sich elastisch an den jeweiligen Patienten anzupassen.

Wir bekommen in diesen Typisierungen (man könnte weitere von C. G. Jung, Schultz-Hencke u. a. anfügen) Hinweise, die wir in der Praxis zu beherzigen haben. Jedenfalls soll man auf die entsprechend vorwiegenden und typischen

Charaktere und Haltungen achten. Wie wenige, endgültig bindende Schlüsse aus den Typologien aber für den Durchschnittsbereich jener Menschen gezogen werden können, die gleichsam in der Mitte zwischen den Typen einzugliedern wären, geht schon aus der geringen Zahl typologischer Ansätze hervor, die für das Arzt-Patient-Verhältnis aufgestellt wurden. So soll es sich hier zunächst um grundsätzliche Vorbemerkungen handeln. Wir wenden uns spezielleren Regeln zu. Die Anwendung jeder psychischen Behandlung wird – das ergibt sich aus den Vorbemerkungen – von folgenden vier Determinanten bestimmt:

I. Der Arzt.

II. Der Patient.

III. Die Krankheit.

VI. Die Beziehung zwischen Arzt und Patient (vgl. 106, 456).

I. Die Eigenart des Arztes

Es ist eine alte Meinung, daß in der Psychotherapie nicht in erster Linie eine Methode die Heilung bewirkt als vielmehr die Persönlichkeit des Helfers, die »Droge Arzt« nach BALINT, die »Facetten seiner Persönlichkeitsstruktur, seine Intelligenz, sein Temperament, Charakter, Triebleben und seine Psychomotilität« (CARP 151), kurz, sein Verhalten und sein Auftreten sind von ausschlaggebender Bedeutung (867). Das passende Wort, der richtige Ton, die rechte Gebärde am zutreffenden Ort entscheiden meist über mehr als Wahl und strikte Durchführung einer scharf umgrenzten Technik.

Sympathiebeziehungen, die den Patienten an den Arzt binden, und »Übertragung« von (infantilen) Affektbindungen, spielen ineinander (SCHOTTLAENDER 800). Eine Atmosphäre von Vertrauen muß vorhanden sein, die durch ärztliche Sachlichkeit zu beherrschen ist und nicht in Vertraulichkeit oder ein zu intimes Verhältnis entarten darf. Wichtig ist die Eigenart des Psychotherapeuten, die man nicht lehren kann und die PRINZHORN in seinem Werk über Psychotherapie einmal die »Liebeskraft des Helfer-Führers« nannte oder die man auch mit dem platonischen Begriff des Eros paidagogos belegte. Takt, Geduld und Menschenkenntnis sind nötig. Alle diese Punkte wirken zusammen, wenn es gelingen soll, Erleichterung und Heilung zu bringen, sei es auch nur in Form einer Umstellung aus dem allgemeinen Lebensinhalt einer Depression oder Hypochondrie zu positiver Arbeit und Anteilnahme am Leben der anderen. Wie bereits angedeutet, wird der Arzt hierbei diejenige Methode anwenden, die am meisten seiner Persönlichkeitsstruktur entspricht. Es ist deshalb wichtig nachzuprüfen, inwiefern die Eigenart des Arztes bei seiner Methodenwahl von Bedeutung ist.

Viele Therapeuten betrachten das »aufdeckende« Vorgehen, die sogenannte große Psychotherapie, als die einzig richtige und wissenschaftlich annehmbare Form von Psychotherapie, also die Psychoanalyse (FREUD), die sogenannte aktive Analyse (STEKEL), die analytisch psychologische Therapie von JUNG, die Individualpsychologie (ADLER), die Psychagogik nach KRONFELD, die kathartische Methode mittels Hypnose oder Pharmaka (Pentothal; sogenannte drugpsychotherapy), die in den USA häufig angewandte »nondirective psychotherapy« (ROGERS).

Durch die »große Psychotherapie« wird der Patient zu bewußt kritischem Stellungnehmen gebracht. So strebt man z. B. in der Individualpsychologie danach, durch Gespräche den Patienten seine eigenen Gedankengänge äußern und verarbeiten zu lassen, während der Therapeut durch Miterleben zu der Heilung beiträgt. Bei den autosuggestiven und entspannenden Methoden spielt das Urteil eine sekundäre Rolle. Wie wir sahen, kann das Wort allein über seinen Klang auf die Gefühle und Affekte wirken. Freilich kann auch – wie eingangs erwähnt – die Psychoanalyse zu einer Lösung des Gespannt-Seins führen, und zwar dadurch, daß sie gewisse Freiheiten erlaubt, wie schon FERENCZI 253 erläuterte. Es darf also nicht im Sinne des Ausschlußverhältnisses konstruiert werden, bei der psychoanalytischen Behandlung spielten Entspannung und (Auto-)Suggestion keine Rolle (vgl. z. B. SCHINDLER 786, THÉNON 923). Vor allem war es MELITTA SCHMIDEBERG 790, die dieses oft vernachlässigte und bestrittene Prinzip (SCHROEDER 802) von psychoanalytischer Seite zugab (s. auch HEALY c. s. 373). FREUDS Stellungnahme 282 zu diesem Problem wurde angeführt, daß nämlich »Übertragung auf Suggestion beruht«. Es kommt nicht darauf an, ob eine »Deutung« richtig ist, sondern ob der Patient diese ohne Suggestion selber findet; dies aber gehört zu den Seltenheiten (PRINZHORN 727).

Viele Anhänger analytischer Methoden stehen den hier unterbreiteten ablehnend gegenüber. Was die Ablehnung bis zu einem gewissen Grade rechtfertigt, ist die Tatsache, daß – wie in der Einführung gesagt – für die Wahl der rechten Methode unter den beschriebenen Verfahren eine große Erfahrung nötig ist. Viel weniger kann man sich in diesem Bereich von vornherein sicher fühlen, im Besitz der rechten Lehre und der einzig richtigen Methode zu sein. Mit Recht bemerkt FORTANIER 271/2, daß junge Assistenten ihre therapeutische Entwicklung mit der kathartischen Behandlung beginnen sollten. Vergessen wir indessen nicht, daß auch bei der Katharsis der Psychotherapeut dem Patienten eine Art von Technik beibringt, die teilweise auf (auto-)suggestiver Grundlage beruht. Dies gibt FRANK 274 offen zu. Umgekehrt sind viele unserer Methoden – wie wir sahen – direkt »aufdeckend« oder mit analytischem und psychokathartischem Vorgehen gekoppelt.

Schriften mancher Ärzte, in denen die Bedeutung der entspannenden und (auto-) suggestiven Psychotherapie weit überschätzt wird, haben das Ansehen ihres wirklichen Wertes sinken lassen; wir denken z. B. an ein für Patienten geschriebenes

Büchlein des im übrigen besonders erfolgreichen Pioniers der Psychoanalyse MARCINOWSKI 611, der diese Behandlungsform eine »Weltanschauungstherapie« nennt!

Entscheidend ist: Was braucht der Patient! Man darf nicht die Heilmethode höher stellen als die Heilung, die als suprema lex gelten muß. Keine Methode – möge sie dem Arzt liegen oder nicht – ist von vornherein abzulehnen, wenn sie dem Patienten hilft und ihre Anwendung wissenschaftlich berechtigt ist. »Ein jedes Verfahren ist gut, wenn es nützt«, so lautet (in anderem Zusammenhang) ein Ausspruch von JUNG 441. Wenn man im Grunde in einer heute überholten Weise die aufdeckenden und zudeckenden Methoden einander gegenüberstellen will, muß man hervorheben, daß gerade dort, wo die aufdeckende tiefenpsychologische Therapie aus inneren oder äußeren Gründen nicht durchgeführt werden kann (Persönlichkeit des Patienten; Umweltfaktoren), eine »zudeckende«, entspannende oder autosuggestive Methode zum Erfolg führt. Es ist in diesen Fällen nicht immer so, daß nur die Symptome beseitigt werden; bei einer Reihe von Verfahren konnten wir nachzeichnen, welcher Aufbruch aus der Tiefe der Seele oft mit einer Beeinflussung dieser Tiefe verbunden ist. Die glatte Alternative aufdeckend oder zudeckend, die fälschlich mit der von »Tiefe« und »Oberflächlichkeit« gleichgesetzt wurde, ist also eine nur abstrakte, am konkreten Kranken zu relativierende.

Gehen wir zur Besprechung der Persönlichkeitsstruktur des Arztes über, der mehr zur Anwendung der (auto-)suggestiven Methoden neigt. Zu diesen gehört außer den im vorigen Kapitel zur Sprache gebrachten Verfahren auch die Hypnose im engeren Sinn. Bei der Betrachtung der Persönlichkeitsstruktur des Arztes legen wir das CARPsche Schema (151) zugrunde, das – wie erwähnt – fünf »Facetten der Persönlichkeit« unterscheidet: Triebleben, Temperament, Intelligenz, Psychomotorik, Charakter. Bei jeder Wahl von Arbeitsmethoden – wie bei der Berufswahl, wenn diese weitgehend unabhängig von äußerem Zwang stattfindet – spielen Faktoren aus dem Triebleben eine bedeutende Rolle. Der Arzt, dessen erotisches Triebleben besonders entwickelt ist, neigt dazu, starke Gefühlsbeziehungen mit seinen Patienten anzuknüpfen; er wählt unwillkürlich eine Methode, die mit einer positiven Übertragung von Gefühlsbeziehungen im psychoanalytischen Sinn steht und fällt. Die (auto-)suggestiven Methoden eignen sich für diesen Zweck ganz besonders.

Gleichsam von der anderen Seite her gesehen, eignen sich diese Methoden, der in manchen Fällen schädlichen Bindung zu entgehen, die bei der hypnotischen Behandlung in überaus starker Form entstehen kann. Dies gilt dann, wenn der Therapeut sich bewußt oder unbewußt fürchtet, daß die therapeutisch unentbehrliche erotische Bindung sexuellen Charakter bekommt. Bei der Autosuggestion wird die erotische Gebundenheit sowohl dem Arzt als auch dem Patienten weniger bewußt: »Der Patient handelt ja selber.« In Einzelfällen mag es bei einem Arzt, der analytisch und autosuggestiv übend vorgeht, für die Wahl einer »zudeckenden« Methode bestimmend sein, daß er unbewußt an manchem Patienten uninteressiert ist und ihm möglichst wenig Zeit zu widmen wünscht. Wird ihm das bewußt, kann er die Behandlung durch einen anderen Arzt empfehlen.

Wenn das Geltungsstreben bzw. der Machttrieb beim Arzt übermäßig entwickelt ist, vielleicht als Überkompensation von Insuffizienzgefühlen, die sich in autoritärem Auftreten äußert, wird die (auto-)suggestive Therapie dieser Neigung entgegenkommen. Der Arzt ist in der Lage, gegenüber dem Patienten eine autoritative Haltung anzunehmen und ihm den Eindruck vollkommener Selbstsicherheit zu geben, mag diese auch nicht oder nicht immer der wirklichen Sicherheit entsprechen.

Der »zudeckende« Therapeut ist geneigt, seinen Patienten die strengen Vorschriften, welche bei vielen Übungen zu beachten sind, (oft versteckt aggressiv) aufzuoktroyieren. Insbesondere wird der Machttrieb sich widerspiegeln in dem erwähnten »Niederbrüllen« des Patienten (Protreptik 520). Auch die Hypnose (862, S. 66) bietet dem Arzt Gelegenheit, seinem Drang nach Macht die Zügel schießen zu lassen; es kann ihn befriedigen, daß der Hypnotisierte sich der Allmacht des Hypnotisators beugt. Es ist ein ernsthafter technischer und menschlicher Fehler, wenn es dazu kommt, daß der Patient den Arzt mit einer Aureole umgibt, noch schlimmer, wenn der Helfer dies hinnimmt, am schlimmsten jedoch, wenn er sich mit dem Bild, das der Patient von ihm hat, ohne Realitätsüberprüfung identifiziert. Hiermit ist nicht in Abrede gestellt, daß die Suggestivität des Arztes durch solche Aureole gesteigert wird.

Nicht alle erwähnten »Facetten« der Persönlichkeitsstruktur sind für den vorliegenden Sachverhalt von gleich entscheidender Wichtigkeit. Nächst dem Triebleben muß die Bedeutung des Charakters hervorgehoben werden. Die stets wiederkehrenden Übungen, die – möglichst zu bestimmten Zeiten, z. B. drei- oder viermal täglich – vom Patienten auszuführen sind, sowie der Gebrauch stereotyper Redewendungen, der zu wiederholenden Formeln, lassen darauf schließen, daß es zwangsneurotische Charakterzüge sind, die einen Arzt gerade solche Methoden wählen lassen, bei welchen Zeremonien eine dominierende Rolle spielen. Auf Grund der Identifizierung ist es möglich, in den von ihnen dem Patienten auferlegten »zwanghaft« auszuführenden Übungen ihre eigenen Zwangsneigungen zu befriedigen.

Hinsichtlich der Intelligenz soll hier nur ein Aspekt genannt werden, der meist in engem Zusammenhang mit dem zwangsneurotischen Charakter steht: die Neigung zur »Magie«. Auf die unkritischen Schriften von ALRUTZ, HAUPT und KINDBORG – an anderen Stellen 863, S. 123, 174, ausführlicher behandelt – sei hingewiesen. Manche COUÉisten messen dem Wort eine zauberhafte Bedeutung und Kraft bei, und es gibt Therapeuten, die ihren suggestiven Gebärden und Handlungen vor allem beim Hervorrufen des hypnotischen Zustandes eine übernatürliche Wirkung zuschreiben[1]. Es gibt aber auch kritisch eingestellte Ärzte, die sich kaum vom Glauben an eine magische Wirkung ihrer eigenen Handlungen, ihrer Streichbewegung bei der Anwendung der Hypnose, frei machen können, obwohl sie sich über die nüchternen psychologischen Erklärungen für den von ihnen ausgeübten Einfluß im klaren sind.

Von Wichtigkeit ist auch des Arztes Einstellung dem anderen Menschen gegenüber, ob er diesen allein vom natur- oder geisteswissenschaftlichen Standpunkt aus betrachtet, ob als Objekt zum Geldverdienen oder mit echt religiösem Hintergrund. Von inneren Neigungen und äußeren Entwicklungseinflüssen hängt es ab, welchen Ausbildungsweg der Arzt nahm, welche Bildung er erhielt, welche Werke er studierte, welche eventuellen medizinischen Moden über ihn Gewalt bekamen.

Mit dem Temperament hängt es zusammen, wenn ein Arzt sich eher zu den übenden Methoden hingezogen fühlt, der gern viele Menschen in kurzer Zeit – sowohl nach Sitzungsdauer als auch nach der Gesamtdauer der Therapie – behandelt. Auch dürfte einem Arzt mit extravertiert hypomanem Temperament mehr eine oberflächliche Wirkung auf viele Patienten als eine tiefgreifende auf wenige liegen. Mit diesen Andeutungen seien die Hinweise auf die Eigenarten des Arztes abgeschlossen. Auch hier gilt das in den einleitenden typologischen Bemerkungen Gesagte, daß bei den meisten Psychotherapeuten Ausgewogenheit und Umstellungsfähigkeit (»Syntonie«) Einseitigkeiten auszugleichen imstande sein dürften, im übrigen aber der Satz Balints 31, daß wir von der »Droge Arzt« noch herzlich wenig wissen.

II. Die Eigenart des Patienten

Baerwald 29, S. 231, war weit von der Wahrheit entfernt, als er schrieb, daß die Methode der suggestiven Selbstbehandlung für alle Menschen brauchbar sei! Auch die Eigenart des Patienten bestimmt in starkem Maße die Wahl der Methode.

Die Persönlichkeitsstruktur des Patienten, die sich für die Anwendung von (Auto-)Suggestion und Entspannungsübungen eignet, weicht nicht wesentlich von der des Arztes ab, der diese mit Vorliebe wählt. Bildlich könnte man sagen, daß für das Gelingen jeder Form von Therapie die Persönlichkeit des Psychotherapeuten zu der des Patienten passen muß »wie ein Schlüssel zu einem Schloß«. Dies natürlich nicht völlig richtige Bild erklärt auch, warum der Patient mitunter erst im dritten oder vierten – oder sogar erst im sechzehnten (z. B. Fall A. B.) – Nervenarzt den für ihn geeigneten Psychotherapeuten fand.

[1] Kloek-Pirée, Mia: »Das Wort, die wunderbare Macht des Wortes, bildet die Grundlage meiner Arbeit« (473, S. 57) »... und Sie werden an die Kraft des Gedankens, an die stark helfende Macht des Wortes zu glauben beginnen« (S. 65) usw.

Während wir zur Veranschaulichung der Persönlichkeitsstruktur des Arztes das CARPsche Schema wählten, seien für die Beschreibung der Eigenart des Patienten zwei andere Unterteilungen angegeben: die »schwache« und »starke« Persönlichkeit. Kurz gefaßt wird als starke Persönlichkeit der Mensch mit ausgeprägtem Individualitätsgefühl, schwacher Identifikationsneigung und starkem Selbstvertrauen bezeichnet, als schwache Persönlichkeit der Mensch mit wenig entwickeltem Individualitätsgefühl, starker Identifikationsneigung und schwachem Selbstbewußtsein. Mit diesem Unterschied sind auch die Differenzen in der (Auto-)Suggestibilität gegeben. Es bedarf keiner näheren Ausführungen, daß die schwache Persönlichkeit suggestibler (nicht autosuggestibler) ist als die starke. Das bringt mit sich, daß schwache Persönlichkeiten suggestive Methoden lieber und erfolgreicher über sich ergehen lassen als starke. BLESS 82 meint dasselbe, wenn er schreibt, daß »psychisch schwache Naturen« sehr suggestibel seien. Die erhöhte Suggestibilität schwacher Persönlichkeiten kann auch umgekehrte Folgen haben, da sie fürchten, in einem Kollektivitätsverhältnis das eigene Selbst zu verlieren. Hierdurch kommen solche Menschen zu einer triebbedingten Oppositionshaltung, die sich auch im Verhältnis zum Arzt äußert, indem sie sich nicht von ihm heilen lassen, sondern sich selbst zu heilen meinen. Diese Haltung benutzt der Arzt geradezu als Instrument, indem er eine autosuggestiv wirkende Methode anwendet. Des Patienten Fiktion wird so sein eigner Helfer; sein Narzißmus bleibt unbehelligt. Der grundlegende Unterschied zwischen der negativ suggestiblen Oppositionshaltung der schwachen Persönlichkeit und der selbständigen Haltung der starken Persönlichkeit tritt unvermeidlich hervor, sobald die Begegnung mit »dem andern« fehlt, d. h. keine psychische Resonanz zustande kommt. In diesem Zusammenhang sei als ein eigenes Phänomen die »negative Autosuggestibilität« erwähnt, bei der »der andere« introjiziert in der eigenen Persönlichkeit erlebt wird.

Bei positiver Suggestibilität ist die Haltung des Patienten gegenüber dem Arzt anders. Er hat ein starkes Vertrauen zum Arzt, er hegt den Wunsch und die Erwartung, daß die Behandlung erfolgreich ist, und besitzt damit die innere Bereitschaft, die (Auto-)Suggestionen zu effektivieren. Andererseits bleibt der Narzißmus unberührt, auch bei willensschwachen Psychopathen und sensitiven Menschen, die durch Minderwertigkeitsgefühle und Mangel an Selbstbewußtsein beschwert sind oder sich durch Zwangsvorstellungen gehemmt fühlen und doch gern gesunden wollen. Hier kann der Appell an die aktive Mitwirkung des Patienten einen heilsamen »orthopädagogischen« Einfluß ausüben. Übungsmethoden können so bei »Narzißten«, bei geltungssüchtigen Personen indiziert sein. Bei ihnen ist von einer rein hypnotischen Behandlung abzuraten. Diese an Selbstüberschätzung »leidenden« Menschen nehmen am liebsten selber ihre Behandlung in die Hand, um zu beweisen, daß sie dasjenige vermögen, was den Ärzten, die sie bisher behandelt haben, mißlungen ist. Man appelliert möglichst an ihr eigenes Vermögen. Ein solcher Fall (G. H.) wird im folgenden beschrieben.

Klemperer 471 behauptet zu Unrecht, daß die Intelligenz des Patienten nicht allzu hoch entwickelt sein dürfte, wenn er für eine (auto-)suggestive Behandlung geeignet sein soll. Soweit überhaupt die Faktoren, die den Grad der Suggestibilität bestimmen, auf dem Gebiet der Intelligenz liegen, ist es richtig, daß Mangel an Intelligenz das Akzeptieren (auto-)suggestiver Vorstellungen fördert. Andererseits ist aber eine nicht zu geringe Intelligenz erforderlich, damit der Patient die Vorstellungen und besonders die Übungen begreift. Allerdings wird man in der Praxis bei Patienten, deren Intelligenz nicht hoch genug ist bzw. die zu geringe introspektive Fähigkeiten für eine analytische Behandlung besitzen, eher eine autosuggestive und übende Therapie anwenden. Hierauf wies Ferenczi 254 hin, als er in seinem Aufsatz über die Kontraindikationen der aktiven psychoanalytischen Technik schrieb: »Manchmal ist es zweckmäßig, Entspannungsübungen anzuraten.« Das Interesse von psychoanalytischer Seite für die Entspannungstherapie spricht auch aus den Schriften von Fenichel 251, Jelliffe 427, Kempf 457, Landauer 538. Die Methode von W. Reich wurde erwähnt. (Die Kombination von psychoanalytischer Therapie und Hypnose, wie sie Morgan 655 vorschlug, ist allerdings weniger zu empfehlen als Kretschmers »doppelgleisige Standardmethode«.) Das Interesse der Analytiker an Entspannungsübungen gilt besonders für Patienten mit einem zu großen Widerstand im psychoanalytischen Sinn. Daß – sei es jedoch mit einigen Modifikationen – selbst bei Debilen und Imbezillen diese Methoden angewandt werden können, ergibt sich aus dem Beispiel einer debilen Frau mit Achalasie (Fall A. C.). Aber es wurde auch darauf hingewiesen, daß bei vielen intelligenten, gebildeten, »kontemplativen«, religiös suchenden Menschen unserer Zeit Neigung und Bedüfnis zum »magischen« Denken oder zu Meditationen vorhanden sind, dies mit allen möglicherweise positiven (z. B. künstlerischen) wie auch negativen Auswirkungen. Viele Patienten glauben an die Wirksamkeit von Vorstellungen im Sinne einer Verwirklichung der betreffenden Vorstellungsinhalte, glauben an eine »Allmacht der Gedanken«, welcher »Glaube« nichts anderes ist als ein Symptom der Regression auf eine infantile Denkstufe oder eine Fixierung an diese. Diese Verhältnisse machen den Patienten natürlich besonders empfindlich für die Formen und Formeln (auto-)suggestiver Methoden; nicht selten kommen sie aus okkultistischen Kreisen.

Auch Patienten mit analerotischen, zwangsneurotischen Zügen, mit der Neigung zu genauer Tageseinteilung, zu Wiederholungen, sprechen leichter auf (auto-)suggestive und übende Methoden an.

Fall G. H.: *Kolonspasmus und hypochondrische Einstellung einer narzißtischen Persönlichkeit.* Es handelt sich um einen stationär aufgenommenen 30jährigen Mann, von Beruf

Büfettchef. Die Anamnese zeigte, daß er schon im sechsten Lebensjahr häufig Bauchschmerzen bekam; der Schmerz wurde rechts oben im Bauch lokalisiert. Allmählich verlor sich der Schmerz, bis er im vierzehnten Jahr wiederkam, nunmehr aber durch den ganzen Körper ziehend, wechselnd in seiner Heftigkeit; bei starken Attacken lag der Patient sich krümmend da. Während solch einer Schmerzperiode hatte er überhaupt keinen Stuhlgang. Früher gab er sich selbst ein Klistier. Später hatte er hierzu nicht mehr die »Courage«, er hätte zuviel Schmerzen dabei. Schon als Kind wurden ihm regelmäßig Klistiere gegeben.

Es wurde ihm zu einem wahren Alpdruck, wenn er nicht spontan Stuhlgang bekam; er gebrauchte regelmäßig Glyzerinspritzen und schluckte eine Menge Abführmittel, die auf die Dauer ihre Wirkung verloren. Auf ärztlichen Rat ließ er sich operieren. Der Befund wurde ihm nicht mitgeteilt. Die Beschwerden blieben nach wie vor bestehen. Der Patient dachte viel über die Operation nach und sagte, daß er schließlich »dahinter gekommen« sei: Man habe eine Verengung des Dickdarms angetroffen und den Bauch geschlossen, ohne etwas getan zu haben. (Nachfrage beim Chirurgen: Spastisches Kolon; nach der Probelaparotomie wurde der Bauch wieder geschlossen.)

Allmählich entwickelte G. H. ein krankhaftes Interesse für den Vorgang der Stuhlentleerung. Er bekam die feste Überzeugung, daß mit seinem Bauch etwas nicht in Ordnung sei. Wenn, was selten vorkam, der Stuhlgang spontan eintrat, hatte er anschließend das Gefühl, »daß noch viel mehr darin sitzt, was nicht heraus kann«. Der Patient hegte Groll gegen seine frühere Verlobte, die ihn gerade, als er sie heiraten wollte, mit einem anderen betrog. Er hatte oft Konflikte mit seinen Eltern, mit denen er mitunter tagelang nicht sprach und die auch untereinander viel Streit hatten. Aus der Familienanamnese ging hervor, daß auch sein Vater immer mit dem Stuhlgang gekränkelt hatte. Die Mutter starb an Kolonkarzinom.

Die körperliche Untersuchung ergab, daß der Bauch bei Druck diffus schmerzhaft war, links stärker als rechts. Das Kolon war palpabel. Leber und Milz waren nicht vergrößert. Eine Operationsnarbe war im linken Ileo-Zökalgebiet sichtbar. Im übrigen wurden keine Abweichungen gefunden. Die serologischen und chemischen Untersuchungen lieferten keine neuen Gesichtspunkte.

Der Patient ist ein langer, magerer Mann mit bleichem Gesicht; er starrt düster vor sich hin. Er blickt den Untersuchenden kaum an, zeigt wenig Interesse, seufzt dann und wann, macht einen mutlosen Eindruck. Er geht mit vorgeneigtem Kopf und sucht keinen Kontakt zu seinen Mitpatienten. Er hat einen Zorn auf die Doktoren, gerät in Affekt, wenn er über die Ärzte spricht, »die ihn falsch behandelt haben«.

Die unverkennbar analerotischen Züge geben Anlaß, den Patienten in der Klinik nach der Methode der Aktiv-Relaxation zu behandeln, eine Therapie also, bei der der Kranke, angesichts seiner Abneigung gegen Ärzte, sich selbst heilen »soll«. Er kann dasjenige erreichen, »was kein Arzt bisher vermochte«. *Von seinem Mißtrauen und seinem Groll gegen die Ärzte wird also therapeutisch Gebrauch gemacht.* Selbstverständlich sind Art und Weise der Einführung in diese Therapie von großer Wichtigkeit. Man weist den Patienten darauf hin, daß »jetzt ein ganz neuer Weg eingeschlagen wird«. Die Verabreichung aller Heilmittel wird eingestellt. Der Patient macht Entspannungsübungen. Er muß die Hand auf die Gegend legen, in welcher er den stockenden Stuhl vermutet, und er lernt, alle Muskeln zu entspannen, auch möglichst bildlich die um seine Därme, die jetzt den Stuhl umklammern. Der Vorgang wird durch eine kleine Skizze erläutert. Wie eine Faust, die sich entspannt und öffnet, haben sich die Därme zu entspannen, und der Stuhl, der nun nicht länger eingeklemmt wird, gleitet von selbst weg. Der Patient wird von der Zweckmäßigkeit seiner Übungen überzeugt und ergreift, durch seinen Groll gestärkt, die Gelegenheit, um »den Doktoren zu zeigen, was er selbst kann«. Nach einer Woche wird er entlassen, um zu Hause weiterzuüben.

In der folgenden Woche – der Patient wohnt in einer anderen Stadt – kommt er begeistert zurück. Er ist in seinem Auftreten stark verändert. Sein Tempo ist nicht mehr träge. Er ist voll guten Mutes. Er teilt mit, daß er nach seinen Übungen sofort reichlichen Stuhlgang und dabei die Idee hat, er sei nun alles los. Das erleichtert ihn sehr. Der Stuhlgang sehe zwar wie »schmutziger Kork« aus; aber der Patient ist sehr zufrieden. »Nach dem vielen Quälen in all den Jahren bin ich in dieser Woche gewaltig vorangekommen.« Eine Woche darauf teilt er mit, daß er an einem Sonntagabend seine »Kur« machte. Er wollte an diesem Abend ausgehen, aber er bekam nach der Kur plötzlich einen »gewaltigen« Stuhlgang, von dem er »völlig erschöpft« war. Solch einen »guten Stuhlgang« habe er seit vielen Monaten nicht gehabt. – Später klagt er ab und zu noch über Schmerzen beim Stuhlgang; seit einigen Wochen funktioniert dieser jedoch regelmäßig jeden Tag und reichlich. Der Patient bekommt größeren Lebensmut.

Bei solchen Fällen hilft oft eine zusätzliche Milieutherapie (991). Auch für Kinder ist eine solche Koppelung angezeigt. Bei alten Menschen, die in ihrer Lebenshaltung und ihren Auffassungen starrer geworden sind, kommt in der Regel eine aufdeckende Psychotherapie nicht mehr in Frage. Es muß daher eine Wahl unter den hier beschriebenen Methoden getroffen werden. Es ist zu bedenken, daß senile Menschen, ebenso wie Kinder, das eine Mal eigensinnig und dann wieder für die gröbsten Suggestionen zugänglich (Bleuler 83), also wechselnd negativ und positiv suggestibel sind.

III. Die verschiedenen Krankheitsbilder

Vor der eingehenden Besprechung der speziellen Indikationen sei die Bemerkung eingeschoben, daß man die besprochenen Methoden schwerpunktartig ähnlich trennen kann wie die hypnotischen Verfahren in suggestive und kathartische. Autosuggestive Übungen im engeren Sinn sind den suggestiv-hypnotischen Verfahren an die Seite zu stellen. Sie gehen Symptome direkt an, indem sie »Marken« setzen, umüben oder gar »unterdrücken«. In dieser Hinsicht bestehen Parallelen und Überschneidungen (s. o.) zur Verhaltenstherapie. Gleichsam polar dagegen – und den kathartischen Hypnosen an die Seite – zu stellen sind reine Entspannungsübungen, welche vom Symptom befreien, indem sie »kommen lassen« und ein Sichhingeben erzielen. Das erstgenannte Vorgehen eignet sich meist für zwangsneurotische Reaktionsformen, während die auf neurotischer Basis entstandenen spastischen Zustände vornehmlich durch die letztgenannten Übungen zu beeinflussen sind.

Wenn es sich um eine tiefsitzende (Schicht-)Neurose handelt, macht man eher von einer Therapie Gebrauch, die an die ganze Persönlichkeit appelliert, also von einer analytischen Methode. Liegen jedoch Rand- oder Fremdneurosen vor (z. B. akut auftretende hysterische oder Schreckreaktionen), dann genügt eine weniger tiefgreifende und langdauernde Behandlung, z. B. die autosuggestive. Zwischen diesen sozusagen polaren Extremen liegt die ganze Skala therapeutischer Möglichkeiten, welche die Indikationsbreite übender und autosuggestiver Methoden bestimmen.

Es sei der Versuch einer schärferen Umgrenzung der Indikationen unternommen.

a) Entspannungstherapie

1. bei spastischen und Krampfzuständen
2. bei krampfhaft gespannter psychischer Haltung
3. bei Schlafstörungen

b) Autosuggestive Übungstherapie

1. bei psychischen Leiden, und zwar bei
   - *α* zwangsneurotischen Reaktionsformen
   - *β* falschen autosuggestiven Vorstellungen (Erwartungsmöglichkeiten)
   - *γ* Störungen in der Selbstbeherrschung
2. bei emotional bedingten (sogenannten psychogenen) Leiden, und zwar
   - *α* einigen konversionshysterischen Erscheinungen
   - *β* neurasthenischen Beschwerden
   - *γ* Organfunktionsstörungen (inklusive sogenannten psychosomatischen Krankheiten)
   - *δ* vielen Süchten
3. bei somatischen bzw. Organ-Krankheiten
4. als differential-diagnostisches Hilfsmittel
5. per exclusionem
6. als Hilfsmittel in der Erziehung.

a) Entspannungstherapie

1. Spastische und Krampfzustände

Durch die Entspannung der willkürlichen Muskeln des ganzen Körpers kommt – wie schon erwähnt – bei genügender Übung auch die glatte Muskulatur zur Entspannung. Durch Training in der Muskelentspannung kann eine Reihe von spastischen Zuständen dauernd in günstigem Sinne beeinflußt werden, z. B. Blepharospasmus, Ösophagospasmus, Kolonspasmus, Vaginismus, Tic-Erscheinungen, Chorea-artige Zuckungen (die oft auf konversionshysterische Reaktionen zurückzuführen sind). Zu dieser Gruppe von Krankheitsbildern gehören auch Berufsstörungen, wie Schreibkrampf, Violinistentremor und Fingerkrampf bei Pianisten. Ebenso können Schluckkrämpfe, krampfhafter Ruktus, Aerophagie und Singultus zum Stillstand gebracht werden. Das Asthma bronchiale kommt erst später zur Sprache. Daß viele Epilepsien günstig zu beeinflussen sind, wurde mehrfach betont. Zu nennen sind noch die Hypertonie und die emotional bedingte Angina pectoris. Einige Beispiele seien angefügt.

Fall I. K.: *Stoß-* und *Räuspertic* eines stationär aufgenommenen 14jährigen Jungen. Die Mutter teilt mit, daß er seit drei bis vier Jahren stets den Kopf hintenüber wirft. In letzter Zeit macht er auch Bewegungen mit Armen, Händen und Füßen. Er kann nicht stillsitzen. Die Eltern haben ihm diese Bewegungen streng verboten; er hat sogar Schläge dafür bekommen. Aber es wurde noch ärger. Er macht nun zugleich Geräusche dabei (wie ein »brüllender Löwe«). Man betrachtet ihn als den »Dorftrottel«; jedoch kommt er in der Handwerksschule gut mit. Der Direktor hat allerdings Bedenken gegen das Hantieren mit scharfen Werkzeugen. Das Betragen störe den Unterricht. Der Junge ist sehr reizbar geworden.

Bei der Untersuchung zeigt er sehr starke Tic-Erscheinungen. Er beugt den Kopf nieder, so daß das Kinn auf die Brust schlägt, kneift die Augen fest zu und zieht die Nasenflügel hoch. Ab und zu macht er mit dem Mund Grinsbewegungen und wirft den Kopf kräftig hintenüber, dann wieder stößt er mit ihm wie ein Bock. Außerdem bekommt er über den ganzen Rumpf plötzlich auftretende Stöße und Drehbewegungen, wodurch er kaum einen Augenblick stillsitzen kann. Er fällt fast vom Stuhl durch die Stöße. Dabei gibt er die typischen Geräusche eines Räuspertics von sich. Er macht auch Keuch- und Schnupfbewegungen.

Dieser Junge, Sohn einfacher Eltern aus einem Bauerngehöft, wurde anfangs ambulant ohne Erfolg mit einer kathartischen Therapie behandelt. Hierauf wurde durch einen anderen Arzt eine hypnotische Behandlung durchgeführt, kombiniert mit autosuggestiven Entspannungsübungen. Anfangs war die technische Ausführung außerordentlich schwierig, da die unregelmäßigen Stoßbewegungen den Patienten immer wieder hochspringen ließen, so daß er fast von der Untersuchungsbank fiel. Einmal kam sogar der Kopf des Hypnotisators in unsanfte Berührung mit dem des Patienten. Erst wurde eine sogenannte Mutterhypnose angewandt, bei der der Hypnotisator die Rolle der Mutterimago spielte; diese mißlang. Eine sogenannte Vaterhypnose glückte besser: Der Patient wurde ruhiger und schloß die Augen. Die Faszinationsmethode von FARIA 880, 890 erwies sich als die beste. Es trat ein leichter hypnotischer Zustand ein, die stoßenden Bewegungen wurden geringer. Dies führte zu dem Entschluß, zur aktiven Relaxation überzugehen.

Schon nach drei Wochen war eine Besserung zu bemerken; die Bewegungen und Geräusche wurden geringer. Nach drei Monaten war der Patient vollkommen symptomfrei. Er setzte noch längere Zeit täglich seine Übungen fort, legte sich zu einer bestimmten Stunde aufs

Bett, entspannte sich in der vorgeschriebenen Weise und stellte sich vor, daß er überhaupt keine Bewegungen und Geräusche mehr machen werde.

Zwei Jahre später meldete er sich aufs neue: Die Bewegungen und Geräusche waren, wenn auch in viel geringerem Maße, zurückgekehrt. Es gelang, ihn in einer einzigen Sitzung symptomfrei zu machen, und bis heute sind die Erscheinungen nicht wiedergekommen. Nur wenn der Patient aufgeregt oder besonders gespannt ist, treten einzelne Bewegungen auf.

Fall L. M.: *Pianistenkrampf* eines 22jährigen Klavierlehrers. Seit einem halben Jahr bekommt er beim Spielen einen Krampf in seinem rechten Daumen. Wenn er den rechten Zeigefinger einsetzt – und das kommt dauernd vor –, tritt im Daumen eine krampfhafte Spannung, eine Versteifung, ein. Er kann daher nur mit einer Hand, d. h. eigentlich so gut wie gar nicht spielen.

Die Anamnese ergibt folgende Besonderheiten: In jugendlichem Alter verlor er seine Eltern und kam zu Fremden ins Haus, bei denen er wenig Liebe erfuhr. Schon jung verlangte er nach Selbständigkeit. Da er etwas Geld hatte, konnte er, als er achtzehn Jahre alt war, sich ein Zimmer mieten. Er lebte zurückgezogen und einsam und hatte unter seinen Mitschülern am Konservatorium nur wenige Freunde. Obwohl er einen normalen Körperbau hatte, fühlte er sich mißgestaltet und häßlich. Er vermied ängstlich Kontakt mit Mädchen, war schüchtern und errötete, wenn man ihn ansprach.

Auf dem Konservatorium lernte er einen jungen Mann kennen, den er wegen seiner flotten Lebenshaltung bewunderte. Dieser hegte seinerseits Bewunderung für die strengen Forderungen, die der Patient an sich selbst stellte. Durch ihn kam der Patient in Berührung mit einem (ausgesprochen häßlichen) Mädchen, mit dem er guten Kontakt hatte und über seine inneren Schwierigkeiten sprechen konnte. Zu Intimitäten kam es nicht. Allmählich wurde das »Trio« unzertrennlich. Der Patient wußte nicht, ob sein Freund und seine Freundin sexuellen Verkehr hatten.

Das Symptom zeigte sich zuerst auf einer Ferienreise. Am ersten Abend wurde viel getrunken; man hatte ein Hotelzimmer mit einem Doppelbett und einem Einzelbett genommen, und es wurde gelost, wer zusammen in dem Doppelbett schlafen sollte. Unser Patient konnte sich später nicht von dem Eindruck freimachen, daß die beiden anderen absichtlich das Los auf ihn und das Mädchen hatten fallen lassen. Sein Freund entfernte sich unter einer Ausrede. Der weitere Verlauf der Ereignisse wurde zu einem schweren psychischen Trauma für unseren Patienten. Als Zwanzigjähriger hatte er noch niemals ein Mädchen umarmt, und er wehrte sich auch jetzt gegen jede Neigung einer Annäherung, die in ihm hochwallte. Er mußte den Spott der beiden anderen aushalten und – sich selbst innerlich verwünschend – diese Nacht in dem Einzelbett verbringen, während er das Krachen des anderen Bettes und das unterdrückte Gelächter der beiden darin Liegenden anhörte. Bis zum Zeitpunkt der Behandlung dauerte dieses merkwürdige Dreiecksverhältnis fort. Der Patient wohnte immer noch allein. Er war von schweren Insuffizienzgefühlen geplagt und fühlte sich einsam. Die körperliche Untersuchung lieferte ebenso wie die Familienanamnese keine Besonderheiten. Eine wiederholte neurologische Untersuchung zeigte keine krankhaften Befunde.

Wir begannen eine analytisch-kathartische Behandlung, um seine neurotische Lebenshaltung anzugehen. Aus der Analysierung des Traummaterials und aus freien Einfällen ergab sich, daß die Versteifung seines Fingers ein Dementi für seine genitale Minderwertigkeit darstellte. Für die Auffassung, daß sein Finger als Erektionssymbol zu betrachten war, spricht auch seine Beschreibung: »Ich habe mitunter das Gefühl, als ob der Finger anschwillt; ich muß dabei wohl an meinen Penis denken.« Indessen war ihm mit einer derartigen Therapie, die sich über viele Monate erstrecken sollte, nicht sofort geholfen. Darum wurde die analytische Therapie ergänzt durch Entspannungsübungen der Aktiv-Relaxation und des Autogenen Trainings. Der Patient mußte sich zweimal täglich in liegender Haltung entspannen und in diesem Zustand Fingerübungen vorstellen, ohne diese auszuführen. Darauf übte er, in einem bequemen Stuhl sitzend, das Autogene Training, welches ihm in einem beschleunigten Tempo beigebracht wurde. Allein zu dem Zweck, die Aufmerksamkeit abzulenken, wurden zugleich einige Phasen der »Oberstufe« hinzugefügt. Der Patient mußte im Entspannungszustand an eine graue Farbe denken, in der sich ein runder, schwarzer Fleck abzeichnete, und er wurde angehalten, zugleich »unbemerkt« die beim Klavierspiel nötigen Fingerbewegungen zu machen. Das Autogene Training wurde hier als »thérapie d'urgence« modifiziert. Der Patient sollte seinen Beruf so bald als möglich wieder aufnehmen können. Das Resultat war befriedigend. Infolge ständigen Übens trat der Krampfzustand des Daumens immer seltener auf. Nach sechs Wochen durfte der Patient bei Wachbewußtsein einige Fingerübungen machen, und nach einigen Monaten war er wieder imstande, seine rechte Hand normal zu gebrauchen, wenn auch mit einiger Anstrengung. Die analytisch-kathartische Behandlung wurde fortgesetzt. Da hier übende und analytische Methoden gleichzeitig angewandt wurden, ist nicht mit Sicherheit zu sagen, welche der beiden in erster Linie für den Erfolg verantwortlich war.

Fall N. O.: *Essentielle Hypertonie* (anginöse Beschwerden) *mit neurotischer Überlagerung* (Aerophagie) einer 47jährigen Frau. Wie der Hausarzt mitteilte, war sie bisher gesund gewesen. In ihrer Umgebung galt sie als »nervös«. Seit zwei Jahren klagte sie über starkes »Aufstoßen«, worauf sie jedesmal Schmerzen in der Brust und heftiges Herzklopfen bekam. Zudem war sie über die herrschenden politischen Verhältnisse beunruhigt und beschwert durch persönliches Leid im Zusammenhang mit dem Krieg. Sie empfand sich zunehmend gespannt und hatte viele neurasthenische Beschwerden. Ihr Gedächtnis verschlechterte sich; sie konnte die Worte nicht mehr finden und schlief schlecht. Die anfallartigen Attacken ermatteten sie, und sie fühlte sich allmählich als ein Wrack. – Die körperliche Untersuchung ergab: Der Ernährungszustand ist noch immer recht ordentlich, obwohl die Patientin behauptet, stark abgemagert zu sein. Das Gesicht ist kongestiv mit deutlich zyanotischer Beifärbung. Schon in Ruhe ist eine geringe Dyspnoe vorhanden, der Puls ist schnell (120) und gespannt. Augen, Gebiß, Zunge und Kehle zeigen keine wesentlichen Abweichungen von der Norm. Es sind deutlich Pulsationen am Hals sichtbar. Der Thorax ist breit; das Cor ist nach rechts und links dilatiert. Eine Andeutung von Galopprhythmus ist vorhanden. Der zweite Ton an der Aorta ist sehr laut. Die Pulmones zeigen außer einigen kleinblasig feuchten Rasselgeräuschen auf beiden Seiten hinten unten keine Besonderheiten. Die Leber ist eben fühlbar, doch ist der Rand nicht stumpf. Die Reflexe sind normal;

es ist kein Ödem vorhanden. Der Blutdruck beträgt 300/160. Der Urin weist außer einer Spur Albumen keine Abweichungen auf. Der Status praesens psychicus ist der einer nervös gespannten, äußerst labilen Frau mit hypochondrischer Einstellung.

Die Diagnose wird auf essentielle Hypertonie gestellt, wahrscheinlich schon im Stadium einer primären Schrumpfniere. Die Beschwerden werden durch das psychische Gespanntsein, in dem sich die Patientin befindet, sehr verschlimmert. Die Therapie wird psychosomatisch eingestellt. Die Patientin erhält bis viermal täglich pulv. fol. digit. (35 mg) und Euphyllin (125 mg). (Serpasil und die heutigen blutdrucksenkenden Mittel gab es damals noch nicht.) Sie muß eine streng salzlose Diät halten, und zugleich wird eine Entspannungstherapie begonnen. Schon nach der ersten Behandlung fühlt sich die Patientin weniger »gejagt«. Der Blutdruck ist um 40 mm Hg gesunken. Nach jedem Besuch beim Arzt fühlt sich die Patientin ruhiger und schläft dann oft, ohne Schmerzattacken zu bekommen. Sie macht täglich Entspannungsübungen und freut sich, selbst zu ihrer Heilung beitragen zu können. Sie ist wieder guten Mutes und zeigt Interesse für die Umgebung, beginnt besser auszusehen, ißt mehr und spricht nicht allein über ihre neurasthenischen Beschwerden. Obwohl die Erscheinungen am Herzen nahezu stationär bleiben und obwohl der Blutdruck nur etwas erniedrigt werden kann (durchschnittlich: 195/125), fühlt die Patientin sich freier. Sie betrachtet ihren Zustand nicht mehr als hoffnungslos und ist erfreut darüber, daß sich die Aerophagie nur noch zeitweise einstellt. Mit unter dem Einfluß der großen Mengen Euphyllin haben die Schmerzattacken an Frequenz und Intensität abgenommen.

2. Krampfhaft gespannte psychische Haltung

Bei Patienten mit krampfhaft gespannter psychischer Haltung spielt die Beruhigung in der Therapie eine große Rolle, die nicht allein durch autosuggestive und entspannende Übungen, sondern schon durch Auftreten und *Verhalten des Arztes zu erzielen ist.* Man hat zu berücksichtigen, daß sich der kranke Mensch mitunter mutiger gibt, als er ist, die Existenz-, die Seins-, die Lebens- und die Todesangst werden oft dissimuliert. Es ist nicht immer angebracht, seinen Patienten stets die »Wahrheit« vor Augen zu stellen. Vielmehr lege man Wert darauf, sie auf die richtige Weise zu beruhigen. Man darf bei der Beruhigung nicht nach einem festen Schema vorgehen. Das Wesentlichste ist die Art, wie der Arzt sich über den Zustand des Kranken informiert, sein Gesichtsausdruck, seine Reaktion auf die Klagen oder auf die Resultate der Untersuchung, die Art und Weise, in der er die Prognose mit dem Patienten bespricht und ihn dazu bringt, die Vorschriften zu befolgen. Dies übt auch auf die Umgebung einen Einfluß aus und so indirekt auf den Patienten.

Erwähnt sei hier nochmals die Methode des sogenannten »prophylaktischen Ruhigstellens« von Oskar Vogt. Er rät kurze autosuggestive »Erholungsentspannungen« an, um diejenigen, welche sich in ihrem Leistungsvermögen durch irgendeinen Umstand beeinträchtigt fühlen, zu einer größeren geistigen oder körperlichen Produktivität zu bringen. Ähnliche kurze Übungen läßt P. E. Roland 761 sogar bei katatonen Schizophrenen durchführen. Eine der wichtigsten Aufgaben solcher

Übungen ist eine möglichst weitgehende Distanzierung vom Leiden, die manche Beschwerden nimmt und zur inneren Verarbeitung des Krankseins führt.

3. Schlafstörungen

Immer häufiger kommen Patienten mit Klagen über Schlafstörungen in unsere Sprechstunden. Viele haben schon vergeblich Übungen nach Laienschriften versucht, die aber nur infolge der Anstrengungen dazu führten, daß die Patienten die ganze Nacht wach blieben. Unter sachkundiger Leitung sind nun Entspannungsübungen, z. B. die Aktiv-Relaxation, das Autogene Training, die Funktionelle Entspannung oder die Methode von Jacobson angebracht. Man darf allerdings keine zu hoch geschraubten Erwartungen schneller und billiger Erfolge hegen. Es folge ein eigener Fall.

Es handelt sich um einen 57jährigen Bankdirektor. Seit seinem 22. Lebensjahr leidet er unter schlechtem Schlaf. Zwar tritt der Schlaf abends bald ein, ist jedoch sehr leicht und wird durch das geringste Geräusch unterbrochen bzw. beendet. Der Patient war wegen dieser Beschwerden wiederholt in allerdings erfolgloser Behandlung. Er ist ein guter Sportler, der sehr viel körperliche Bewegung hat (Tennis, Schwimmen, Fechten), wobei er eine erhebliche Ausdauer an den Tag legt. Vor einigen Monaten ist der Patient beim Skifahren gestürzt und hat jetzt Schmerzen an der linken Schulter (Subluxation).

Die Vorgeschichte zeigt keine Besonderheiten, ausgenommen die Tatsache, daß der Patient während der Kriegshandlungen in den Niederlanden seinen einzigen Sohn verlor. Während er früher nicht schlaflos liegen blieb, sondern aufstand und sich Bewegung verschaffte, nahm er in der letzten Zeit Schlafmittel. Er stellte ihren Gebrauch jedoch wieder ein, da sie ihm tagsüber Beschwerden verursachen. Der Patient ist z. Zt. »duselig im Kopf«, zuweilen ist er »schwindlig vor Müdigkeit«. Er sieht »Drähte« vor den Augen. Er möchte am liebsten drei Tage hintereinander schlafen. Bisweilen ist er mogens müder als abends. Die letzte Zeit klagt er über »Druck in der Hirnrinde«. Körperlich fühlt er sich sonst wohl. In den letzten neunzehn Jahren war er nicht krank. Die somatische Untersuchung weist keine Abweichungen auf.

Es wird eine Behandlung mit der »progressiven Relaxation« (nach Jacobson) vorgeschlagen. Der Patient kommt einmal in der Woche. Jede zweite Woche wird ein neuer Schritt eingeübt. Nach einer Woche stellt sich heraus, daß der Patient wegen Schmerzen in der linken Schulter seine Übungen zu Hause nicht ausführen kann. Darum wird beschlossen, mit der Behandlung zu warten, bis die Schulter wieder geheilt ist. Der Patient meldet sich erst anderthalb Jahre später in der Sprechstunde. Er leidet seit dem Sommer wieder sehr unter der Schlaflosigkeit. Wenn er zu seinem Vergnügen tätig gewesen ist oder wenn er gelesen hat, schläft er rasch ein; er erwacht jedoch ungefähr um 4.00 Uhr nachts und schläft dann nicht mehr. Der Schmerz in der linken Schulter ist verschwunden; mitunter ist seine rechte Schulter etwas überempfindlich, möglicherweise »ein wenig effort« oder »surmenage« infolge des Fechtens; er beachtet dies jedoch nicht. Eine Depression liegt nicht vor.

Mit der Behandlung wird jetzt aufs neue begonnen. Der Patient hat sich früher schon im

Entspannen geübt; die verschiedenen Übungen bereiten ihm keine Mühe. Nach einigen Wochen teilt er mit, daß er bis morgens durchschläft. Nach einigen Rückfällen hält die Beseitigung der Schlafstörung an.

b) Autosuggestive Übungstherapie

1. bei psychischen Leiden

α) Zwangsneurotische Reaktionsformen

Die autosuggestive Übungstherapie – insbesondere die von Coué und Baudouin, bei welcher Formeln schnell hintereinander wiederholt werden – eignet sich gut für die Behandlung von zwangsneurotischen Reaktionen, die bekanntlich schwer auf irgendeine Form von Therapie ansprechen. Durch autosuggestive Übungen kann ein sozial nicht tragbares zwangsneurotisches Zeremoniell durch Einschaltung eines sozial erträglicheren ersetzt werden. Auch direkte Psychagogik und Hypnosen sind unterstützend einzusetzen. Der Hypnotisator entlastet den Patienten nämlich zeitweilig von seinem übertriebenen Verantwortlichkeitsgefühl. Er denkt, fühlt und will gleichsam für ihn, ohne daß jedoch des Patienten Selbstvertrauen gänzlich ausgeschaltet wird. Ist der Patient allerdings eine sehr differenzierte Persönlichkeit, kommt eine »zudeckende« Therapie nur in Frage, wenn äußere Umstände die langwierige analytische Therapie unmöglich machen. Immer zu erwägen ist in solchen Fällen der Versuch mit der Verhaltenstherapie nach Wolpe u. a. Durch die zeitweilige Entlastung von seinem Zwang werden dem Patienten neue Enttäuschungen infolge seines Versagens erspart. Indem man aber bei den Übungen auch immer wieder an sein Gefühl für Verantwortlichkeit appelliert, können auf die Dauer das Vertrauen des Kranken in seine eigenen Fähigkeiten gestärkt, sein Gefühl des Eigenwertes erhöht und die Überzeugung von seiner Insuffizienz abgeschwächt werden. Der Mensch benimmt sich ja entsprechend den Vorstellungen, die er von seiner eigenen Leistungsfähigkeit hat. Er geht nicht von dem aus, was er wirklich kann, sondern von dem, was er zu können meint: possunt, quia posse videntur (Virgil: Aeneis, v. 231).

β) Falsche autosuggestive Vorstellungen

Ferner ist diese Form von Therapie angebracht, wenn sogenannte Bedingungs-Autosuggestionen mit im Spiel sind, d. h. Gedanken oder Vorstellungen, bei denen man unter gewissen Bedingungen den Wiedereintritt eines bestimmten Ereignisses erwartet. Hierzu zwei Beispiele:

Eine Patientin, die zum Besuch von Verwandten in eine andere Stadt reiste, wurde einmal kurz vor dieser Station von einer heftigen Übelkeit befallen, wodurch sie erbrechen mußte. Seitdem fürchtete sie jedesmal, wenn sie sich dem Ende der Reise näherte, daß es ihr übel werde und sie sich übergeben müsse, was auch prompt eintrat. – Ein anderes Beispiel bot ein Student, der während seiner klinischen Semester einmal beim nahen Herantreten des Professors, vor dem er Angst hatte, von heftigen Krämpfen im Bauch befallen wurde und anschließend sich vor dem »Krampf« fürchtete, wenn er den Professor nur in der Ferne sah.

Selbstverständlich handelt es sich bei diesen und ähnlichen Beispielen (auch bei manchen Formen von Aberglauben) um tieferliegende affektive Störungen und Anlässe, die bei der »zudeckenden« Therapie mehr oder weniger unsichtbar bleiben. Solche unwillkürlichen Bedingungs-Autosuggestionen liegen bei all den Fällen vor, welche bestimmte Symptome unter stets denselben Umständen zeigen. Ein 53jähriger Arzt teilte mit, daß er jeden Samstagabend – dem einzigen Abend in der Woche, an dem er sich einige Entspannung erlaubte – »Kopfschmerzen zum Bersten« habe. Sie entstammten seinem Arbeitsdrang und einer »masochistischen« Einstellung zur Arbeit (vgl. 994/5), wodurch bei Muße eine Art Selbstbestrafung auftrat (Schuldgefühle). Zu diesen Erscheinungen gehört auch die sogenannte Sonntagsneurose (vgl. 281) und (vielleicht als untergeordneter Faktor) die Erwartungseinstellung bei der Seekrankheit, die man schon einmal durchmachte (ZBINDEN 1039). Nicht immer findet sich die Ursache solcher Symptome ausschließlich in Konditions-Autosuggestionen. Es kann sich um noch unentdeckte organische Störungen handeln, z. B. beim Ulkus-Patienten, der Schmerzen hat à l'heure militaire, bei dem Patienten mit Angina pectoris, der einen Anfall bekommt, wenn die Kälte »auf ihn fällt«, wenn er böse wird, zu viel gegessen hat oder seine Körperhaltung, etwa beim Aufstehen, ändert. Selbstverständlich besagt dies nicht, daß hier psychische Faktoren keine Rolle spielen, wie das Beispiel eines Ulkus-Patienten beweist, der einen »Anfall« bekam, sobald er Kreide auf der Tafel quietschen hörte. Der Erwartungsfaktor, der in all diesen Fällen von Bedeutung ist, kann durch (Auto-) Suggestion beeinflußt werden, indem unzuträgliche Vorstellungen beseitigt und durch zuträgliche ersetzt werden.

γ) Störungen in der Selbstbeherrschung

Wenn man einer disharmonischen Persönlichkeit oder einem unbeherrschten Menschen bloß sagt, er habe sich besser zu beherrschen, ohne daß man ihm das »wie« erklärt, wirkt dies bekanntlich in umgekehrtem Sinn. Die methodische Anwendung von autosuggestiven Übungsmethoden, z. B. von P.-E. LÉVY oder von BEZZOLA, zeitigt bessere Resultate.

2. bei emotional bedingten (sogenannten psychogenen) Leiden

α) Einige konversionshysterische Erscheinungen

Eine Reihe von konversionshysterischen Erscheinungen kann, wenn die Struktur des Patienten sich dazu eignet, autosuggestiv behandelt werden. Natürlich hat der

Arzt vorher eine systematische körperliche Untersuchung vorzunehmen, damit nicht eine körperliche Ursache des Leidens übersehen wird. Zu unterlassen ist eine Diagnose »Hysterie« per exclusionem, abgesehen von dem Umstand, daß dieser Terminus nicht scharf umgrenzt ist, da man viele differenzierte hysterische Reaktionsformen zu unterscheiden hat. Wir denken, abgesehen von Haltungsanomalien, an motorische Erscheinungen, z. B. hysterische Hemi- oder Paraplegie, Störungen im Ablauf von Reflexen des tractus digestivus, Schluckstörungen, epileptiforme Anfälle, an die bereits genannten Krampfzustände, wie hysterisches Asthma bronchiale oder bestimmte Arten von Tremor. Auch die Störungen in der Koordination, wie Gehstörungen, Abasie, Sprachstörungen (Aphonie, Mutismus), sind zu nennen. Fraglich bleibt, wieweit das Stottern als einheitliches Krankheitsbild aufzufassen und hier einzugliedern ist. Bei ihm sind die Erfolge autosuggestiver Entspannungsübungen oft geringe (allerdings nicht geringer als die Erfolge psychoanalytischer Behandlungen 989). In einigen Fällen helfen die oben beschriebenen Atemübungen (s. auch FERNAU-HORN 256).

Fall P. D.: *Stottern* bei einem 18jährigen, welches seit dem achten Lebensjahr bestand. Anfangs stotterte er so, daß jedes Wort vier- bis fünfmal wiederholt werden mußte, später beim Anfang eines Satzes und bei einigen Buchstaben: p, t und k, also bei den Explosivae (sogenannte klonische Form von Stottern). So ist es stets geblieben. Mitunter tritt die Erscheinung in heftigem Maße auf, dann wieder hat er überhaupt nicht darunter zu leiden, z. B. während der Ferien. Wenn er körperlich ermüdet ist, hat er keine Beschwerden. Die krampfartigen, mit Muskelspannungen verbundenen und gerade umgekehrt wirkenden Versuche, gut zu sprechen, unterbleiben dann, und es tritt eine Entspannung der Sprechmuskulatur ein. Wenn er wieder ausgeruht ist, wird es um so schlimmer, nicht aber bei Aufregungen.

Mit seinen Hausgenossen kommt er gut aus; ausgenommen sind seine Sprechschwierigkeiten. Man achtet nämlich fortwährend auf diese, und dann wird es sofort schlimmer. Wenn der Patient bei seiner Braut ist, die dem Symptom keine Aufmerksamkeit schenkt, tritt es kaum auf. Es fällt ihm auf, daß er zu Hause mehr daran leidet als anderswo. Eine vorläufige Vertiefung der anamnestischen Untersuchung fördert ebensowenig wie die Familienanamnese Besonderheiten zutage. Da er jetzt die fünfjährige Realschule (»Höhere Bürgerschule«) mit gutem Erfolg durchlaufen hat und im Begriffe steht, eine Berufslaufbahn zu beginnen, will er seinen Sprachfehler los sein. Wegen der geringen verfügbaren Zeit ist eine Therapie geboten, die schnell Erfolge zeitigt.

Es wird eine autosuggestive Behandlung nach der Aktiv-Relaxationsmethode angewendet. Diese wird durch das suggestive Eingeben eines Tropfens tinct. asae foetidae fünf Minuten vor dem Beginn der Übung unterstützt. Von Woche zu Woche berichtet der Patient über seine Fortschritte; nur ab und zu stottert er noch ein wenig. Schon einige Monate nach Beginn der Behandlung beschließt der Patient, sich um eine Stelle in einem großen Betrieb zu bewerben. Bei seiner mündlichen Bewerbung bemerkt man nichts von seiner Störung.

Erwähnt zu werden verdient die Tatsache, daß die Behandlung einmal wöchentlich im

Beisein von zwölf Studenten (mit Zustimmung des Patienten) stattfand. Er mußte sich auf einen Untersuchungsstuhl legen, die Augen schließen und sich entspannen; insbesondere wurde suggestiv die Aufmerksamkeit auf eine Entspannung der Muskeln des Mundes und der des Kehlkopfes gelenkt. Der Patient wurde aufgefordert, verschiedene Worte auszusprechen, mit denen er sonst Mühe hatte. Zuvor wurde ihm gesagt, daß er dies flott werde tun können.

Wie er ein halbes Jahr später mitteilte, geht es ihm in seiner neuen Stellung sehr gut; er schreibt: »... denn obgleich ich die Ruhekur nicht mehr mache und die Tropfen auch nicht mehr einnehme, bin ich so gut wie ganz von meinem Sprachfehler geheilt. Auf dem Büro habe ich nahezu keine Belästigung vom Stottern, und auch zu Hause geht es gut.« Kontrolle zweieinhalb Jahre später ergibt, daß das Symptom sich auch weiterhin nur noch ab und zu zeigt. Wie eingangs angedeutet, ist ein solcher Erfolg fast eine Ausnahme. Meistens sind die Ergebnisse beim Stottern entmutigend.

Mit Erfolg zu behandeln sind Schmerzzustände. Die Erfahrungen, die WALSH 964 mitteilt, sind im ganzen zu bestätigen. Vor allem reagieren Schmerzen im Kopf, im Magen, im Bauch oder rheumatische Schmerzen gut. Bei diesen ist die Funktionelle Entspannung nach FUCHS besonders zu empfehlen. Ferner sind sensorische Erscheinungen wie Ohrensausen, Sehstörungen, hysterische Taubheit, Ageusie und Anosmie zu nennen. Patienten mit hartnäckigem Jucken reagieren nicht immer günstig, da sie durch das Lästige der Erscheinung zu sehr fixiert werden. Dasselbe gilt für tenesmi ad urinam.

Bei Patienten mit schweren hysterischen Phobien hilft die autosuggestive Behandlung selten; sie können wohl durch die Übungen für kurze Zeit ruhiger werden, aber die Besserung hält nicht lange an. Doch soll man, wenn eine andere Form von Psychotherapie nicht möglich ist, als ultimum refugium nach einer derartigen Methode greifen.

Bei Erythrophobie, Claustrophobie, Lampenfieber, Examensangst, pavor nocturnus kann man ebenfalls zu dieser Therapie als thérapie d'urgence seine Zuflucht nehmen; man wird allerdings in den hierfür in Betracht kommenden Fällen einer »aufdeckenden« Therapie den Vorzug geben, wenn es sich um dafür geeignete Patienten handelt.

Fall Y. Z.: *Examenangst* eines zu hysterischen Reaktionen neigenden 26jährigen Studenten. Seine Studien in Philosophie brachten ihn in Berührung mit psychologischen Problemen, die er mit seinen eigenen Schwierigkeiten in Zusammenhang sah und »wodurch er völlig festgerannt« war.

Er war in China aufgewachsen und hatte damals schon Angstzustände: Angst im Dunkeln, Angst, unter die Menschen zu gehen, und dergleichen. Diese Erscheinungen hatten sich im Laufe der Jahre verschlimmert. Sein Leben lang hatte er Mühe gehabt, »sich zu geben«; er fühlte sich stark gehemmt. In der letzten Zeit stellten sich große Müdigkeit, Lustlosigkeit und das Unvermögen zu studieren ein. Er sah keine Möglichkeit, den Lehrstoff wirklich in sich aufzunehmen, und konnte nichts mehr behalten. Er fühlte sich so gespannt und von Angst erfüllt, daß er es zu Hause nicht länger aushalten konnte und ziellos durch die Straßen lief.

Da dieser junge Mann in sechs Wochen Examen machen sollte und eine analytische Therapie somit nicht in Betracht kam, wurde eine Entspannungstherapie (Jacobson in gekürzter Form) angewendet. Er bekam die Suggestion, daß – wenn ihm nur die Muskelentspannung gelänge – die Spannung und die Schwierigkeiten von selbst verschwinden würden. Es folgen die Erlebnisse des Patienten während der ersten Entspannungsübungen, die er zu Hause durchführte.

»Mein Wohnzimer ist unten neben dem Wohnzimmer der Familie. Die Hausfrau ist zu Hause, die Kinder sind draußen. Stille im Haus. Ich lag gut und konnte auch zur Bewußtseinssenkung kommen. Aber sowie ich Geräusche im Hause hörte, kam ich wieder zu mir, und die Spannung in meinem Kopf nahm zu. Es war die Angst, daß sie hereinkommen könnten. Da wurde mir erst deutlich, daß ich ganz und gar in einem ängstlich erwartenden Spannungszustand lebe. War das Geräusch weg, dann ging es eben wieder, die Spannung ließ etwas nach, aber kehrte beim ersten Geräusch zurück. Das ist also das Erste, worüber ich wegkommen muß. Ich erinnere mich, daß, wenn ich früher mittags oder abends nach dem Essen mich hinlegte, dies auch mit einem spannenden (gespannten) Gefühl geschah. Bange, daß, wenn jemand hereinkommen sollte, man es ›verrückt‹ finden würde, mit der Folge, daß ich nicht erschlaffte und ausruhte, sondern gerade in Spannung blieb.«

Fünf Wochen lang kam der Patient zweimal wöchentlich zum Arzt. Sein Zustand besserte sich so weit, daß er sich ruhiger und »von innen entspannt« fühlte. Das Wichtigste war, daß er schon nach einer Woche Üben imstande war, seine Studien wieder aufzunehmen, und sein Examen bestand. Dies wurde dem Psychotherapeuten schriftlich mitgeteilt.

Zu nennen sind noch die traumatisch-hysterischen Reaktionen, die eine psychotherapeutische Behandlung benötigen (451, 993).

β) Neurasthenische Beschwerden

Öfters können hartnäckige neurasthenische Beschwerden durch eine autosuggestive Entspannungstherapie gelindert werden. Hierauf wies schon Otto Binswanger 73 im Jahre 1894 hin! Man darf die Erwartungen allerdings nicht in allen Fällen zu hoch spannen. Das folgende Beispiel betrifft eine Patientin, die günstig reagierte.

Fall F. E.: *Neurasthenie* einer 31jährigen Lehrerin. Sie fühlte sich in letzter Zeit »nervös« und nicht mehr imstande, ihre »Aufmerksamkeit bei ihrem Studium festzuhalten«. »Ich kann keinen Satz ohne Fehler schreiben, keinen Satz vorlesen, ohne über meine eigenen Worte zu stolpern.«

Diese junge Frau hatte schon eine Laufbahn als Büroangestellte in Westindien hinter sich. Sie änderte ihr Arbeitsgebiet aus Mangel an Interesse für das Büroleben und bildete sich als Schullehrerin aus. Im Jahr zuvor war sie zu ihrer großen Enttäuschung vom Examen zurückgestellt worden. Ohne tiefer auf die Anamnese einzugehen, sei erwähnt, daß diese Patientin bereits bei ihrem ersten Besuch um eine autosuggestive Behandlung bat, in welcher Richtung sie selbst vergebliche Versuche angestellt hatte. Man soll eine solche Bitte im allgemeinen nicht ohne weiteres abschlagen. Oft besitzt der Patient Züge, die ihn für diese Behandlung disponieren. Das bedeutet natürlich nicht, daß man sich immer bei der Wahl der Therapie durch unmotivierte Wünsche des Patienten leiten lassen sollte.

Nachdem der Patientin die Technik der Aktiv-Relaxation erklärt worden war, kam sie das nächste Mal mit einer kleinen Liste, auf der folgende Suggestionen geschrieben standen: »1. positiv und suggestiv Unterricht geben; 2. flotte Vorbereitung für den Unterricht; 3. helle Einsicht und Verständnis für Pädagogik; 4. positives Auftreten, Selbstkritik, keine Irrtümer.« Im Zustand des Entspannt-Seins wurden ihr diese Redewendungen suggestiv vorgelesen. Nach der Behandlung fühlte sie sich »wohler und stärker«. Die Patientin führte täglich getreu ihre Übungen aus und meinte, für stets größere Leistungen befähigt zu sein. Als später die Behandlung wegen Umzugs nach auswärts abgebrochen werden mußte, übte sie täglich weiter. Allmählich wurden die Insuffizienzgefühle überkompensiert. Wie die Patientin ein Jahr später mitteilte, war die Arbeit für sie »eine Kleinigkeit« geworden. »Ich überschlug prompt ein Studienjahr. Man prophezeite mir ein Debakel, ich blieb jedoch voll Vertrauen, und so ging ich mit den Kenntnissen von zwei Monaten Studium ins Examen und habe es mit Leichtigkeit bestanden.«

γ) *Organfunktionsstörungen (inkl. sogenannte psychosomatische Krankheiten)*

Den alten Terminus »Organneurosen« wollen wir vermeiden. Gebräuchlich ist heute der der »funktionellen« Störungen, zu welchem auch die sogenannten psychosomatischen Krankheiten gerechnet werden. Im Vordergrund steht bei ihnen die neurotische Lebenshaltung des Patienten, welche zu Funktionsstörungen der Organe führt. Hinzu kommt oft eine krankhafte Konzentration der Aufmerksamkeit auf das »verkehrt« funktionierende Organ, die eine hypochondrische Einstellung bewirkt (873, S. 7 ff., 876). Über die Einordnung der Organfunktionsstörungen in das Gesamtgebiet der psychosomatischen Medizin orientieren die einschlägigen Lehrbücher (12, 19, 44, 98, 107, 116, 368, 403, 440, 596, 984).

Neben der lebensgeschichtlichen Fehlverarbeitung spielen bei den Organfunktionsstörungen Konstitutionsanomalien eine erhebliche Rolle, die ebenfalls »geprägt« sein können (989, 992). Aus dem entsprechenden Patientenkreis ist ein großer Teil für die autosuggestive und entspannende Behandlung geeignet. Es folgt eine Besprechung nach Funktionsbereichen.

a) *Kreislauf.* – An erster Stelle sei der erhöhte Blutdruck genannt, soweit dieser auf einen Spasmus der Arterien oder Arteriolen zurückzuführen ist. Die Behandlung kann mit einer hypnotischen kombiniert werden. In den Tagen, an welchen keine Behandlung durch den Arzt stattfindet, kann der Patient selbst seine Übungen ausführen. Ist die Nierenfunktion bereits gestört, bringt eine derartige Entspannungstherapie kaum Erfolge, da die Blutdruckherabsetzungen von 10 bis 15 mm Hg, die als Folge der Übungen auftreten, sehr schnell wieder verschwinden.

Fall H. G.: *Essentielle Hypertonie* eines 39jährigen Drogisten. Der Patient macht äußerlich einen ruhigen Eindruck. Bei näherer Exploration stellt sich jedoch heraus, daß er von verschiedenen Konflikten gequält wird, die ihn in einem Zustand von Spannung halten. Der Patient klagt seit einigen Jahren über ein Gefühl, als ob ein Band um seinen Kopf sitze. Er hat ab und zu heftige Kopfschmerzen. Mitunter hat er Kongestionen. Er wird plötzlich heiß und bekommt einen roten Kopf. Seelisch leidet er unter Insuffizienzgefühlen. Aus einer reformierten Familie stammend, erhielt er eine strenge Erziehung. Obwohl er gern studierte und die Lehrer bei seinem Vater darauf drangen, daß er ihn weiter lernen lassen solle, gab dieser ihn mit fünfzehn Jahren in die Lehre bei einem Drogisten. Diese Maßnahme hat ihn sein ganzes Leben lang bedrückt. Auch jetzt noch, obwohl er an der Spitze eines großen Drogistengeschäftes in einer Provinzstadt steht, kann er sich nicht damit abfinden, nur »Ladenbesitzer« zu sein und als solcher von einigen seiner Kunden – wie er meint – geringschätzig behandelt zu werden. Obwohl er als einer der Honoratioren des Städtchens in einem vornehmen Klub sitzt, fühlt er sich zurückgesetzt. Er meint, daß seine Klubgenossen – meistens »studierte Leute« – ihn, den »Ladenbesitzer«, mit weniger Achtung behandeln.

Die körperliche Untersuchung ergibt keine Anomalien. Der Blutdruck beträgt jedoch 180/130. Zur Probe wird versucht, diesen Patienten in Hypnose zu versetzen. Während der Hypnose wird der Blutdruck registriert. Er sinkt auf 165 mm Hg, der diastolische auf 120 mm Hg. Nach der Behandlung fühlt der Patient sich entspannt und ruhiger. Die berstenden Kopfschmerzen, die er vor der Behandlung spürte, waren mit einem Schlag verschwunden. Es wird daraufhin zu einer hypnotischen Behandlung mit einer Frequenz von zwei Sitzungen pro Woche übergangen. Die Tatsache, daß der Patient vor und nach jeder Behandlung eine Reise von anderthalb Stunden machen muß, ergibt keine Schwierigkeiten. Schon nach einigen Behandlungen zeigt der Blutdruck eine Tendenz zum Fallen. Die Wirkung der Hypnose wird unterstützt durch das Autogene Training, das der Patient dreimal täglich ausführt. Er lernt so, seine Kopfschmerzen selbst zu vertreiben. Wenn er das Gefühl hat, daß die Muskeln seiner Stirne sich zusammenziehen, kann er dies verhindern und sie durch die Stirnkühle entspannen. Nach der Übung empfindet er sich wieder voll leistungsfähig. Infolge äußerer Verhältnisse war der Patient nicht imstande, eine begonnene psychoanalytische Behandlung zu Ende zu führen. Er setzte jedoch seine Übungen fort und fühlte sich, wie er einige Monate später schrieb, recht wohl.

Ist es einerseits möglich, durch autosuggestive Entspannungsübungen einen Hypertonus zum »Eutonus« herabzusetzen, kann andererseits auch ein Hypotonus heraufgesetzt werden. Das gleiche gilt für die Anwendung von Hypnosen. Dieselbe Hypnosetechnik, welche bei Patienten mit erhöhtem Blutdruck die Tension herabsetzt, erhöht diese bei Personen mit herabgesetztem Blutdruck (863, S. 196). So ist es auch bei den – übrigens selten vorkommenden – Fällen von konstitutioneller Hypotonie. Die Erscheinungen sind in der Regel die des neurasthenischen Symptomkomplexes: starke Ermüdbarkeit bei körperlichen und geistigen Arbeiten, Neigung zu Schwindel und Ohnmachtsanfällen, das Gefühl abzusinken, Schmerzen im Kopf, vor allem im Hinterkopf.

Auch bei einer Reihe von Herzleiden sind Erfolge zu erzielen, z. B. bei emotional bedingten Fällen von Angina pectoris, Herzneurosen, nervösen Palpitationes und ähnlichem. Das gleiche gilt für Herzleiden, die durch eine »neurotische Überlagerung« verschlimmert werden. Daß diese Fälle zu bessern sind, darauf wies schon LÉVY in seinem Buch über den Willen hin. »Nun ist nicht gesagt«, so sei aus der Übersetzung (566) zitiert, »daß man durch Autosuggestion Einfluß auf die Herzschläge ausübt, aber man besänftigt die peinigende Wahrnehmung, die sich daraus ergibt, die selbst, wie durch Rückschlag, das Herzklopfen befördert ...« Es folge die Schilderung einer Behandlung mit Funktioneller Entspannungstherapie durch FUCHS:

Ein 24jähriger Maschinenschlosser, H. X., wird vom Internisten zur F. E. überwiesen. Diagnose: unklare Kollapszustände, die spontan mit Schweißausbruch und Zittern, Schwindelgefühlen und Angstzuständen sowie arger Atemnot auftreten. Oft überfällt den Patienten auch »unbändiges Kopfweh«, und manchmal bekommt er einen Schluckkrampf.

Er beschreibt anschaulich, wie ihn die Anfälle überraschen, wie er durch sie sehr unsicher und ängstlich werde, nicht mehr unter die Leute könne; schlimm sei es in Kaufhäusern; er kenne sich gar nicht wieder. Der erste Anfall sei bei der Arbeit gekommen. Er habe eine gute Stelle und nette Kameraden, die ihn auch gleich zu seinem Doktor gebracht hätten, der ihn schon als Kind gekannt habe. Am meisten störe ihn der Druck über der Brust, der sich oft anfühle wie ein arges Brennen, und die Atemnot, bei der er sich sehr aufgeregt – nicht asthmatisch – fühle. Asthma habe sein jüngerer Bruder früher gehabt.

Das alles sprudelt der Patient hastig und deutlich stotternd heraus. Darauf angesprochen, bestätigt er, daß er diese Sprechstörung seit dem sechsten Lebensjahr habe. Der Patient ist ein sportlicher, gut aussehender junger Mann. Er gehört zu einem Fußballverein und trainierte bis zu seinem »Zusammenbruch« vor vier Monaten die Jugendgruppe. Bei allem verausgabe er sich extrem. Er habe notgedrungen jetzt allen Sport aufgegeben.

Die Krankenkasse will ihn, den 24jährigen, als vorläufigen Frührentner loswerden. Er aber will unbedingt gesund werden. Seine Firma schätzt ihn sehr. Der überweisende Internist habe nun zehn Wochen Aufschub erreicht und ihn zu mir und einem Verhaltenstherapeuten geschickt. Der Arzt selbst habe bei ihm mit dem A. T. begonnen.

Es wird ihm vorgeschlagen, das, was er im A. T. gelernt hat, zu zeigen. Er übt »korrekt«, »zwanghaft-brav«, so daß nicht zu erwarten ist, daß eine notwendige Entspannung bald erreicht wird. Weil das mit dem A. T. zu erreichende Absinken ins Hynoid in der Funktionellen Entspannungstherapie nicht erwünscht ist, wird der Internist gebeten, das A. T. wegzulassen. Die Neugier, der Spürsinn für sich selbst und das Auffinden von eigenem Fehlverhalten wird das neue Ziel.

In die zweite Stunde bringt der Patient die »Entdeckung« mit, daß er »immer seinen Bauch einziehe«, anstatt, wie er es nach und nach lernt, ihn beckenwärts-abwärts »fallen«

zu lassen. In den nächsten Wochen bringt er immer wieder neue Beiträge, wo und wie er staut, Kraft an falscher Stelle einsetzt, wie er damit seine innere Dynamik blockiert, z. B. beim Zähneputzen, beim Laufen, bei dem er sich sofort innen »abstelle«, beim Ausgleichssport, den er ganz verkrampft machte, beim Warten, wenn er gerade nichts zu tun habe. Dann stütze er gern die Hände in die Hüften und staue die Schultern hoch. Solche Selbstbeobachtungen gelangen diesem sportlichen jungen Mann dadurch so gut, weil er den Zugang zu seinem »inneren Helmut« mit Hilfe der F. E. spüren lernte. Die reale Entdeckung, daß alles Bewegen auch loslassend – also im Ausatmen – möglich ist und daß damit eine tiefere Beteiligung der Gelenke entsteht und Kraft gespart wird, beeindruckte ihn. Die drei Kreuze als innerer, beweglicher Halt konnte er mühelos im Alltag oft er-»innern« und »fehlgeleitete Energie« durch »Lassen im Aus« abbauen, ableiten.

Als gefragt wurde, was der Verhaltenstherapeut mit ihm mache, sagte er: »Der übt mit mir Angstsituationen und gibt mir positive Vorstellungen. Die Funktionelle Entspannung ändert mich tief innen.« Er entschloß sich deshalb nach einigen Monaten, die Verhaltenstherapie aufzugeben.

Die Beschwerden am Brustbein fühlte er »wie Knorpelverrenkungen«. Solche »Körpersprache« des Patienten wird in der F. E. angenommen und verstanden als Ausdruck der Einengung und der Kollusion. Sich Platz schaffen, mehr Raum für sich beanspruchen, wird nötig. Kann der Patient damit nicht bei sich selbst anfangen, ganz konkret dort, wo er sich den Raum nicht läßt? In immer neuen Lagen: im Liegen auf dem Bauch, im Knien, Sitzen oder Stehen lernt er sich loszulassen, nach unten und nach innen zu entdecken. Er findet die ihn »tragenden Stützen«, merkt, daß er am oberen Kreuz oft staut, »groß«, »stark« sein will und findet erstaunt, daß er beim Loslassen nicht kleiner – aber beweglicher wird.

Auch den eigenen Innenraum findet er, wenn er sich – ohne viel Aufwand, mit kleinen Reizen – rührt und sein bewegliches hängendes Brustbein entdeckt. Kräftige Aufatembedürnisse oder Gähnen zeigen ihm, wie vernachlässigt er in seiner Selbstentfaltung war. Dasselbe gelingt ihm am Rücken über die »gewichtigen Schulterblätter«, die ihm »hängenlassend« zu seinem Erstaunen Haltungshilfe geben. Wieder war es »der innere Helmut«, der sich auch nach unten mehr »Spielraum« läßt.

»Sich durch*setzen*« ist besser als sich »be*haupten*«. So wird er das »Brennen«, die »Herzschmerzen« und den Schwindel los. Von dem »Schluckkrampf« ist nicht mehr die Rede. Langsam wächst das Zutrauen des Patienten zu sich, was die Vorbedingung ist, die Ängste loszuwerden. Sich-stauen, Luft-stauen drückt »behalten« aus, zeigt die Angst vor dem Hergeben, dem Verändern. Keine verbale Erklärung hilft hier – aber das Halt gebende Loslassen als Selbsterfahrung, das austauschfähig macht.

Biographisch tauchte schon im Erstgespräch der vier Jahre jüngere Bruder auf. Der Patient ist Ältester von drei Geschwistern. Seine um ein Jahr jüngere Schwester und der Bruder sind vor ihm durch Heirat aus der elterlichen Wohnung gezogen. Er stehe oft in Rivalität mit seinem Bruder, aber im allgemeinen gut mit ihm. Der Vater sei ein Vorbild für ihn, ein »allround man«. Die Mutter sei temperamentvoll und unberechenbar. Er stehe aber gut mit ihr. Auf die Frage, die bei sprechgestörten Kindern immer gestellt werden sollte, ob auch »Kopfnüsse« verteilt worden seien, bejaht er. Wenn sie als Kinder etwas angestellt hätten, habe die Mutter zuerst einmal geschlagen – natürlich den Älteren! – und dann erst gefragt. Der Vater sei diplomatischer, mit ihm könne man reden. Nach diesem Gespräch fühlt sich der Patient ein, wie und wo das Ausweichen oder Erschrecken im obersten Kreuz wahrgenommen wird, und versteht, wie eine zu große Spontaneität oder Strenge beim Kind Enge und Blockade setzt. Helmut will aber seine Mutter nicht »zum Sündenbock« machen, sagt er. Sie hätten, als er erwachsen geworden sei, über solche Dinge miteinander gesprochen. Er ist bereit, die Änderung für seine Störung bei sich selbst zu suchen.

Er heiratete im März. Im Oktober desselben Jahres kam der »Zusammenbruch«. Der Zusammenhang mit Eheproblemen liegt nahe. Aber dort stimmt es offenbar. Auf Fragen in dieser Richtung sagt der Patient: »Wir sind fünf Jahre miteinander gegangen. Da muß man sich doch kennen.« Er bringt die junge Frau auch einmal mit. Sie ist von der Schwiegermutter angenommen, und sie wohnen in einer eigenen Wohnung. Das Sich-Lösen von zu Hause und das Übernehmen der ganzen Verantwortung für sich und seine Frau war ihm offenbar doch schwer. Er meint, daß die nervenanstrengende Jugendgruppe, die er trainierte, in seiner nun doch kürzer werdenden Freizeit nach angestrengter Arbeit auch zu seinen Beschwerden beigetragen habe.

Nach 14 Stunden ist er so weit, daß er halbtägig, eine Woche später schon ganztägig arbeiten kann. Seine falsche Leistungseinstellung macht ihm immer wieder zu schaffen. Weil er schwere Arbeit zu verrichten hat, soll er beschreiben, wie er das macht. Da zeigt sich, daß er unnötig vorher hyperventiliert und einen dicken, roten Kopf bekommt, wenn er etwas zu stemmen hat: ein Fehlverhalten, das sich häufig bei Sprechgestörten findet, weil sie schon Sprechen als »Leistung« verstehen. Das Kraftfeld, das bei einer außergewöhnlichen Leistung, wie es das Stemmen ist, stützt und stärkt, muß aber weiter *unten,* in der »Mitte« des Menschen liegen: in solchen Extremfällen nicht nur als »gelassene Mitte«, wie es der Patient für den Alltag gelernt hatte, sondern als »gespanntes Fundament«, das durch eine tiefe Zwerchfelleinatmung zustande kommt. Diesem sportlichen Mann war das eine einleuchtende Einsicht, so daß er bald voll arbeiten konnte.

In zehn Monaten erhielt der Patient 20 Therapiestunden. Danach kam er nur noch in lose Kontrolle. Auch die Platzangst verschwand. Er habe nur noch »Angst vor seinem Ehrgeiz«, weil er sich »so schnell falsch einsetze«. Wir besprechen, weil er wieder Fußball spielen will, sein Dauerlauftraining, daß er auch dabei seinen Rhythmus erhalten und durch eingeschobenes Gehen rasch wiederfinden kann, weil er das gezielte Loslassen zu seiner »Mitte« versteht. Sein Einfall dazu: »Ja, das Leck-mich-am-Arsch-Gefühl fehlt mir halt!«

Wodurch dieser erwünschte Gleichmut sich immer wieder stören ließ, klärte sich in einer der letzten Stunden auf. Jetzt erst berichtete der Patient, daß er sich beim Fußballspiel über seinen vier Jahre jüngeren Bruder oft »unmäßig aufrege«, wenn dieser einen Fehler mache, was ihm bei anderen Kameraden nichts ausmache. Das tiefenpsychologische Verständnis konnte dieses Problem erhellen. Der Schlüssel für seine erstaunliche Überreaktion ergab sich aus der Rolle als Ältester in der Familie. Er solidarisierte sich früher, so berichtete er, mit seiner um ein Jahr jüngeren Schwester gegen den Bruder, der von der Mutter bevorzugt wurde, wogegen er sich durch »übermäßige Leistung« die Liebe meinte erwerben zu müssen. Das Ansprechen der Rivalitätsproblematik, die er von mehreren Seiten besser verstehen lernte, genügte, um diesen Konflikt loszuwerden. Leibhaftig half ihm dabei, daß er auf dem Fußballplatz solchen Ärger durch Aufstampfen, Wegkicken oder durch »Sch ... Sch ... Sch ...-Sagen« nach »unten« ableitete, anstatt sich *auf*zuregen.

Der für den Patienten überraschende Nebenerfolg der F. E.-Therapie war seine Beobachtung, daß sein Sprechen wesentlich besser wurde. Seine Erfahrung, daß Loslassen ganz einfach und natürlich zu spüren ist und in der eigenen Mitte ankommt, ließ bei ihm das Ausatmen unbewußt fast störungsfrei werden. Sprechen aber ist Ausatmen, Hergeben, sich dabei selbst Finden – oder doch nicht falsch Verausgaben, daß kein Leistungsdruck nötig wird. Damit lernt der Patient sich und andern Zeit und Raum zu lassen. Lautes Vorlesen, verbunden mit Spüren und mutigerem Artikulieren durch vokalischeres Sprechen lernte er dazu. Auch das »sammelte« sein hastiges, getriebenes Wesen im Lässigwerden und im Nachentwickeln seiner Selbstentfaltung. Sie ist dem Patienten mit niedrigem Blutdruck und funktionellen Störungen ebenso notwendig wie dem Sprechgestörten, der lernt, durch die autonome Entfaltung des Zwerchfells seine Sprechluft zu bekommen, die ihn oben im Schlund nicht mehr einengt. Er, der Älteste, der seine Sprechstörung entwickelte, als er sich gegen zwei Geschwister behaupten mußte, lernte nun den »Mund aufzumachen«, »sich zu rühren«, seine Bedürfnisse aus der »Mitte« zu spüren, seine Aggressionen anzunehmen und abzuleiten, lernte sich selbst besser kennen. Gleichzeitig verbesserte sich das Verhältnis zu seinen Mitmenschen.

Mit diesem Fallbeispiel leiten wir über zum nächsten Unterabschnitt.

b) *Respirationstrakt.* – Vor allem muß das emotional bedingte Asthma bronchiale bei den Indikationen für die Entspannungstherapie genannt werden. Bereits 1926 empfahl R. LAUDENHEIMER 546 eine Behandlungsmethode, die hauptsächlich aus einer allgemeinen Muskelentspannung im hypnotischen Zustand besteht, in welchem ein verlangsamtes Atmen, besonders eine Verlängerung des Exspiriums, suggeriert wird. Bei dieser »psychogymnastischen« Methode ist jede aktive Anstrengung zu vermeiden. Durch die Entspannung vermag man den Krampfzustand des glatten Muskelgewebes aufzuheben bzw. zu verringern. Dieses Muskelgewebe verläuft in den Bronchien ringförmig, zunehmend in dem Maß, in dem die Knorpelringe dünner werden, und ist in den Bronchiolen als eine noch dickere Schicht ringförmig und schräg verlaufender Fasern vorhanden. Es können sogar bei Fällen, die CURSCHMANNsche Spiralen im Sputum aufweisen, noch Erfolge erzielt werden. Günstige Ergebnisse mittels Autogenem Training sind bei J. H. SCHULTZ nachzulesen (821). Über die Entstehungsweise des Asthmas und über den Einfluß der emotionalen Komponente berichtete STOKVIS an anderer Stelle (874). Die für das Asthma typische Konfliktsituation wurde von ALEXANDER und FRENCH 10 herausgearbeitet.

Fall M. L.: *Asthma bronchiale* einer 26jährigen Frau. Seit drei Jahren leidet sie unter einer hartnäckigen Form von Asthma, welches sie am Ausgehen hindert und sich jedesmal an solchen Tagen einstellt, an denen eine Leistung von ihr verlangt wird. Wenn sie einen

Anfall bekommt, ist sie sehr kurzatmig. Ihr Atem ist keuchend und pfeifend, wobei vor allem die Ausatmung einen Stridor zeigt und länger dauert als die Einatmung. Sie kommt durch ihren Mann, der Vorsitzender eines Vergnügungsvereins ist, viel in Kreise, wo geraucht und getrunken wird. Wenn sie in einer solchen Atmosphäre weilt, wird ihr sehr beklommen, und sie möchte am liebsten hinauslaufen. Die Furcht, ihren Ehemann zu erzürnen, läßt sie jedoch bleiben. Sie geht ziemlich langsam. Wenn sie ihrem schneller gehenden Mann auf der Straße nicht folgen kann und er sie ermahnt weiterzugehen, befällt sie das Gefühl, einen Anfall zu bekommen, und sie beginnt zu keuchen.

Aus der Vorgeschichte geht hervor, daß die infantil wirkende Patientin Tochter aus einer Familie mit vier Kindern (alles Mädchen) ist. Ihr Vater und ihre Mutter leben noch. Sie haben einen Süßigkeitsladen. Die Mutter war die dominierende Person in der frühkindlichen Entwicklung (mit Zeichen affektiver Verwahrlosung). In jugendlichem Alter ging sie zur Bühne. Es war für sie eine große Genugtuung, durch ihren Mann in ein besseres Milieu zu kommen, als sie es zu Hause gehabt hatte. Ihr Mann gab deutlich zu verstehen, daß er von ihrer Familie nichts wissen wolle. Bei ihrer Schwiegermutter, die bei ihnen im Hause wohnte, war sie nicht beliebt (Reaktivierung des Grundkonfliktes der Versagung). Mit ihrem Mann kommt sie gut aus. Das Geschlechtsleben ist normal. Sie haben zwei Kinder, welche die Patientin sehr liebt.

Die körperliche Untersuchung ergibt nur geringfügige Befunde. Die Patientin ist leicht anämisch, ihr Muskelsystem ist schwach entwickelt, ihre beiden Thoraxhälften dehnen sich wenig beim Einatmen aus. Bei der Perkussion kein Befund; bei der Auskultation werden hier und da diffuse trockene Rasselgeräusche angetroffen. Die Patientin macht im ganzen einen etwas kindlichen Eindruck. Sie machte wiederholt von den verschiedensten antiasthmatischen Mitteln Gebrauch, die zeitweise Erleichterung brachten, aber von denen sie in letzter Zeit einen immer häufigeren Gebrauch machen mußte. Weder eine hygienisch-diätetische Lebensweise noch »die Adrenalinpumpe«, die sie in der letzten Woche jede Nacht benutzte, konnten ihr genügend helfen.

Aus dem Gespräch geht hervor, daß sie die Anwesenheit der Schwiegermutter im Haus sehr belastet. Es gibt fortwährend Reibungen. »Wenn die Frau so dasitzt und mich wegen meiner Herkunft reizt, ringe ich nach Atem.« Die Schwiegermutter spielt eine Art Aschenbrödelrolle. Sie zieht sich grollend in die Küche zurück, sobald ihr Sohn nach Hause kommt, überschüttet diesen mit Vorwürfen, daß er seine Frau vorzieht. Auf die Dauer entstand bei der Patientin ein Gefühl von Haß.

Wegen der weiten Entfernung ihres Wohnortes begnügt sich der Arzt damit, ihr die Bedeutung der Organsprache mit Bezug auf die Entstehung ihrer asthmatischen Erscheinungen (Spasmus der feinsten Bronchioli) zu erklären. Die Patientin zeigt ein gutes Verständnis. Obwohl erwartet werden darf, daß die Beschwerden abnehmen, wird außerdem eine Entspannungstherapie angeordnet. Sie muß ihre Aufmerksamkeit auf die Muskeln der Brust richten und sich vorstellen, daß nicht nur die Muskeln, die den Brustkasten als Ganzes hochziehen, »loser« werden, sondern auch die Muskeln innen in der Brust, d. h. die Muskelchen, die die Verzweigungen der Bronchien umspinnen. »Dadurch werden die Atemröhrchen zu Röhren, welche die Luft von draußen frei in die Lungen hereinströmen lassen. Mit der Luft strömt der Sauerstoff bis in die äußersten Enden der Lunge. Dadurch werde ich mich stärker und gesund fühlen ...« usw. Sie spürt tatsächlich Erleichterungen nach jeder Übung. Sie ist danach jedoch ermüdet. Schnell verschwinden ihre Beschwerden. Nach einigen Wochen wagt die Patientin sich wieder mit ihrem Mann in die rauchige Atmosphäre des Nachtklubs.

Die Patientin zog kurze Zeit später in einen entfernteren Ort um und stellte die Besuche beim Arzt ein. Nach ungefähr zehn Monaten wiederholten sich die alten Beschwerden, die trotz ihrer Übungen bestehen blieben. Aufs neue wurde nach einer psychischen Ursache gesucht. – Das Verhältnis zu ihrem Mann ist noch immer sehr gut; er ist jetzt, da ihre Schwiegermutter gestorben ist, »noch netter« zu ihr.

Auf Wunsch teilte sie ihre Träume mit; sie träumte in den beiden letzten Wochen wiederholt von ihrer inzwischen verstorbenen Schwiegermutter. Ihr Tod war eine wahre Erleichterung. In ihren Träumen erschien die alte Frau, die sich über sie stürzte, sie an der Brust packte und diese zusammenkniff. Schweißgebadet wurde sie dann wach mit einem heftigen Anfall. (Schuldgefühle wegen der in Erfüllung gegangenen Todeswünsche; Gewissensangst!) Ein anderes Mal träumte sie, daß die Verstorbene mit den Fäusten gegen den Sarg hämmerte und ein heulendes oder, richtiger gesagt, ein bellendes Geräusch hervorbrachte. In diesem Augenblick der Katharsis unterbrach die Patientin ihre Mitteilungen, die von starken affektiven Äußerungen begleitet waren, aber im übrigen mehr oder weniger in eintöniger Weise vorgebracht wurden. Sie rief aus: «Ja, es war das Bellen von Herta, unserem neuen Hund, den wir gerade bekommen haben.« Die erneuten Anfälle waren offenbar zugleich mit dem Kommen des Hundes entstanden, der zufälligerweise auf denselben Namen hörte wie die verstorbene Schwiegermutter. Vergebens hatte man versucht, ihn anders zu nennen. Hartnäckig reagierte er ausschließlich auf diesen Namen. Die Patientin hatte eine heftige Antipathie gegen das Tier ergriffen, das sich gerade zu ihr hingezogen fühlte und, wenn sie im Bett lag, seine Pfoten auf ihre Brust legte.

Die (Hypno-)Katharsis wurde durch das Erlernen des Autogenen Trainings unterstützt. Auffallend waren die Veränderungen, die sich bei der Patientin einstellten. Bevor mit den Entspannungsübungen begonnen wurde, waren über die ganze Brust verbreitet trockene, pfeifende Rhonchi wahrzunehmen, begleitet von einem exspiratorischen Stridor. Zudem holte die Patientin hörbar pfeifend Atem. Während der Entspannungsübung wurden die Rhonchi geringer, nach der Übung waren sie nahezu verschwunden. Das pfeifende Geräusch beim Atmen war für die Patientin selbst kaum wahrnehmbar. Während die Bewegungen der Brust bei der Atmung vor der Übung gering waren, ist die Patientin imstande, während der Übungen und danach ihre Brust weit auszudehnen. Durch Sanierung des Milieus (Abschaffung des Hundes) und durch regelmäßige Anwendung der Entspannungsübungen konnte ferneren Anfällen vorgebeugt werden. – Während zweijähriger Kontrolle wiederholten sie sich nicht.

c) *Tractus digestivus.* – Patienten mit Störungen in der Funktion des Magen-Darm-Apparats kommen ebenfalls für diese Behandlung in Betracht, z. B. Anorexie, Erbrechen, chronische Obstipation, Diarrhöe, Tenesmi ad anum et ad alvum, Encopresis nocturna et diurna. Es folge das Beispiel einer Colitis (Klotz).

Die 37jährige Hausfrau B. Z. wurde mit der Diagnose einer chronischen Colitis ulcerosa zur ambulanten Behandlung mit »Funktioneller Entspannung« (FUCHS) überwiesen. Sie klagte über starke Bauchschmerzen, Schmerzen unter dem rechten Rippenbogen, wo sie oft Stiche verspürte, und zunehmend stärker werdende Kopfschmerzen. Bei der internistischen Untersuchung (Leber, Galle usw.) ergab sich kein pathologischer Befund.

Die ersten Behandlungsstunden verliefen außergewöhnlich zähflüssig. Die Patientin versuchte zwar bereitwillig mitzuarbeiten, besaß aber überhaupt kein Körpergefühl. Sie war unfähig, Veränderungen nach einzelnen kleinen Bewegungen (Wärmerwerden oder Entspannung eines Armes, Beines oder Gelenks) zu empfinden, obwohl sie Gymnastik betrieb, außerdem sportlich und attraktiv wirkte.

In der 4. Sitzung äußerte sie spontan: »Ich weiß jetzt, was Sie meinen und wollen mit dem Loslassen, aber ich kann es nicht.« In der 6. Sitzung wurde sie von Schwindelgefühlen befallen. Sie bekam eine panische Angst vor einem Kreislaufkollaps. Außerdem empfand sie einen »starken Druck in der Magengegend«. Sie berichtete, daß sie sich in letzter Zeit kaum mehr aus dem Haus wagte, nicht einmal zum Einkaufen. Die Omnibusfahrt zur Therapiestunde sei immer mit Unwohlsein und Übelkeit verbunden. Aber in dieser Stunde gelang erstmals eine Lockerung im Oberen-Kreuz-Bereich und am Brustkorb. Die Übelkeit war schlagartig behoben. Anschließend äußerte die Patientin jedoch: »Es ist am besten, wenn ich nichts von mir und meinem Körper spüre.«

In der 8. Sitzung gab Frau Z. spontan zu, daß sie in den letzten Tagen wesentlich weniger unter Übelkeit leide, aber noch vor jedem Behandlungstermin Angst bekomme. Sie sei immer sehr verkrampft und aufgeregt, wenn eine Anforderung an sie herantrete, gleich ob sie zum Friseur, ins Theater oder zur Therapiestunde fahre.

Die Behandlung dauerte viele Wochen, bis die Patientin erstmals äußerte, das Spüren einzelner Körperteile (in dieser Stunde Unteres Kreuz und Hüftgelenke) sei ihr nicht mehr unangenehm. Nach geduldigem Weiterarbeiten breitete sich dieses Empfinden über den ganzen Körper aus. Das Wärmegefühl und »Weiter- bzw. Größerwerden« gelang an allen Gliedmaßen. Übelkeit und Bauchschmerzen waren längst verschwunden, die Busfahrten wurden gut vertragen. Selbst mit der Straßenbahn, die sie lange Zeit gemieden hatte, fuhr sie störungsfrei zum Einkaufen.

Nach sieben Monaten, in denen 20 Sitzungen durchgeführt wurden, traten bei der Patientin Probleme mit ihrem Sohn auf. Sie mußte mit ihm zweimal wöchentlich eine weite Strecke mit mehrfachem Umsteigen zur Kindertherapie zurücklegen. Nach anfänglichen Ängsten überstand sie auch das störungsfrei. Diese und weitere Belastungen führten zu keinem Rückfall in die Colitis und die phobischen Ängste (siehe die volkstümliche Verbindung beider im Begriff »Schiß«). In der 22. Sitzung gelang die Entspannung zunächst nicht, da die Patientin im Mundinnenraum völlig verspannt war und sie diesen nicht zu lösen vermochte. Dann brach es plötzlich aus ihr heraus, daß ihr Mann sie kurz nach der Heirat verlassen habe und wieder zurück zu seinen Eltern gegangen sei. Sie traute sich jedoch nichts dagegen zu sagen und schluckte Ärger und Ängste in sich hinein. Das sei noch heute nicht viel anders. Ihr Schwiegervater war ausgerechnet Gefängniswärter. In diesem Milieu wuchs ihr Mann heran und legte sich selbst einen »Gefängniston« zu. Wenn er einmal zu ihnen komme, werde ihr 10jähriger Sohn regelmäßig frech und zöge so die

Aufmerksamkeit des Vaters auf sich. Immerhin hatte sich der Ehemann zu einem ehrgeizigen und angesehenen Politiker heraufgearbeitet. Aber er verfolgte seine eigenen Ziele und brachte für die seelischen Belange seiner Frau weder Verständnis noch Gefühl auf.

Als das alles aus der Patientin herausgebrochen war und die Entspannungen weiterhin störungsfrei durchgeführt werden konnten, fühlte sie sich sehr wohl. An einen Kreislaufkollaps dachte sie nicht mehr. Beglückt berichtete sie von einem Urlaub in Österreich, wo sie an einem Treffen mit vielen Bekannten teilnahm. Früher hätte sie vor so einem Treffen Angst und Panik ergriffen. Diesmal hätte sie »nicht einmal im Traum« an ihre alten Reaktionsweisen gedacht.

Hatte sie früher ständig Tranxilium eingenommen, berichtete jetzt Frau Z., daß sie das – selbst bei schwierigen Einkaufsfahrten – nicht mehr brauche, außerdem hätte sie erstmals bei einem Disput mit ihrem Mann nicht mehr nur geduldig zugehört und den Mund gehalten bzw. »alles heruntergeschluckt«. Sie vertrat ihren Standpunkt und widesprach ihm in einigen Punkten. Erst Tage später sei ihr die Bedeutung ihrer Wandlung richtig bewußt geworden. Sie bekam Schuldgefühle, und ihr wurde »kribbelig«, so vibrierte sie innerlich. Sie konnte ihre Reaktionen jedoch in den Sitzungen berichten und zusammen mit der Entspannung diese Situation ohne weitere seelische und körperliche Sensationen meistern. Ihr half dabei wesentlich, daß gerade in diesen Stunden (im Sitzen) das »haltgebende Gerüst« (Symbolik der Wirbelsäule, s. o.) und die »leibliche Mitte« erarbeitet wurden. Sie spürte gut mit und wurde ermutigt, sich auch daheim und draußen des »inneren Haltes« zu »er-innern«. So erreichte sie trotz der erheblichen Anfangsschwierigkeiten eine Gelassenheit, die sie befähigte, die Auseinandersetzungen und die belastenden Anforderungen seitens der Familie auf sich zu nehmen und zu (er-)tragen.

d) *Uropoetischer Traktus.* – Patienten mit Enuresis nocturna et diurna, Polyurie, Dysurie und Strangurie reagieren auf diese Therapie in Ausnahmefällen günstig. Es folgt die Beschreibung eines Falles, der gut auf die Behandlung ansprach.

Fall O. N.: *Enuresis nocturna* bei einem 21jährigen leicht debilen Dienstmädchen. Sie teilt mit, daß sie stets unter Bettnässen gelitten habe; sie ist selten eine Woche frei davon. Auch tagsüber muß sie oft urinieren. Die Erscheinung tritt, wenn sie aufgeregt ist, in einer Frequenz von zwei- bis dreimal wöchentlich auf.

Die Eltern waren sehr arm, die Verhältnisse in der Familie nicht gut. Die Eltern waren »arg nervös« und verstanden sich schlecht miteinander; es gab oft Streitereien. Das konnte die Patientin nicht aushalten. Sie liebt Frieden. Die Patientin kann nie stillsitzen, muß stets mit irgend etwas spielen. Sie hat immer Hunger, vor allem, wenn sie allein ist. Manchmal kauft sie Bananen (!). Sie findet das selbst ein wenig eigenartig.

Die Patientin ist kein Brustkind gewesen. Sie ist die Letztgeborene eines Zwillingspaares und wurde als Allerjüngste von ihrem Vater sehr verwöhnt. Als Kind war sie naschlustig, aber oft ängstlich und schreckhaft. Sie weiß sich noch zu erinnern, daß sie im Klosett nicht urinieren konnte; sowie sie aber zu Vater oder Mutter hineinkam, bekam sie starken Urindrang. Eine andere Schwester hat bis zu ihrem zwölften Jahr dieselbe Erscheinung gezeigt. Sie ist das sechste und jüngste Kind aus der zweiten Ehe ihres Vaters. Der Vater ist vor acht Jahren, die Mutter vor drei Jahren gestorben, beide an Herzlähmung.

Bei internistischen und neurologischen Untersuchungen werden keine Besonderheiten gefunden. Mit Rücksicht auf ihren entfernten Wohnort und auf ihre geringe introspektive Fähigkeit wird einmal wöchentlich eine Aktiv-Relaxation durchgeführt, wobei ihr die Suggestion gegeben wird, auch nachts seien »alle ihre Muskeln vollkommen entspannt, so daß sich jede Muskelspannung, die als Folge der Füllung der Blase entsteht, als lästig und schmerzhaft fühlbar machen wird«. Die Patientin würde also aufwachen und nach dem Klosett gehen. Diese Suggestion wurde einige Male wiederholt. Die Patientin bekam den Auftrag, diese Übung täglich zu derselben Stunde zehn Minuten lang zu wiederholen. – Es folgt die Beschreibung der Patientin selbst:

»Wenn ich die Muskeln des ganzen Körpers entspannt habe, kommen zum Schluß die Bauchmuskeln, die wichtigsten für mich. Die rechte Hand auf den Bauch legen, vor allem darauf die Aufmerksamkeit richten. Ich sage dann: Wenn Spannung in der Blase auftritt, werde ich dies als schmerzhaft und unangenehm fühlen, so daß ich wach werde, das Bett verlasse und auf das Klosett gehe. So werde ich jede Nacht vollkommen trocken bleiben.«

Nach einer Woche kommt die Patientin freudig zurück. Sie war die ganze Woche trocken. Einen Monat später teilt sie mit, daß sie zweimal naß gewesen ist. Dann ist sie wochenlang trocken geblieben. Sie wird gegen Morgen wach und uriniert. Sehr selten war sie wieder einmal naß. Schließlich berichtet sie, daß sie seit ihrem letzten Besuch nachts nicht mehr hat Wasser lassen brauchen: »Ich gehe jeden Abend um 10.00 Uhr zu Bett, so daß ich morgens um 6.00 Uhr regelmäßig meine Übungen machen kann. Ich merke wohl, daß ich viel ruhiger werde; ich schlafe ausgezeichnet.« Ein halbes Jahr später schreibt sie, daß sie vollkommen trocken geblieben sei. Zwei Jahre danach wird bei der Patientin schriftlich angefragt, wie es ihr gehe. Ihr Bericht lautet: »Hierdurch kann ich Ihnen mit Vergnügen mitteilen, daß ich von meinem Übel so gut wie geheilt bin. Seit vorigem Jahr habe ich höchstens fünfmal Beschwerden gehabt. Die Übungen mache ich nicht mehr.«

e) *Sexus.* – Bei manchen Patienten mit Impotenz und bei solchen mit masturbatorischen Erscheinungen sind gute Resultate mit dieser Therapie zu erzielen. Auch Zyklusstörungen sind beeinflußbar (vgl. PRILL 724/26).

Fall R. P.: *Impotentia coeundi* bei einem 50jährigen Mann mit erhöhtem Blutdruck. Er befindet sich in einem depressiven Zustand und äußert viele hypochondrische Klagen. Die körperliche Untersuchung ergibt außer einer leichten Hypertonie von 180/100 keine Abweichungen. Unter dem Einfluß einer Regelung der Diät, der Verabreichung der gebräuchlichen Medikamente und einer suggestiv ermutigenden Therapie fühlt der Patient sich allmählich besser. Die subjektiven Erscheinungen verringern sich, obwohl eine objektive Untersuchung zeigt, daß die Tension allmählich bis auf 200/115 steigt. – Drei Jahre später erscheint er aufs neue beim Nervenarzt. Wie er jetzt mitteilt, gefällt ihm das Leben allein nicht mehr. Vor acht Jahren war nämlich seine Frau gestorben. Er zog in eine Pension. Jetzt will er wieder in eine Ehe treten. Schon während seiner Verlobung mit der 50jährigen Frau hatte er, wie sich ergab, Schwierigkeiten bei der Erektion. Dazu kam, daß »Frauen für ihn jede Anziehungskraft auf das Gemüt verloren« hätten. Früher sei das ganz anders gewesen.

Der psychische Zustand des Patienten ist sehr gebessert; er sieht der Zukunft mit Vertrauen entgegen. Er ist auch fest davon überzeugt, daß der Nervenarzt ihn befriedigend behandeln wird. Bei diesem Patienten wird die Aktiv-Relaxation angewandt. Während seiner Übungen muß er sich vor Augen halten, daß er durch die Vorstellung seiner Frau geschlechtlich gereizt wird, wobei ihm die Sensationen auf plastische Weise geschildert werden. Diese Vorstellungen muß er während seiner Übungen wiederholen. Der Patient, der einmal in vierzehn Tagen den Arzt besucht, kommt zufrieden zurück. Er hat sich in den (Auto-)Suggestionen die Sensationen auszumalen, die er bei der Erektion erfahren muß, und auch diese Suggestion wird verwirklicht, wenn sich die Gelegenheit dazu bietet. Da der Patient in drei Wochen in die Ehe treten will, wird mit dem Versuch eines Verkehrs bis nach diesem Zeitpunkt gewartet. Der erste Versuch führt zwar nicht zu einem Fiasko, aber ebensowenig zu einem vollen Erfolg. Die libido sexualis ist befriedigend, die Erektion gut, aber die Ejakulation mit dem sie begleitenden Gefühl der Befriedigung bleibt aus. Aufs neue werden Suggestionen in die Übungen eingefügt, wobei auf realistische Weise Empfindungen während der Ejakulation geschildert werden, jedoch ohne Erfolg. Nun wird eine suggestive medikamentöse Therapie eingeschaltet, auf die er ebenfalls reagiert, und zwar empfindet er eine Zunahme der Libido mit gleichzeitiger Verstärkung der Erektion. Die Behandlung wird fortgesetzt mit einer Frequenz von einer Sitzung in vierzehn Tagen. Zwei Monate später teilt der Patient mit, daß er zum ersten Mal den Koitus ausgeübt hat, aber er fühle sich nicht befriedigt. Eine Woche später berichtet er, daß es zum ersten Mal zu einer Ejakulation gekommen sei, aber zu schnell. Wieder zwei Wochen später meldet er, nach dem Koitus Befriedigung gehabt zu haben. Seitdem ist dies, abgesehen von einigen Rückfällen, so geblieben. Elf Monate später schreibt er, daß er jetzt normale Geschlechtsbeziehungen unterhalte. Libido und Erektion sind in Ordnung. Er kommt jedoch nicht immer zur Befriedigung.

Fall T. Z.: *Ejaculatio praecox* bei einem 45jährigen Prokuristen einer landwirtschaftlichen Genossenschaft. Es handelt sich um einen kleingebauten typischen Pykniker, psychisch weich und deutlich retardiert bzw. infantil. Seit 20 Jahren ist er mit einer fast gleichaltrigen Frau verheiratet, die sich immer sehnlichst Kinder wünschte. Aber durch zwei Jahrzehnte hindurch ist nie ein normaler sexueller Verkehr zustande gekommen. Bevor die Einführung des Gliedes gelingt, kommt es regelmäßig zum Samenerguß und zur Erschlaffung des Gliedes. Der Patient hat vieles unternommen, das Leiden abzustellen. Er war bei vielen Ärzten, die zum größten Teil medikamentös und mit Hormongaben vorgingen, und in Kliniken, die außer einer leichten Hypotonie nie einen krankhaften Befund feststellten. Mit vielen äußeren und finanziellen Mühen stand er 1½ Jahre in einer psychoanalytischen Behandlung, die von seiten des Psychoanalytikers ohne Erfolg abgebrochen wurde. Aus Bemerkungen des Patienten war zu schließen, daß dieser wohl an eine Veränderung der infantilen Fixierungen nicht glaubte. Bewußt wurde dem Patienten seine große Mutterbindung.

Aus der Vorgeschichte des Patienten ist bemerkenswert, daß er als verwöhntes jüngstes Kind aufwuchs. In der Schule und auch später im Beruf ragte er mit fast zwanghafter Genauigkeit in allen Leistungsbereichen hervor. Er war kirchlich fromm erzogen und hielt immer – trotz gewisser Infragestellungen durch die Psychoanalyse – an Kirche und Glauben fest. Seine ersten sexuellen Versuche fallen in die späte Pubertätszeit. Mit etwa 18 Jahren wurde er von Freunden verführt, in ein Bordell mitzugehen, wo er sich glatt als impotent erwies. Ein starkes Ekelgefühl wuchs, das ihn ständig an die bis zu dieser Zeit jahrelang hindurch unter Skrupeln geübte Onanie gemahnte. Ein Stachel blieb, und etwa zwei Jahre später versuchte er zwei- oder dreimal bei einem etwa gleichaltrigen Mädchen, das ihn sexuell sehr reizte, erneut zu einem normalen Koitus zu gelangen. Hierbei traten die Symptome der Ejaculatio praecox deutlich in Erscheinung. Das Mädchen verlachte ihn und war nicht mehr gewillt, weitere Versuche seinerseits hinzunehmen. Als sich etwa drei Jahre später, die er mit Onanie überstand, ähnliche Szenen wiederholten, suchte er zum erstenmal einen Arzt auf. Dieser gab ihm Hormone und versicherte ihm, daß sich sein Symptom geben würde, falls er sich entschließen könnte zu heiraten. Seine Frau kannte er damals schon. Er heiratete sie etwa zwei Jahre später, ohne vorher mit ihr sexuellen Kontakt aufgenommen zu haben. Von der Hochzeitsnacht an war die Ejaculatio praecox vorhanden und blieb bestehen. Zu einem sexuellen Verhältnis neben der Ehe, zu dem ihm einmal ein Arzt geraten habe, konnte er sich nicht entschließen.

Bei dem Patienten, der, um zur Behandlung zu gelangen, jedesmal mehr als 100 km auf engen Landstraßen mit dem Auto zurücklegen mußte und der deutlich zwischen Mißtrauen und Bindungsbedürfnissen dem Arzt gegenüber schwankte, wurden zunächst nach dem Muster der Mutterhypnosen heterosuggestive Versuche unternommen. Er war leicht zu hypnotisieren, und die posthypnotischen Befehle langten gerade aus, ihn nach 20jähriger Ehe das erste Mal erleben zu lassen, daß er doch in einen normalen sexuellen Kontakt mit seiner Frau treten könnte, auch wenn es noch zum deutlich vorzeitigen Samenerguß kam. Diese Erfahrungen ermutigten uns zum Vorgehen über das Autogene Training, das er in vier Monaten exakt und fast pedantisch erlernte. Nun wurden die Formeln und möglichst plastischen bildlichen Vorstellungen der Erektion und der Einführung des »steinharten« Gliedes eingeübt. Der Patient berichtete wiederum von Teilerfolgen. Seine starke Abhängigkeit wurde deutlich bei der Schilderung, daß ihm die Stimme des Therapeuten bei dem Beginn des abendlichen Koitus immer gegenwärtig war.

Diese Schilderung veranlaßte ein kombiniertes Verfahren, einmal über die bildhaften Vorstellungen im Autogenen Training, zum anderen über posthypnotische Suggestionen nach Sitzungen beim Therapeuten vorzugehen. Die ersten Male und über längere Zeit erlebte nun der Patient, was ein normaler Koitus mit voller Befriedigung für beide Partner ist. – Leider hielt der Erfolg nicht lange an. Als durch Wegzug des Therapeuten bei ihm keine regelmäßigen Sitzungen mehr stattfanden und der Patient allein auf sich und das Autogene Training angewiesen war, trat allmählich die Ejaculatio praecox bzw. allmählich eine Impotenz wieder hervor. In einem Brief zwei Jahre später berichtete der Patient traurig davon und meinte, ohne den Arzt im Rücken nicht mehr intensiv üben und an den Erfolg glauben zu können. Wie bei manchem vorgenannten Patienten blieb an der infantil fixierten Charakterstruktur Entscheidendes nicht zu verändern. Derartige Patienten müßten praktisch lebenslang vom Arzt gestützt und in der Durchführung der Methode kontrolliert werden. Zusätzlich ist zu bemerken, daß bei diesem Patienten im Sinne von J. H. Schultz das Symptom offensichtlich durch mehr als zwei Jahrzehnte »eingeschliffen« und deshalb besonders schwer vollends zu beseitigen war.

δ) *Süchte*

In Fällen von Nikotinabusus darf man sich nicht zu große Hoffnungen machen. Dasselbe gilt für den Alkoholismus. Auf die formelhafte Vorsatzbildung »Zigarette« oder »Alkohol ganz gleichgültig« im Autogenen Training wurde hingewiesen, ebenso auf die Möglichkeit, Drogenabhängige über »meditative Musik« in einen gesunden »Rauschzustand« zu versetzen (s. o.).

Es folge der Behandlungsverlauf eines 53jährigen Fabrikanten, B. W., seit seiner Jugend schwerer Alkoholiker. Dieser Mann, früher ein bekannter Boxer, trinkt, seit er nicht mehr im Ring erscheint, nach eigenen Angaben täglich drei bis fünf Schnäpse; bei festlichen Gelegenheiten (mindestens einmal pro Woche) trinkt er zwanzig bis dreißig Gläschen. Selbst in Kriegszeiten konnte er sich diese Gewohnheit erlauben. Sein Äußeres ist das des chronischen Trinkers. Er ist dick, sein Gesicht ist gedunsen, seine Augen zeigen einen etwas trüben Blick, seine Nasenspitze ist rötlich, und auf seinen Wangen sieht man das zyanotische Erröten des Trinkkumpans. Er ist allmählich zu Hause unerträglich geworden, äußerst reizbar und explosiv, bringt durch sein unvernünftiges Benehmen seine Mitbewohner zur Verzweiflung. Die Ehefrau ist eine eifrige »Couéistin«. Sie sucht nachts, wenn er seinen Rausch ausschläft, ihren Ehemann zu beeinflussen, indem sie ihm unter Ausführung geheimnisvoller Streichbewegungen (»Abnehmen der bösen Einflüsse«) mit hurtiger Zunge einflüstert: »Es geht vorbei, es geht vorbei« oder »du sollst von dem Schnaps einen ekligen Geschmack bekommen«. Wie sie mitteilt, schlägt er dann wohl die Augen auf und sagt: »Das möchtest du wohl gerne, alte Hexe.« Infolge zunehmender Zirkulationsstörungen begibt sich dieser Mann schließlich in Behandlung mit dem Ersuchen, eine Entwöhnungskur vorzunehmen. Bei diesem triebhaften, egozentrischen und narzißtischen Patienten ist eine Therapie angebracht, bei der er selbst aktiv am Gelingen mitwirken muß nach dem autogenen Motto »Alkohol völlig gleichgültig«. (Er lehnte es übrigens ab, sich einem anderen als einem rein psychischen Eingriff zu unterwerfen!) Der Patient verspricht mitzuwirken. Sein Versprechen wird angenommen, wobei der Arzt seine Skepsis verschweigt. Es kommt eine gute Übertragungssituation zustande; der Patient behauptet, »stärker« zu werden, sich besser konzentrieren zu können, am Herzen keine Beschwerden mehr zu spüren und ... den Schnaps stehen lassen zu können. Er tut dies jedoch nicht. Seine Ehefrau teilt zynisch mit, daß ihr Mann *nicht mehr* trinkt, aber ... auch nicht weniger! Hier blieb die autosuggestive Übungstherapie also völlig ohne Erfolg.

3. Somatische bzw. Organ-Krankheiten

Oft muß festgestellt werden, daß bei den sogenannten Organ-Krankheiten, gleich ob diese somatisch oder psychisch bedingt gedacht werden, die organische Veränderung Beschwerden und geklagte Funktionsstörungen nicht hinreichend erklären. Die »funktionelle Störung« kann also bei einem Organleiden mehr umfassen bzw. länger dauern als die somatische Veränderung. Bei solchen körperlichen Störungen, die nicht selten ihre Entstehung einem krankhaften Interesse für das gestörte Organ oder falschen autosuggestiven Vorstellungen verdanken, soll man – falls Aufdeckung kontraindiziert ist – versuchen, (Auto-)Suggestionen im entgegengesetzten Sinn einzusetzen, welche die seelisch bedingten Faktoren des Krankheitsbildes (»Überlagerung«) unwirksam machen. Auf die gleiche Weise ist bei Organkrankheiten von Neurotikern vorzugehen. Die Notwendigkeit der Anwendung psychotherapeutischer Methoden bei somatischen Leiden wird immer mehr eingesehen. Dies soll selbstverständlich nicht besagen, organische Veränderungen könnten durch autosuggestive Therapie ungeschehen gemacht werden. Indem jedoch auf diesem Wege die psychisch bedingten Faktoren zu reduzieren und auszuschalten sind, ändern sich auch die somatischen Äußerungen des Krankheitsprozesses. Der Kranke kann sogar in die Lage versetzt werden, die Wirkung eines Schmerzreizes zu negieren.

So lernte eine 58jährige Witwe, seit mehreren Jahren an Kopfschmerz und Ohrensausen leidend, die ihre Tätigkeit als Lotterieeinnehmerin ernstlich behindern, durch autosuggestive Übungen ihre Beschwerden zu vernachlässigen, die sich bei internistischer und neurologischer Untersuchung auf eine Arteriosklerose zurückführen ließen. Sie empfindet ihre Schmerzen und Sensationen im Ohr wohl (passiv), nimmt sie jedoch nicht mehr als lästig wahr (aktiv). – Ein anderes Beispiel (»relaxation therapy in diabetes«) geben Weiss und English 970 in ihrem Standardwerk über psychosomatische Medizin. In diesem Zusammenhang sei auch hingewiesen auf Immanuel Kants Schrift 446 »Von der Macht des Gemüths, den Menschen über seine krankhaften Gefühle durch den bloßen festen Vorsatz Meister zu sein«. »Ich bin gewiß« schreibt Kant (S. 609), »daß viele gichtische Zufälle ... ja Krämpfe und selbst epileptische Zufälle ... auch wohl das für unheilbar verschriene Podagra ... (durch ... seine Aufmerksamkeit von einem solchen Leiden abzuwenden), abgehalten und nach und nach gar behoben werden.« (Das »non dolet« – irrtümlicherweise öfters den Stoikern zugeschrieben[1] – bezweckt, die Wahrnehmung von Schmerz auszuschalten.) Daß bei vielen Epileptikern mit Hilfe des Autogenen Trainings die Intervalle zwischen den Anfällen verlängert werden können, wurde neben J. H. Schultz von Binder 63, Reuter 746 und Wiesenhütter 1001, 1003 beschrieben.

4. Als differentialdiagnostisches Hilfsmittel

P.-E.Lévy (l. c., S. 148) nennt die Autosuggestion ein diagnostisches Hilfsmittel, um psychisch bedingte von somatisch bedingten Leiden zu unterscheiden. Ein derartiger Gebrauch der Entspannungsübungen läuft auf einen nicht ungefährlichen Mißbrauch hinaus, nämlich den einer Mißachtung körperlicher Faktoren in der Ätiologie und des Versäumnisses, den richtigen Moment für eine spezielle Behand-

[1] Das non dolet hat wahrscheinlich nichts mit der Stoa zu tun, ebensowenig mit ihrem αδιαψορον, sogar nichts mit Philosophie. Im Jahre 42 war in Rom eine Verschwörung gegen Kaiser Claudius (41–54). Ein gewisser Caecira Paetus wurde zum Tode verurteilt. Seine Frau Aria durchbohrte sich mit einem Dolch, zog diesen aus der Wunde und überreichte ihn ihrem Manne mit den Worten: »Paete, non dolet.« (Plinius der Jüngere, Briefe 3: 16, 6 Martialis 1, 14; Cassius Dio 60, 15–17.)

lung zu treffen. Auch Patienten mit somatogenen Leiden können – wie gesagt – infolge ihrer neurotischen Überlagerung zeitweise gut auf die autosuggestiven Übungen reagieren. Umgekehrt sind oft Patienten mit »rein« psychisch bedingten Krankheiten überhaupt nicht zugänglich.

Wir stoßen hier wieder auf das Problem einer Überschätzung der autosuggestiven und entspannenden Therapie. Diese ist – wie in der Einführung bemerkt – in der ärztlichen Wissenschaft zeitweilig in Mißkredit geraten, nicht nur weil sie von Laien propagiert wurde, sondern zugleich weil diese Laienhelfer ihre Methode als Panazee anpriesen. So lesen wir bei Coué, daß seine Therapie mit Erfolg angewandt werden kann bei »Schmerzen irgendwo im Körper«, bei »psychomotorischen Störungen der Sinnesorgane« (?) oder des »Bewegungsapparates«, bei der Basedowschen Krankheit und bei multipler Sklerose – welches Verfahren hilft hiergegen zeitweise nicht? – Ataxie, Störungen der Gebärmutter, wie Entzündung (!) usw. (s. z. B.: Je dis, S. 18, 19, 21 ff., 25, 27, 29, 32 ff., 79 ff.). Coué indiziert seine Methode also ohne jede Beschränkung.

Auch die Anhänger von Coué haben die Indikationsbreite viel zu weit getrieben. Baudouin betrachtete die Art, in welcher der Patient mit dem Chevreuilschen Pendel manövrierte, als Kriterium für seine, des Patienten, Eignung zu einer autosuggestiven Behandlung. Dies erklärt vielleicht auch, wie er zu dem unwahrscheinlich hohen Prozentsatz (99%) der Fälle gekommen ist, in dem diese Methode indiziert sei. So rät er, seine Methode bei Nasenbluten anzuwenden. Stockt das Blut unter gewöhnlichen Umständen in einer Viertelstunde, soll das durch ständige Anwendung der Autosuggestion in zwei bis drei Minuten geschehen ... Auch bei Erkältung sei Autosuggestion ein vortreffliches Heilmittel: Die Dauer wird auf die Hälfte verkürzt, und allmählich hat man überhaupt keine Beschwerden mehr! Pickel, Warzen, Krampfadern und Ekzeme werden gleichfalls nach ihm mit dieser Methode zum Verschwinden gebracht. Der günstige Einfluß von Hypnotherapie bei Patienten mit Warzen und einigen sogenannten psychosomatischen Hautkrankheiten ist bekannt, aber man darf solche Erfolge nicht generalisieren.

Die meisten Psychotherapeuten neigen gegenwärtig zu der Meinung, daß man nur in denjenigen Fällen (exkludierend) eine autosuggestive Therapie anwenden darf, die für andere Formen von Behandlung refraktär blieben. Die Vertreter der Neuen Nancyer Schule haben diese Lehre gerade umgedreht. So äußerte z. B. Baudouin (l. c. S. 259) einst, daß man, wenn das psychische Leiden nicht mit Hilfe einer autosuggestiven Methode behandelt werden kann, zu der Psychoanalyse seine Zuflucht nehmen soll!

5. Per exclusionem

Es ist unerwünscht, eine Methode allgemein per exclusionem anzuwenden. Nur unter bestimmten Voraussetzungen darf man sich bei der autosuggestiven Therapie hierüber hinwegsetzen, nämlich dann, wenn in der Tat äußere oder innere Gründe die Anwendung anderer Methoden nicht gestatten.

Das Beispiel solch eines äußeren Grundes ist die thérapie d'urgence. Wenn die Therapie innerhalb kurzer Zeit durchgeführt sein muß, z. B. bei neurotischen Störungen vor einem Examen, bei Bewerbungen, Zeugenverhören, Auftreten in der Öffentlichkeit, ist schnelle, wenn auch vielleicht nur vorübergehend erfolgreiche, Hilfe nötig. Innere Gründe sind die, welche die Anwendung der »großen« Therapien verhindern, z. B. wenn die analytische Behandlung den Patienten zu sehr angreifen würde oder wenn er in intellektueller oder ethischer Hinsicht nicht reif genug ist.

Auch in den Fällen, in denen Hypnotherapie nicht indiziert ist, kann man zur autosuggestiven Arbeitsweise greifen, z. B. wenn der Patient ängstlich ist, wenn er, sei es bei sich selbst, sei es bei anderen, durch verkehrte Anwendung der Hypnose schlechte Erfahrungen gemacht hat, wenn er religiöse Bedenken äußert oder auch, wenn man es mit einem dieser äußerlich anziehenden, hysterischen, mitunter leicht debilen jungen Mädchen von asthenischem Habitus zu tun hat, die den Arzt in Mißkredit bringen können. Bei »narzißtischen« Persönlichkeiten ist generell ein autosuggestives Vorgehen zu empfehlen.

6. Als Hilfsmittel in der Erziehung

Vor allem von Laienseite ist die Bedeutung der Autosuggestion sowie auch der Suggestion und der Hypnose für die Erziehung wiederholt zur Diskussion gestellt worden. Es wurde bereits darauf hingewiesen, daß die absichtliche Anwendung von Autosuggestion und Hypnose in der Erziehung Ablehnung verdient und daß im allgemeinen bei Kindern auch in der Psychotherapie eine Anwendung (auto-) suggestiver Methoden vermieden werden sollte.

Den autosuggestiven Entspannungsmethoden kommt also ein ganz bestimmter Platz im psychotherapeutischen System mit eigenen Indikationen und Kontraindikationen zu. Die Besprechung der letzteren soll nun folgen.

B. Kontraindikationen

Die autosuggestiven Entspannungsübungen sind tiefgreifene Arbeitsweisen, falls sie – wie in Form der Oberstufe des Autogenen Trainings und ähnlicher besprochener Versenkungszustände – durch langes Üben bis in erhebliche seelische und, wie in der »Funktionellen Entspannung«, leibliche Tiefen vorgetrieben werden. Sie können dann mitunter »kathartischer« und »analytischer« wirken als die »aufdeckenden« Verfahren älterer Auffassung und, vorausgesetzt, daß sie unter ärztlicher Aufsicht stattfinden, wohl in keinem Fall ernsthaften Schaden zufügen. Wenn es auch keine zwingenden Kontraindikationen gibt, sollte man sie in den folgenden Fällen nicht anwenden:

a) Völliger Mangel an Selbstvertrauen

Bei Menschen, die jedes Selbstvertrauens ermangeln, vollkommen mutlos sind und sich ganz und gar auf den Helfer stützen, soll man eher nach der heterosuggestiven Methode, z. B. nach der Hypnotherapie, greifen. Diese Patienten stehen extrem narzißtischen Personen gegenüber, die selbst ihre Behandlung in die Hand nehmen wollen.

b) Mangel an jeder Mitarbeit

oder absolute Widerstandshaltung, auch bei den Patienten, deren Widerwille nur gegen diese Art von Behandlung gerichtet ist.

c) Weitgehende Störungen in der Fähigkeit zur Konzentration

d) Krankhafte Fixierung der Aufmerksamkeit

auf die Leiden im Sinne einer so übermäßigen hypochondrischen Selbstbetrachtung, daß gerade durch die Übungen diese Fehlhaltung noch verstärkt würde.

e) Psychosen

bilden auch eine Kontraindikation. Es gibt hier jedoch Sonderfälle, wie die folgenden, bei denen eine autosuggestive Therapie als Ergänzung angewandt wurde (vgl. MAUZ, STRANSKY).

Fall X. T.: *Schizophrenie* einer unverheirateten 21jährigen Büroangestellten. Sie ist paranoisch, meint, der Willkür der Ärzte zum Opfer gefallen und durch eine – tatsächlich ohne Erfolg angewandte – Schockkur verpfuscht zu sein. Ut aliquid fiat wurde hier eine Aktiv-Relaxation angewandt. Die Ergebnisse waren gleich Null. Zu einem Zeitpunkt, als sie auf Grund einer spontanen Remission mit der Außenwelt in einen gefühlsmäßigen Kontakt treten konnte, wurde die Therapie aufs neue angewandt. Das Ergebnis war eine zeitweilige allgemeine Besserung; die Familie schrieb diese – sicherlich auf der spontanen Remission beruhende – Besserung der autosuggestiven Behandlung zu und war nicht von dieser Meinung abzubringen.

f) Oligophrenie

Im Gegensatz zu den analytischen Methoden, bei denen schon verhältnismäßig leichte Grade von Schwachsinn eine Kontraindikation für die Anwendung bilden, ist bei den autosuggestiven Entspannungsmethoden Debilitas, ja sogar ein leichter Grad von Imbecillitas keine direkte Kontraindikation. Natürlich bilden stärkere Grade von Imbezillität, bei denen das richtige Verständnis für den Zweck der Übungen fehlt, doch eine Kontraindikation. Man kann sich dann besser mit der Verabreichung suggestiver »Medikamente« (elektrische Reize, Behandlung mit farbigem Licht, Musiktherapie usw.), mit strengen hygienisch-diätetischen Vorschriften, affektiven Ansprachen helfen, oder man wendet eine imponierende Hypnotherapie an. – Das Beispiel einer debilen alten Frau sei angefügt, bei der – anfangs mit Erfolg – eine autosuggestive Behandlung angewandt wurde, ein Fall, aus dem zu ersehen ist, daß derartige Patienten diese Therapie in eine für sie geeignete Form umbiegen:

Fall A. C.: *Achalasie* einer 65jährigen verheirateten Patientin, die auf einer chirurgischen Abteilung wegen Schluckbeschwerden aufgenommen worden war. Der Krankengeschichte war zu entnehmen, daß die Beschwerden seit zwei Jahren bestehen; sie schluckt schlecht, flüssige Nahrung leichter als feste. Sie kann nur sehr langsam essen und ist sofort »voll«, »oft kommt alles wieder heraus«. Sie hat »viel Beschwerden von Magensäure und von Aufstoßen«. Die Klagen wechseln. Die Patientin ist stark abgemagert. Schmerzen hatte sie nie. Sie hat große Familienstreitigkeiten durchgemacht. Bei der Untersuchung ergibt sich, daß ein Schluckgeräusch vorhanden ist. Die dünne und die dicke Sonde passieren leicht. Es ist keine Retention im Ösophagus bemerkbar. Beim Spülen läuft das Wasser sofort in den Magen. Das Mediastinum ist etwas verbreitert (Gefäßstiel). Der Befund bei der internistischen und der psychiatrischen Fachuntersuchung weist auf die Notwendigkeit einer psychischen Behandlung hin. Vor der Behandlung wurden Röntgenaufnahmen von Magen und Kolon gemacht, die auf das Vorhandensein einer Achalasie schließen lassen.

Bei dieser Frau, die, wie eine oberflächliche experimentalpsychologische Untersuchung ergab, debil war, wurde aus praktischen Gründen die Aktiv-Relaxation angewandt, da der Psychiater dabei nicht allzu oft zu kommen brauchte. Nachdrücklich wurde ihr die Bedeutung der Übungen erklärt; aber bald stellte sich heraus, daß die Patientin von dem Prinzip der Entspannung nichts begriff. Sie ist jedoch froh, üben zu dürfen. Sie ist davon überzeugt, dadurch schnell zu gesunden, und zufrieden, weil sie recht bekommen hat, daß es »alles Nerven sind«.

Die Patientin »agiert« getreulich jeden Tag von drei bis vier Uhr. Sie hat mit ihren geringen Verstandeskräften die Übungen umgebildet; sie sagt: »vom Hals zur Brust, von der Brust zu den Beinen, von den Beinen zum Kopf, vom Kopf zum Hals« usw., und berührt beim Aussprechen die verschiedenen Körperteile, auf denen sie dann ihre Hand ruhen läßt. Sie macht bei ihren Übungen den Eindruck einer katatonen Patientin, die symbolische, magische Bewegungen ausführt.

Der Psychiater kommt zwei-, mitunter dreimal wöchentlich; die Patientin macht ihm ihre »Übungen« vor. Von einer weiteren Erklärung wird abgesehen. Die Patientin bleibt vom Erfolg überzeugt. Sie ist nicht mehr »voll«, kann etwas schneller essen, hat weniger Aufstoßen. Das Gewicht nimmt zu. Nach acht Besuchen des behandelnden Nervenarztes fühlt die Patientin sich wieder als die alte; sie verzieht entgegen ärztlichem Rat bald ins Ausland. Vor ihrer Abreise werden aufs neue Röntgenaufnahmen vorgenommen und, obwohl die Funktion wiederhergestellt ist, ergibt sich – wie meistens in solchen Fällen –, daß derselbe Dilationsbefund im Ösophagus über die ganze Länge vorhanden ist. Einige Monate später sind, wie zu erwarten war, die Erscheinungen wiedergekehrt.

g) Kranke mit heftigen Angstäußerungen

h) Fälle, in denen Psychoanalyse indiziert ist

Im allgemeinen soll man sich in Fällen, bei welchen einer analytischen Form von Psychotherapie nichts entgegensteht (zu beachten sind auch die wirtschaftlichen Möglichkeiten!), der Anwendung einer autosuggestiven Arbeitsweise enthalten.

Es sind noch einige Umstände anzuführen, die zu einem Mißglücken der autosuggestiven Entspannungstherapie führen können, ohne daß die Anwendung kontraindiziert wären.

1. Wenn sich der Patient zu sehr auf sein Wollen konzentriert.

2. Wenn er durch Neugier, was geschehen wird, sich nicht genügend entspannt.

3. Wenn der Kranke derart starke zwangsneurotische Charakterzüge aufweist, daß er in seinem Bemühen, die Übungen so gut wie möglich zu machen, sich äußerst sorgfältig Rechenschaft von all seinen Erlebnissen gibt. Hierdurch wird wiederum die Entspannung verfehlt. Dasselbe gilt, wenn er mehr oder weniger krampfhaft an dem Gedanken festhält: »Ich darf an nichts denken«, was eine nicht zu erfüllende Forderung ist.

4. Wenn der Patient sich im Affekt befindet.

5. Wenn der Patient die Situation befremdend oder »gruselig« findet, so daß er sich infolge von Beunruhigung oder Angst nicht entspannt.

6. Wenn eine große Opposition gegen die Behandlung vorhanden ist. Dies ist der Fall, wenn der Patient die Situation nicht ernst nimmt oder die Versuche des Arztes nur mit einem geringschätzigen Lachen anhört, z. B. weil er kein Vertrauen zum Arzt und zu einer Arbeitsmethode aufbringen kann, bei der ohne Heilmittel oder Apparate vorgegangen wird. Mitunter wird die Opposition gegen die Behandlung hinterher in »gutem Glauben« dissimuliert. Vor allem der »hypobulische Wille« (KRETSCHMER) ist dann gegen die Annahme der autosuggestiven Vorstellung gerichtet. Dies gilt auch für diejenigen Fälle, in denen der Patient unfreiwillig zum Arzt kommt, z. B. auf Drängen der Verwandten und Arbeitgeber.

7. Wenn der behandelnde Arzt diese Methode ohne feste eigene Überzeugung anwendet, vielleicht weil er selbst kein Heil erwartet, empfindet das der Patient und kommt nicht vorwärts. So wirkt die ironische Skepsis, mit der manche Ärzte ihren Patienten entgegentreten, negativ. Ein festes Vertrauen zur Methode muß auf seiten des Arztes vorhanden sein. Der sich nicht beherrschende Skeptiker soll sich überhaupt von der Psychotherapie fernhalten.

8. Wenn ein Krankheitsgewinn vorhanden ist oder angestrebt wird, also die Heilung höhere Anforderungen als die Symptome stellt. Diese Verhältnisse werden möglichst dem Patienten deutlich gemacht.

Die genannten Faktoren brauchen keine Kontraindikation zu bilden. Werden sie rechtzeitig erkannt, können sie durch Gegenmaßregeln eliminiert werden. Diese Ausführungen über die Kontraindikationen seien mit der Bemerkung abgeschlossen, daß die Behauptung unrichtig ist, bei der Aussicht auf ein Mißglücken autosuggestiver Behandlung müsse eine hypnotische durchgeführt werden. Man nimmt an (BAUDOUIN), daß sich in tiefer Hypnose die Suggestibilität erhöhe, wodurch die Wirksamkeit des hemmenden Willens aufgehoben sei. Vielmehr weist jedoch das Zustandekommen der Hypnose an sich schon auf eine bereits erhöhte Suggestibilität hin. Ist diese nicht vorhanden, mißglückt auch die Hypnose.

C. Gefahren

Während die falsche Anwendung der Hypnose bestimmte Gefahren mit sich bringt, ist dies bei der Autosuggestion nicht im gleichen Ausmaß der Fall. Man darf jedoch nicht – wie BAUDOUIN – behaupten, daß die Gefahren der autosuggestiven Entspannungstherapie vollkommen außer Betracht zu lassen seien. BAUDOUIN schreibt (l. c. S. 289), daß »keine medizinische Kenntnis nötig sei, um den Körper und den Geist des Patienten therapeutisch (auto-)suggestiv zu beeinflussen«. So will er jedem die Anwendung von Autosuggestion und ebenso die Ausübung der Hypnose erlauben, mit der ebensowenig Gefahren verbunden seien. Das darf kein Arzt unterschreiben. SCHULTZ 816 und STOKVIS 862, S. 112 ff., gingen auf die Gefahren dieser Methoden näher ein. Es ist die Aufgabe des Arztes, die autosuggestiven Vorstellungen des Patienten unter Kontrolle zu halten und eventuelle Entgleisungen wieder in die richtige Bahn zu lenken. Läßt man dem Patienten in seinen Autosuggestionen freien Lauf, können diese sich in unerwünschter Richtung weiterentwickeln. Zu denken ist vor allem an jene neurotischen Patienten, die sich mit Hilfe dieses für sie so leicht zu handhabenden Hilfsmittels nur allzusehr einem Unvermögen, der Verarbeitung einer Lebensproblematik entziehen, indem sie sich in einen nebulosen Zustand versetzen. Aufgrund seiner Kenntnis vom Wesen der Neurose wird der psychologisch geschulte Arzt eventuelle schädliche Folgen von falsch gerichteten autosuggestiven Vorstellungen schnell erkennen und abstellen.

Im einzelnen sind folgende Gefahren trotz technisch richtiger Handhabung zu beachten:

a) Störungen von Automatismen

Es kann sich bei bestimmten Patienten schädlich auswirken, wenn man Funktionen, die normalerweise dem bewußten Willen völlig entzogen automatisch verlaufen, systematisch unter den Einfluß des Willens bringt. Insbesondere denken wir an autosuggestive Einflüsse auf das Herz und auf die Blutgefäße. Bei der Besprechung der Herzübung des Autogenen Trainings wurde auf diese Gefahr hingewiesen. Selbstverständlich darf man deshalb vor dieser Übung bei entsprechend gestörter Funktion nicht zurückschrecken! Aber gerade darum ist die autosuggestive Übungstherapie in den Händen von Laien ein nicht ungefährliches Instrument. Der Arzt muß den Patienten während der Behandlung sorgfältig kontrollieren, um einen möglichen falschen Verlauf zu rechter Zeit redressieren zu können; dem Laien fehlen hierfür Einblick und Kenntnisse.

b) Hypochondrische Einstellung

Bei Menschen, die zu einer übermäßig hypochondrischen Einstellung neigen, können autosuggestive Tonusübungen zu einer krankhaften Hinwendung auf die Funktion bestimmter Organsysteme führen, was oft zu einer Verschlimmerung der Beschwerden führt. Wenn man einen Patienten nach einer kurzen Einführung seinem Schicksal überläßt, können sich autosuggestive Vorstellungen in einem verkehrten Sinn entwickeln und zu schädlichen Folgen führen. Hierauf wiesen SCHULTZ und BUSCH 136 hin.

c) Übertriebenes Gesundheitsbewußtsein

Mehr als in jeder anderen psychotherapeutischen Methode liegt in der autosuggestiven die Gefahr, daß der hypochondrisch eingestellte Patient durch begeistertes Anwenden dieser Übungen unter nichtfachmännischer Leitung ins entgegengesetzte Extrem umschlägt und beginnt, ein übertriebenes Gesundheitsbewußtsein an den Tag zu legen, ohne daß seine Leistungsfähigkeit eine merkbare Besserung aufweist, während er seine Umgebung mit seinem Gesundheitswahn nun ebenso stark tyrannisiert wie vorher mit seiner Krankheit.

d) Verlust von Selbständigkeit

Eine Gefahr besteht darin, daß der Patient sich weniger selbständig zu fühlen beginnen kann. Man muß ihm, wie wir bereits hervorhoben, zugleich die starke Vorstellung vermitteln, daß er sich selbst heilen wird, was sein Gefühl von Eigenwert stimuliert. Die autosuggestive Vorstellung »vom Wollen und nicht Können« soll eliminiert werden, indem der Patient durch die Übung lernt, die Wirkung der an sich bleibenden pathogenen Reize zu negieren.

e) Nichtbeachtung von Schmerzreizen

Das durch autosuggestive Übungen systematisch anerzogene Vermögen zur Außerachtlassung von Schmerzreizen könnte zu einer habituellen Vernachlässigung solcher Reize führen; der Patient könnte den Schmerz – von LAYCOCK 547 einst so treffend Wächter des Organismus genannt – nicht mehr als Diagnostikum für ein somatisch bedingtes Leiden angeben, und der Arzt würde ein wichtiges Warnungssignal entbehren. Diese Gefahr macht sich jedoch in der Praxis kaum geltend, da der Patient durch die Übung zwar lernt, die Reize nicht mehr als lästig zu empfinden, diese aber doch noch fühlt und angeben kann.

f) Vernachlässigung von somatisch bedingten Symptomen im allgemeinen

Last not least erwähnen wir die Gefahr, die jeder symptomatischen Therapie eigen ist: die Vernachlässigung der Krankheitsursache. Dadurch, daß sie sich selbst Symptome wegsuggerieren, werden hin und wieder aus wirklichen Kranken »eingebildete Gesunde«, die den Besuch beim Arzt immer wieder aufschieben. Die Gegner dieser Therapie legen darauf den Finger (vgl. z. B. den im übrigen unwichtigen, affektiv geschriebenen Aufsatz von Emmy Klingholz 472). Diese an sich mit Recht genannte Gefahr ist nur ein weiterer Beweis dafür, daß die Anwendung ohne ärztliche Aufsicht zu verurteilen ist.

Insbesondere macht sich diese Gefahr bemerkbar, wenn eine Besserung durch autosuggestive Methoden zu verkehrten Meinungen im Publikum (und bei den Laienhelfern) Anlaß gibt. Als Beispiel diene ein 62jähriger Mann, bei dem durch eine Haemorrhagia cerebri, gefolgt von einer Thrombose, ein Lähmungszustand vorhanden war, der gegen alle Erwartungen überhaupt nicht zurückging, auch nicht als viele Monate seit der Blutung verstrichen waren. Offenbar waren bei diesem Patienten mit seiner stark hypochondrischen Einstellung hindernde Autosuggestionen wirksam. Bei diesem Mann konnte, wie zu erwarten war, ein Jahr nach der Blutung eine autosuggestive Behandlung – durch einen Laienhelfer angewandt – eine große Besserung erzielen. Zu Unrecht wird nun vom Helfer und vom Patienten daraus der Schluß gezogen, »daß es die autosuggestive Behandlung war, die den Schlaganfall geheilt hat«.

Zusammenfassend kann man sagen, daß die Gefahren der autosuggestiven Entspannungstherapie, die unter ärztlicher Leitung angewandt wird, gering sind. Wenn man sich an die in diesem Kapitel skizzierten Richtlinien der Indikationen und Kontraindikationen hält, braucht man wegen möglicher Gefahren nicht besorgt zu sein.

D. Resultate

Es ist nötig, zusammenfassend ein möglichst objektives Bild vom Wert der therapeutischen Methoden zu geben, die in den vorhergehenden Kapiteln behandelt worden sind. Manche Verfasser, die eine bestimmte Form von Psychotherapie empfehlen, haben die schlechte Angewohnheit, die Tatsache zu verschleiern, daß sie in vielen Fällen enttäuscht.

Stokvis 883 wies in seiner zusammenfassenden Arbeit über »Erfolge der Psychotherapie« auf die großen Schwierigkeiten hin, welche sich einer genauen Berechnung der Erfolge entgegenstellen. Trotzdem unternahm er den praktischen Versuch einer prozentualen Nachprüfung:

a. wie das Resultat der Behandlung,
b. wie groß die Anzahl der Sitzungen,
c. wie hoch die Zahl der Behandlungsstunden war,
d. über wie viele Monate sich die Behandlung erstreckte.

Um dies zu untersuchen, wurden die Patienten herangezogen, die in dem Zeitabschnitt 1932–1941 in der Leidener psychiatrischen Universitätsklinik, in der Poliklinik und in der privaten Praxis autosuggestiv behandelt wurden: insgesamt 75 Patienten. Die zur Erläuterung im Vorhergehenden mitgeteilten Krankengeschichten entsprechen dem Prozentsatz von Erfolg und Mißerfolg bei der Gesamtzahl. Danach kann gesagt werden, daß die Behauptung von March 610, »unsere Suggestionswirkungen bleiben ein vergängliches Surrogat«, nicht stimmt.

Es ist instruktiv, diese Befunde an den mit anderen therapeutischen Methoden erreichten Ergebnissen zu messen. Hierzu machen wir von einer Übersichtstabelle Gebrauch, die Carp 146 einer Besprechung der individualpsychologischen Behandlungsmethode beifügte und die die Resultate von dreißig Patienten wiedergibt. Absichtlich wird dieselbe Art von Schätzung benutzt, um die Ergebnisse vergleichbar zu machen. Trotzdem bleibt der Einwand bestehen, daß weder die Methoden noch die behandelten Fälle genau vergleichbar sind. Es handelt sich nur darum festzustellen, ob die Erfolge beider Methoden, deren jede entsprechend ihrer Indikation angewandt wird, eine ähnliche statistische Struktur – im Rahmen dieser beschränkten, nicht signifikanten Zahl von Fällen – aufweisen. Überblickt man andere Arbeiten über den Erfolg der Psychotherapie (Ernst, Kind, Rotach-Fuchs 236, Strotzka 909 usw.), wird deutlich, daß es sich nicht um Objektivität, sondern um Variable in Veränderungen der Symptome und der sozialen Stellung der Patienten handelt, die nach den jeweiligen Persönlichkeiten weit differieren. Einen gewissen Einblick kann man allerdings gewinnen, welche Persönlichkeitsstrukturen auf seiten der Ärzte und der Patienten eine Affinität zueinander aufweisen – gerade im Hinblick auf die vorteilhafterweise zur Anwendung gelangenden Methoden. Ferner sei darauf hingewiesen, daß im Grunde jede Form von Psychotherapie ein autosuggestives Element enthält. Mit Recht stellte L. FRANK 274 in bezug auf die kathartische Behandlungsmethode diesen Faktor in Rechnung (s. auch FREUD!).

Ad a. Das Resultat der Behandlungen

Wie bei CARP werden auch hier bei der Beurteilung fünf Grade unterschieden: »sehr befriedigendes Resultat« (sozial vollkommen angepaßt), »befriedigendes Resultat« (sozial gut angepaßt), »genügend« (sozial genügend angepaßt), »zweifelhaft« (unsicheres Resultat), »ungenügend« (kein Resultat oder verschlimmert) bzw.: + + +, + +, +, ±, —. Dies gibt in einer Tabelle vereinigt folgende Ergebnisse:

Prozentsatz der Gesamtzahl von Patienten

Bewertung	Autosugg. behandelt	Indiv. psychol. beh. (CARP)
+ + +	12,0	3,3
+ +	21,3	20,0
+	17,3	16,7
±	26,7	36,8
—	22,7	23,2

Obwohl die Resultate mit einer autosuggestiven Methode auf den ersten Blick günstiger erscheinen als die mit einer individualpsychologischen, sind sie doch nicht wesentlich verschieden. In etwa einem Viertel aller Fälle wurde bei der Anwendung der beiden Methoden überhaupt kein Resultat erzielt. Der Umstand, daß dieser Prozentsatz in beiden Fällen 22,7 bzw. 23,2 % beträgt, ist um so auffallender, wenn man weiß, daß auch Patienten von der Klinik und der Poliklinik überwiesen wurden, die sich gegen verschiedene andere Formen von Psychotherapie als refraktär erwiesen hatten und die also schon von vornherein prognostisch ungünstig waren. Der Befund 22,7 als Prozentsatz der Fälle, in denen autosuggestive und übende Therapie nicht zu irgendeinem Resultat führte, stimmt überein mit der Mitteilung von J. H. SCHULTZ 818, daß 20 % aller neurotischen Patienten »unheilbar« sind. Nach ihm sind »echte Gesundungen« in 50 % und »lebenswichtige Besserungen« in 30 % zu erwarten. Diese Zahlen scheinen günstiger als die Erfahrungen, die STOKVIS machte. Aber die Auswahl klinischer Patienten ist eine andere als die ambulanter Behandlungen (vgl. auch KLEINSORGE und KLUMBIES 468, LANGEN und VEIT 545).

Das Resultat »sehr befriedigend« liegt bei beiden Methoden nicht weit auseinander. Daß bei den autosuggestiven Entspannungsübungen – jedenfalls in den untersuchten Fällen – eine verhältnismäßig große Anzahl sehr befriedigender Resultate zu buchen ist (nämlich 12,0 gegen 3,3 % bei der individualpsychologischen), kann dadurch erklärt werden, daß die Art des Leidens bei der ersten Gruppe eine andere ist. Es handelt sich meist um Patienten mit einem neurotischen Symptom, das zwar Äußerung einer Störung der Persönlichkeit ist, bei dessen Verschwinden der Therapeut aber geneigt ist, von einem sehr befriedigenden Resultat zu sprechen, während bei einer analytischen Behandlung doch viele unbeseitigte Unvollkommenheiten in der Lebenshaltung dem Therapeuten stärker auffallen. Es liegen also andere Maßstäbe vor, die den Wert des Vergleichs relativieren.

Es ist interessant, die Resultate dieser Untersuchung mit den Erfahrungen zu vergleichen, zu denen andere Therapeuten gelangten. Stokvis hat das in der genannten Übersicht getan. Bei seelisch bedingten Störungen wird der Prozentsatz ohne Erfolg behandelter oder verschlechterter Fälle gleich nach Abschluß der Behandlung zwischen 12 und 42 % angegeben. Bei katamnestischen Erhebungen ½ bis 10 Jahre nach Abschluß der Behandlung schwankt der Prozentsatz Ungebesserter zwischen 10 und 58 %, also außerordentlich, bei den einzelnen Forschern mit ihren unterschiedlichen Kriterien. Bei den Erhebungen von Stokvis ergab sich keine wesentliche Differenz unmittelbar nach der Behandlung gegenüber späteren Jahren.

Aus den Nachprüfungen kann der Schluß gezogen werden, daß es keinen Sinn hat, über die Vorliebe für die eine oder andere Form von Psychotherapie zu streiten. Es sind die Unterschiede in Persönlichkeitsstruktur, Lebenshaltung und Weltanschauung, welche den Psychotherapeuten dazu bringen, Anhänger einer bestimmten Form seelischer Heilmethodik zu werden. Mit Recht bemerkt Carp, daß man bei der Ausarbeitung der verschiedenen psychotherapeutischen Verfahren im Anfang allzusehr die Betonung auf die Methode selbst gelegt und kaum die große Wichtigkeit der jeweiligen Persönlichkeit des Arztes erkannt und anerkannt hat. Auf diesen Punkt werden wir zurückkommen (s. auch Wiesenhütter 1003).

Ad b. Die Anzahl der Sitzungen

Diese betrug pro Patient durchschnittlich 25,6. Wenn man diese Zahl mit der durchschnittlichen Anzahl Sitzungen vergleicht, die man für die analytische Psychotherapie benötigt, ist sie verhältnismäßig klein. Sie weicht nicht wesentlich von derjenigen ab, die Stokvis als durchschnittliche Sitzungszahl für die hypnotische Behandlung errechnet hat, nämlich um 20 (865). – In dieser Hinsicht haben die autosuggestiven Entspannungsmethoden einen Vorteil gegenüber den analytischen (mit ihrem freilich anderen Patientengut).

Ad c. und d. Die Anzahl der Behandlungsstunden und die Gesamtbehandlungsdauer

Die durchschnittliche Anzahl der vom Arzt pro Patient aufgebrachten Stunden betrug 13,3; wenn man dieses Ergebnis mit dem von CARP bei seinen individualpsychologisch-analytisch behandelten Fällen vergleicht, zeigt sich ein großer Unterschied. Bei ihm betrug die durchschnittliche Anzahl Stunden fast 100. FORTANIER gibt als durchschnittliche Behandlungsdauer für jede Form von Psychotherapie 33 Stunden an, dagegen 75–80 für die kathartisch-analytischen Verfahren. Bei »klassischen« Psychoanalysen liegen die Zahlen weit höher (200–900 Stunden). Man könnte vielleicht vermuten, daß eine langdauernde psychotherapeutische Behandlung eo ipso bessere Resultate zeitigt als eine kurzdauernde; dies ist jedoch nicht der Fall, zu welchem Schluß auch SCHULTZ 814 kam.

Man verhehle sich nicht, daß diese wichtigen Vorzüge der autosuggestiven Entspannungsmethoden gegenüber den analytischen mit einem prinzipiellen Unterschied im Ziel zusammenhängen, das beiden gesteckt ist. Bei den erstgenannten begnügt man sich, wie ausgeführt, weitgehend mit der Symptombehandlung, wenn man nicht auf eine meditative oder »leibliche« (Funktionelle Entspannung) Tiefenarbeit abzielt. Man betrachtet das Resultat als sehr befriedigend und schließt die Behandlung ab, wenn das Symptom verschwunden ist. Bei den analytischen Methoden dagegen wird eine Wandlung der ganzen Persönlichkeit angestrebt (vgl. 999). In der Individualpsychologie wird diese vor allem unter dem Gesichtswinkel der Gemeinschaftsfähigkeit des Patienten gesehen und beurteilt. Bei der psychoanalytischen Behandlung ist das Ziel des Therapeuten, dem Patienten zu einer »Ich«-Stärkung zu verhelfen, indem er seine vom »Es« ausgehenden Strebungen bewußt erlebt und zur weiteren Integration seiner Persönlichkeit verarbeitet.

Die richtige Anwendung der autosuggestiven Übungsmethoden gestattet indessen – bei einer verhältnismäßig kurzen Behandlungsdauer – zugleich, die Verletzung des »Narzißmus« aufzufangen, die der Patient oft dadurch erleidet, daß er sich als Mensch-in-Not von der Hilfe eines anderen abhängig sieht. Deswegen soll der Therapeut den Patienten immer wieder für die Ausführung seines eigenen Beitrages zur Heilung verantwortlich machen, welcher in der regelmäßigen und intensiven Ausführung der ihm aufgetragenen Übungen liegt. Indem man an sein Verantwortungsbewußtsein appelliert, kann das Vertrauen des Kranken in seine eigenen Fähigkeiten gestärkt, sein Eigenwerterleben erhöht und die Überzeugung von seiner Hilflosigkeit abgeschwächt werden, wodurch die geistige und körperliche Leistungsfähigkeit steigen. Das sind gewichtige Faktoren, welche die autosuggestiven Entspannungsmethoden aufweisen und die sie keineswegs zu einer nebensächlichen Therapie stempeln.

Aus den vorstehenden Untersuchungen geht die Bedeutung der geschilderten Methoden als einem unentbehrlichen Teil der Psychotherapie hervor. Es mag manchen Leser oder Arzt stören, daß man abschließend und zusammenfassend zu dem Ergebnis kommt: Bei allen geschilderten Verfahren geht es nicht allein bzw. in erster Linie um »die« richtige Technik, Methodik und Handhabung, die man in allen Fällen gleichbleibend anwenden könnte, wenn man sie einmal studiert und erlernt hat, wie man das vermeintlich und scheinbar vorteilhaft mit der hypnotischen oder analytischen Psychotherapie tun kann. Wer sich als Arzt ganz mit einer bestimmten Methode identifiziert, von dieser fasziniert ist, wird sie erfolgreicher anwenden als der Skeptiker. Die Methode bekommt eine größere Breitenwirkung. Versteht es umgekehrt ein Arzt, sich ganz in einen Patienten zu versenken, ihn zu meditieren (Mauz), erhält alles, was er tut – gleich mit welcher Methodik und Technik –, eine größere Tiefenwirkung. In dem behandelten Gebiet werden wir also, ohne daß wir uns gleichsam um diesen Faktor herumdrücken könnten, auf die Persönlichkeit des Arztes zurückverwiesen, schon bei der Beurteilung wie auch bei der einzelnen jeweiligen Anwendung: auf sein Einfühlungsvermögen, seine Intuition, seine Erfahrungen, seinen Charakter und sein Temperament, seine Fähigkeit, in echte und tragende Beziehungen zum Kranken zu treten, kurz all die Eigenschaften, die der Patient oft als »magisch« empfindet. Müßte man ihm also anraten und zugestehen, »Eklektiker« zu sein, d. h. jeweils vom Patienten und vom Umgang mit ihm her zu bestimmen, welche der gelernten Methoden er zur Anwendung bringt?

Auch diese Formulierung trifft nicht den Kern des hier aufgezeigten und notwendigen Vorgehens. Kehren wir zu unserer Einführung und dem Ausgang von Binswanger und Gebsattel zurück, muß uns die Dialektik des Arzt-Patient-Verhältnisses gerade an der Grundlegung der hier besprochenen Methoden klar werden, die fast mehr als jede andere Therapieform geeignet sind, eine »personale« Psychotherapie der Zukunft zu erwirken. Jede *Begegnung* des Arztes mit seinem Patienten ist ein neues *Original* für sich, welches sich nicht auf irgendeinem Klischee oder Hintergrund wiederholt (wiederholen sollte!). So muß eigentlich jede dieser Begegnungen eine neue und andere Therapie hervorrufen. Das besagt der »Einfall« Binswangers. Freilich ist die lange Erfahrung des Arztes, das genaue Studium möglichst vieler Methoden, unerläßlich. Erst dieses macht ihn frei zur Möglichkeit des »Einfalles«. Das heißt in Anknüpfung an Gebsattel, daß für den Moment der »Einsfühlung« mit dem Patienten eigentlich jede Methodik »vergessen« sein muß, da sie den echten Kontakt nur stören würde. Tauchen wir aus diesem »Vergessen« und dieser Einsfühlung gleichsam wieder auf, ist der richtige »Einfall« da. Jede der erlernten Methoden wird sich dann wie ein Baustein erweisen, der ebensogut zu einem Haus wie zu einem Dom gehören kann.

Keine der Methoden ist also »die« richtige. Von zeitbedingten, kulturellen, sozialen, weltanschaulichen und religiösen Daten muß sie ebenso abhängen, modifiziert, verworfen, weiterentwickelt werden, wie sie in der Begegnung jedes Arztes mit jedem Patienten neu zu etwas anderem umzugestalten ist. In dieser Unvollkommenheit, in diesem scheinbaren Unsicherheitsfaktor, der in den genannten Verfahren auf den ersten Blick zu liegen scheint, steckt ein Appell an die Verantwortung und den Einsatz des Arztes, in dessen Händen ein Instrument zum Segen oder zum Fluch wird.

Literaturverzeichnis

1 *Abraham, K.:* Klinische Beiträge zur Psychoanalyse aus den Jahren 1907 bis 1920, S. 163 (Leipzig/Wien/Zürich 1921).

2 – Psychoanalytische Bemerkung zu Coués Verfahren der Selbstbemeisterung. Int. Z. Psychoanal. *XII*, 131 (1926).

3 *Abrami, P., R. Wallich* et *P. Bernal:* Hypertension artérielle volontaire. Presse méd. Nr. 17 (1936).

4 *Adler, M. H.;* Zit. nach *H. Christoffel:* Trieb und Kultur, S. 140 (Basel 1944).

5 *Adler, M. H.,* and *L. Secunda:* An indirect technique to induce hypnosis. J. nerv. ment. Dis. *106*, 190 (1947).

6 *Ajuriaguerra, J. de,* et. *J. Garcia Badarocco:* Les thérapeutiques de relaxation en médicine psychosomatique. Presse méd. 316 (1953).

7 *Ajuriaguerra, J. de., J. Garcia Badarocco, E. Trillat* et *G. Soubiran:* Traitement de la crampe des écrivains par la relaxation. Encéphale *45*, 141 (1956).

8 *Albrecht, C.:* Psychologie des mystischen Bewußtseins (Bremen 1951.)

9 – Das mystische Erkennen (Bremen 1958).

10 *Alexander, F., T. M. French,* et al: Psychogenic factors in bronchial asthma. Psychosom. Med. monogr. series (1941).

11 *Alexander, F.:* Fundamental concepts of psychosomatic research: Psychogenesis, Conversion, Specificity. Psychosom. Med. *5*, 205 (1943); s. auch *Maurice Levine:* Trends in psychoanalysis in American. Rapport Congr. Int. Psychiat. Paris, Bd. V, S. 70 ff. (Paris 1950).

12 – Psychosomatische Medizin (Berlin/New York 1977).

13 *Alexander, G.:* Eutonie (München 1977).

14 *Allers, R.:* Grundformen der Psychotherapie; in Oswald Schwarz, s. Nr. 829.

15 *Allers, R.,* und *F. Scheminsky:* Pflügers Arch. ges. Physiol. *212*, 169 (1926).

16 *Alpers, B. J.:* Personality and emotional disorders associated with hypothalamic lesions. Psychosom. Med. *2*, 286 (1940).

17 *Altenburger, H.,* und *F. W. Kroll:* Suggestive Beeinflussung der sensiblen Erregbarkeit. Z. Neurol. *124*, 539 (1930).

18 *Altmann, H.:* Sozialisierung eines psychopathischen Jugendlichen durch Autogenes Training und spezielle, formelhafte Vorsatzbildungen. Psychother. *3*, 133 (1958).

19 *Ammon, G.:* Psychoanalyse und Psychosomatik (München 1974).

20 *Anderson, D. V.:* The effect of relaxation on the recall of nonsense syllables, words and poetry (Los Angeles 1953).

21 *Ariens Kappers, C. U.:* Anatomie van het ruggemerg; in G. van Rijnberk u. a.: Ned. Leerb. Physiol., 2. Aufl., 5. Tl., S. 56 (Amsterdam 1944).

22 *Astarion, Rh.:* Die praktische Suggestion (Freiburg 1920).

23 *Aubel, H. U. M.:* Biologische Übungstherapie und Körperschulung mit besonderer Berücksichtigung der Atemübungen; im Biol.-Med. Taschenb. (Stuttgart 1936).

24 *Azevedo Fernandes, M.:* Das blaue Licht. Médico *79*, 4 (1953).

25 *Bach, G. R.:* Dramatic play therapy with adult groups. J. Psychol. *29*, 225 (1950).

26 *Bach, G. R.* und *Y. Bernhard:* Aggression Lab (Dubuque 1971).

27 *Babinski, J.:* Ma conception de l'hystérie et de l'hypnotisme (Pithiatisme) (Chartres 1906).

28 *Bacon's* Works: Nat. Hist. 957 (1826).
29 *Baerwald, R.:* Psychologie der Selbstverteidigung in Kampf-, Not- und Krankheitszeiten, Autosuggestion (Couéismus) und Willenstraining (Leipzig 1927).
30 *Bainbridge, G.: A. E. Duddington, M. Collingdon* and *C. E. Gardner:* Dance-mime: a contribution to treatment in psychiatry. J. ment. Sci. *99*, 308 (1953).
31 *Balint, M.:* Der Arzt, sein Patient und die Krankheit (Stuttgart 1957).
32 *Barker, W.* and *S. Burgwin:* Brain wave patterns accompanying changes in sleep and wakefulness during hypnosis. Psychosom. Med. *10*, 317 (1948).
33 – Brain wave patterns during hypnosis, hypnotic sleep and normal sleep. Arch. Neurol. Psychiat. (Chicago) *62*, 412 (1949).
34 *Bates, W.:* Cure of imperfect sight without the use of glasses (1927); Perfect sight without glasses (Centr. fix. pub. Co. Nr. 383, New York, o. J.).
35 *Battegay, S.:* Gruppenpsychotherapie und klinische Psychiatrie (Basel 1963).
36 *Baudouin, Ch.:* M. Emile Coué et l'oeuvre de sa vie (Nancy 1922).
37 – Suggestion und Autosuggestion (Dresden 1924).
38 – Das Wesen der Suggestion, Einführung in die Psychologie der Suggestion (Dresden 1926).
39 – Psychologie der Suggestion und Autosuggestion (Dresden 1926).
40 – In Emile Coué: Selbstheilung und Seelenerziehung durch Autosuggestion (Dresden 1926).
41 – Allocution à l'inauguration du monument d'Emile Coué. Bull. Soc. Lorr. Psychol. *59*, 22 (1936).
42 *Beaunis:* in Hans Schmidkunz: Psychologie der Suggestion, S. 124 (Stuttgart 1892).
43 *Bechterew, W. von:* Über die Bedeutung der Hypnose als eines Heilmittels. (Neurol. Centralbl. *9*, 541 (1890).
44 *Becker, H.* und *H. Lüdeke:* Psychosomatische Medizin (Stuttgart/Berlin/Köln 1978).
45 *Bender, H.:* Parapsychologie (Bremen 1953).
46 *Bepperling, W.* und *M. Klotz:* Analytische Psychotherapie und Funktionelle Entspannung als kombinierte Behandlungsmethode (Stuttgart 1978).
47 *Bergmann, G. von:* Funktionelle Pathologie (Berlin 1932).
48 *Bérillon, E.:* Les applications de la suggestion à la pédiatrie et à l'éducation mentale des enfants vicieux ou dégénérés. C. R. l. Congr. int. de l'hypnot. S. 157 (1889) (Paris 1890).
49 – Les applications de la suggestion hypnotique de l'éducation pénitentiaire. Neurol. Centralbl. 757 (1893).
50 – La méthode hypno-pédagogique. Les applications au traitement des habitudes vicieuses chez les enfants. Neurol. Centralbl. *23*, 1166 (1904).
51 *Bernard, Th.:* Hatha Yoga (New York 1944).
52 *Berne, E.:* Sprechstunde für die Seele (Reinbek/Hamburg 1970).
53 *Bernheim, H.:* Die Suggestion und ihre Heilwirkung (Übers. v. Sigmund Freud) (Leipzig/Wien 1888).
54 – Le docteur Liébeault et la doctrine de la suggestion (Nancy 1907).
55 *Bernstein, D.:* Entspannungstraining. Handbuch der »Progressiven Muskelentspannung« nach *Jacobson* (München 1975).
56 *Bessemans, A.:* La fin tragique de »Mirin Dajo«. Bruxelles Medical 28, 38.
57 *Betz, K.:* Bildstreifendenken; in Hdb. Neurosenl. Psychother. Bd. IV, S. 142 (München/Berlin 1959).
58 *Bezzola:* Die elementare Autoanalyse. Zbl. ges. Neurol. Psychiat. 43 (1918).
59 *Bier, W.:* Beitrag zur Beeinflussung des Kreislaufes durch psychische Vorgänge. Z. klin. Med. *113*, 762 (1930).
60 *Biermann, G.:* Autogenes Training mit Kindern und Jugendlichen (München 1975).

61 *Bilz, R.:* Trinker (Stuttgart 1958).
62 – Langeweile. Nervenarzt *31*, 433 (1960).
63 *Binder, H.:* Seminar über Gruppenarbeit mit dem Autogenen Training (München 1964); s. auch Prax. Psychother. *6*, 124 (1961), Prax. Psychother. *8*, 171 (1963).
64 – Zwanzig Jahre praktische und klinische Psychotherapie (München 1973).
65 – Gesundheit durch Entspannung. Schallplatte (München 1974).
66 *Binet, A.:* Etudes de Psychologie experimentale (Paris 1888).
67 – Un nouvel appareil pour la mesure de la suggestibilité. Année psychol. 7, 538 (1901).
68 *Binet, A.*, et *Ch. Féré:* Le magnétisme animal (Paris 1894).
69 *Binswanger, H.:* Beobachtungen an entspannten und versenkten Versuchspersonen. Nervenarzt *2*, H. 4 (1929).
70 *Binswanger, L.:* Ausgewählte Vorträge und Aufsätze, Bd. 1, S. 132 (Bern 1947).
71 – Henrik Ibsen und das Problem der Selbstrealisation (Heidelberg 1949).
72 – Drei Formen mißglückten Daseins. Verstiegenheit, Verschrobenheit, Manieriertheit (Tübingen 1956).
73 *Binswanger, O.:* Die Pathologie und Therapie der Neurasthenie, S. 337, 438 (Jena 1896).
74 *Birch, A. C.:* »Suggestional education«. Child *13*, 5 129 (1923).
75 *Birnbaum, K.:* Die Couésche Methode der bewußten Autosuggestion in ihrer erzieherischen Bedeutung. Z. Kinderforsch. *31*, 284 (1925).
76 – Die Couésche psychische Heilmethode der bewußten Autosuggestion. Klin. Wschr. *4*, 1410 (1925).
77 – Die psychischen Heilmethoden (Leipzig 1927).
78 *Bitter, W.:* Meditation in Religion und Psychotherapie. Ein Tagungsbericht (Stuttgart 1958).
79 – Magie und Wunder in der Heilkunde. Ein Tagungsbericht (Stuttgart 1959).
80 *Bitter-Lebert, I.:* Ein Fall von exzessiver Onanie. Prax. Kinderpsychol. *5*, 44 (1956).
81 *Blanke, K.-F.:* Über kombinierte Musik-, Farben-, Massagetherapie in der Praxis des Internisten. Heilkunst V, 166 (1960).
82 *Bless, H.:* Pastoralpsychiatrie (Roermond/Maaseik 1935).
83 *Bleuler, E.:* Lehrbuch der Psychiatrie (Berlin 1930).
84 *Bloch, B.:* Über die Heilung der Warzen durch Suggestion. Klin. Wsch. *6*, 2271 und 2320 (1927).
85 *Blöschl, L.:* Grundlagen und Methoden der Verhaltenstherapie (Bern/Stuttgart/Wien 1969).
86 *Bode, R.:* Rhythmus und Körpererziehung (Jena 1925).
87 – Spannung und Entspannung in der Leibeserziehung. Z. Menschenk. *1*, 51 (1925).
88 – Ausdrucksgymnastik (München 1926).
89 – Leben und Erziehung (Berlin 1939).
90 *Boeckel, F.:* Meditationspraxis (München 1977).
91 *Bohm, E.:* Lehrbuch der Rorschachdiagnostik (Bern 1951).
92 *Bondegger, H. W.:* In zwei Stunden nicht mehr nervös (Berlin o. J.).
93 – Die Kunst des persönlichen Magnetismus (Berlin o. J.); Id.: Das Geheimnis starker Nerven (Berlin o. J.).
94 *Bonjour:* Guérisons médites par la suggestion. Schweiz. med. Wschr. *55*, 102 (1925).
95 *Bonnet, G.:* Précis d'autosuggestion volontaire (Paris 1910).
96 *Borelli, S.:* Das Problem des Reisens und der Erholung. Acta Psychother. 7, IV (1959).
97 – Dermatologie. In Hdb. Neurosenl. Psychother. Bd. V., S. 211 (München/Berlin 1960).
98 *Bösel, R.* u. a.: Streß (Hamburg 1978).

99 *Bossard, R.:* Wege zur Selbstverwirklichung (Zürich 1954).
100 *Bouchut:* Traité pratique des maladies des nouveau-nés et de la seconde enfance; 8. Aufl., S. 273 (Paris 1885).
101 *Bouman, L.:* Psychische Therapie; in Bouman en Brouwer, s. Nr. 88; S. 600.
102 *Bouman, L.,* en *B. Brouwer:* Leerboek der Zenuwziekten. Allg. Tl. B., I, 2. Tl. (Haarlem 1923).
103 *Bouvé, W. J. de:* De psychologie van den paradepas. Ned. T. Geneesk. *83,* 672 (1939).
104 *Brachfeld, O.:* Über »gelenkte Tagträume«. Acta Psychother. *2,* 29 (1954).
105 *Brachfeld, O.,* und *B. Stokvis:* Aus der Praxis der gelenkten Tagträume (anhand eines Beispieles). Acta Psychother. *8,* 161 (1963).
106 *Bräutigam, W.,* und *P. Christian:* Wesen und Formen der psychotherapeutischen Situation in Hdb. Neurosenl. Psychother. Bd. I, S. 402 (München/Berlin 1959).
107 – Psychosomatische Medizin (Stuttgart 1975).
108 *Braid, J.:* Neurypnology or the rationale of nervous sleep (London 1843).
109 *Brandt* und *Katz:* Verh. dtsch. Ges. inn. Med. (Wiesbaden 1932); zit. von G. von Bergmann Nr. 47.
110 *Brauchle, A.:* Massensuggestionen als Einführung in die Kunst der Selbstbeeinflussung, Methode Coué. Med. Klin. *23,* 246 (1927).
111 – Drei Jahre Klinik und Poliklinik der Massensuggestion, Methode Coué. Münch. med. Wsch. *II,* 1332 (1929).
112 – Handbuch der Naturheilkunde, S. 112 (Leipzig 1933).
113 – Hypnose und Autosuggestion (Leipzig 1936).
114 – Klinische Massensuggestion. Med. Klin. *I,* 40 (1939).
115 *Brauckmann, K.:* Die psychische Entwicklung und pädagogische Behandlung schwerhöriger Kinder (Berlin 1901).
116 *Brede, K.:* Einführung in die psychosomatische Medizin (Frankfurt 1974).
117 *Brenman, M.,* and *M. M. Gill:* Hypnotherapy, a survey of the literature (New York 1947).
118 *Brezowsky, C.:* Behandlung einer Borderline-Patientin mit Konzentrierter Bewegungstherapie und Gestaltungstherapie. Prax. Psychother. *22,* 73 (1977).
119 *Brissaud:* Leçons sur les maladies nerveuses (Paris 1895).
120 *Brockhaus:* Konversations-Lexikon; 15. Aufl., S. 205 (1933).
121 *Brooks, C. H.:* Genees Uzelf volgens de methode van E. Coué; 13. Aufl. (Amsterdam 1923).
122 – Die Praxis der Autosuggestion, Wege zur Gesundheit. Mit einer Einleitung von Emile Coué (Dresden 1926).
123 *Brooks, C. H.,* en *Rev. E. Charles:* De genezingen van E. Coué en de wonderen van Jezus, S. 141 (Amsterdam 1923).
124 *Brown, J.:* Musiktherapie mit verhaltensgestörten Kindern. In: Hdb. der Kinderpsychotherapie Bd. I (München/Basel 1969).
125 *Brown, W.:* Psychological Methods of Healing (London 1936).
126 – Hypnosis, suggestibility and progressive relaxation. Brit. J. med. Psychol. *28,* 396 (1938).
127 – Personality and religion, S. 138 (London 1946).
128 – Hypnotism and Suggestion, their place in psychotherapy. Brit. med. Bull. Vol. 6, Nr. 1–2, Part I & II, S. 72 (1949).
129 *Bruck, F.:* Spontanheilung und Suggestion. Med. Klin. *I,* 79 (1932).
130 *Buber, M.:* Werke (München/Heidelberg 1962–64).
131 *Buell, F. A.,* and *J. P. Biehl:* The influence of hypnosis on the tremor of

Parkinson's disease. Dis. nerv. Syst. (New York), *10*, 20 (1949).
132 *Bünzli-Zehnder, M.:* Über Heilung von Stotterern mit Psychotherapie. Schweiz. Arch. Neurol. 70, 399 (1952).
133 *Bumke, O.:* Über die körperlichen Begleiterscheinungen psychischer Vorgänge, S. 9 (Wiesbaden 1909).
134 *Burch, G.,* und *T. Ray:* Cardiovascular system as the effector organ in psychosomatic phenomena. J. Amer. med. Wom. Ass. *136*, 16 (1948).
135 *Busch,* Ref. über *Charles Boudouin:* Suggestion und Autosuggestion (Dresden 1922).
136 *Busch, G.:* Der Einfluß eines bewußten Sichkonzentrierens und Sichentspannens auf die Flimmerverschmelzungsfrequenz. Psychol. Beitr. I, 312 (1953).
137 *Buytendijk, F. J. J.:* Wezen en zin van de Mensendieck-Methode; in Verzamelde Opstellen. Mensendieck Liga, S. 5 (1932).
138 – Allgemeine Theorie der menschlichen Haltung und Bewegung (Berlin/Göttingen/Heidelberg 1956).
139 – Das Menschliche (Stuttgart 1958).
140 – Über den Schmerz (Bern 1948).
141 *Bykow, K. M.:* Großhirnrinde und innere Organe (Berlin 1953).
142 *Callens, M.:* Phantomglied und Autogenes Training. Prax. Psychother. *4*, 167 (1959).
143 *Carl, S.:* Atemrhythmisierende Entspannungstherapie bei Sprechgestörten. Prax. Psychother. *14*, 256 (1969).
144 *Carp, E. A. D. E.:* Suggestie en suggestibiliteit. Antrittsvorl. (Leiden 1930).
145 – Clinische les over psychotherapie. Ned. T. Geneesk. *82*, 971 (1938).
146 – De individualpsychologische behandelingsmethode (Lochem 1938).
147 – Het magische element in de therapie. Ned. T. Geneesk. *82*, 517 (1938).
148 – De neurosen (Amsterdam 1939).
149 – De suggestieve behandelingsmethodes en het suggestieve element in de psychotherapie (een critische uiteenzetting) (Lochem 1939).
150 – Organisatie van den psychiatrischen dienst onder de burgerbevolking en preventieve maatregelen tegen paniekstemming (Den Bosch 1940).
151 – Persoonlijkheidsfacetten en persoonlijkheidsstruktuur. Ned. T. Psychol. *8*, 12 (1941).
152 – Medische psychologie en pathopsychologie (Amsterdam 1951).
153 – Sociotherapie (Lochem 1955).
154 *Caubet, R.:* A propos de la méthode Coué, Bull. Soc. Lorr. Psychol. *68*, 8 (1938).
155 *Causse, W.:* Warzenbeseitigung durch Autogenes Training. Med. Klin. 564 (1948).
156 *Cernea, R.:* Dtsch. med. J. 212 (1952).
157 *Charcot, J. M.:* Leçons du Mardi à la Salpêtrière (1887–1888) (Notes de cours de MM Blin, Charcot et Collin).
158 *Chertok, L.:* Les méthodes psychosomatiques d'accouchement sans douleur (Paris 1957). Vgl. auch *Aboulker, A., L. Chertok, M. Sapir:* La Relaxation (Paris 1959).
159 – Relaxation et méthodes psychosomatiques dans l'accouchement; in Topical Problems of Psychotherapy; Vol. 3 (Basel/New York 1960).
160 *Chertok, L.,* und *D. Langen:* Psychosomatik der Geburtshilfe (Stuttgart 1961).
161 *Chevreuil:* Revue des deux mondes (1812).
162 – De la baguette divinatoire de pendule explorateur et des tables tournantes (Paris 1854).
163 *Claparéde, Ed.,* in Georges Dumas: Nouveau trainté de psychologie; Bd. IV, S. 471 (Paris 1934).
164 *Clazen:* Die Pendeldiagnose (1929).
165 *Clercq van Wheel, A. de:* De practijk der zelfgenezing en het onbewuste; 2. Aufl., S. 25 (Amsterdam o. J.).
166 *Cohn, R. C.:* Von der Psychoanalyse

zur Themenzentrierten Interaktion (Stuttgart 1975).

167 *Cohn, T.:* Die mechanische Behandlung der Nervenkrankheiten (Berlin 1913).

168 *Conn, J. H.:* Hypno-synthesis. Hypnosis as a unifying interpersonal experience. J. nerv. ment. Dis. *109*, 9 (1949).

169 *Coué, E.:* My method, including American impressions (London 1923).

170 – Ce que j'ai fait (Nancy 1926).

171 – Ce que je dis (Nancy 1926).

172 – La maîtrise de soi-même, par l'autosuggestion consciente (Nancy 1938).

173 *Cruchet:* Etude critique sur le tic convulsif usw. Thèse de Bordeaux (1901 bis 1902).

174 *Cullerre, A.:* Magnétisme et hypnotisme (Paris 1887).

175 *Däumling, A. M.:* Sensitivity-Training. In: Gruppenpsychotherapie und Gruppendynamik Bd. II (Göttingen 1968).

176 *Dane, E.:* Calm your nerves in just one week. Living 15, S. 3. March (1950).

177 *Davis, E.:* Hypnotism and treatment suggestion (London 1926).

178 *Décsi, E.:* Erfahrungen mit Autosuggestionstherapie. Zbl. ges. Neurol. Psychiatr. *40*, 369 (1925).

179 – Über Autosuggestionsbehandlung, insbesondere die Lehre von Coué und ihr Verhältnis zur Medizin und zur Kurpfuscherei. Klin. Schr. Seelenfosch. H. 4 (Stuttgart 1925).

180 *Dedichen, H. H.:* Nattlige Strikeanfall behandlet med hypnose. Nord. Med. *40*, 2167 (1948).

181 *Déjérine, J.*, et. *E. Gauckler:* Les manifestations fonctionelles des Psychonévroses, leur traitement par la psychothérapie (Paris 1911).

182 *Delius, H.:* Der Einfluß zerebraler Momente auf die Menstruation und die Behandlung von Menstruationsstörungen durch hypnotische Suggestion. Neurol. Centralbl. *23*, 970 (1904).

183 *Delius, K.:* Autosuggestion und Massensuggestion. Münch. med. Wschr. *II*, 720 (1929).

184 – Die Suggestion als Heilmittel in der Hand des Arztes. Hippokrates 57 (1937).

185 *Désoille, R.:* Le rêve éveillé en Psychothérapie (Paris 1945).

186 – Psychoanalyse et rêve éveillé (Paris 1950).

187 *Dicke, E.:* Meine Bindegewebsmassage (Stuttgart 1956).

188 *Diek, W.:* Die psychogene Form der Dysmenorrhoe und ihre Behandlung mit Sugg. Gynaek. i. akusch. *2*, 125 (1925).

189 Die Lamaze-Methode (München 1976).

190 *Diesing, U.:* Über Indikationen des Autogenen Trainings bei Schulversagern. Prax. Psychother. *4*, 158 (1959).

191 – Die pragmatischen Psychotherapieverfahren Suggestion, Hypnose und Autogenes Training in der Kinderpsychotherapie. In: Hdb. d. Kinderpsychotherapie Bd. I (München/Basel 1969).

192 *Diethelm, O., E. J. Foty* and *T. Milhorat:* Emotions and adrenergic and cholinergic changes in the blood. Arch. Neurol. Psychiat. 54 (1945).

193 *Dietz, Paul:* Telepathie en helderziendheid. Parapsychol. Bibl., S. 82 (Den Haag 1936).

194 *Dilthey, E.:* Konzentrative Bewegungstherapie im Rahmen intensivierter analytischer Gruppentherapie. Prax. Psychother. *16*, 124 (1971).

195 *Dilthey, W.:* Beiträge zur Charakterologie. Ges. Schriften, Bd. 5 (Leipzig 1924).

196 *Dollard, J.*, and *N. E. Miller:* Personality and psychotherapy (New York 1950).

197 *Dougall, W. MC:* An outline of abnormal psychology; 23. Aufl., S. 122 ff. (London 1936).

198 *Douglas, G. Th.:* Practische leidraad bij het gezichtsonderricht (Santpoort 1934).

199 *Dowell, M. MC:* Juvenile warts removed with the use of hypnotic suggestion. Bull. Menninger Clin., Topeka *13*, 124 (1949).

200 *Drebber, E.:* Vorwärts zur Gesundheit. Drebbers Diätschule (Oberkassel/Bonn o. J.).

201 *Dreikurs, R.:* Musiktherapie mit psychotischen Kindern. In: Hdb. d. Kinderpsychotherapie Bd. I (München/Basel 1969).

202 *Driesch, H.:* Grundprobleme der Psychologie, S. 165 ff., S. 228 ff. (Leipzig 1921).

203 *Driessen, A. H. C.:* Die lichamelije opvoeding volgens de methode Mensendieck. Mensendieck-Bond (Amsterdam 1939).

204 *Dubois, P.:* Zelfopvoeding (Almelo o. J.).

205 – Die Psychoneurosen und ihre psychische Behandlung (Bern 1905); s. auch Id.: Principes d'une psychothérapie rationelle. Neurol. Centralbl. 239 (1904), ibid. 312 (1908).

206 – Über den Einfluß des Geistes auf den Körper (Bern 1907).

207 – Die Psychoneurosen und ihre seelische Behandlung. Neurol. Centralbl. 604 (1910).

208 – Die Dialektik im Dienste der Psychotherapie. Ztschr. Psychother. med. Psychol. *4*, 283 (1912).

209 *Dubovceva, E.*, und *A. Cipes:* Zur Frage der Beeinflußbarkeit der Minderjährigen. Z. nevropat. *23*, 6, 84 (1930).

210 *Dürckheim, K. Graf von:* Hara, die Erdmitte des Menschen (München-Planegg 1956).

211 – Im Zeichen der großen Erfahrung (München-Planegg 1958).

212 – Der Alltag als Übung (Bern/Stuttgart 1972).

213 – Überweltliches Leben in der Welt (Weilheim 1968).

214 – Das Problem der Regression auf dem Weg zum wahren Selbst. Prax. Psychother. *15*, 107 (1970).

215 – Der Ruf nach dem Meister (Weilheim 1972).

216 – Meditative Praktiken in der Psychotherapie. Prax. Psychother. *18*, 63 (1973).

217 – Erlebnis und Wandlung (München 1978).

218 *Dumas, G.:* Nouveau traité de psychologie. Bd. IV (Paris 1934).

219 *Dumontpellier:* Revue de l'hypnotisme 12, 14; s. auch Maranden de Montheyl: ibid. S. 289.

220 – C. R. Soc. Biol., 18. Mars (1882).

221 *Dunbar, F.:* Effect of the Mother's emotional attitude on the infant. Psychosom. Med. 6, 156–159 (1944).

222 – Psychosomatic diagnosis (New York /London 1945).

223 – Synopsis of psychosomatic diagnosis and treatment (St. Louis 1948).

224 – Emotions and bodily changes (New York 1954).

225 *Dunlap, K.:* Habits: Their making and unmaking (New York 1932).

226 *Dynes, J. B.:* Objective Method for distinguishing sleep from the hypnotic trance. Arch. Neurol. Psychiat. *57*, 84 (1947).

227 *Eberlein, G.:* Autogenes Training. Übungsplatte 1 und 2 (München 1974).

228 *Ehrhardt, H.:* Kombinierte Behandlung mit Autogenem Training und analytischer Psychotherapie. Psychother. *3*, 214 (1958).

229 *Eicke, D.:* Der Körper als Partner (München 1973).

230 *Eliade, M.:* Schamanismus und archaische Ekstasetechnik (Zürich/Stuttgart 1957).

231 – Yoga (Zürich/Stuttgart 1960).

232 *Erbslöh, J.:* Psychotherapie in der Schwangerschaft und unter der Geburt. Neue med. Welt *560*, 611 (1950).

233 – Buddhistische Meditationsübungen aus ärztlicher Sicht. Z. Psychother. med. Psychol. *20*, I (1970).

234 *Erickson, M. H.:* Hypnotic psychothe-

rapy. Med. Clin. N. Amer. *32*, 571 (1948).
235 *Erkes, E.:* Die taoistische Meditation und ihre Bedeutung für das chinesische Geistesleben. Psyche *1*, 371 (1948/49).
236 *Ernst, K., H. Kind* und *M. Rotach-Fuchs:* Ergebnisse der Verlaufsforschung bei Neurosen (Berlin/Heidelberg/New York 1968).
237 *Espenschied, R.:* Der Tanz in der modernen Gesellschaft (Furche-Sonderdruck) (Hamburg o. J.); s. auch: *Engelhardt-Lindth, G.:* Künstlerischer Tanz im Dienste der Psychotherapie. Psychologie *6*, 311 (1954); *Ehrenfried, L.:* Körperliche Erziehung zum seelischen Gleichgewicht (Berlin 1957).
238 *Eymieu, A.:* Le gouvernement de soimême (Libr. Acad., Perrin o. J.).
239 – Les grandes lois (Libr. Acad., Perrin o. J.).
240 *Eysenck, H. J.,* und *S. Rachman:* Neurosen-Ursachen und -Heilmethoden (Berlin 1967).
241 *Fardwell, W.:* Hypnotismo, S. 248 (Madrid o. J.).
242 *Fassbender, M.:* Wollen, eine königliche Gunst. Gedanken über Ziel und Methode der Willensbildung und Selbsterziehung; 17.–20. Aufl. (Freiburg 1923).
243 *Faulkner, Jr. B.:* Severe esophageal spasm. An evolution of suggestiontherapy as determined by means of the esophagoscope. Psychosom. Med. *2*, 139 (1940).
244 *Faust, J.:* Neue Wege in der Entspannungstherapie. Fortschr. Ther. *II*, 727 (1935).
245 – Aktive Entspannungsbehandlung (Stuttgart 1976).
246 *Fauvel, R.:* La suggestion par le disque (Paris o. J.).
247 *Federn, P.:* Stellung der Psychoanalyse zur übrigen Psychotherapie; in Federn-Meng, s. Nr. 215, S. 29.
248 *Federn, P.,* und *H. Meng:* Das psychoanalytische Volksbuch, Bücher des Werdenden (Bern 1939) (Bern/Stuttgart 1957).
249 *Feerhow, F.,* in: Kleiner Lehrgang der Physiognomik, S. IX (Leipzig 1913).
250 *Feith, R.* en *B. Stokvis:* Het schizophrene denken en de Kabbalah. Psychiat. Neurol. Bl., H. 2 (1938).
251 *Fenichel, O.:* Über organlibidinöse Begleiterscheinungen der Triebabwehr. Int. Z. Psychoanaly. *14*, 45 (1928).
252 *Féré, Ch.:* Notes pour servir à l'histoire de l'hystero-epilepsie. Arch. Neurol. 281 (1882).
253 *Ferenczi, S.:* Introjektion und Übertragung, Psychoanal. Rev. (1908).
254 – Kontraindikationen der aktiven psychoanalytischen Technik. Int. Z. Psychoanal. *12*, 3, 10 (1926).
255 – Relaxationsprinzip und Neokatharsis. Int. Ztschr. Psychoanal. *16*, 149 (190).
256 *Fernau-Horn, H.:* Die Sprachneurosen (Stuttgart 1969).
257 *Feudel, E.:* Rhythmische Erziehung (Berlin 1939).
258 *Fink, D. H.:* Release from nervous tension, a new practical Method, S. 96 (London 1949).
259 *Fink, W.:* Entspannung als Heilfaktor (Zürich 1954).
260 *Finke, J.* und *W. Schulte:* Schlafstörungen (Stuttgart 1970).
261 *Fischer, H.:* Heilgebärden. Antaios II, H. 4 (1960).
262 *Fischer, R. W.:* Das Heil des Atmens. Antaios II, H. 4 (1960).
263 *Fischer-Hoppenworth, G.:* Das Autogene Training in der Behandlung der Lungentuberkulose. Z. Psychother. med. Psychol. *3*, 62 (1953).
264 *Flackus, E.:* Musik gegen Drogen, In: Trug der Drogen (Hamburg 1974).
265 *Flackus, E.* und *S. Fink:* Meditationen. Schallplatte mit Einführung von *E. Wiesenhütter* (München 1974).
266 *Flatau, G.:* Kursus der Psychotherapie und des Hypnotismus (Berlin 1918).
267 *Flecker, R.:* Skin temperature as a psy-

chophysical variable. Aust. J. Psychol. *3*, 109 (1951).

268 *Fletscher, J.:* Some recent experiments in Hypnotism. J. soc. Psychol. Research *35*, 654 (1949).

269 *Flieringa, H. J.:* Buchbesprechung, C. L. van Steeden: De mechanistische denkwijze in de geneeskunde usw. (Mees, Santpoort). Ned. T. Geneesk. *82*, 1727 (1938).

270 *Forel, A.:* Der Hypnotismus und die suggestive Psychotherapie (Stuttgart 1902).

271 *Fortanier, A. H.:* Beschouwingen over het arbeidveld van den psychotherapeut. Antrittsvorl. (Leiden 1938).

272 – Policlinische Psychotherapie. Ned. T. Geneesk. *84*, 1702 (1940).

273 *Franck, B.*, und *R. Thren:* Hirnelektrische Befunde bei gestuften aktiven Hypnoseübungen. Arch. Psychiat. Nervenkr. *181*, 360 (1949).

274 *Frank, L.:* Die psychokathartische Behandlung nervöser Störungen (Leipzig 1927).

275 *Frank, W.:* Vegetotherapy, Int. J. Sex-Economy and Organ Research. Organ Inst. Pr., *1*, 1 (1945).

276 *Franke, L. J.*, en *B. Stokvis:* Bestaan er objekctieve specifieke kentekenen voor den hypnotischen toestand? Ned. T. Psychol. *8*, H. 1 und 2 (1940).

277 *Frankl, V. E.:* Ärztliche Seelsorge (Wien 1948).

278 – Theorie und Therapie der Neurosen (Wien/Innsbruck 1956).

279 *Frederking, W.:* Über die Tiefenentspannung und das Bildern. Psyche *2*, 211 (1948); s. auch Med. Klin. 778 (1947).

280 *Freud, S.:* Drei Abhandlungen zur Sexualtheorie. Ges. Werke, Bd. V, S. 29 (London 1942).

281 – Ratschläge für den Arzt bei der psychoanalytischen Behandlung. Ges. Werke, Bd. VIII (London 1848).

282 – Vorlesungen zur Einführung in die Psychoanalyse. Ges. Werke, Bd. XI, S. 466 (London 1940).

283 – Jenseits des Lustprinzips. Ges. Werke, Bd. XIII, S. 3 (London 1940).

284 – Massenpsychologie und Ich-Analyse. Ges. Werke, Bd. XIII, S. 73 (London 1940).

285 – Das Ich und das Es. Ges. Werke, Bd. XIII, S. 237 (London 1940).

286 – Neue Folge der Vorlesungen zur Einführung in die Psychoanalyse. Ges. Werke, Bd. XV (London 1940).

287 *Friedemann, A.:* Das Autogene Training bei Enuresis und seine Störungen durch unangepaßtes Verhalten der Umgebung. Psychother. *1*, 58 (1956).

288 – Gruppenpsychotherapie; in Hdb. Neurosenl. Psychother. Bd. IV, S. 321 (München/Berlin 1959).

289 *Friedländer, A.:* Über Couéismus. II. Allg. ärztl. Kongr. f. Psychother., Bad Nauheim, Zbl. ges. Neurol. Psychiat. *47*, 178 (1937).

290 *Friedrichs, E.:* Leert weer zien (Santpoort 1934).

291 *Fries, M. E.:* Psychosomatic relationships between mother and infant. Psychom. Md. *6*, 1959 (1944).

292 *Frühmann, E.:* Neuere Psychotherapiemethoden II. In H. *Strotzka:* Psychotherapie 2. Aufl. (München/Wien/Baltimore 1978).

293 *Fuchs, M.:* Über Atemtherapie und entspannende Körperarbeit als Unterstützung der Behandlung vegetativer Störungen. Psyche *3*, 538 (1949).

294 – Atemtherapie und Entspannung. Der Psychologe *6*, 90, 139 (1954).

295 – Atemtherapie oder rhythmisierende Entspannungstherapie? Prax. Psychother. *4*, 173 (1959).

296 – Gibt es eine Pädagogik am unbewußten Funktionellen? Atem und Mensch IV, 173 (1961).

297 – Körpergefühl – Selbstgefühl. Prax. Kinderpsychol. Kinderpsychiat. *11*, 87 (1962).

298 – Hinweise zum Umgang mit dem ge-

störten leiblichen Unbewußten. Prax. Psychother. 7, 1 (1962).

299 – Eigenrhythmus über Entspannung und Atmung ohne Selbsthypnose. Z. Psychosomat. Med. *10*, 141 (1964).

300 – »Der Weiherschlapp«. Der Verlauf einer Asthmaheilung. Prax. Kinderpsychol. Kinderpsychiat. *14*, 209 (1965); Hdb. d. Kinderpsychotherapie Bd. I. (München/Basel 1969); und in *Heyer-Grote* Nr. 395.

301 – Atem-Entspannungstherapie bei psychosomatischen Störungen an Kindern und Jugendlichen. In: Hdb. d. Kinderpsychotherapie Bd. I (München/Basel 1969).

302 – Pädagogik und Psychologie. Über Haltung und Wirkung des therapeutischen Erziehers. Wege d. Menschen 1969, 334.

303 – Atemrhythmisierende Entspannungstherapie bei psychosomatischen Störungen. In *D. Langen* Nr. 544.

304 – Funktionelle Entspannung (Stuttgart 1974).

305 – Über Funktionelle Entspannung. In: Praxis dynamischer Gruppenarbeit (Stutgart 1972).

306 – Funktionelle Entspannung bei Partnerproblemen. Z. Ehe-, Familien-, Sexualther. *14*, 186 (1977).

307 – Eutonie aus der Sicht der Funktionellen Entspannung und der Konzentrativen Bewegungstherapie. Prax. Psychother. *22*, 179 (1978).

308 *Fuhrmeister, M.-L.* und *E. Wiesenhütter:* Metamusik. Psychosomatik der Ausübung zeitgenössischer Musik (München 1973).

309 *Gagzow:* Massage und Suggestion, Dtsch. med. Wsch. *II*, 2058 (1928).

310 *Galant, S.:* Die eingebildete Schwangerschaft (Berlin/Köln 1928).

311 *Garmany, G.:* Relaxation therapy in psychiatry. Med. Press *5939*, 210 (1953).

312 *Gascard, M.:* Influence de la suggestion sur certains troubles de la menstruation. C. R. 1. Congr. int. de l'hypnot. (1889) (Paris 1890).

313 *Gaulhofer, K.:* System des Schulturnens; in *K. Gaulhofer* und *M. Streicher:* Natürliches Turnen. Ges. Aufs., Bd. II (Wien/Leipzig 1930).

314 *Gaulhofer, K.,* und *M. Streicher:* Grundzüge des österreichischen Schulturnens (Wien/Leipzig/New York 1928).

315 *Gautier, H.:* L'imagination, maîtresse souveraine du comédien. Bull. Lorr. Psychol. *71*, 17 (1939).

316 *Geck, M.:* Musiktherapie als Problem der Gesellschaft (Stuttgart 1973).

317 *Gebsattel, V. E. von:* Christentum und Humanismus (Stuttgart 1947).

318 – Prolegomena einer medizinischen Anthropologie (Berlin/Göttingen/Heidelberg 1954).

319 – Psychokatharsis; in Hdb. Neurosenl. Psychother. Bd. III, S. 327 (München/Berlin 1959).

320 *Geller, D.:* Musikerleben und bildnerisches Gestalten unter dem Aspekt strukturspezifischer Zuordnung. Prax. Kinderpsychol. Kinderpsychiat. *22*, V-VII (1973).

321 *Gidro-Frank, L.,* and *N. Bull:* Emotions induced and studied in hypnotic subjects. J. nerv. ment. Diss. *III*, 91 (1950).

322 *Glatzel, H.:* Ernährung; im Hb. Neurosenl. Psychother. Bd. II, S. 428 (München/Berlin 1959).

323 *Goldberg, M.:* Über meine Therapieformel in der Konzentrativen Bewegungstherapie. Prax. Psychother. *19*, 237 (1974).

324 *Görres, A.:* Psychoanalyse und Verhaltenstherapie. Prax. Psychother. *14*, 184 (1969).

325 *Gorton, B.:* The physiology of hypnosis. Psychiat. Quart. 23, April, Juli (1949).

326 *Gorodichze:* La psychothérapie dans les différentes variétés du délire emotif. Neurol. Centralbl. 870 (1897).

327 *Gould, J.:* The nature of autohypnosis in the light of clinical experience. J. ment. Sci. *99*, 273 (1953).

328 *Graetzer, K.:* Menschenleiden als Lebensgeheimnis, Vertiefung der Autosuggestion durch Biosophie (Lebenskunde) (Baden-Baden 1926).

329 *Grätz, E.:* Zeichnen aus dem Unbewußten (Stuttgart 1978).

330 *Grinberg, L., M. Langer* und *E. Rodrigué:* Psychoanalytische Gruppentherapie (Stuttgart 1960).

331 *Grinker, R. R.:* Hypothalamic functions in psychosomatic interrelations, Psychosom. Med. *1*, 19 (1939).

332 *Groddeck, G.:* Das Buch vom Es (Wiesbaden 1961).

333 – Der Mensch (Wiesbaden 1970).

334 – Verdrängen und Heilen (München 1974.)

335 *Grösch, C.* und *H. Hartkopf:* Methoden der Gestaltungstherapie. In: Die Psychologie des 20. Jahrhunderts B. III (Zürich 1977).

336 *Gross, D.:* Die Integration des Autogenen Trainings bei der Therapie vegetativer Fehlsteuerungen in der offenen Gruppe. Prax. Psychother. *19*, 106 (1974).

337 *Grosschopff, E.:* Seelische Störungen in ihrer Entstehung und Bedeutung, Behandlung und Bekämpfung (Leipzig o. J.).

338 *Grumach, L.:* Über Suggestivbehandlung von Warzen. Münch. med. Wsch. *74*, 1093 (1927).

339 *Grünholz, G.:* Visualisierung psychodynamischer Prozesse durch die autogene Imagination. Prax. Psychother. *16*, 75 (1971).

340 *Gulat-Wellenburg, von:* Das Wunder der Autosuggestion. Eine Methode der Heilung durch verborgene Seelenkräfte (Kempten 1925).

341 *Gutstein:* Über vorzeitiges und gehäuftes Vorkommen von Arteriosklerose usw., Antrittsvorl., Erlangen. Jahresver. Neurol. Psychiat. 21 (1917).

342 *Haan, W. J. de:* Levensnood en Levenskunst (Amsterdam 1941).

343 *Haas, J. A. de:* Ned. T. Heilg. Mass., Nr. 1 und 2 (1941).

344 *Haberstumpf, G.:* Untersuchungen über die verschiedenen Bewegungsarten des siderischen Pendels usw. (Leipzig 1920).

345 *Hack Tuke, D.:* Geist und Körper. Studien über die Wirkung der Einbildungskraft (Jena 1888).

346 *Haddenbrock, S.*, und *S. Mederer:* Tänzerische Gruppenausdrucksgymnastik in der Psychosebehandlung. Z. Psychother. med. Psychol. *10*, 221 (1960).

347 *Häfner, H.:* Schulderleben und Gewissen (Stuttgart 1956).

348 *Hahn, P.:* Ein Fall von Schreibkrampf. Prax. Psychother. *10*, 197 (1965).

349 – Symptom und Erlebnisgeschichte. Prax. Psychother. *14*, 10 (1969).

350 – Der Herzinfarkt in psychosomatischer Sicht (Göttingen 1971).

351 *Hamburger, F.:* Suggestivbehandlung im Kindesalter. Ther. d. Gegenw. *70*, 193 1929).

352 – Zur Technik der Suggestivbehandlung bei Kindern. Arch. Kinderheilk. 97, 129 (1932).

353 *Hamel, M. P.:* Durch Musik zum Selbst (München 1976).

354 *Ha'nish, O. Z.:* De ontwikkelingsgedachte, Mazdaznan Beweging (1929).

355 – De macht van den adem (Amersfoort 1933).

356 – Oefeningen voor de endocrine klieren, Mazdaznan Beweging (1936).

357 *Hansen, K.:* Zur Theorie der Symptombildung in der Neurose. Nervenarzt *1*, 21 (1928).

358 *Happich, C.:* Anleitung zur Meditation (Darmstadt 1948).

359 – Das Bildbewußtsein als Ansatzstelle psychischer Behandlung. Zbl. Psychother. 663 (1932):

360 – Bildbewußtsein und schöpferische Situation. Dtsch. Med. Wschr. *2*, 68 (1939).

361 *Harford, Ch. K.:* Psychotherapy with special reference to autosuggestion. Brit. med. J. *3221,* 554 (1933).
362 *Harlfinger, H.:* Arbeit als Mittel psychiatrischer Therapie (Stuttgart 1968).
363 *Harrer, G.:* Grundlagen der Musiktherapie und Musikpsychologie (Stuttgart 1975).
364 *Harris, N.:* J. ment Sci. *94,* 143 (1948).
365 *Hartzfeld, C. A. J.:* De mechanische denkwijze in de geneeskunde usw. (Santpoort 1937).
366 – Over nieuwe mogelijkheden in de oogheelkunde. Open brief usw. (Santpoort 1938).
367 *Hattingberg, I. von:* Beobachtungen über die Möglichkeiten und Grenzen des Autogenen Trainings bei extrapyramidalen Störungen. Psychother. *3,* 198 (1958).
368 *Hau, T. F.:* Psychosomatische Medizin in ihren Grundzügen (Stuttgart 1973).
369 *Hauer, J. W.:* Der Yoga als Heilweg (Stuttgart 1932).
370 *Hauptmann, W.:* Die »integrierte Teilentspannung« im Autogenen Training. Prax. Psychother. *18,* 12 (1973).
371 – Zur fremdsuggestiven Induktion im Autogenen Training. Prax. Psychother. *20,* 223 (1975).
372 *Haverland, L. A. H.:* The effects of relaxation training on certain aspects of motor skill. Diss. Abstr. *13,* 1081 (1953).
373 *Healy, W., A. F. Bronner* and *M. Bowers:* The structure and meaning of psychoanalysis (New York 1930).
374 *Hegardt, B.:* Religie en geestelijke oefening. Een studie over de excercitia spiritualia der Jezuiten (Rotterdam 1939).
375 *Heilig, R.,* und *H. Hoff:* Beiträge zur hypnotischen Beeinflussung der Magenfunktion. Med. Klin. *21,* 162 (1925).
376 *Heller, F.,* und *J. H. Schultz:* Über einen Fall hypnotisch erzeugter Blasenbildung. Münch. med. Wschr. *42,* 2112 (1909).
377 *Hellpach, W.:* Grundlinie einer Psychologie der Hysterie (Leipzig 1904).
378 *Helmrich, H. E.:* Passive Entspannung (Heidelberg 1975).
379 *Hément, F.:* Diskuss. Bem. zu einem Vortr. v. E. Bérillon; in *Bérillon, E.,* s. 43, S. 178.
380 *Hengstmann, H.:* Wie verteilen sich beim praktischen Psychotherapeuten in der Behandlung der Neurosen die Indikationsgebiete für Anwendung der organismischen Methoden einerseits und der Analyse andererseits; in Topical Problems of Psychotherapy Vol. 3 (Basel/New York 1960).
381 *Herbertz, R.:* Psychologie des Unbewußten (Leipzig 1931).
382 *Heron, W. T.:* Dental hypnosis and personality. Psychol. Abstr. *26,* 5773 (1952).
383 *Herz, E.:* Tiefenentspannung. Autogenes Training Grundkurs (Karlstein 1975).
384 *Herzberg, A.:* Analyse der Suggestivphänomene und Theorie der Suggestion (Berlin 1950).
385 *Hess, W. R.:* Hypothalamus und die Zentren des autonomen Nervensystems, Physiologie. Arch. Neurol. Psychiat. *104,* 548 (1926).
386 – Von den höheren Zentren des vegetativen Funktionssystems. Bull. schweiz. Akad. med. Wiss. *1,* 138 (1945).
387 – Das Zwischenhirn, Syndrome, Lokalisationen, Funktionen (Basel 1949).
388 *Heugel, D.:* Autogenes Training als Erlebnis. Zbl. Psychother. Beih. 2 (Leipzig 1938).
389 *Heun, E.:* Über das autogene Training. Fortschr. Med. *51,* 526, 574, 626 (1933).
390 *Heyer, G. R.:* Vom Kraftfeld der Seele (Stuttgart 1949).
391 – Praktische Seelenheilkunde (München 1950); s. auch: Psychogene Funktionsstörungen des Verdauungstraktes, in O. Schwarz, s. Nr. 829.
392 – Künstlerische Verfahren; in Hdb.

Neurosenl. Psychother. Bd. IV, S. 278 (München/Berlin 1959).

393 *Heyer, H. E., H. M. Winans* und *V. L. Plessinger:* Alterations in the form of the electrocardiogram in patients with mental disease. Amer. J. med. Sci. *214*, 23 (1947).

394 *Heyer-Grote, L.:* Bewegungs- und Atemtherapie; in Hdb. Neurosenl. Psychother. Bd. IV, S. 299 (München/Berlin 1959).

395 – Atemschulung als Element der Psychotherapie (Darmstadt 1970).

396 *Heymann, T.:* Gymnastik en Spel (Amsterdam 1936).

397 *Hill, A. V.:* Is relaxation an activ process? Proc. roy. Soc. B. *136*, 420 (1949).

398 *Hirsch, M.:* Suggestion und Hypnose (Leipzig 1893).

399 *Hirschlaff, L.:* Über Ruheübungen und Ruheübungs-Apparate (Berlin 1911).

400 *Hirt, L.:* Lehrbuch der Electrodiagnostik und Electrotherapie (Stuttgart 1893).

401 *Hoche, A.:* Ref. über Coué: Die Selbstbemeisterung durch bewußte Autosuggestion (Basel 1924). Zbl. ges. Neurol. Psychiat. *39*, 137 (1925).

402 *Hoevell, J. J. L. D. van:* Ontspanning van spieren en zenuwen (Rotterdam 1939).

403 *Hoff, H.* und *E. Ringel:* Aktuelle Probleme der psychosomatischen Medizin (München 1964).

404 *Hoffmann, B.:* Handbuch des Autogenen Trainings (München 1977).

405 *Hoffmann, H. F.:* Die Schichttheorie (Stutgart 1935).

406 *Hofstätter, R.:* Über eingebildete Schwangerschaft (Berlin/Wien 1924).

407 *Hofstätter, P. R.:* Gruppendynamik (Hamburg 1957).

408 *Holt, J. H. G.:* Hypnotische analgesie bij de baring. Gen. Gids *19*, 589 (1941).

409 *Horn:* Suggestion als pädagogischer Faktor. Neue Bahnen (1900).

410 *Hoskisson, J. B.:* The theory and practice of self-induced deep relaxation. Brit. J. physiol. Med. *13*, 68 (1950).

411 *Hübner, A. H.:* Suggestionsbehandlung von neurotischen Menstruationsstörungen und Genitalneurosen. Dtsch. med. Wschr. 25 (1920).

412 *Huebrschmann, H.:* Psyche und Tuberkulose (Stuttgart 1952).

413 *Huppmann, G.:* Zur Problematik der Anwendung des Autogenen Trainings (Unterstufe). Prax. Psychother. *22*, 129 (1977).

414 *Ingram, W. R.:* The hypothalamus; a review of the experimental data. Psychom. Med. *1*, 48 (1939).

415 *Isserlin, M.:* Bewegungen und Fortschritte in der Psychotherapie; in: H. Vogt und R. Bing, s. Nr. 786.

416 *Iwert, H.:* Übungsheft zum Ablauftraining bei Sprechneurosen nach H. Fernau-Horn mit Tonband (Stuttgart 1977).

417 *Jacobi, W.:* Die Ekstase der alttestamentlichen Propheten (München/Wiesbaden 1920).

418 *Jacobs, H.:* Indische Weisheit und westliche Psychotherapie (München 1965).

419 *Jacobson, E.:* Overwin Uw slapeloosheid (Laren o. J.).

420 – Progressive relaxation. Amer. J. Psychol. *36*, 73 (1925).

421 – You must relax (New York 1942).

422 – Progressive relaxation (Chicago 1948).

423 – Neuromuscular controls in man: methods of self direction in health and in disease. Amer. J. Psychol *68*, 549 (1955).

424 *Janet, P.:* Psychol. Neurol. *17*, 323 (1910/11); Schweiz. Arch. Neurol. *20*, 5 (1927).

425 *Janov, A.:* Der Urschrei (Frankfurt 1975).

426 *Jaspers, K.:* Von der Wahrheit (München 1959).

427 *Jelliffe, S. E.:* Die Parkinsonsche Kör-

perhaltung. Einige Betrachtungen über unbewußte Feindseligkeit. Int. Z. Psychoanal. *119*, 485 (1933).
428 *Jenness, A.*, and *Ch. L. Wible:* Respiration and heartaction in sleep and hypnosis. J. gen. Psychol. *16*, 197 (1937).
429 *Jensen, O.:* Afslapningsbehandling og psykoterapie. Ugeskr. Laeg. 169 (1951).
430 *Jentschura, G.:* Beschäftigungstherapie (Stuttgart 1959).
431 *Jodjana, R. A.:* Betrachtungen über Raumverhältnisse. Synthese *2*, 311 (1937).
432 *Jolowicz, E.:* Praktische Erfahrungen mit der Methode Coué-Baudouin. Jahresver. dtsch. Ver. Psychiat. (Kassel 1925).
433 – Die Suggestivtherapie; in K. Birnbaum Nr. 77, S. 59.
434 – Praktische Psychotherapie (Zürich/Leipzig 1935).
435 *Jones, E.:* Therapie der Neurosen (Leipzig/Wien/Zürich 1921).
436 – The nature of autosuggestion. Brit. J. med. Psychol. *III*, 194 (1923).
437 – Papers of psychoanalysis (London 1936).
438 *Jong, D. J. de, E. Braun, K. Wolter* und *E. Wiesenhütter:* Das ärztliche Gespräch als psychotherapeutische Methode (Stuttgart 1966).
439 *Joppich, G.:* Psychotherapie in der Kinderheilkunde. In: Hdb. Neurosenl. Psychother. Bd. V, S. 345 (München 1960).
440 *Jores, A.:* Praktische Psychosomatik (Bern/Stuttgart/Wien 1976).
441 *Jung, C. G.:* Psychotherapeutische Zeitfragen (Leipzig/Wien 1914).
442 – Psychologie und Erziehung (Zürich 1946).
443 *Jurjevich, R.-R. M.:* Direkt Psychotherapy I und II (Miami 1973).
444 *Kalz, F.:* Psychological factors in skin disease. Canad. med. Ass. J. *53*, 247 (1945).
445 *Kankeleit, O.:* Entspannungstherapie. Med. Welt. 846 (1933).
446 *Kant, I.:* Werke. Hrsg. von A. Messer. Bd. III (Berlin/Leipzig o. J.); s. auch Von der Macht des Gemüts usw. (Halle o. J.).
447 *Kaplan, L.:* Das Problem der Magie. Eine ethnopsychologische und psychoanalytische Untersuchung (Heidelberg o. J.).
448 *Karger, P.:* Suggestivbehandlung und heilpädagogischer Bindungsreflex. Monatsschr. Kinderheilk. *25*, 306 (1923).
449 *Karpman, B.:* Psychotherapy, Minor and Major. Quart. Rev. Psychiat. *3*, 553 (1947).
450 *Karrenberg, C. L.:* Heilung der Warzen durch Suggestion. Bem. zu der Arb. von Bloch in Bd. 6, Nr. 48/49, S. 2271 und 2330, und zu der Arb. von Scholtz in Bd. 7, Nr. 6, S. 265 Klin. Wsch, 7 601 (1928).
451 *Kastein, G. W., H. Gerlinger* en *A. H. Fortanier:* De posttraumatische neurotische reacties bij verzekerden (Lochem 1940).
452 *Kauffmann, M.:* Suggestion und Hypnose (Berlin 1923).
453 *Kaufmann, F.:* Autogenes Training und buddhistische Versenkung. Psychother. *3*, 99 (1958).
454 *Keller-Hoerschelmann, A.:* Heilung aus eigener Kraft. Anleitung zur Suggestionstechnik (Gettenbach 1939).
455 *Kemmler, R.:* Autogenes Training für Kinder, Jugendliche und Eltern (München 1975).
456 *Kemper, W.:* Grundregeln für die psychotherapeutische Praxis; in Hdb. Neurosenl. Psychother. Bd. I. S. 691 (München/Berlin 1959).
457 *Kempf, E. J.:* Postural tensions for normal and abnormal human behavior, their significance. California *35*, 182 (1931).
458 *Kennard, M. A.:* Autonomic interrealtions with the somatic nervous system. Psychosom. Med. *9*, 29 (1947).

459 – Inheritance of electroencephalogram patterns in children with behavior disorders. Psychosom. Med. *11*, 1951 (1949).

460 *Keyserling, Graf H.:* Das Reisetagebuch eines Philosophen (Darmstadt 1923).

461 *Kielholz, P.:* Entspannung – Neue therapeutische Aspekte (Wehr 1970).

462 *Klein, H. R., H. W. Potter* and *R. B. Dijk:* Anxiety in pregnancy and childbirth, a psychosomatic medicine monograph (New York 1950).

463 *Kleinsorge, H.:* Die Behandlung des Cardiospasmus mit Hypnose. Ärztl. Wschr. *3*, 634 (1948).

464 – Die Pawlowsche Psychotherapie; in E. Stern: Die Psychotherapie der Gegenwart (Zürich 1958).

465 – Selbstentspannung. Lernplatten für das Autogene Training I–III (Stuttgart 1972/73).

466 – Selbstentspannung. Übungsheft für das Autogene Training (Stuttgart 1976).

467 *Kleinsorge, H.* und *G. Klumbies:* Herz und Seele (Hypnose und EKG). Dtsch. med. Wschr. 4 und 37 (1949).

468 – Psychotherapie in Klinik und Praxis (München/Berlin 1959).

469 – Technik der Relaxation. Mit 1 Schallplatte und 5 Abbildungen (Jena 1962).

470 *Klemperer, E.:* Changes of the body image in hypnoanalysis. J. clin. exp. Hypnosis *2*, 157 (1954).

471 *Klemperer, G.:* Suggestion und Autosuggestion. Therapie d. Gegenw. *65* (1924).

472 *Klingholz, E.:* Z. indiv. Psychol. H. 1 (1929).

473 *Kloek-Pirée, M.:* Het woord geneest, Suggestie en Autosuggestie (Lochem o. J.).

474 *Klotz, M.:* Funktionelle Entspannung als Methode der Anthropologischen Medizin. Z. Klin. Psychol. Psychother. *26*, 67 (1978).

475 – Übertragung und Widerstand in der Funktionellen Entspannung. Prax. Psychother. *23*, 215 (1978).

476 *Kluge, P. A.:* Autogenes Training in Kursen an der Volkshochschule als psychotherapeutische Vorsorge. Psychother. Med. Psychol. *27*, II (1977).

477 *Kluge, E., E.* u. *R. Thren:* Bildstreifen-, denken als psychotherapeutische Methode. Z. Psychother. med. Psychol *1*, 13 (1951).

478 *Klumbies, G.:* Ablationshypnose. Z. Psychother. med. Psychol. *2*, 221 (1952) und Dtsch. Gesundh. Ws. *14*, 2101 (1959).

479 *Koch, H.:* Gestufte aktive Hypnoseübungen nach Kretschmer. Nervenarzt *20*, 138 (1949).

480 – Entspannungsübungen und fraktionierte Aktivhypnose. Therapiewoche *2*, 160 (1952).

481 *Kogerer, H.:* Über die »neue Schule von Nancy«. Wien. klin. Wschr. *37*, 1243 (1924).

482 – Psychotherapie (Wien 1934).

483 *Kohler, C.:* Musiktherapie (Jena 1971).

484 *Kohlrausch, E.:* Autogenes Training und Gymnastik. Prax. Psychother. *4*, 171 (1959).

485 *Kohlrausch, W.:* Reflexmassage in Muskulatur und Bindegewebe (Stuttgart 1959).

486 *Kohnstamm, H.:* Über hypnotische Behandlung von Menstruationsstörungen. Neurol. Centralbl. 635 (1907).

487 *Kohnstamm, O.:* Das Unterbewußtsein und die Methode der hypnotischen Selbstbesinnung. J. Neurol. Psychiat. 23. Ergänzungsheft 1, S. 209 (1918).

488 – Zit. von G. Klemperer Nr. 470, S. 6.

489 – Erscheinungsformen der Seele (München 1927); s. auch Ther. d. Gegenw. 354 (1907).

490 *Kojc, M.:* Zelfgenezing van nerveusiteit (Den Haag o. J.).

491 *Kolle, K.:* Psychotherapie (Basel/New York 1953).

492 *Korff, E.:* Spannungsfeld Betrieb (Heidelberg 1974).

493 *Kost, U.:* Konzentrative Bewegungstherapie in Kirchberg 1973. Prax. Psychother. *19*, 241 (1974).

494 *Koster, S.:* Anwendung der Hypnose bei organischen Krankheiten. Psychiat. neurol. Bl. (Amst.) *41*, 138 (1937).

495 – Leerboek der Hypnose (Amsterdam 1938).

496 – Hypnose als middel om pijnloos te opereren. Ned. T. Geneesk. *85*, 978 (1941); *69*, 2657 (1925).

497 – Merkwaardige patienten, voor wie hypnose uitkomst bracht. Gen. Gids, 23 Oct., Nr. 22 (1947).

498 *Kraemer, R.:* Psychotherapie bei Psychosen; in Hdb. Neurosenl. Psychother. Bd. IV, S. 367 (München/Berlin 1959).

499 *Kraepelin, E.,* und *J. Lange:* Psychiatrie (Leipzig 1927).

500 *Kraft, H.* und *S.:* Pädagogische Aspekte bei der Vermittlung des Autogenen Trainings. Prax. Psychother. *22*, 217 (1977).

501 *Krafft-Ebing, von,* s. Binswanger: Therapeutische Verwertung der Hypnose in Irrenanstalten. Neurol. Centralbl. 612 (1891).

502 *Kraiker, C.:* Handbuch der Verhaltenstherapie (München 1974).

503 *Kramer, E.:* Kunst-Therapie mit Kindern. In: Hdb. d. Kinderpsychotherapie Bd. I (München/Basel 1969).

504 *Krapf, E. E.:* Angustia, tensión, relajación (Buenos Aires 1958).

505 *Krapf, G.:* Gedanken zum autogenen Training. Prax. Psychother. *15*, 180 (1970).

506 – Autogenes Training und das ärztliche Gespräch. Fortschr. Med. *90*, 1030 (1972).

507 – Autogenes Training aus der Praxis (München 1976).

508 – Autogenes Training, Katathymes Bilderleben. In: Die Psychologie des 20. Jahrhunderts Bd. III (Zürich 1977).

509 *Kreibich, C.:* Kongr. dtsch. dermat. Ges., S. 508 (Bern 1906).

510 – Über nervöse Überempfindlichkeit der Haut. Arch. Dermat. Syph. 93 (1908).

511 *Kreibich, C.,* und *P. Sobotka:* Experimenteller Beitrag zur psychischen Urticaria. Arch. Dermat. Syph. *97*, 187 (1909).

512 *Kretschmer, E.:* Suggerierte Krankheiten im Kindesalter. Münch. med. Wsch. *72*, 505 (1925).

513 – Suggestion et entraînement. Arch. int. Neurol. *67*, 150 (1948).

514 – Moderne Probleme der psychotherapeutischen Methodik. Dtsch. med. Wschr. *74*, 657 (1949).

515 – Suggestion, Analyse und Training. Nervenarzt *20*, 137 (1949).

516 – Psychotherapeutische Studien (Stuttgart 1949).

517 – Medizinische Psychologie (Stuttgart 1956).

518 – Gestufte Aktivhypnose. Zweigleisige Standardmethode; in Hdb. Neurosenl. Psychother. Bd. IV, S. 130 (München/Berlin 1959); Grundzüge der Neurosenlehre Bd. I (München/Berlin/Wien 1972).

519 *Kretschmer, W.:* Die meditativen Verfahren in der Psychotherapie. Z. Psychother. med. Psychol. *1*, 104 (1951).

520 – Protreptik; in Hdb. Neurosenl. Psychother. Bd. IV, S. 122 (München/Berlin 1959).

521 *Kroger, W. S.,* and *S. C. Freed:* The psychosomatic treatment of functional dysmenorrhoea by hypnosis. Amer. J. Obstet. Gynec. 817 (1943).

522 *Kronfeld, A.:* Psychotherapie, Charakterlehre, Psychoanalyse, Hypnose, Psychagogik (Berlin 1924).

523 – Psychagogik oder psychotherapeutische Erziehungslehre; in Birnbaum Nr. 77, S. 389.

524 *Kruse, W.:* Entspannung. Autogenes Training für Kinder (Köln 1975).

525 – Autogenes Training für Kinder (München 1977).

526 *Kugler, J., H. Lechner* und *D. Fontanari:* Vegetative Fehlregulation (Stuttgart 1974).

527 *Kuhlen, V.:* Verhaltenstherapie im Kindesalter (München 1977).

528 *Kühnel, G.:* Verbindung von autogenem Training und Psychoanalyse. Nervenarzt *20*, 77 (1949).

529 *Künkel, F.:* Grundzüge der praktischen Seelenheilkunde (Stuttgart 1935).

530 *Künkel, H.:* Über die Verwendung der Suggestion. Bl. Heilerzieh. 1 (1926).

531 *Kurth, W.:* Probleme des Autogenen Trainings in der Adoleszenz. In: Hdb. d. Kinderpsychotherapie Bd. I (München/Basel 1969).

532 *Kusch, R.*, und Frhr. *von Levetzow:* Der siderische Pendel als Anzeiger menschlicher Charaktereigenschaften (Leipzig 1922).

533 *Laban, R.:* Des Kindes Tanz und Gymnastik (Oldenburg o. J.); Gymnastik und Tanz (Oldenburg o. J.).

534 – Modern educational dance (London 1948).

535 *Laban, R.*, und *F. C. Lawrence:* Effort (London 1947).

536 *Lambert, F.:* Autosuggestive Krankheitsbekämpfung (Stuttgart 1962).

537 *Landauer, K.:* Die kindliche Bewegungsunruhe. Das Schicksal der den Stammganglien unterstehenden triebhaften Bewegungen. Int. Psychoanal. *12*, 379 (1926).

538 – Die Gemütsbewegungen oder Affekte; in Federn und Meng Nr. 248.

539 *Lange, J.:* Allgemeine Psychiatrie; in Kraepelin und Lange Nr. 499, Bd. I, S. 880.

540 *Langen, D.:* Methodische Probleme der klinischen Psychotherapie (Stuttgart 1956).

541 – Anleitung zur gestuften Aktivhypnose (Stuttgart 1961).

542 – Archaische Ekstase und asiatische Meditation mit ihren Beziehungen zum Abendland (Stuttgart 1963).

543 – Der Weg des autogenen Trainings (Darmstadt 1968).

544 – Hypnose und Psychosomatische Medizin (Stuttgart 1972).

545 *Langen D.*, und *H. Veit:* Katamnesen nach stationärer Psychotherapie. Z. Psychother. med. Psychol. *4*, 281 (1954).

546 *Laudenheimer, R.:* Hypnotische Übungstherapie des Bronchialasthma. Ther. d. Gegenw. *67*, 339 (1926).

547 *Laycock:* Mind and Brain II, S. 27, 35 (1860).

548 *Lebzeltern, G.:* Coué wiederentdeckt (Graz 1974).

549 *Lechler, A.:* Wir brauchen Entspannung. Ein Gespräch zwischen Arzt und Patient (München 1948).

550 *Le Cron, L. M.*, and *J. Bordeaux:* Hypnotism today (New York 1947).

551 *Leibig, A.:* Heilung durch Entspannung (München 1961).

552 *Lengenwie, H.* und *L. Nusselt:* Biofeedback-Therapie (München/Berlin/Wien 1975).

553 *Leonhard, K.:* Neurotische Entwicklung auf Grund der Zur-Ruhe-Setzung. Dtsch. Gesundh. Wes. *15*, 387 (1960).

554 *Lersch, Ph.:* Vom Wesen der Geschlechter (München/Basel 1950).

555 *Letschinsky, A.*, et *S. Lorié:* Essai médico-psychologique sur l'autosuggestion. Méthodes de la nouvelle école de Nancy (Amsterdam 1923).

556 *Leuba, C.:* The use of hypnosis for controlling variables in psychological experiments. J. abnorm. soc. Psychol. *36*, 271 (1971).

557 *Leuner, H.:* Experimentelles katathymes Bilderleben als ein klinisches Verfahren der Psychotherapie. Z. Psychother. med. Psychol *5*, 185 (1955).

558 – Die experimentelle Psychose (Berlin/Göttingen/Heidelberg 1962).

559 – Katathymes Bilderleben. Unterstufe (Stuttgart 1970).

560 – Imagination als Spiegel unbewußten Seelenlebens (Bremen 1974).

561 *Leuner, H., G. Horn* und *E. Klessmann:* Katathymes Bilderleben mit Kindern und Jugendlichen (München/Basel 1977).

562 *Levillain, F.:* Hygiène des gens nerveux (Paris 1892).

563 *Levine, M.:* Psychogalvanic reaction to painful stimuli in hypnotic and hysterical anaesthesia. Bull. Johns Hopk. Hosp. *46*, 331 (1930).

564 – Psychotherapy in medical practice (New York 1949).

565 *Lèvy, P.-E.:* L'éducation rationelle de la volonté, son emploi thérapeutique (1898).

566 – Dewil verstandelijk ontwikkeld en toegepast als geneesmiddel (Amsterdam 1900).

567 – Les névroses sont des maladies totales. L'éducation de la volonté, traitement des névroses. Vortrag Ges. med. Psychol. Psychother., 1. Jahresversammlung in Brüssel am 7. Aug. 1910. J. Psychol. Neurol. *17*, 432 (1910 bis 1911).

568 – La Psychothérapie, l'autosuggestion et l'éducation de la volonté, ou cure de direction. J. Méd. Paris *42*, 613 (1923).

569 – La Psychothérapie, l'autosuggestion et l'éducation de la volonté. Bull. Acad. nat. Méd. (Paris) *89*, 388 (1923).

570 – Le traitement moral: de l'autosuggestion à l'éducation de la volonté (Hachette 1925).

571 – Bull. Inst. gén. Psychol. *25*, 15 (1925).

572 *Levy, V. J.:* Mesmer et la suggestion. Folia neuropath. eston., 27 (1936).

573 *Lewandowsky, M.:* Praktische Neurologie für Ärzte (Berlin 1912).

574 *Lewis, R.* und *A. Lowen:* Bioenergetische Analyse. In *H. Petzold* Nr. 706.

575 *Lichtenberger, M.:* L'état actuel du problème de l'hypnotisme. Aperçu général des travaux se rapportant à la question. Proph. ment. *3*, 351 (1927).

576 *Liddell, H. S.:* The biology of wishes and worries. Psychol. Abstr. *28*, 53 (1954.)

577 *Liek-Dantzig, E.:* Das Wunder in der Heilkunde (München 1931).

578 *Liek, E.:* Het wonder in de geneeskunde (Utrecht 1931).

579 *Liertz, R.:* Selbstvertrauen (Bonn 1946).

580 *Lievegoed, B. C. J.:* Maat, Rhythme, Melodie, Grondslagen voor een therapeutisch gebruik van muzikale elementen. Diss. Leiden, Utrecht (1939).

581 *Lindberg, B. J.:* Faradohypnosis. Acta med. scand., *138*, 110 (1950).

582 *Lindemann, H.:* Als Arzt im Serienfaltboot über den Atlantik. Münch. med. Wschr. 70 und 114 (1958).

583 *Lindworsky, J.:* Gedankenkraft. Versuch einer Theorie der Autosuggestion. Stimmen d. Zeit *115*, 29.

584 *Lipkin, M., E. McDevitt, M. St. Schwartz* und *A. W. Duryee:* On the effects of suggestion in the treatment of vasospastic disorders of the extremities. Psychom. Med. *7*, 152 (1945).

585 *Loechel, K.:* Eingebildete Gravidität. Antrittsvorl. (Kiel 1924).

586 *Löhr, H.:* Aberglauben und Medizin (Leipzig 1940).

587 *Loomis, A.:* Amer. J. med. Sci, *83*, 239 (1936).

588 *Loomis, A. L., E. N. Harvey* and *G. Hobart:* Brain potentials during hypnosis. Science *83*, 239 (1936).

589 *Loon, F. H. G. van:* »Mensendieck«. – Een psychologische therapie, in Verzamelde Opstellen. Int. Mensendieck Liga, S. 8 (1932).

590 *Loos, G.:* Zur Praxis der Musiktherapie. Prax. Psychother. *19*, 57 (1974).

591 – Atypischer Verlauf einer Musiktherapie. Prax. Psychother. *20*, 109 (1975).

592 *Lowen, A.:* Pleasure, Lancer (New York 1970).

593 – Love and Orgasm (New York 1970).
594 – The Language of the Body (New York 1971).
595 *Löwenfeld, L.:* Pathologie und Therapie der Neurasthenie und Hysterie (Wiesbaden 1894).
596 *Luban-Plozza, B.* und *W. Pöldinger:* Der psychosomatisch Kranke in der Praxis (Berlin/Heidelberg/New York 1977).
597 *Lucci, G.:* Die Praxis der bewußten Autosuggestion (Wädenswil o. J.).
598 *Luckhardt, B.* and *R. L. Johnston:* Studies in gastric secretion I. The psychic secretion of gastric juice under hypnosis. Amer. J. Physiol. 70, 174 (1924).
599 *Lundholm, H.*, and *H. Lowenbach:* Hypnosis and the alpha activity of the electroencephalogram. Character and Pers. *II*, 145 (1942).
600 *Lungwitz, H.:* Erkenntnistherapie für Nervöse (Kirchhain N.-L. 1932).
601 *Luthe, W.:* Autogenes Training (Stuttgart 1965).
602 – Autogenic Therapy Vol. I–VI (New York/London 1969–70).
603 *Maeder, A.:* Schweiz. med. Wschr. *57*, 349 (1927).
604 – Psychosynthese – Psychagogik; in Hdb. Neurosenl. Psychother. Bd. III, S. 391 (München/Berlin 1959).
605 *Mainzer, F.*, and *M. Krause:* Changes in electrocardiogram brought about by fear. Cardiologia *3*, 286 (1939).
606 – The influence of fear on the electrocardiogram. Brit. Hart J. *2*, 221 (1940).
607 *Malleson, N.:* Panic and phoby. A possible method of treatment. Lancet *7066*, 225 (1959).
608 *Manolilov, N.:* Über Warzenbehandlung mittels Suggestion. Russk. klin. *10*, 405 (1928).
609 *Manzer, Ch. W.:* The effect of verbal suggestion on output and variability of muscular work. Psychol. Clin. *22*, 248 (1934).
610 *March, H.:* Die Psychotherapie Jesu. Arzt und Seels. *4*, 15 (Schwerin 1928).
611 *Marcinowski, I.:* Im Kampf um gesunde Nerven (Berlin 1911).
612 *Marcus, H.*, und *E. Sahlgren:* Untersuchungen über die Einwirkung der hypnotischen Suggestion auf die Funktionen des vegetativen Systems (IV. Mitt.). Acta psychiat. (Kbh.) *11*, 119 (1936).
613 *Martin, A. R.:* The fear of relaxation and leisure. Amer. J. Psychoanal. *11*, 42 (1951).
614 *Masserman, J. H.:* Is the hypothalamus a center of emotion? Psychosom. Med. *3*, 3 (1941).
615 – Behaviour and Neurosis. An experimental psychoanalytic approach to psychobiologic principles (Chicago 1943).
616 *Massoni, R.*, und *E. Undritz:* Schweiz. med. Wschr. 1370 (1947).
617 *Matussek, P.:* Psychotherapie bei Schizophrenen; in Hdb. Neurosenl. Psychother. Bd. IV, S. 385 (München/Berlin 1959).
618 *Mauss, M.:* Effet physique chez l'individu de l'idée de mort suggérée par la collectivité. J. Psychol. norm. path. *23*, 653 (1926).
619 *Mauz, F.:* Der psychotische Mensch in der Psychotherapie. Arch. Psychiat. *181*, 337 (1949).
620 *Mayo, G.:* Coué voor kinderen (Amsterdam 1923).
621 *Medau, H.:* Moderne Gymnastik (Celle 1967).
622 *Mederer, S.:* Einführung in die Fuchssche Atem- und Entspannungstherapie. Prax. Psychother. *9*, 271 (1964).
623 *Medizet:* Ein europäischer Fakir. Medizet. 15. Febr., S. 54 (1925).
624 *Meerloo, A. M.:* Delusion and massdelusion. J. nerv. ment. Dis. Monographs (New York 1949).
625 *Meige, H.*, et *E. Feindel:* Les tics et leur traitement (Paris 1902).
626 *Meige ,H.*, und *E. Feindel:* Der Tic,

sein Wesen und seine Behandlung (Leipzig/Wien 1903).
627 *Meili, R.:* Lehrbuch der psychologischen Diagnostik (Bern 1960).
628 *Mellone, S. H.:* The bearings of Psychology on Religion (Oxford o. J.).
629 *Melzer, F.:* Innerung. Wege und Stufen der Meditation (Kassel 1968).
630 *Memmesheimer, A. M.,* und *E. Eisenlohr:* Untersuchungen über die Suggestivbehandlung der Warzen. Dermat. Z. *62,* 63 (1931).
631 *Meng, H.:* Das Problem der Organpsychose. Vortr. XIII. Int. psychoan. Kongr., Luzern (1934).
632 – Organische Erkrankung als Organpsychose. Schweiz. Arch. Neurol. Psychiat. *36,* 271 (1935).
633 – Seelischer Gesundheitsschutz (Basel 1939).
634 – Praxis der seelischen Hygiene (Basel 1943).
635 – Zur Psychopathologie, Ichpsychologie und Psychotherapie »Organischkranker«. Ärztl. Monatsh. I, 76 (1945).
636 – Psyche und Hormon (Bern 1960).
637 *Mensendieck, B. M.:* Functioneele lichaamsoefeningen voor de vrouw en het kind (ohne Verlag, o. J.).
638 – Körperkultur der Frau (München 1920).
639 *Messer-Platz, P.:* Opvoeding voor de geboorte (Amsterdam 1933).
640 *Métadier, J.:* L'inconscient éducable. Autosuggestion. Bull. Soc. Lorr. Psychol. 13 (1939).
641 *Meyer, J. E.:* Konzentrative Entspannungsübungen nach Elsa Gindler und ihre Grundlagen. Z. Psychother. med. Psychol. *11,* IV (1961).
642 *Meythaler* und *Wossidlo;* zit. von *J. H. Schultz* Nr. 819.
643 *Minkowski, M.:* Ref. über Meng »Psyche und Hormon«. Praxis *28,* 419 (1945).
644 *Mira, E.:* Zur Technik der Psychoneurosenbehandlung. Rev. méd. Barcelona *8,* 162 (1927).
645 *Mitchell, I.:* Wir bekommen ein Baby (Reinbek/Hamburg 1971).
646 *Moelia, T. G. S.:* Het primitieve denken in de moderne wetenschap (Groningen/Den Haag/Batavia 1933).
647 *Mohr, F.:* Psycho-physische Behandlungsmethoden (Leipzig 1925).
648 *Moll, A.:* Der Hypnotismus (Berlin 1924).
649 *Moody, H. M.:* An evaluation of hypnotically induced relaxation for the reduction of peptic ulcer symptoms. Psychol. Abstr. *26,* 4320 (1952).
650 *Moody, R. L.:* Bodily changes during abreaction. Lancet *2,* 934 (1946).
651 – Lancet *2,* 934 (1946); zit. von Derek Richter Nr. 751.
652 *Moor, P.:* Spielpädagogik und Spieltherapie. Acta psychother. *2,* 17 (1954); s. auch *H. E. Kehrer:* Spiel und Psychiatrie; und *K. Hartmann:* Über die Funktionen des Spiels. Z. Psychother. Psychol. *10,* H. 5 (1960).
653 *Moore, Ch. A.:* The second East-West philosophers' Conference. A preliminary Report. Univ. of Hawaii, Occas. Paper, Dez. (1949).
654 *Moreno, J. L.:* Gruppenpsychotherapie und Psychodrama (Stuttgart 1959).
655 *Morgan, J. J. B.:* Hypnosis with direct psychoanalytic statement and suggestion in the treatment of a psychoneurotic of low intelligence. J. abnorm. soc. Psychol. *19,* 160 (1924).
656 *Morgenthaler, W.:* Zur Psychotherapie bei Herzkranken. Schweiz. med. Wschr. 85 (1954).
657 *Morris, D. P.:* Blood pressure and pulse changes in normal individuals under emotional stress; their relationship to emotional instability. Psychosom. Med. *3,* 389 (1941).
658 *Mosebach, H.:* Das Autogene Training im Rahmen der »Anthropologischen Psychotherapie«. Prax. Psychother. *9,* 1 (1964).
659 *Moser, F.:* Der Okkultismus, Täuschungen und Tatsachen (München 1935).

660 *Mosse, K.:* Über Suggestion und suggestive Therapie im Kindesalter. Z. Kinderforsch. *27*, 65 (1922).

661 – Die Hypnose im Kindesalter, 1. Mitteilg. Mschr. Kinderheilk. *25*, 486 (1923).

662 *Moulton, R.:* The psychosomatic implications of pseudocyesis. Psychosom. Med. *4*, 376 (1942).

663 *Mowrer, O. H.:* Learning theory and personality dynamics (New York 1950).

664 *Mozer:* »Les journées médicales de Bruxelles«, 22.–26. Juni (1946). Ref. Ned. T. Geneesk. *90*, 899 (1946).

665 *Mühlen, H. v. d.:* Krankengymnastik in Psychiatrie und Psychosomatischer Medizin (München 1976).

666 *Müller, A.:* Rhythmische Gymnastik (Jena 1925).

667 *Müller, M.:* Prognose und Therapie der Geisteskrankheiten (Leipzig 1936).

668 *Mukerji, G. S.*, und *W. Spiegelhoff:* Yoga und unsere Medizin (Stuttgart 1971).

669 *Myers, F. W. H.:* Human personality and its survival after bodily death (London 1920).

670 *Naber, R.:* Seltene Wirkung des Autogenen Trainings. Z. Psychother. med. Psychol. *9*, 295 (1959).

671 *Naerebout, A.*, en *B. Stokvis:* De chemie van het bloed gedurende den hypnotischen toestand. Ned. T. Geneesk. *83*, 5532 (1939).

672 *Nerenz, K.:* Das musikalische Symboldrama als Hilfsmittel in der Psychotherapie. Z. Psychother. Med. Psychol. *19*, 30 (1969).

673 *Netschajew;* zit. von Wanke Nr. 966, S. 29.

674 *Neufeld, W.:* Relaxation method in U.S. Navy Air Schools. Amer. J. Psychiat. *108*, 132 (1951).

675 *Nicolet, E. R.:* Ik ontspan mij; zelfbeheersing door spierontspanning (1929).

676 *Nielsen, N.:* Provocation of emotion in psychoanalysis. Vortr. I. Int. Kongr. Psychiat. (1950).

677 *Nordoff, P.* und *C. Robbins:* Musik als Therapie für behinderte Kinder (Stuttgart 1975).

678 *Nyssen, R.:* L'influence de la douleur sur la pression artérielle chez l'homme. Thèse à fac. de méd. de Brux. (1931) und J. Neurol. Psychiat. Nr. 4, 1 Avril (1931).

679 *Obermayer, M. E.*, and *R. R. Greenson:* Treatment by suggestion of verrucae planae of the face. Psychosom. Med. *11*, 163 (1949).

680 *Oberdorf, C. P.:* Symposium on therapy of the psychoneuroses. Elements in psychotherapy. Arch. Neurol. Psychiat. (Chicago) *57*, 503 (1947).

681 *Oelenheinz, L.:* Der Wünschelring (Differentialpendel, siderischer Pendel), insbesondere seine Anwendung auf die Meisterbestimmung bei Gemälden usw. (Leipzig 1920).

682 *Oles, M.:* Autogenes Training bei Kindern und Jugendlichen. Psychiat. Neurol. med. Psychol. *8*, 76 (1956).

683 *Oppenheim, H.:* Kurze Notiz zur Übungstherapie. Ther. Mh. (1899).

684 – Bemerkungen zur Lehre vom Tic. J. Psychol. Neurol. (1902).

685 – Psychotherapeutische Briefe (Berlin 1906).

686 – Lehrbuch der Nervenkrankheiten (Berlin 1913).

687 *Orgemont, J. D.:* Commentaires sur la méthode Coué. Bull. Soc. Lorr. Psychol. *74*, (1940).

688 *Orton, J. L.:* Educational hypnotism. Psyche (London) *9*, 60 (1929).

689 *Otto, W. F.:* Menschengestalt und Tanz (München 1956).

690 *Padovani* und *Bachet:* Essais de traitements psychothérapeutiques de certaines douleurs des amputés. Rev. neurol. (Paris) *80*, 366 (1948).

691 *Palop, C.:* Über Warzen und Sugge-

stivbehandlung. Espan. Ped. *13*, 344 (1929).
692 *Paramhansa Yogananda:* Autobiographie van een Yogi (Deventer 1949).
693 *Parkin, H.:* Autosuggestion (London 1916).
694 *Pattie, F. A.:* The production of blisters by hypnotic suggestion. J. abnorm. soc. Psychol. *36*, 62 (1941).
695 *Paul, H.:* Psychohygiene der Arbeit, Erholung und Freizeit; in Hdb. Neurosenl. Psychother. Bd. IV, S. 490 (München/Berlin 1959).
696 *Paul, L.:* Implications of general semantics for psychosomatic Medicine. Psychosom. Med. *7*, 246 (1945).
697 *Pavlov, J. P.:* Die höchsten Nerventätigkeiten (das Verhalten von Tieren) (München 1926).
698 – Conditioned reflexes (Oxford 1928).
699 – Conditioned reflexes and psychiatry (New York 1941).
700 *Peltz, H. D.:* Musik-Maltherapie. In: Hdb. d. Kinderpsychotherapie Bd. I (München/Basel 1969).
701 *Penrose, L. S.:* Some experiments upon inhibition and suggestion. Brit. J. med. Psychol., gen. sect. *16*, 180 (1926).
702 *Perls, F.:* Grundlagen der Gestalttherapie (München 1977).
703 *Peschke, G. v.:* Über das Auftauchen und Bearbeiten von Assoziationen in der Konzentrativen Bewegungstherapie. Prax. Psychother. *22*, 39 (1977).
704 *Peters, J. M. L.:* De taal van de film, een linguistisch-psychologisch onderzoek. Diss. Nijmegen (1950).
705 *Petrov, P.:* Über Suggestion im Gebiet der Vorstellungen. Z. nevropat. *2*, 40 (1931).
706 *Petzold, H.:* Psychotherapie und Körperdynamik. Verfahren psychophysischer Bewegungs- und Körpertherapie (Paderborn 1974).
707 *Pfeiffer, W. M.:* Konzentrative Selbstentspannung durch Übungen, die sich aus der buddhistischen Atemmeditation und aus der Atemtherapie herleiten. Z. Psychother. med. Psychol. *16*, 172 (1966).
708 *Pflanz, M.*, und *Th. von Uexküll:* »Entlastung« als pathogenetischer Faktor, ein Beitrag zum Problem der Begriffe »Belastung« und »Entlastung«. Klin. Wschr. *30*, 414 (1952).
709 *Pitres* et *Cruchet:* Cinq cas de tics traités par la gymnastique respiratoire. Congr. de Grenoble (1902); Id.: Congr. des alienés et névrol., Bruxelles (1903); zit. von L. Hirschlaff Nr. 399.
710 *Plätzer, O.:* Das Biodrama, eine Form der Spieltherapie. Z. Psychother. med. Psychol. *4*, 297 (1954).
711 *Platonov, K. I.:* The word as a physiological and therapeutic factor (Moscow 1959).
712 – Speech therapy. In: WINN, R. B. (Ed.). Psychotherapy in the Soviet Union (New York 1961).
713 *Plecher, H.:* Die Suggestion im Leben des Kindes. Beitr. Kinderforsch. Heilerzieh. (Langensalza 1909).
714 *Plesch:* Die psychophysische Reaktion als Heilfaktor. Dtsch. med. Wschr. 198 (1924).
715 *Plokker, J.:* Enige oefeningen gebruikelijk in het Hatha-Yogasysteem en hun verband met de actieve relaxatie. Ned. T. Geneesk. *84*, 2867 (1940).
716 *Plügge, H.* und *R. Kohn:* Wohlbefinden und Mißbefinden. Psyche *12*, 33 (1958).
717 *Polzien, P.:* Über die Physiologie des hypnotischen Zustands als eine exakte Grundlage für die Neurosenlehre (Basel/New York 1959).
718 *Pontvik, A.:* Heilen durch Musik (Zürich 1955).
719 *Pototzky, C.:* Psychogenese und Psychotherapie von Organsymptomen beim Kinde; in Oswald Schwarz Nr. 829, S. 385.
720 *Praag, S. E.:* Essai d'une typologie juive (Genève o. J.).
721 *Prel, C. du:* Studien uit het gebied der

geheimwetenschappen (Amersfoort 1909).

722 *Prentice, M.:* Der Unfug des Lebens; Unfug des Sterbens (München 1913).

723 *Preuss, H. G.* (Herausgeb.): Analytische Gruppenpsychotherapie (München/Berlin/Wien 1966).

724 *Prill, H. J.:* Gynäkologie; in Hdb. Neurosenl. Psychother. Bd. V, S. 206 (München/Berlin 1960).

725 – Geburtshilfe; in Hdb. Neurosenl. Psychother. Bd. V, S. 253 (München/Berlin 1960).

726 – Psychosomatische Gynäkologie (München/Berlin 1964).

727 *Prinzhorn, H.:* Psychotherapie (Leipzig 1929).

728 *Rachman, S.:* Therapie durch Verhaltensänderung. Z. Psychother. med. Psychol. *14*, 3 (1964).

729 *Rausch:* Die Suggestion im Dienste der Schule. Z. Philos. Pädag. H. 4 (1901).

730 *Read, G. D.:* Childbirth without fear. The principles and practice of natural childbirth (New York/London 1944).

731 – Revelation of Childbirth (London 1948).

732 – Psychosomatic aspects of childbirth. Cambridge Univ. M. Mag. *25*, 46 (1948).

733 – Der Weg zur natürlichen Geburt (Hamburg 1956).

734 *Rechenberger, H. G.* und *C.:* Gruppenpsychotherapie bei Atemgestörten. Ärztl. Prax. *12*, 2423 (1960).

735 *Redallé, L.:* La détente affective comme but et comme moyen thérapeutique. Rev. méd. Suisse rom. *50*, 212 (1930).

736 *Rehn, E.:* Über myoelektrische Untersuchungen bei hypnotischer Katalepsie. Klin. Wschr. *1* (1922).

737 *Reich, W.:* Charakteranalyse, Technik und Grundlagen (Wien 1933).

738 – Orgasmusreflex, Muskelhaltung und Körperausdruck, in: Abh. z. personellen Sexualökonomie Nr. 5 (Oslo/Kopenhagen 1937).

739 – Die Funktion des Orgasmus (Frankfurt 1972).

740 *Reid, D. E.,* and *M. E. Cohen:* Evaluation of present day trends in obstetrics. J. Amer. med. Wom. Ass. *142*, 615 (1950).

741 *Reindell, H.,* und O. *Bayer:* Über Kreislaufstörungen als Folge seelischer und vegetativ nervöser Einflüsse usw. Z. klin. Med. *141*, 151 (1942).

742 *Reiter, U.:* Meditation. Wege zum Selbst (München 1976).

743 *Rennert, H.:* Entspannung als Position des Krankwerdens. Prax. Psychother. *5*, 223 (1960).

744 *Renterghem, A. W. van:* Liébeault en zijne school (Amsterdam 1898).

745 – La psychothérapie dans ses différentes modes. Communication présentée au Congrès à Paris, 2.–7. September, S. 27 (1907).

746 *Reuter, J. P.:* Psychotherapie bei Hirnversehrten (Stuttgart 1964).

747 *Revers, W. J.:* Psychologie der Langeweile (Meisenheim 1949).

748 – Gefühl, Wille, Persönlichkeit. In: Hdb. d. Psychologie v. *Katz* (Basel/Stuttgart 1960).

749 *Revers, W. J.* und *R. H. Widauer:* Herzinfarkt und Psyche (Bern/Stuttgart/Wien 1978).

750 *Ribot, Th.:* Psychologie des sentiments, S. 393.

751 *Richter, D.:* Somatic aspects of mental health and disease. Brit. med. Bull. *6*, 44, Part I & II (1949).

752 *Richter, M.:* Aktive Musiktherapie in Gruppen (Stuttgart 1976).

753 *Rieder, H.:* Sport als Therapeutikum bei neurotischen Kindern. Prax. Psychother. *5*, 176 (1960).

754 *Rieker, H. U.:* Das klassische Yoga-Lehrbuch Indiens (Zürich/Stuttgart 1957).

755 – Meditation (Zürich/Stuttgart 1962).

756 *Riemann, F.:* Die Struktur des Therapeuten und ihre Auswirkung in der Praxis. Psyche *13*, 150 (1959).

757 *Roemheld, L.:* Zur Unterscheidung funktioneller und organischer Hypertonie. Münch. med. Wschr. *70*, 1022 (1923).

758 – Über die Verlängerung der Lebensdauer durch rationelle Atembewegungen (Passive Aortengymnastik). Med. Welt (1933).

759 *Roger, H.:* Suggestion, autosuggestion et thérapeutique. J. Prat. *37*, 321 (1923).

760 *Rogers, C. R.:* Die klient-bezogene Gesprächstherapie (München 1973).

761 *Roland, P. E.:* An exploratory training technique for the reducation of catatonics. Amer. J. Psychiat. *105*, 353 (1948).

762 *Rosa, K. R.:* Das ist Autogenes Training (München 1973).

763 – Das ist die Oberstufe des Autogenen Trainings (Zürich/München 1973).

764 *Rosa, K. R.* und *L. Rosa-Wolff:* Psychosomatische Selbstregulation. Grundlagen und Technik der Funktionellen Entspannung (Stuttgart 1976).

765 *Rose, W.:* Die hypnotische Erziehung der Kinder (Berlin 1898).

766 *Rosenbach, O.:* Über psychische Therapie innerer Krankheiten. Berl. Klin. XXV, Sonderabdr., S. 17 (o. J.).

767 *Rosett, J.:* An apparatus for the induction of muscular relaxation and sleep. Arch. Neurol. Psychiat. *22*, 737 (1929).

768 *Rothe, E.:* Psychogymnastik (Berlin-Schöneberg 1929); Id.: Ärztl. Grammatik der Seele (1932).

769 *Roussy, G.:* Schweiz. med. Wschr. *75*, 884 (1945).

770 *Ruesch, J.* and *J. E. Finesinger:* Muscular tension. Arch. Neurol. Psychiat, *60*, 439 (1943).

771 *Ruesch, J., J. E. Finesinger* and *S. Schwab:* The electromyogram of handwriting. Psychosom. Med. *2*, 411 (1940).

772 *Ruskin, A., J. Ravel* and *B. Beard:* The electrocardiogram in mental disease. Texas Rep. Biol. Med. *5*, 232 (1947).

773 *Salter, A.:* Three techniques of autohypnosis. J. gen. Psychol. *24*, 423 (1941).

774 – What is hypnosis? Studies in Auto- and Hetero-Conditioning (New York 1944).

775 – Conditioned reflex therapy (New York 1949).

776 *Saul, J. J., H. Davis* and *P. A. Davis:* Psychologic Correlations with the Electroencephalogram. Psychosom. Med. *11*, 361 (1949).

777 *Schade, M., T. Hruza, A. Washburne* and *M. Carns:* Relaxation as an adjunct psychotherapy. J. clin. Psychol. *8*, 338 (1952).

778 *Schaeffer, G.:* Suggestive und übende Verfahren bei der Behandlung psychosomatischer Erkrankungen. Ein Sammelreferat über die Literatur der letzten 10 Jahre. Acta Psychother. *11*, 113 (1963).

779 *Schaetzing, E.:* Wozu Autogenes Training? Tonkassette (München 1974).

780 *Schattauer, J.:* Über Verantwortungsangst. Eine pastoral-psychiatrische Studie (Salzburg 1928).

781 *Schilder, P.:* Das Leib-Seelenproblem vom Standpunkt der Philosophie usw.; in O. Schwarz Nr. 829.

782 – Medizinische Psychologie (Berlin 1924).

783 *Schildge, E.* und *H. Reindell:* Über den Nachweis seelisch bedingter Kreislaufstörungen in Hypnose. Ref. Zbl. ges. Neurol. Psychiat. *107*, 26 (1949).

784 *Schindler, R.:* zit. in O. Schwarz Nr. 829.

785 – Hypnoexperimenteller Beitrag zur Frage des Konversionsmechanismus. Wien. Z. Nervenheilk. *1*, 262 (1948).

786 *Schindler, W.:* Suggestive Momente in der Psychoanalyse. Prax. Psychother. 11, 267 (1966).

787 *Schinzinger, R.:* Freiheit und Sugge-

stion in der Erziehung. Vjschr. Pädag. *7*, 1 (1931).
788 *Schlegel, L.:* Gesichtspunkte zur psychotherapeutischen Bedeutung leiblicher Übungen. Schweiz. Arch. Neurol. *83*, 284 (1959).
789 – Die Psychologie von Entspannung, Haltung, Atmung und Bewegung. Arch. physik. Ther. *12*, 379 (1960).
790 *Schmideberg, M.:* The role of suggestion in analytic therapy. Psychoanal. Rev. *26*, 219 (1939).
791 *Schmidhofer, E.:* Mechanical group therapy. Science *115*, 120 (1952).
792 *Schmid, G.:* Wachtraumbildbehandlung (Stuttgart 1971).
793 *Schmidkunz, H.:* Psychologie der Suggestion (Stuttgart 1892).
794 *Schmidt, A. L. C.,* en *H. Schmidt-Ledeboer:* Het Engelse Parlement en het vraagstuk der pijnstilling gedurende de baring. Med. Contact (Amst.) *4* 262 (1949).
795 *Schmidt, K. D.:* Kraft durch Atem. Neudurchkraftung und Wiedergeburt durch den spirituellen Heil-Atem. Mit neugeistigen Voll-Atemübungen (Pfullingen o. J.).
796 *Schneck, J. M.:* Modified technique for the induction of hypnosis. J. nerv. ment. Dis. *106*, 77 (1947).
797 – A clinical note on electrocardiography under hypnosis. Milit. Surg. *100*, 65 (1947).
798 *Scholem, G.:* Die jüdische Mystik (Frankfurt/Berlin 1957).
799 *Scholtz, W.:* Heilung der Warzen durch Suggestion. Bemerk. zu dem Aufs. v. B. Bloch in Jg. 6, Nr. 48/49, S. 2271 und 2320 Klin. Wsch. 7, 265 (1928).
800 *Schottlaender, F.:* Das Ich und seine Welt (Stuttgat 1959).
801 *Schröder, G.:* Verhaltenstherapie mit Kindern und Jugendlichen (München 1977).
802 *Schroeder, Th.:* Psychoanalysis and Suggestion. Psychoanal. Review *1*, 26 (1923).
803 *Schroeter, K.:* Die Indisposition und ihre Behandlung. Nervenarzt *9*, 283 (1936).
804 *Schroetter, H. von,* und *R. Schigutt:* Über Bewegungstherapie in der Heilanstalt, mit besonderer Berücksichtigung der Eurhythmie. Psychiat. et. Neurol. (Basel) *133*, 291 (1957).
805 *Schütz, K.:* Atmungstherapie und Körperübung. Wien. klin. Wsch. Nr. 13 (1935).
806 *Schulhof, F.:* Couéismus, die Kunst der Selbstüberredung als eine neue psychische Behandlungsmethode (Wien/Leipzig 1925).
807 *Schulte, W.:* Zur Entstehung und Gestaltung vegetativ-dystoner Störungen. Acta neuroveg. *4*, 503 (1952).
808 *Schultz, J. H.:* Zur Technik der Suggestionsbehandlung, besonders bei gebildeten Patienten. Klin. Wschr. *2*, 402 (1923).
809 – Suggestion und Hypnose (Prien 1924).
810 – Die Schicksalsstunde der Psychotherapie. Abh. a. d. Geb. d. Psychother. und med. Psychol. (Stuttgart 1925).
811 – Über Narkoanalyse und autogene Organübungen. Zwei neue psychotherapeutische Methoden. Med. Klin. *22*, 952 (1926).
812 – Über autogenes Training. Dtsch. med. Wschr. *54*, 1200 (1928).
813 – Spannung und Entspannung als pathogenetisches und therapeutisches Problem. Jahreskurse ärztl. Fortbild. *22*, Mai. H., 10 (1931).
814 – Über die notwendige Dauer psychotherapeutischer Behandlungen. Wien. klin. Wschr. *53*, 165 (1940).
815 – Psychotherapie, Ermüdung und Schlaf. Psychol. Rundsch. (Göttingen) *2*, 3 (1951).
816 – Gesundheitsschädigungen nach Hypnose (Berlin 1954).
817 – Autogenes Training und sportliche Höchstleistung. Psychother. *3*, 34 (1958).

818 – Die seelische Krankenbehandlung (Stuttgart 1958).
819 – Das Autogene Training; in Hdb. Neurosenl. Psychother. Bd. IV, S. 153 (München/Berlin 1959); Grundzüge der Neurosenlehre Bd. I (München/Berlin/Wien 1972).
820 – Leistungssteigernde Verfahren; in Hdb. Neurosenl. Psychother. Bd. IV, S. 265 (München/Berlin 1959).
821 – Das Autogene Training (Konzentrative Selbstentspannung) (Stuttgart 1950, 13. Aufl. 1970).
822 – Übungsheft für das Autogene Training (Stuttgart 1970).
823 – Hypnose und Entspannung. Acta psychother. *8*, 424 (1960).
824 *Schultz-Zehden, W.:* »Autogenes Training« – eine Hilfe für Contact-Linsenträger. Prax. Psychother. *19*, 72 (1974).
825 *Schulze, H.:* Der progressiv domestizierte Mensch und seine Neurosen (München 1964).
826 – Das Prinzip Handeln (Stuttgart 1971).
827 *Schultz, W. C.:* Freude. Abschied von der Angst durch Psycho-Training (Hamburg 1971).
828 *Schwabe, C.:* Musiktherapie bei Neurosen und funktionellen Störungen (Jena 1972, Stuttgart 1974).
829 *Schwarz, O.:* Psychogenese und Psychotherapie körperlicher Symptome (Wien 1925).
830 *Schwöbel, G.:* Psychosomatische Therapie des Asthma bronchiale. Ärztl. Forsch. *2*, 481 (1948).
831 *Seelig, O.:* Das Problem der Suggestion in der Erziehung mit Berücksichtigung der Heilpädagogik (Berlin 1925).
832 – Der Couéismus in seiner psychologischen und pädagogischen Bedeutung. Dtsch. Psychol. *5*, 1 (1926).
833 – Suggestion und Hypnose in der Heilpädagogischen Praxis. Z. Behandl. Schwachsinn. *48*, 81 und 103 (1928).
834 *Seelig, O.,* und *F. Meyer:* Coué und der Couéismus (Berlin 1925).
835 *Seeligmann, S.:* Die Zauberkraft des Auges und das Berufen (Hamburg 1922).
836 *Seeligmüller:* Über Entspannungsbehandlung. Hippokrates *9*, 777.
837 – Einiges über den Kopfschmerz, seine Entstehung und Behandlung. Hippokrates *39*, 6.
838 *Segers, J.:* Arbeitstherapie; in Hdb. Neurosenl. Psychother. Bd. V., S. 1 München/Berlin 1960); s. a. *G. Jentschura:* Beschäftigungstherapie (Stuttgart 1959).
839 *Selz, O.:* Über die Gesetze des geordneten Denkverlaufs (Stuttgart 1913).
840 *Siebenthal, W. von:* Eine vereinfachte Schwereübung des Schultzschen Autogenen Trainings. Z. Psychother. med. Psychol. *2*, 135 (1952).
841 – Schuldgefühl und Schuld bei psychiatrischen Erkrankungen (Zürich 1956).
842 *Simon, A.:* Die Autosuggestion und der erfolgreiche Mensch (Altona 1914).
843 *Skinner, B. F.:* Cumulative record (London 1959).
844 *Skoog, G.:* Erfahrungen mit hypnoider Entspannungstherapie (Faradohypnose). Svenska Läk. T. 1761 (1951).
845 *Slavson, S. R.:* Einführung in die Gruppentherapie (Göttingen 1956).
846 *Solow, R. A.:* Group work with chronic mental patients. J. clin. exp. Psychopath. *13*, 31 (1952).
847 *Speer, E.:* Der Arzt der Persönlichkeit (Stuttgar 1949).
848 *Sperling, E.:* Psychohygiene im Urlaub. Prax. Psychother. *12*, 97 (1967).
849 *Speyer, N.,* und *B. Stokvis:* Über die subjektiven Phänomene in der Hypnose. Psychiat. neurol. Bl. (Amst.) *5*, 805 (1936) und *I*, 59 (1936); s. auch: Ned. T. Geneesk. *80*, 1772 (1936); The psycho-analytic factor in hypnosis. Brit. J. med. Psychol. *XVII*, 217 (1938).
850 *Squier, R.* and *F. Dunbar:* Emotional factors in the course of pregnancy. Psychosom. Med. 161 (1946).

851 *Stampa, A.:* Entspannung. Prax. Psychother. *7*, 65 (1962).
852 *Stanton, J. B.:* Investigation of Gerstmann's syndrome induced by hypnotic suggestion. J. ment. Sci. *100*, 961 (1954).
853 *Steeden, C. L. van:* Brillen of geen brillen? Controverse tussen de officieele oogheelkunde en den oogarts Bates van een psychologisch standpunkt bezien (Santpoort 1935).
854 – Het veelvuldig gebruik van brillen (Santpoort 1936).
855 *Stephen, E. F.:* Mental health and ill health. Ment. Hlth. (Lond.) *13*, 110 (1954).
856 *Stern, E.:* La médecine psycho-somatique. Psyche Nr. 27–28 (Jan.–Févr. 1949).
857 – Lebenskonflikte als Krankheitsursachen (Zürich 1952).
858 *Sternberg, A., N. Pastor, A. B. Winheld, H. I. Segal, F. R. Schecheter* und *N. H. Colton:* Psychoendocrine relationship in pseudocyesis. Psychosom. Med. *8*, 176 (1946).
859 *Stevenson, J. P., Ch. H. Duncan, St. Wolf, H. S. Ripley* und *H. G. Wolff:* Life situations. Emotions and Extrasystoles. Psychosom. Med. *11*, 257 (1949).
860 *Störring, G. E.:* Besinnung und Bewußtsein (Stuttgart 1953).
861 *Stokvis, B. J.:* Man en paard (Lochem 1951).
862 *Stokvis, B.:* Hypnose in de geneeskundige practijk, 1. Tl. der psychother. Serie der Leidener psychiatrischen Universitätsklin. (Lochem 1937).
863 – Hypnose, Psyche en Bloeddruk. (Lochem 1937).
864 – A new method for the uninterrupted registering of blood pressure as a psycho-physiological research-technique for the study of psychic stimuli on the blood pressure. J. exp. Psychol. *22*, 365 (1938).
865 – Hypnose en suggestie als psychotherapie. Ned. T. Geneesk. *83*, 5503 (1939).
866 – Die Autohypnose als psychotherapeutisches Hilfsmittel. Mschr. Psychiat. Neurol. *101*, H 1 (1939).
867 – Psychologie van den Psychotherapeut. Ned. T. Geneesk. 7, 110 (1939).
868 – Psychophysiologische onderzoekingen van z. g. supranormale verschijnselen en hun psychologische beteekenis. Ned. T. Psychol. *8*, 280 (1940); s. auch: Selbsterleben im hypnotischen Experiment. Z. Psychother. med. Psychol. *6*, 97 (1956).
869 – Het verzien in de zwangerschap (Lochem 1940).
870 – Experimenteel-psychologische onderzoekingen betreffende het verzien in de zwangerschap. Ned. T. Psychol *8*, 113 (1940).
871 – Ontspanningsoefeningen als Psychotherapie. Ned. T. Geneesk. *84*, 2863 (1940).
872 – Het probleem der imaginatio maternalis herleefd. Ned. T. Geneesk. *85*, 3638 (1941).
873 – Psychologie und Psychotherapie der Herz- und Gefäßkranken (Lochem 1941).
874 – Die Bedeutung der experimentellen Psychologie für die psychische Hygiene; in Meng, s. Nr. 507, S. 207.
875 – Psychologie der Suggestie en Autosuggestie (Lochem 1947).
876 – Zur Psychologie und Psychotherapie von Leib-Seele-Störungen, speziell »Organpsychosen«. Ärztl. Mschr. *III*, 488 (1947).
877 – Psychogenese und Psychotherapie der paroxysmalen Tachykardie. Ärztl. Mh. *4*, 259 (1948).
878 – Autosuggestive Psychotherapie. 6. Tl. der psychother. Serie der Leidener psychiatrischen Universitätsklinik (Lochem 1950).
879 – Psychosomatik der Entspannung; in E. Speer: Vorträge der 2. Lindauer Psychotherapiewoche (Stuttgart 1952).

880 – Hypnose in der ärztlichen Praxis (Basel/New York 1955).
881 – Medical psychology of the posthypnotic state. Brit. J. med. Hypnot. *7*, 13 (1955).
882 – Hypnose, Suggestion, Entspannungstherapie; in E. Stern: Die Psychotherapie der Gegenwart, S. 143 (Zürich 1958).
883 – Erfolge der Psychotherapie; in E. Stern: Die Psychotherapie der Gegenwart, S. 386 (Zürich 1958).
884 – Aktive Tonusregulation als Entspannungstherapie. Z. Psychother. med. Psychol. *9*, 134 (1959).
885 – Psychosomatik; in Hdb. Neurosenl. Psychother. Bd. III, S. 435 (München/Berlin 1959).
886 – Suggestion; in Hdb. Neurosenl. Psychother. Bd. IV, S. 1 (München/Berlin 1959); Grundzüge der Neurosenlehre Bd. I (München/Berlin/Wien 1972).
887 – Hypnose; in Hdb. Neurosenl. Psychother. Bd. III, S. 71 (München/Berlin 1959); Grundzüge der Neurosenlehre Bd. I (München/Berlin/Wien 1972).
888 – Zweiter Internationaler Kongreß für Gruppenpsychotherapie in Zürich 1957 (Basel/New York 1959); s. ergänzend: Acta Psychother. 7, H. 2/3 (1959) und Topical Problems of Psychotherapy, Vol. 2 (Basel/New York 1960).
889 – Kulturpsychologie und Psychohygiene (Stuttgart 1965).
890 *Stokvis, B.* und *D. Langen:* Lehrbuch der Hypnose (Basel/New York 1965).
891 *Stokvis, B.*, und *M. Pflanz:* Die Psychologie der Suggestion (Basel/New York 1961).
892 *Stokvis, B.*, und *A. Sondheim:* Spannung und Entspannung als psychologische Begriffe. Wien. Z. Nervenheilk. *2*, 508 (1949).
893 *Stokvis, B.*, und *E. Wiesenhütter:* Psychotherapie für den praktischen Arzt (Basel, New York 1969).
894 *Stolze, H.:* Psychotherapeutische Aspekte einer konzentrativen Bewegungstherapie, in: Kritische Psychotherapie (München 1959).
895 – Wege zur allgemeinen Psychotherapie (Bern/Stuttgart 1967).
896 *Storch, A.:* Ref. über Coué: Die Selbstbemeisterung durch bewußte Autosuggestion (Basl 1925). Zbl. ges. Neurol. Psychiat. *42*, 376 (1925).
897 *Strandberg, J.:* Psyche und Hautkrankheit; in O. Schwarz Nr. 829, S. 258.
898 *Stransky, E.:* Über übungstherapeutische Einwirkung auf die Gestaltung psychotischer Mechanismen. Wien. med. Wschr. *73* (1923).
899 – Subordination – Autorität – Psychotherapie (Wien 1928).
900 – Subordination und Autorität in der Psychotherapie der verschiedenen Lebensphasen. Wien. klin. Wsch. *2* (1946).
901 – Die Subordinations-Autoritäts-Relationstherapie; in Hdb. Neurosenl. Psychother. Bd. IV, S. 60 (München/Berlin 1959).
902 *Straus, E.:* Wesen und Vorgang der Suggestion. Abh. Neurol. H. 28. Berlin; auch in: Psychologie der menschlichen Welt, S. 17 (Berlin/Göttingen/Heidelberg 1960).
903 – Über Suggestion und Suggestibilität. Arch. Neurol. Psychiat. *20*, 23 (1927).
904 – Vom Sinn der Sinne (Berlin/Göttingen/Heidelberg 1956).
905 *Streicher, M.:* Loheland, in Karl Gaulhofer und Margarete Streicher: Natürliches Turnen, Ges. Aufs., Bd. I, S. 30 (1931).
906 *Stresesmann-Denninger, E. B.:* Autogenes Training zur Bekämpfung des Schnupfens. Z. Psychother. med. Psychol. *9*, 122 (1959).
907 *Strobel, W.* und *G. Huppmann:* Musiktherapie (Göttingen / Toronto / Zürich 1978).
908 *Strother, G. B.:* The role of muscle action in interpretative reading. J. gen. Psychol. *41*, 3 (1949).

909 *Strotzka, H.:* Betrachtungen zur Frage des Therapieerfolges. Acta Psychother. *12*, V (1964).
910 *Stuchlick, J.:* Die Duboissche Persuasion. Cas. Lék. čes. LVII (1918).
911 *Stumpfe, K. D.:* Der psychogene Tod (Stuttgart 1973).
912 *Stutte, H.,* und *H. Leuner:* Grenzprobleme der Neurosen des Kindes- und Jugendalters aus kinderpsychiatrischer Sicht; in Hdb. Neurosenl. Psychother. Bd. V, S. 102 (München/Berlin 1960).
913 *Sumbaev, I.:* Über vasomotorische Störungen durch Hypnose. Sibir. Arch. theor. i. klin. Med. *3*, 332 (1928).
914 *Suzuki, T.,* und *S. Takemura:* Morita-Therapie – eine für Japan eigentümliche Psychotherapie – und ihre sozialpsychiatrische Bedeutung. Z. Psychother. med. Psychol. *16*, 161 (1966).
915 *Sypkens, C.:* Adem is leven, Mazdaznan-Bewegung. Flugschrift Nr. 3.
916 – Le bon départ. Methode ter opheffing van remmingen bij schoolkinderen. »Door inzicht to daad« (1950).
917 *Szulczewski, B.:* Recherches sur l'âme enfantine en hypnose. Arch. Méd. Enf. *27*, 513 (1924).
918 *Teilhard de Chardin, P.:* Der Mensch im Kosmos (München 1959).
919 *Teirich, H. R.:* Musik in der Medizin. Beiträge zur Musiktherapie (Stuttgart 1958); s. auch: Die Heilkunst 73, H. 5 (1960).
920 *Teirich-Leube, H.:* Grundriß der Bindegewebsmassage (Stuttgart 1960); außerdem das vierbändige Werk von Lindemann, Teirich-Leube u. a. über Krankengymnastik (Stuttgart 1960).
921 *Tenhaeff, W. H. C.:* Geloof en »wonde«, I. De geloofsfactor bij de zog. wondergenezingen. T. Parapsychol. *13*, 1 (1941).
922 – Parapsychologische verschijnselen en beschouwingen (Utrecht 1949).
923 *Thénon, J.:* Suggestion und Hypnose in der Therapie. Rev. argent. Neurol., Psychiat. Med. leg. *2*, 250 (1928).
924 *Thiemann, E.:* Die Bedeutung der »übenden Verfahren« in Psychotherapie und Psychiatrie. Med. Welt 1048 (1960).
925 *Thomas, K.:* Das Autogene Training in der ärztlichen Lebensmüdenberatung. Prax. Psychother. *5*, 77 (1960).
926 – Das Autogene Training. Kassette (Stuttgat 1977).
927 *Thorne, F. C.:* Directive psychotherapy: XIV, Suggestion, persuasion and advice. J. clin. Psychol. *4*, 70 (1948).
928 *Tirala, L. G.:* Heilung der Blutdruckkrankheit durch Atemübungen (Frankfurt a. M. 1935).
929 *Tischner, R.:* Franz Anton Mesmer, Leben, Werk und Wirkungen (München 1928).
930 *Tischner, R.,* und *K. Bittel:* Mesmer und sein Problem. Magnetismus, Suggestion, Hypnose (Stuttgart 1941).
931 *Tissié:* La fatigue et l'entraînement physique (Paris 1897).
932 *Trachtenberg, J.:* Jewish magic and superstition, a study in folk religion (New York 1939).
933 *Trautwein, H.:* Das Autogene Training in der Behandlung des Asthma bronchiale. Ärztl. Forsch. *3*, 489 (1949).
934 *Trömner, E.:* Worauf beruhen die psychotherapeutischen Erfolge Dubois? Neurol. Centralbl. *33*, 496 (1914).
935 *Trumpf, R.:* Atmungstherapie bei Bluthochdruck. Verh. Dtsch. Ges. Kreislaufforsch., S. 205 (1935).
936 *Tuczek, K.:* Nervenarzt *1*, 151 (1928).
937 *Turnbull, V.:* Leerboek over het persoonljk magnetisme (Rotterdam o. J.).
938 *Uexküll, T. v.:* Grundfragen der psychosomatischen Medizin (Hamburg 1963).
939 *Ullman, M.:* Herpes simplex and second degree burn induced under hypnosis. Amer. J. Psychiat. *103*, 828 (1947).
940 *Urechia, C. I.,* et *N. Rusdea:* Autohypnose de longue durée ayant imposé

pour une catatonie. Bull. Soc. méd. hôp. Paris *38*, 1073 (1922).

941 *Varendonck, J.:* Über das vorbewußte phantasierende Denken (Leipzig/Wien/Zürich 1922).

942 *Vetter, A.:* Natur und Person (Stuttgart 1949).

943 *Villinger, W.:* Seelische Störungen im Kindesalter; in Weygandt-Gruhle: Lehrbuch der Nerven- und Geisteskrankheiten (Halle 1952).

944 *Völgyesi, F. A.:* Seelische Konstitution und Beeinflußbarkeit (Bedingte Reflexe, Hypnose und Suggestion). Schweiz. Arch. Neurol. Psychiat. *60*, 364 (1947).

945 – Die Seele ist alles (Zürich 1948).

946 – Hypnosebehandlung von gebrechlichen Kindern und von Heranwachsenden (aus psychosomatischem Gesichtspunkte). Kongr. Ber. 2. Int. Kongr. Heilpädag. (Amsterdam 1949).

947 – Osteuropa. Gegenwärtiger Stand und Entwicklungstendenzen der Neurosenlehre und Psychotherapie; in Hdb. Neurosenl. Psychother. Bd. I, S. 139 (München/Berlin 1959).

948 *Vogel, G.:* Psychotherapie und Pädagogik (Freiburg 1954).

949 *Vogt, H.:* Handbuch der Therapie der Nervenkrankheiten (Jena 1916).

950 – Neurosen im Kriege; in O. *Hetzel*, O. *Marburg*, *H. Vogt* und *W. Weygandt:* Die Kriegsbeschädigungen des Nervensystems, S. 175 (Wiesbaden 1917).

951 *Vogt, H., und R. Bing:* Ergebnisse der Neurologie und Psychiatrie, Bd. I (Jena 1912).

952 *Vogt, O.:* Spontane Somnambulie in der Hypnose. Z. Hypnot. *6*, 79 (1897).

953 – Die direkte psychologische Experimentalmethode in hypnotischen Bewußtseinszuständen (Leipzig 1897).

954 *Vogtherr, K.:* Zur Psychotherapie der Schlafstörungen. Nervenarzt *27*, 309 (1956).

955 *Vollmer, H.:* Suggestive Warzenbehandlung im Kindesalter. Kinderärztl. Prax. *4*, 64 (1933).

956 – Treatment of arts by suggestion. Psychosom. Med. *8*, 138 (1946).

957 *Vonderahe, A. R.:* The anatomic substratum of emotion. New Scholast. *18*, 76 (1944).

958 *Waal, N.:* Muskelspannungen, Muskelentspannung und Psychotherapie. Ugeskr. Laeg. 295 (1951).

959 *Wallnöfer, H.:* Aufdecken durch Gestalten vor und nach dem Autogenen Training. In *Langen* Nr. 544.

960 – Kathartisches und analytisches Geschehen im Autogenen Training. In: Praxis des Autogenen Trainings (München 1972).

961 – Autogenes Training zur Neurosenprophylaxe. Ärztl. Prax. *24*, 3691 (1972).

962 – Seele ohne Angst (Hamburg 1972)

963 – Analytische Techniken in der Oberstufe des Autogenen Trainings. Vortragsmanuskript (1978).

964 *Walsh, J.:* The therapeutics of the psychoneuroses. Int. Clin. *4*, 207 (1922).

965 *Walter, H.-J.:* Gestalttheorie und Psychotherapie (Darmstadt 1977).

966 *Wanke, G.:* Psychiatrie en Paedagogie. Uit Zenuw-en Zieleven, VII, 4 (Baarn o. J.).

967 *Waters, R. C.:* L'autosuggestion peut-elle aider les déments? Bull. Soc. Lorr. Psychol. *19*, 7 (1923).

968 *Watson, J. B.:* Behavior: An introduction to comparative psychology (New York 1914).

969 *Wegscheider, K.:* Gruppenbehandlung mit dem Autogenen Training. Ber. Kongr. Neurol. Tübingen 1947, S. 27 (1949).

970 *Weiss, E.*, and *O. S. English:* Psychosomatic medicine, S. 326 (Philadelphia/London 1957).

971 *Weitbrecht, H. J.:* Kritik der Psychosomatik (Stuttgart 1955).

972 *Weizsäcker, V. von:* Ärztliche Fragen

(Leipzig 1935); Körpergeschehen und Neurose (Stuttgart 1947).
973 – Diesseits und jenseits der Medizin (Stuttgart 1950).
974 – Der Gestaltkreis (Stuttgart 1950).
975 – Der kranke Mensch (Stuttgart 1951).
976 – Soziale Krankheit und soziale Gesundung (Göttingen 1955).
977 – Menschenführung; I. Aufl. 1927 (Göttingen 1955).
978 – Pathosophie (Göttingen 1956).
979 *Wellek, A.:* Die Polarität im Aufbau des Charakters (Bern 1950).
980 *Wells, W. R.:* Hypnosis in the service of the instructor. Psychol. Rev. *31,* 88 (1924).
981 – Experiments in waking hypnosis for instructional purposes. J. abnorm. soc. Psychol. *18,* 389 (1924).
982 – Hypnotizability and Suggestibility. J. abnorm soc. Psychol. *25,* 436 (1931).
983 *Wendt, I.:* Versuch zur methodischen Erfassung der japanischen Zen-Übung. Psychother. med. Psychol. *10,* 1 (1960).
984 *Wesiack, W.:* Grundzüge der Psychosomatischen Medizin (München 1974).
985 *Westerman Holstijn, A. J.:* Medische psychologie voor de practijk (Utrecht o. J.).
986 *Wexberg, E.:* Handbuch der Individualpsychologie, S. 419 (München 1926).
987 *Wiesenhütter, E.:* Leistungsfördernde Medikation bei Hirnverletzten. Nervenarzt *25,* 121 (1954).
988 – Existenzkrise einer Künstlerin (Stuttgart 1956).
989 – Entwicklung, Reifung und Neurosen (Stuttgart 1958)
990 – Psychotherapie, Meditation und Kunst; in W. Bitter Nr. 78.
991 – Soziale Therapie. Therapiewoche *8,* 561 (1958).
992 – Soziologie der Neurosen; in Hdb. Neurosenl. Psychother. Bd. I, S. 338 (München/Berlin 1959); Grundzüge der Neurosenlehre Bd. I (München/Berlin/Wien 1972).
993 – Neurosen der Körper- und Sinnesbehinderten. Der ärztliche Aspekt; in Hdb. Neurosenl. Psychother. Bd. II, S. 639 (München/Berlin 1959).
994 – Betriebsneurosen; in Hdb. Neurosenl. Psychother. Bd. II, S. 761 (München/Berlin 1959); Grundzüge der Neurosenlehre Bd. I (München/Berlin/Wien 1972).
995 – Berufsberatung; in Hdb. Neurosenl. Psychother. Bd. IV, S. 544 (München/Berlin 1959).
996 – Rehabilitation; in Hdb. Neurosenl. Psychother. Bd. IV, S. 632 (München/Berlin 1959).
997 – Religiöse Phänomene in psychotherapeutischen Behandlungen; in E. Michel und A. Sborowitz: Der leidende Mensch (Darmstadt 1960).
998 – Anthropologische Medizin. Fortschr. Med.. *78,* 195 (1960).
999 – Gegenwärtiger Stand der Neurosenforschung. Jb. Psychol. Psychother. Med. *78,* 195, (1960).
1000 – Das Problem der Entspannung in der personalen und sozialen Psychotherapie. Acta Psychother. H. 3 (1961); s. auch *Gebsattel, V. E. von,* et *E. Wiesenhütter:* Relaxation et Réadaptation. Rév. méd. psychosom. *2,* 126 (1960).
1001 – Psychotherapie der Hirnverletzten. Landarzt *41,* 457 (1965).
1002 – Traum-Seminar (Stuttgart 1966, München 1975).
1003 – Therapie der Person (Stuttgart 1969).
1004 – Grundbegriffe der Tiefenpsychologie (Darmstadt 1969).
1005 – Einführung in die Neurosenlehre (Stuttgart 1969).
1006 – Freud und seine Kritiker (Darmstadt 1974).
1007 – Grundfragen unserer Existenz: Arbeit, Familie, Krankheit, Tod (München 1974).

1008 – Blick nach drüben. Selbsterfahrungen im Sterben (Hamburg 1974, Gütersloh 1977).
1009 – Hypnose und Entspannungsübungen. In: Klinische Psychologie I von *Schraml* und *Baumann* (Bern/Stuttgat/Wien 1975).
1010 – Selbstporträt der Psychotherapie. Prax. Psychother. *20*, 140 (1975).
1011 – Religion und Tiefenpsychologie (Gütersloh 1977).
1012 – Hirnversehrtheit, Persönlichkeit, Gesellschaft. Ergebnisse ärztlicher Nachsorge unter besonderer Berücksichtigung der Epilepsie (Göttingen 1977).
1013 – Psychagogik und allgemeine Gesprächstherapie. In: Die Psychologie des 20. Jahrhunderts Bd. III (Zürich 1977).
1014 – Selbstfindung als Wirfindung. Prax. Psychother. *22*, 201 (1977).
1015 – Die Begegnung zwischen Philosophie und Tiefenpsychologie (Darmstadt 1979).
1016 *Wilder, J.:* Bewegung; in Hdb. Neurosenl. Psychother. Bd. II, S. 457 (München/Berlin 1959).
1017 *Willms, H.:* Musik und Entspannung (Stuttgart 1977).
1018 *Winkler, C.:* L'emploi de la suggestion hypnotique dans l'éducation des enfants usw.; in Opera Omnia, S. 57 (Haarlem 1918).
1019 *Winther, F. H.:* Körperbildung als Kunst und Pflicht (München 1919).
1020 *Wittkower, E.:* Einfluß der Gemütsbewegungen auf den Körper (Wien/Leipzig 1936).
1021 – A psychiatrist looks at tuberculosis (London 1955).
1022 *Wolberg, L. R.:* Hypnotic experiments in psychosomatic medicine. Psychosom. Med. *9*, 337 (1947).
1023 *Wolf jr., G. A.*, and *H. G. Wolff:* Studies on the nature of certain symptoms associated with cardiovascular disorders. Psychosom. Med. *8*, 293 (1946).
1024 *Wolpe, J.:* Psychotherapy by reciprocal inhibition (Stanford 1958).
1025 – The Practice of Behavior Therapy (New York 1969).
1026 – Praxis der Verhaltenstherapie (Bern/Stuttgart/Wien 1977).
1027 *Wolpe, J.*, und *A. A. Lazarus:* Behavior therapy techniques (Oxford 1966).
1028 *Wood, E.:* Een practische cursus in contemplatie (N. V. Theos. Uitg. Mij., Amsterdam 1919).
1029 *Wortman, J. L. C.:* Psychosomatische Geneeskunde (Lochem 1950).
1030 *Wundt, W.:* Hypnotismus und Suggestion (Leipzig 1911).
1031 – Grundriß der Psychologie (Leipzig 1914).
1032 *Würthner, F.:* Die Macht der Entspannung (Freiburg 1955).
1033 *Wynaendts Francken, C. J.:* Het hypnotisme (Amsterdam 1902).
1034 *Wysenbeek, J. A.:* Het vraagstuk der pijnstilling gedurende de baring. Med. Contact *4*, 243 (1949).
1035 *Wyss, W. von:* Körperlich-seelische Zusammenhänge in Gesundheit und Krankheit (Leipzig 1931).
1036 – Aufgaben und Grenzen der psychosomatischen Medizin (Berlin/Göttingen/Heidelberg 1955).
1037 *Zacharias, G. P.:* Psyche und Mysterium (Zürich 1954).
1038 *Zaehner, R. C.:* Mystik, religiös und profan (Stuttgart o.J.).
1039 *Zbinden, H.:* Influence de l'autosuggestion sur le mal de mer. Arch. Psychol. VI, H. 21 und 22 (1909).
1040 *Zeeman, W. P. C.:* Buchbesprechung: C. L. van Steeden: Brillen of geen brillen usw. Santpoort (1935); Ned. T. Geneesk. *79*, 3318 (1935); ibid. *82*, 6123 (1938).
1041 *Ziskind, E.:* Isolation stress in medical and mental illness. J. Amer. med. Ass. *168*, 1427 (1958).

1042 *Zumpe, L.:* Über eine durch Autogenes Training erzielte Normalisierung des Reflexverhaltens. Psychother. *1*, 45 (1956).
1043 Zur Diskussion der Schallplatte für das autogene Training. Prax. Psychother. *8*, 171 (1963).
1044 *Zutt, J.:* Die innere Haltung. Mschr. Psychiat. Neurol. *73*, 52; 243; 330 (1929).

Namenverzeichnis

Sachregister

Grundzüge der praktischen Seelenheilkunde

Von Dr. Fritz KÜNKEL. 2. Auflage, durchgesehen und herausgegeben von Prof. Dr. Wolfgang Kretschmer, Tübingen. 170 Seiten, brosch. 31.80 DM

ISBN 3-7773-0462-3

Der Arzt Fritz KÜNKEL gehörte zu den bedeutenden Schöpfern psychotherapeutischer Theorien und Methoden. Seine »Fortbildung der Individualpsychologie« ADLERs ist eine der fruchtbarsten psychologischen Lehren unserer Zeit überhaupt. Über die beengenden Einseitigkeiten FREUDs und ADLERs hinaus gestaltete er innerhalb weniger Jahre eine selbständige Charakterologie, in welcher er Persönlichkeitsbilder und Reifungsaufgaben zusammenfaßte. Die Nachfrage nach seinen Werken zeigt, daß vielen die nach wie vor stark propagierte Psychoanalyse nicht genügt, sondern daß KÜNKEL gewisse Gesetze der pädagogischen und therapeutischen Psychologie grundsätzlich treffend und zeitunabhängig formuliert hat. Das vorliegende Buch, das seine Serie der systematischen Charakterstudien abschloß, ist besonders gesichtspunktreich, was nun einmal das Verständnis des seelisch kranken Menschen erfordert. Sprache und Gedankengänge des Verfassers sind einfach, klar, natürlich und lebensnah und somit verständlich genug, um einen breiten Leserkreis über die Fachkollegen, Psychologen, Psychiater, Pädagogen und Sozialforscher hinaus anzusprechen und zu gewinnen.

HIPPOKRATES VERLAG STUTTGART